Karl von Weber

Archiv für die sächsische Geschichte

Karl von Weber

Archiv für die sächsische Geschichte

ISBN/EAN: 9783743360723

Hergestellt in Europa, USA, Kanada, Australien, Japan

Cover: Foto ©ninafisch / pixelio.de

Manufactured and distributed by brebook publishing software (www.brebook.com)

Karl von Weber

Archiv für die sächsische Geschichte

Archiv

für die

Sächsische Geschichte.

Herausgegeben

von

Dr. Karl von Weber

Ministerialrath, Director des Haupt-Staatsarchivs
in Dresden.

Sechsten Bandes Erstes Heft.

Verlag von Bernhard Tauchnitz
Leipzig 1867.

Das **Archiv für die Sächsische Geschichte** erscheint in vierteljährlichen Heften von 6 bis 7 Bogen zum Preise von 1/2 Thlr. — Vier Hefte bilden einen Band, doch wird jedes Heft auch einzeln verkauft.

Beiträge werden, wenn es Originalaufsätze sind, mit Sechszehn Thalern pro Druckbogen von 16 Seiten honorirt, abschriftliche Mittheilungen nach Verhältniß geringer. Die Zusendungen werden unter der Adresse der Verlagshandlung erbeten.

Separatdrucke der aufgenommenen Aufsätze werden grundsätzlich nicht abgegeben.

Archiv

für die

Sächsische Geschichte.

———

Archiv

für die

Sächsische Geschichte.

Herausgegeben

von

Dr. Karl von Weber

Ministerialrath, Director des Haupt-Staatsarchivs
in Dresden.

Sechster Band.

Verlag von Bernhard Tauchnitz

Leipzig 1868.

Inhalt des sechsten Bandes.

Zur Lebensgeschichte der Herzogin Katharina v. Sachsen, Gemahlin Herzog Heinrich des Frommen.

Von Dr. Karl von Weber.

Daß die Persönlichkeit und der Charakter der Mutter vom wesentlichsten Einflusse ist auf die Kinder, daß sich Eigenschaften und Charakterzüge der Mutter oft mehr als die des Vaters in den Söhnen wiederspiegeln, ist eine bekannte Thatsache, für die wir auch einen Beweis finden in dem kurfürstlichen Brüderpaare Moritz und August von Sachsen. Beider ausgezeichnete Geistesbefähigung, beider Energie und Thätigkeitstrieb, der Ehrgeiz, der insbesondere Kurfürst Moritz beseelte, alle diese Eigenschaften waren entschieden kein von ihrem Vater, dem Herzog Heinrich dem Frommen, auf sie übergegangenes Erbtheil, der ein gemüthlicher, milder, jedem Ehrgeize fremder, einem behaglichen Wohlleben ergebener, geistig nicht sehr hervorragender Fürst, gerade die Eigenschaften vermissen läßt, durch welche seine Söhne sich auszeichneten. Wir werden durch diese Wahrnehmung um so mehr auf die Mutter, die Herzogin Katharina, zurückgeführt und das historische Interesse, das sich an die Kurfürsten Moritz und August knüpft, muß sich daher auch auf ihre Mutter übertragen. Was uns die Historiker über sie berichten, genügt zwar, um in allgemeinen Umrissen uns ihr Bild zu vergegenwärtigen, die Grundzüge ihres Wesens und ihres

Charakters zu erkennen, allein eine eingehende, Katharina's
ganze Persönlichkeit umfassende, ihr inneres und äußeres Leben
erschöpfende Biographie fehlt uns und wird auch schwerlich
je geliefert werden können, weil das, was urkundlich über
sie vorliegt, nur sehr lückenhaft ist.   Es sind von Katharina
nicht wie von ihrer Schwiegertochter, der Kurfürstin Anna,
umfängliche, viele Bände füllende Correspondenzen vorhanden,
sondern nur wenige Actenstücke und Urkunden des Haupt=
Staatsarchivs bieten uns Auskunft über sie und ihre Lebens=
verhältnisse.[1]   Einiges ist daraus neuerdings veröffentlicht
worden[2], indessen hat der Verfasser dieses Aufsatzes doch noch
einige zerstreute Notizen gefunden, welche, wenn sie auch nur
Bruchstücke bieten, immerhin als ein kleiner Beitrag zu der
Lebensgeschichte jener denkwürdigen Frau unseren Lesern will=
kommen sein dürften, zumal sich auch einige culturhistorische
Momente daran knüpfen.

Eines ausführlichen Eingehns in schon Bekanntes uns
enthaltend, schicken wir nur die Erinnerung daran voraus,
daß die Herzogin Katharina, eine Tochter des Herzogs
Magnus II. von Mecklenburg, geboren im Jahre 1477[3],
sich am 6. Juli 1512 mit Herzog Heinrich dem Frommen
von Sachsen, dem Bruder des Herzogs Georg, zu Freiberg
vermählte, daß sie mit ihrem Gemahle in der alten Bergstadt
residirte und mit ihm, der auf ein sehr beschränktes Einkom=
men verwiesen war, dort Freud und Leid, insbesondere öfters
eine von ihm nicht unverschuldete pecuniäre Bedrängniß theilte,
bis er nach dem Tode Georgs (17. April 1539) den von diesem

---

[1] Mit Recht beklagte Böttiger in seiner 1830 erschienenen Geschichte
des Kurstaates und Königreiches Sachsen I. 495, daß die Geschichte so
wenig über Katharina nachweise.

[2] v. Langenn, Moritz, Herzog und Churfürst zu Sachsen. Leipzig
1841. I. 71 fl. 84 fl. II. 189 fl.   Stichart, Galerie der Sächsischen Für=
stinnen. Leipzig 1857. S. 229 fl.

[3] Ihren Geburtstag bezeichnen die uns zugänglichen genealogischen
Tabellen und Hülfsmittel nicht.

verlassenen Thron zu kurzer Regierung († 18. August 1541) bestieg, während Katharina ihn noch 20 Jahre im Wittwen= stande überlebte.

Wenden wir uns zunächst zu der Stellung und den Ver= hältnissen Katharina's zu ihren Söhnen Moritz und August, so scheint es allerdings, daß sie den Letztern vor dem Erstern begünstigte.[4] Moritz, der schon sehr jung, noch vor erfülltem zwölften Lebensjahre, das väterliche Haus verlassen hatte, erlangte früh eine Selbstständigkeit, die ihn für mütterlichen Rath und väterliche Weisung wenig zugänglich machte. Doch stimmten wenigstens in der ersten wichtigern, Moritz betreffen= den Angelegenheit, bei der Katharina sich betheiligte, Mutter und Sohn überein.   Herzog Georg hatte seinen Sohn, „den tummen" Prinzen Friedrich, am 26. Febr. 1539 durch den Tod verloren und beabsichtigte dessen Wittwe Elisabeth, des Grafen Ernst II. von Mannsfeld Tochter, mit Herzog Moritz zu vermählen.   Auf einem Tage zu Mittweida sollte verhan= delt werden über diesen Plan, der Katharina aus mehreren Gründen durchaus mißfiel, hauptsächlich mit deshalb, weil sie glaubte, Herzog Georg beabsichtige, durch diese Verbindung Moritz der katholischen Kirche wieder zuzuführen. Sie schrieb hierüber eigenhändig an Moritz, der sich damals bei dem Kurfürsten Johann Friedrich von Sachsen aufhielt, zunächst folgenden Brief[5], den wir in neuerer Orthographie wieder= geben:

„Hochgeborner Fürst, freundlicher lieber Sohn. Wir haben Deine Antwort, so Du der hochgebornen Fürstin, un= serer freundlichen lieben Muhme, der Herzogin von Rochlitz[6] geschrieben, verlesen und sind der Antwort, soviel das heil= same seligmachende Wort Gottes belangt, daß Du davon in

---

    [4] Gretschel, Geschichte des Sächsischen Volkes und Staates I. 493.

    [5] v. Langenn a. a. O. I. 72. citirt nur einige Stellen aus diesem Schreiben.

    [6] Elisabeth, Tochter Wilhelm II. von Hessen, Wittwe des 1537 ver= storbenen Sohnes Herzog Georg des Bärtigen, Johann.

keinen Weg Dich wolleſt abwenden laſſen, herzlich erfreut.
Der Teufel ſucht jetzt ſeltſame Wege, wie er Gottes Wort
von uns möchte reißen und ſonderlich daß Deine Perſon, da
Gott Dich dafür gnädiglich behüte, dem abfällig werde, denn
er fürchtet Schaden, ſo Gott durch Dich ſein Wort im Lande
zu Meißen und Thüringen aufzurichten thun möchte. Es iſt
Chriſtoph von Haubitz nach Frankfurt von Dresden aus zum
Landgrafen zu reiſen abgefertigt. Wir achten aber, er habe
auch ſonderlichen Befehl mit Dir zu reden und ſoll ungefähr
dies ſein, daß Du Dich wieder zu Herzog Georg begeben
ſollſt und in die kaiſerliche Vereinigung und alte Kirchenord=
nung verpflichten, ſo wolle Dich Herzog Georg zu einem
Sohn haben und die Lande nach ſeinem Tod oder bei Leben
übergeben, wie man den Leuten das Maul ſchmiert. Das iſt
aber die Meinung, dahin man Dich führen will, daß Du
Dich gegen die Landſchaft wider zuvor alten Gebrauch des
Hauſes zu Sachſen, in Empfangung der Huldigung ver=
pflichten ſollſt, mit Regenten von Ständen wie die Herzog
Friedrich zugeordnet geweſen, die auch mit und neben Dir
regierten, das iſt daß Carlowitz [7], Kanzler, und Andere, bei
der Regierung bleiben ſollen, die Religion wie Herzog Georg
gethan erhalten und alles das, ſo dieſelbe kaiſerliche oder
Nürnbergiſche Verbindniß vermag, geloben und ſchwören
und über dies Herzog Friedrichs nachgelaſſene Wittwe hei=
rathen, wiewohl man von dem Allen erſtlich nicht ſobald
ſagen wird. Daraus würde folgen erſtlich Verläugnung
Gottes Wortes, Ungehorſam der Eltern und würdeſt alſo
Allen der chriſtlichen Religion Einigungsverwandten, Kur
und Fürſten, Deinen Blutsverwandten, Freunden und chriſt=
lichen Ständen Brief= und Siegel brüchig, zu dem Gott
und Deiner hochlöblichen Freundſchaft übergeben und der
Grafen, Deiner neuen Schwäger, Freundſchaft und Hülfe
Dich tröſten. Das heißt meine ich, dem Kätzlein Brei ums

---

[7] Georg von Carlowitz, der Vertraute des Herzogs Georg.

Maul gestrichen, derhalben verwarne ich Dich aus mütter=
licher Liebe, Du wollest jetzt in diesen geschwinden Läufen
und gefährlichen Zeiten vorsichtig sein, in göttlicher Furcht,
Gott bitten, Dich vor so subtilem Gift und des Teufels An=
schlägen gnädiglich zu behüten. Derhalben ist gar nicht zu
rathen, sondern zum fleißigsten zu hüten, daß Du Dich in
nichts einlässest und so Du an den Ort kommst, Deinen
Herrn Vater und uns vor allen Dingen besuchst, Dich aller
Sachen, wie denn zu lang zu schreiben, zu berichten. Es wer=
den Dir sonst Heirathen zu großen Hansen zu Gefreundeten,
vielleicht in Niederland vorgeschlagen werden, laß Dich da
in keine Zusagung oder Vertröstung zu geben bereden, es
droht mehr Nachtheil, denn Vortheil, sei vorsichtig, Du wer=
best ohne Vorwissen Deines Herrn Vaters Dich in der keins
nicht einlassen. Das haben wir Dir die wir aus mütterlicher
Liebe, Fürsorge Deiner Person und Wohlfahrt tragen, auch
aus Befehl unseres lieben Herrn und Gemahls nicht wollen
verhalten und wollest uns allenthalben bei Zeigern voriges
und dieses, unser Schreiben schriftlich beantworten. dat. Frei=
berg Sonntag Lätare (16. März) 1539.

              K. H. Z. S."

 Diesem Schreiben folgte bald darauf ein zweites:

 „⁊c. Ich laß Dich wissen, daß Dein lieber Herr Vater
sammt mir und Deinem Bruder und Schwester von der Gnade
Gottes frisch und gesund sind. Der ewige Gott der erhalte uns
förder zu seiner göttlichen Ehre. Ich weiß Dir nicht zu ver=
halten, daß den 8. Tag nach Ostern Dein Herr Vater wird sein
zu Mittweida, da denn Etliche von der Landschaft, Prälaten,
Grafen und Ritterschaft bei Deinem Herrn Vater haben An=
suchung gethan, sie etlicher Sachen halben, so ihnen Herzog
Georg befohlen hat, zu hören, daraus Du wohl zu ersehn
hast, daß der Teufel durch seine Glieder nicht feiert, was
aber vorgebracht wird, soll Dir unverborgen bleiben, dieweil
Du Dich wohl versehn, daß Du gar in keine Sache verwil=
ligst, um Deines Herrn Vaters Willen und Wissen, wie ich

Dir bevor auch in meinem nächsten Schreiben angezeigt habe.
Es hat Dein Herr Vater dem Kurfürsten zu Sachsen und dem
Landgrafen zu Hessen geschrieben, so sich es zutrüge, daß der
Kurfürst zöge in das Land zu Jülich, so sollst Du derweil
bei dem Landgrafen bleiben bis auf Deines Herrn Vaters
Forderung, demnach wollest Du Dich nach Deines Herrn
Vaters Gehorsam halten. Du begehrst von mir zu wissen,
wie es sich um die Hochzeit mit Deiner Schwester hält, so
laß ich Dich wissen, daß mir zugeschrieben, daß der Herzog
von Lauenburg seine Botschaft nach Ostern bei Deinem Herrn
Vater haben wird und da sich der Hochzeit halben sich ver-
einigen.⁸ So bald es geschieht, soll es Dir auch unverhalten
bleiben. Daß Dirs aber Zorn thut, daß man sagt, Du sollst
Herz. Friedrichs seel. Gemahlin haben, es ist ja anderm, daß
man es zu Dresden gern sähe und Dich darum gern hin
hätte, daß die von Mannsfeld Deine Schwäger werden, die
sonst Deine Unterthanen sind, das habe ich Dir auf Dein
Schreiben nicht wissen zu bergen und will Dich damit in die
Gnade Gottes befohlen haben, der erhalte Dich durch seinen
Geist, daß Du bei seinem göttlichen Wort verharrest bis
an Dein Ende. Amen! dat. Freiberg am Ostertag 1539
(6. April)."

Andere Correspondenzen Katharina's mit Moriz, die sich
auf dessen Vermählung mit Agnes, der Tochter des Landgrafen Philipp von Hessen beziehn, sind bereits abgedruckt.⁹
War auch diese Verbindung wider den Willen Katharina's
geschlossen worden, so regte sich doch das mütterliche Herz in
ihr, als ihr wenige Monate nach der am 9. Jan. 1541 zu
Marburg erfolgten Trauung Moriz's die Nachricht zukam,
daß dieser schwer am Fieber erkrankt sei. Katharina schrieb
ihm am 5. Mai 1541: „daß wir auch etliche Tage von einem

⁸ Sibylle, die älteste Tochter des Herzogs Heinrich des Frommen,
ward am 18. Febr. 1540 mit dem Herzoge Franz I. von Sachsen-Lauenburg vermählt.

⁹ v. Langenn a. a. O. II. 189 ff.

Fieber angefochten worden sind 2c. Aber an euch ist aus
mütterlicher Treue und Wohlmeinung unsere freundliche Bitte,
ihr wollet euch auch insonders dafür hüten, daß ihr in der
Hitze nicht trinkt, denn wir euch hierin nichts Besseres auf
diesmal zu rathen wissen 2c. Da wir auch sonst Hülfe und
Rath zu erzeigen wüßten, das wären wir aus mütterlicher
Neigung zu thun bereit, wollten euch auch gern einen unserer
Aerzte, als Dr. Blasien Satteler, den ihr zuvor auch gebraucht,
jetzt alsbald mitgeschickt haben, nachdem wir aber wissen, daß
ihr nicht gern Aerzte um euch habt, haben wir es unterlassen
und nicht gewußt, ob wir euch damit Gefallen thäten, derhalben so euch beliebt, gemeldeten Doctor bei euch zu haben,
so wollet uns Solches wiederum zum förderlichsten verstän-
bigen, wollen wir euch ihn unsäumlich zuschicken". Moritz
lehnte zwar in seiner Antwort aus Marburg vom 10. Mai
1541 das Erbieten der Zusendung des Dr. Satteler dankbar
ab, da er einen geschickten Arzt bei sich habe, allein da der
Zustand Moritz's sich nicht besserte, schickte Katharina ihren
Arzt doch noch nach Marburg — wie sie am 30. Mai 1541
schrieb — "mit der tröstlichen Zuversicht, er wird Dir mit
göttlicher Hülfe helfen, so Du ihm folgen willst, das ich hoffe,
daß Du thun wirst, denn ein gut Regiment ist besser denn
alle Casteiung."

Mit ihrem Sohne August und dessen trefflichen Gattin,
der Mutter Anna, stand Katharina im traulichsten mütterlichen Verkehre, der mit Anna sich schon an deren Vermählung knüpfte, an deren Feierlichkeiten Katharina, obwohl
"mit der Krankheit des Hustens und Schnupfens beladen",
Theil nahm. Wenn der St. Niclastag, Weihnachten, Neu-
jahr herannahten, Tage, an welchen sich die Fürsten gegenseitig mit Geschenken zu erfreuen pflegten, warb Katharina
nie vergessen. Aqua vitae von Anna's kunstreichen Händen
bereitet [10], andere "Labsal", Einhorn, Papagaien, eine Meer-

---

[10] Mit "gebranntem Wasser" warb Katharina auch von der Domina

katze und andere Gegenstände finden wir als Geschenke an
Katharina aufgeführt. Unter dem 15. März 1557 schickte
ihr die Kurfürstin Anna „noch eine Christbescheerung in einer
Schachtel verwahrt, einen ausgenähten weißen Schleier und
ein kleines venedisches Gießglas“, mit den Worten: „wir
sind der Zuversicht, weil wir zuvor dergleichen bei Ew. L.
nicht gesehn, Sie werde Ihr dasselbige gefallen lassen“.
Katharina sendete dafür „einen schönen Ring und ein Buch“,
worauf Anna dankend versicherte (21. April 1557): „wir
wollen den Ring von Ew. L. wegen behalten und tragen,
auch das überschickte Buch mit Fleiß durchlesen“. Einmal
(1547) hatte ihr August einen „sanftgehenden“ Zelter geschickt,
sie sendete ihn aber zurück mit den Worten: „nachdem E. L.
vor etlichen Tagen einen harten Fall auf einen Schenkel
gethan, welches wir denn mit Beschwerung unseres Gemüthes
vernommen und daß wie E. L. dieweil Sie auf trabenden
Kleppern oder Kutschwagen nicht wohl fortkommen und auch
einen kleinen Zelter des Orts nicht erhalten können.“

Sehr häufig begleitete sie August und Anna auf den
jährlich wiederkehrenden, mehrwöchentlichen Jagdzügen. Als
der Kurfürst einst eine ausdrückliche Einladung dazu unter=
lassen, schrieb sie ihm, d. d. Freiberg, 8. Septbr. 1547.:
„E. L. mögen wir freundlich nicht verhalten, daß wir auf
dieselben etwas einen Zorn gefaßt von wegen, daß Sie Ihre
Freude und Lust mit dem Jagen allein und uns nicht auch
neben Ew. L. Lust und Freude zu ergötzen, dazu erfordert
haben, Ist derowegen an Ew. L. unsere freundliche Bitte,
Sie wollen uns auf eine gelegene Stelle, da wir uns neben
Derselben Fröhligkeit zu erholen haben mögen, freundlich zu
wissen thun, wollen wir uns zu Ew. L. freundlich verfügen.
Solches sind wir um dieselben Ehren, Liebes und Gutes zu
bezeigen geneigt“. Auf Augusts entgegenkommende Antwort

----

des Klosters zu Mühlberg, Margaretha Katharina von Draschwitz, be=
schenkt (1554).

gaben sich Beide ein Stelldichein in Torgau, von wo aus die Jagden in der dortigen Gegend zu beginnen pflegten. Ein anderes Mal lud sich Katharina zu diesen Jagden selbst Gäste ein. Sie war im Sommer 1553 bei Wilhelm von Rosenberg zum Besuche gewesen; als dieser sie dann im folgenden Jahre zur Hochzeit seiner Schwester einlud, entschuldigte sie sich, indem sie zugleich einen Becher als Hochzeitsgeschenk[11] übersendete, „daß sie etlicher vorstehender Geschäfte halber" nicht an der Hochzeitfeier Theil nehmen könne, forderte aber Wilhelm von Rosenberg und Carl von Zierotin auf, daß „sie die Lustjagden, die Kurfürst August in Torgau anstellen wolle, mit anfangen und vollenden helfen möchten."

Daß der Kurfürst August nicht nur bei solchen Lustbarkeiten, sondern auch bei ernsten Angelegenheiten bereitwillig die Wünsche seiner Mutter erfüllte, beweisen auch mehrere in Criminalsachen ergangene Rescripte, welche Begnadigungen enthalten, die auf Fürbitte Katharina's erfolgten.

Die gegenseitige herzliche Liebe zwischen Mutter, Sohn und Schwiegertochter bethätigte sich insbesondere auch in kranken Tagen. Als August im J. 1549 erkrankte, empfahl Katharina ihm, da die Leibärzte das Uebel nicht sofort zu beseitigen vermochten, „einen alten betagten und geschickten Gottesfürchtigen Mann in Zwickau, Stephan Wilde", den sie selbst vor mehr als zwanzig Jahren zu Rathe gezogen.[12] In demselben Jahre gelangte an die Kurfürstin Anna nach Torgau das Gerücht, Katharina sei plötzlich gestorben. In höchster Besorgniß sendete Anna schleunigst ihren Thürknecht ab, um Nachricht an Ort und Stelle einzuziehn. Katharina

---

[11] Bei einer andern Veranlassung beschenkte Katharina „den Ritter Moritz von Feilitzsch mit Marder und einem goldnen Becher".

[12] Einen andern Heilkünstler empfahl Katharina 1550 der verw. Markgräfin von Brandenburg, Emilie. Als diese ihr gemeldet, „daß ihre Tochter Barbara einen Mangel und Schaden an einem Bein trage", schrieb ihr Katharina, „daß in Dresden jüngst ein Pfaffe gewesen, der sich vernehmen lassen, er wolle ihr mit göttlicher Verleihung helfen".

konnte ihr aber die beruhigende Kunde geben, „daß wir Gottlob noch frisch und gesund und so lange der Allmächtige will, mit Gesundheit leben". Insbesondere sind die Briefe Katharina's an Anna Zeugnisse zärtlicher, sorglicher Mutter= liebe; sie versichert ihr, „daß sie sie nicht geringer als ihre eigne leibliche Tochter habe", sie erbietet sich auch wiederholt, sie im Wochenbette zu pflegen. Am 10. Octbr. 1551 schrieb sie an August, sie wolle zu Anna, deren Entbindung nahe bevorstand [13], kommen, „obwohl wir uns zu solchem für= stehendem Werk wenig berechtigt und geschickt erkennen und was wir Derselben geliebten Gemahlin in J. L. jetzigen be= vorstehenden Beschwerung, das denn Gott der Allmächtige zu aller Wohlfahrt J. L. ohne Zweifel kehren und wenden werde, helfen mögen, wollen wir an unserm Fleiß nicht verwinden laffen". Wenn Katharina sich nach diesem Briefe nicht für geeignet zur Wochenpflege bezeichnete, so sprach sie ihren Dank der Königin von Dänemark, Anna's Mutter, um so lebhafter dafür aus, daß diese bei einer andern Niederkunft Anna's zwei Frauen aus Dänemark gesendet, „die allewege in der= selben Kindnöthen gewesen". Als im J. 1556 Katharina, die vielfach von körperlichen Leiden heimgesucht ward [14], be= denklich erkrankte, schrieb Kurfürst August (6. Febr. 1556) an den damaligen Erzherzog, später Kaiser, Maximilian II., seine Mutter sei sehr krank „und ob sie wohl ihre und seine Leib= ärzte Raths gefragt und gebraucht, so habe sie doch wenig Besserung verspürt und besorge sich, wo ihr nicht mit zeit= lichem Rath geholfen werde, daß sie in größere Gefahr ihrer Gesundheit und Lebens kommen könnte. Se. K. W. sollten einen erfahrnen Arzt Dr. Bartholomäum zu Wien, welchen man sonst den Kreuttelboctor nannte, in Bestallung haben" [15],

---

[13] Anna's Tochter, Eleonore, ward am 11. Octbr. 1551 geboren.

[14] Sie klagt auch schon 1554, daß sie nicht gut schreiben könne, „weil sie mit Schwachheit der Augen beladen sei."

[15] S. des Verfassers Anna Churfürstin zu Sachsen S. 436, wo aber ein Druckfehler in der Jahreszahl zu berichtigen ist.

um deſſen Zuſendung bitte er. Maximilian beurlaubte auch den Doctor Barthol. Carrichter mit „großen Umſtetten und Verſäumung vieler Patienten, ſo er unter ſeiner cura gehabt", bat aber, ihn nicht lange aufzuhalten und baldigſt wieder zu entlaſſen.

Auch aus dem Jahre 1560 finden wir Beweiſe lebhafter Theilnahme Auguſts und Anna's an Katharina's körperlichen Leiden. Am 30. März 1560 ſchrieb Letztere, „daß es ſich mit uns noch nicht gebeſſert doch auch nicht ärger worden, iſt heute nun der 18. Tag, wie uns der Doctor die Zeit geſetzt hat, daß wir Beſſerung empfinden ſollen, ſo wird er auch auf Morgen des Beines halben mit uns anfangen". Das Uebel ward aber verſchlimmert, als Katharina am 21. Juni 1560 „einen böſen Tritt that", wobei ſie ſich den Fuß verrenkte. Auguſt und Anna gewährten ihr ſorgſame Pflege und Katharina dankte dafür (15. Auguſt 1560) mit den Worten: „wollen uns auch von wegen des Fleißes und Mühe neben der ſöhnlichen Vorſorge, die Ew. L. in dieſer unſerer Schwachheit uns als ein getreuer und gehorſamer Sohn getragen und erzeigt hat, ganz herzlich und mütterlich bedankt haben". In Begleitung ihrer Tochter Sibylla ging Katharina im Auguſt 1560 nach Teplitz, von wo ſie (10. Septbr. 1560) an Anna ſchrieb: „des Bades halben, ob daſſelbe uns bienſtlich und zuträglich ſei, können wir Ew. L. noch nicht berichten, weil wir nicht mehr denn einmal darin gebadet und deſſelben Wirkungen noch nicht eigentlich empfinden mögen". In einem zweiten Briefe vom 13. Septbr. dankt Katharina der Kurfürſtin für das ihr zugeſendete Lilienwaſſer und mel= det, ſie habe „dieſe Tage über acht Stunden gebadet und wolle es noch vierzehn Tage verſuchen". Der nächſte Brief vom 18. Septbr. meldete Beſſerung und daß ſie „wiederum wie die Kinder an Bänken gehn lerne". Trotz dieſer Ge= brechlichkeit aber ſicherte ſie Anna, als deren Entbindung nahete, doch zu, ſie werde „zur rechten Zeit wieder nach Dresden kommen und vorhanden ſein."

Auch mit ihren drei Töchtern, Sibylla (geb. 2. Mai 1515, vermählt mit Herzog Franz von Sachsen-Lauenburg [16] am 18. Febr. 1540), Emilie (geb. 27. Juli 1516, vermählt am 31. August 1532 mit Markgraf Georg von Baireuth) und Sidonia (geb. 8. März 1518, vermählt am 17. Mai 1545 mit Herzog Erich II. von Braunschweig), blieb Katharina, nachdem diese in Folge ihrer Verheirathungen die Heimath verlassen, in dauerndem mütterlichen Verkehre, der durch Geschenke, Briefwechsel, gemeinsame Reisen und sonstiges öfteres persönliches Zusammentreffen erhalten und belebt ward. Mit Sibylla beabsichtigte sie, in Gemeinschaft mit „ihrer freundlichen lieben Muhme" Katharina, Herzogin von Sachsen-Lauenburg (Wittwe des Herzogs Magnus I.) und zwei Fräuleins, von Eger aus, wo sie mit Sibylla und der Herzogin Katharina sich befand, ins Wildbad zu reisen und dort einige Zeit zu verweilen. Diese Reise erforderte aber viele Vorbereitungen und Correspondenzen. Katharina ersuchte den Herzog Wilhelm von Bayern, „er möge sie an der Grenze annehmen und dahin vergleiten und seinen Befehlshabern befehlen lassen, sie, wenn sie ankomme, anzunehmen", eine Bitte, die den damaligen Sitten und der Gewohnheit gegenseitiger fürstlicher Gastfreiheit entsprach. An den Kurfürsten Moritz aber richtete sie das Gesuch, „er möge ihr, da ihre Pferde zum Theil schadhaftig worden und gestorben, Stadt- oder Klosterpferde zur Reise leihen", und zwar sechs für ihren Wagen, sechs für den Kammerwagen und vier für den Jungfrauenwagen. Zugleich entschuldigte sie sich: „daß wir Ew. L. mit eigenen Handen nicht geschrieben, ist aus Mattigkeit der Hitze, auch Erschreckung des gestrigen Wetters und Donners". Moritz, der sich auf dem Reichstage zu Regensburg

---

[16] Ueber diese Verbindung war der Kurfürst von Sachsen, Johann Friedrich der Großmüthige, sehr unwillig, weil er mit dem Lauenburger Hause in Differenzen war. Es entstand zwischen ihm und Katharina ein ernstes Zerwürfniß, das jedoch 1544 durch die Bemühungen der verwittweten Kurfürstin von Brandenburg, Elisabeth, ausgeglichen ward.

befand, war zwar bereit, die gewünschten Pferde zur Reise zu gewähren, aber er rieth von der Reise nach Wildbad ab, indem er (7. Juni 1546) seiner Mutter schrieb: „wir vermerken mitleidentlich, daß J. L. Ihrer Schwachheit halben Ursache haben die Arznei des Wildbades zu besuchen, daß wir gleichwohl zum liebsten wollten, daß J. L. diese und andere Arznei zur Erlangung J. L. Gesundheit mit guter Bequemlichkeit möchten gebrauchen. Wir wissen aber, daß J. L. jetziger Zeit unter dem Reichstag in bemeldetem Wildbad mit keiner Bequemlichkeit, auch ohne Nachtheil nicht sein können, denn es ist ein tägliches Aus= und Einreiten von Spaniern und Andern, weshalb J. L. und Ihr Frauenzimmer nichts denn Unruhe und allerlei Beschwerung, Schimpf und Anderes zu gewarten, das wir J. L. allerseits sammt Ihrem Frauenzimmer nicht gönnen, denn wie J. L. etwas verdrießliches sollte begegnen, könnten wir unserer Person halben, daran keinen Gefallen haben."

Ob die Reise in Folge dieser Warnung unterblieben, ersehn wir nicht, wir finden aber 1548 Katharina wieder mit Sibylla zusammen. Sie scheute selbst die rauhe Jahreszeit nicht und gab sich mit Sibylla zum 16. Decbr. 1548 in Angermünde ein Stelldichein. Sie schrieb ihr deshalb, bekannt mit den finanziellen Bedrängnissen des Lauenburger Ehepaares: „da E. L. keine Wagen und Pferde haben, so wollen D. L. solches berichten, wollen wir dieselben neben etlichen Reitern zufertigen, D. L. wollen uns auch wo derselben Gemahl jetzt sein mag, ins Geheim verständigen". Zugleich wendete sie sich an den Bürgermeister zu Lüneburg, das sie auf der Reise berühren wollte, mit der Bitte: „er solle, da es Sterbens halben dort nicht ganz sicher sei, sie und ihre Diener auf 25 Pferde mit einer Herberge, darin Niemand mit der Krankheit behaftet gewesen, versehn". Katharina verweilte dann die Weihnachtszeit bei Sibylla. Als diese sich eine kleine Eselin wünschte, die Lauenburger Hofcasse aber dazu nicht ausreichte, wendete sich Katharina an den Bürger Nicolaus Stuber zu Lüneburg mit der Bitte, er möge ihr „eine kleine Eselin, die in Lüneburg zu verkaufen sein soll, zu wege bringen und zuschicken". Nach Sachsen zurückgekehrt, erfreute sie ihre Tochter noch mit einem andern Geschenke, indem sie ihr einen Becher übersendete, „mit freundlicher Bitte, E. L. wollen denselben zu freundlichem dankbaren Gefallen und Willen annehmen und zum Gedächtniß weiland Ihres leiblichen Großvaters alle Tage daraus trinken, behalten und von Derselben Ihre Lebtage nicht kommen lassen."

Das nächste Jahr besuchte Katharina ihre, bekanntlich in einer sehr unglücklichen Ehe [17] lebende, Tochter Sidonie. Wegen ihres Unterkommens in Braunschweig wendete sich Katharina an den dortigen Rath, erhielt aber folgendes Antwortschreiben (7. Juli 1549):

„Auf Ew. F. G. an uns gethanes Schreiben haben wir Derselben auf 30 Pferde Morgen Montags die Herberge in unseres Bürgers Meinen Peinen Behausung bestellen lassen, daselbst Ew. F. G. mit den Ihren für Ihr Geld, die Zeit über Sie hier sein werden, gütlich geschehn soll.

Wir mögen aber Ew. L. nicht bergen, daß sich der durchlauchtige hochgeborne Fürst und Herr, Herr Heinrich der Jüngere, Herzog zu Braunschweig und Lüneburg, Unser Gnädiger Herr, hiervor in Zeit, da wir mit S. F. G. in Uneinigkeit gestanden, unternommen, etliche fremde Potentaten und Herrn bis in unsere Landwehr und Stadt zu vergeleiten, das dem althergebrachtem Gebrauch zuwider und zu Schmälerung unserer Gerechtigkeit gereicht, derhalben wir es billig angefochten und noch. Und wenn nun S. F. G. dessen auch bei Ew. F. G. als Dieselbige durch S. F. G. Fürstenthum zu passiren geneigt, unterstehn wollte, dessen wir uns dennoch nicht wollen verhoffen, So bitten wir ganz dienstlich, Ew. F. G. wollen solchem vermeinten Geleits in unserer Landwehr Stadt und Gebiet müßig gehn und Sich in dem nach gestalter Sache in

---

[17] S. u. a. des Verfassers: Aus vier Jahrhunderten II. 38 fl.

Gnaden erzeigen, das um Ew. F. G. mit Fleiß zu verdienen, sind wir willig."

Mit Sidonie reiste Katharina sodann nach den Nieder= landen, um dort in deren Interessen beim Kaiser Karl V., der sich dort befand, zu wirken. Ein Brief des Dr. Franz Kramm, d. d. Antwerpen, den 16. Septbr. 1549 meldete hierüber dem Herzoge August von Sachsen:

„Ew. F. G. mag ich in Unterthänigkeit nicht verhalten, daß Ew. F. G. Frau Mutter und Schwester vor der Rö. Kais. Maj. und des Prinzen[18] (von Spanien) Ankunft eine Zeit= lang allhier gelagen.

Wie Röm. Kais. Maj. am 14. d. M., an welchem Tage man auf dem Platz zu Fuß turnierte, gesehn und erfahren, daß J. Fürstl. Gnaden allhier, (denn Sie lagen am Platz in eines Bürgers Haus sonder aller Pracht und Schmuck in einem Fenster und sahen dem Turnier zu) haben J. Kais. M., desgleichen auch die Königin Maria, Ordnung gegeben und befohlen, daß man Sie folgenden Tages, wenn man über die Balgen (Pallien) rennen würde[19], dieweil es spöttisch, daß Sie in so einem geringen Ort zuschn sollten, auf das Haus, so für J. Maj. hierzu am Platz aufgerichtet und erbaut, brin= gen und führen sollte. Solches ist folgenden Tages also be= stellt worden und geschehn. Wie nun Ihre Maj. sammt den beiden Königinnen auf das Haus gekommen, haben Ihre Maj. nicht allein Ew. F. G. Frau Mutter und Schwester, sondern auch die Hofmeisterin und Jungfrauen allergnädigst ange= sprochen und ganz freundlich empfangen, Ew. F. G. Frau Mutter zu sich gezogen und genommen, neben J. M. dem Ritterspiel zuzuschn und die Zeit über, weil man gerannt, mit J. F. G. oft allergnädigst und ganz freundlich geredet

---

[18] In der Begleitung Kaiser Karl V. befand sich sein Sohn Philipp (II. von Spanien), die Königin von Frankreich, Catharina, Gemahlin König Heinrich II. und Maria Stuart.

[19] S. über diese Art des Turniers Archiv IV. 352.

und allerlei von Ew. F. Gn. und dem Kurfürsten von Sach=
sen gefragt. Nach gehaltenem Ritterspiel ist durch den Rath
ein sehr stattliches und köstliches Banket bestellt gewesen, bei
dem hat J. M. Sie behalten und zu sich an die Tafel
gezogen.

Denselben Tag früh hat die Rö. Kaif. Maj. erstlich durch
den Bischof zu Arras und heute durch den Dr. Selden [20] von
sich selbst J. F. G. ansprechen laffen, J. Kaif. M. könne er=
achten, daß sie nicht vergebens anher gekommen, da ich und
J. F. G. Herzog Erichs oder anderer Sachen halber einige
Beschwerung oder Anliegen hätten, so sollten Sie J. K. Maj.
Solches anzeigen laffen, so wollten J. K. M. ein allergnädig=
stes und väterliches Einsehn haben, daß solcher Sachen und
Beschwerung gebührlich abgeholfen werden sollte. Hierauf
Ew. F. G. Frau Mutter beide Male nach gebührlicher Dank=
sagung um Bedenken (Bedenkzeit) gebeten, sich mit J. F. G.
geliebten Tochter, Ew. F. G. Frau Schwester, zu bereden
und zu berathschlagen, denn J. F. G. gehofft, Herzog Erich
werde seiner unlängst geschehenen Zusagung und Vertröstung
nach, die er Ihro F. G. persönlich gethan, sich wiederum
ohne der Kaif. Maj. Einsehn und Befehl, zu S. F. G. Ge=
mahlin und derselben Unterthanen, Land und Leute gewendet

---

[20] Georg Siegmund Selb, kaiserl. Vicekanzler, geb. 1516 zu Augs=
burg, ein sehr gelehrter, in vielen Fächern bewanderter, hochangesehener
Mann. Ueber seinen Tod meldet ein Brief vom 9. Juni 1565: „es hat
sich ein leidiger Fall zugetragen, denn als Dr. Selbt und Dr. Zasius
von Wien auf einer Kutsche zu der Kaif. Maj. Lusthaus Ebersdorf gefah=
ren und in der Wiederreise sind die Pferde laufend worden, haben beide
Herren von der Kutsche springen wollen und ist Dr. Selbt alsbald todt=
gefallen, Dr. Zasius auch aufs Angesicht dermaßen gefallen, daß man
noch nicht weiß, ob er das Leben davon bringen wird, darob die Kaif.
Maj. trefflich unmuthig worden". Der hier erwähnte Dr. Ulrich Zasius,
kaiserl. Hofrath, ein fleißiger Correspondent des Kurfürsten August, dem
dieser viele interessante Mittheilungen verdankte, kam damals zwar mit
dem Leben davon, indessen waren seine Verletzungen doch so bedenklicher
Art, daß man in den Folgen derselben die Ursache seines am 27. April
1570 erfolgten Todes suchte.

und begeben haben.   Als aber J. F. G. aus Herzog Erichs
Schreiben das Widerspiel vermerkt, hat J. F. G. heute gegen
den Dr. Selben erst Nachmittags diesfalls losgedrückt und
sich vernehmen lassen, daß J. F. G. Sich eben dieser Sache
halben auf den Weg begeben mit unterthänigstem Flehen und
Bitten, daß die Rö. Kaif. Maj. Ihrem allergnädigsten und
väterlichem Erbieten nach, in dieser Sache als ein christlicher
gütiger und milder Kaiser, ein allergnädigstes Einsehn haben
und an H. Erich verfügen wollten, daß S. F. G. ohne fer=
nern Verzug sich wiederum zu Derselben Gemahlin, Land und
Leute wenden und begeben wollten."

Der Kaiser ließ hierauf die Herzogin auffordern, ihm
nach Brüssel, wohin er sich folgenden Tages begeben wolle,
zu folgen, dort werde „der Sache zweifelsohne schleunig und
gebührlich abgeholfen werden", eine Zusage, die aber nicht
erfüllt ward.   Die Reise war ganz erfolglos, doch erkannte
Katharina die Bemühungen des Bischofs von Arras, Antonio
Perenetto, der sich Sidoniens Interessen angenommen hatte,
dadurch an, daß sie ihm eine Erzstufe übersendete.

Auch sonst finden wir Katharina öfter auf Reisen, bei
denen sich die Sorgen um das Fortkommen und Herberge
wiederholten und deshalb die Unterstützung Anderer in An=
spruch genommen werden mußte.   So ersuchte sie im Jahre
1548 den Stadtrath zu Prag, er möge ihr zwei weiße Wagen=
pferde verschaffen.   Zu derselben Zeit ließ sie auch den Rath
zu Freiberg um „vier gute Wagen und 2 tüchtige Klepper,
die sonder Schaden", angehn, um sie von Torgau abzuholen.
Ein ähnliches Gesuch enthält ein Schreiben Katharina's an
den Weinmeister Peter Gebhard, d. d. Torgau, den 17. Septbr.
1548: „Unser Begehren ist an Dich, Du wollest den Rath zu
Freiberg von unsertwegen um drei weiße tüchtige Wagenpferde
anlangen und daß dieselben den 6. October allhie seien, denn
wir und unsere freundliche geliebte Tochter und Gevatterin
Frau Agnes, geb. Landgräfin zu Hessen, Herzogin zu Sachsen
und Churfürstin solche Pferde neben andern vor den goldnen

Wagen, wenn wir auf die Bahn ziehn[21], gebrauchen
wollen."

Als Katharina im Jahre 1550 das Bad zu Teplitz zu
gebrauchen wünschte, wendete sie sich an Ursula v. Wrsowetz,
geb. von der Weitmühl, die „dort eine Behausung, darin
das Bad eingeführt" besaß, mit der Bitte, „sie wolle ihr die=
selbe, darin sie baden und ihr Lager und Küche haben möge,
vergönnen", ein Wunsch, der denn auch, wie ein späterer
Dankbrief Katharina's beweist, bereitwilligst erfüllt ward.

Wir wenden uns nun zur der Prüfung eines Vorwurfs,
von dem wir lesen[22], daß Herzog Georg ihn Katharina ge=
macht habe, den der Unwirthlichkeit und des übertriebenen
Aufwandes. Daß Herzog Heinrich kein sparsamer Hauswirth
war, daß ihm, in dessen Charakter Hang zur Ruhe und zum
Wohlleben vorherrschte, das Geld schneller aus dem Beutel
schwand, als dieser wieder gefüllt werden konnte, ist eine be=
kannte Thatsache. Je entschiedener aber der Einfluß Katha=
rina's auf ihren Gemahl war, je leichter sie sich der Herrschaft
über ihn zu bemächtigen vermochte, um so weniger würde sie
große Schwierigkeiten gefunden haben, wenigstens soviel Ord=
nung im Haus= und Hofstaate herzustellen und festzuhalten,
daß der oft eintretende Mangel des Nöthigen vermieden wor=
den wäre, wenn Katharina von dem Sinne für Ordnung und
Sparsamkeit durchdrungen gewesen wäre, der ihre Schwieger=
tochter Anna belebte. Das scheint aber allerdings nicht der
Fall gewesen, wenigstens die Ordnungsliebe und Sparsamkeit
erst später bei ihr etwas mehr zum Durchbruche gekommen zu
sein, als sie in ihren späteren Lebensjahren als Wittwe allein
stand. Aus dieser Zeit finden wir mehrfache urkundliche Nach=
weise über ihren Hausstand und ihre Wirthschaftsführung vor.
Daß sie in ihrer Toilette zuviel Luxus getrieben, dafür liegen

---

[21] Am 7. Octbr. 1548 ward Herzog Augusts Vermählung mit Anna
in Torgau mit glänzenden Festen gefeiert; bei der Auffahrt zum Ritter=
spiele sollten also die Freiberger Rosse gebraucht werden.

[22] S. u. a. Weiße, Geschichte der Chursächsischen Staaten III. 223.

keine Beweise vor. Wenn sie durch Hieronymus Lotter in
Leipzig, der ihre Einkäufe dort zu besorgen pflegte, sich
20 Ellen schwarzen seidnen Arras, drei schwarze Borten,
„darunter eine gut, die andern gemein" (1547) und zwei
Stück lündisches Tuch (1548) kommen ließ, wenn sie ihre
Tochter Sidonie ersuchte (1550), sie möge ihr „24 Ellen
grauen rauhen Sammet aus Antwerpen zu einem Kleid kommen lassen, wie sie ein solches von ihr angetragen gesehn",
so sind das Anschaffungen, die zu den allergewöhnlichsten
fürstlichen Toiletten gehörten. Daß Katharina zumal in den
ersten Jahren ihres Wittwenstandes allerdings nicht im Ueberflusse zu schwelgen vermochte, beweist nachstehender eigenhändiger Brief an den Kurfürsten Moritz:

„Hochgeborner Fürst, freundlicher herzlieber Sohn. Unserer jüngsten Abrede nach, ist meine freundliche Bitte, Du
wollest meiner nicht vergessen mit den Ochsen darum ich Dich
gebeten habe, denn Du weißt, daß ich Dir geklagt habe, daß
ich hier im Amte zu Freiberg nicht einen groben gefunden,
habe ich gar keinen Vorrath in der Küche daraus Du zu
achten hast, wie schwer mir meine Haushaltung sich angelassen
hat. Du wollest Dich gutwillig, also ich mich zu Dir nicht
anders versehe, erzeigen, das will ich als die Mutter um
Dich ganz freundlich vergleichen und befehle Dich und Dein
liebes Gespons dem getreuen Gott in seinen göttlichen Schutz.
dat. Freiberg am Abend S. Pauli Bekehrung (24. Jan.) im
1542 Jahr. Meine Hand

K. H. Z. S. W."

In Beziehung auf den Unterhalt seiner Gemahlin hatte
Herzog Heinrich durch eine Leibgedingsverschreibung vom
11. März 1540 bestimmt, daß Katharina statt des ihr früher
mit 3000 fl. ausgesetzten Leibgedings, 5000 rh. fl. jährlich
und 6 Fuder Wein erhalten, sowie daß die Aemter, Schlösser
und Städte Freiberg, Wolkenstein, Marienberg, Geyer und
Ehrenfriedersdorf, „vorbehältlich der Bergwerksregierung,
Heerfarth, Landfolge, gemeine Landsteuer und Leihung der

2*

Rittergüter" ihr überwiesen werden sollten [23]; die Wahl ihres
Wittwensitzes an einem jener Orte blieb ihr vorbehalten,
ferner warb ihr statt der vorher verschriebenen Morgengabe
von 100 fl. eine solche von 500 fl. ausgesetzt, über die sie,
„sowie mit einem für einen Fürstentisch sich geziemenden
Silbergeschirr allen ihren mitgebrachten und geschenkt erhal=
tenen Kleidern, Schmuck und Kleinobien nach Gefallen solle
verfügen dürfen."

Diese Bestimmungen wurden jedoch durch einen Vergleich
Katharina's mit Kurfürst Moritz vom 10. Juli 1547 abge=
ändert.   Sie überließ ihm nach diesem die Witthumsgüter [24]
gegen eine jährliche Rente von 8275 fl. Außerdem warb ihr
die Bestellung von Wohnhäusern in Freiberg, Dresden und
Torgau zugesichert und ein Naturaldeputat von 12 Faß Wein,
5 Fäßlein Wildpret, 3½ Ctr. Hechte, 5 Ctr. Karpfen nach
Dresden oder Torgau zu liefern bewilligt. Der Rath zu Frei=
berg sollte ihr 2 Geschirre mit 2 Kleppern und Knechten stellen.

Kurfürst August, der dieses Abkommen 1553 erneuerte,
bewilligte Katharina noch 1500 Sch. Hafer, erhöhete auch die
Deputate auf 22 Faß Wein, 8 Ctr. Hechte, ebensoviel Kar=
pfen, 8 Fäßlein Schweine und ebensoviel Hirschwildpret.

In Freiberg ward Katharina zunächst „Haus und Hof
Martin Liskirchners am Markt" überwiesen; Kurfürst Moritz

---

[23] Im Uebrigen hatte Katharina die Regierung zu führen. In dieser
ihrer Eigenschaft als Regentin, schrieb sie am 29. März 1547, als Kur=
fürst Johann Friedrich mit seinem Heere das Erzgebirge überzogen, an
die Städte Geyer, Ehrenfriedersdorf und Wolkenstein und warnte dieselben
ernstlich, daß sie sich nicht wider ihre Landesherren Moritz und August
durch den Kurfürsten gebrauchen lassen sollten. Falle in den Mitthei=
lungen des K. Sächs. Vereins für Erforschung und Erhaltung vaterlän=
bischer Geschichts- und Kunstdenkmale. Heft 15. Geschichte der Bergstadt
Geyer S. 60. Dreßen 1866.

[24] Katharina hatte bei der Uebergabe die alten Amtsbücher zurück=
behalten. Unter dem 30. März 1556 ersuchte sie daher Kurfürst August
brieflich, „sie möge sie dem Schösser zu Freiberg, soviel sie deren bei sich
habe, gutwillig zustellen, damit er sich darin der Nothdurft ersehn könne."

bezahlte den Miethzins auf 8 Jahre voraus. Später wünschte die Herzogin, ein Haus zu beziehn, welches Kurfürst August von Martin Mannewitz erkauft hatte. Es ward daher auf kurfürstlichen Befehl besichtigt, „wie es an Fenstern, Thüren und andern befunden werde."

Zu jenen Deputaten kam dann als freiwillige Gabe häufig noch „Federwildpret" oder ein auf den Jagden erlegtes Stück Wild, und die Bewilligung des „nothbürftigen Brenn= holzes für die Haushaltung". In Beziehung auf das letztere beschwerte sie sich 1557 bei Kurfürst August, „daß die Schösser ihr einiges Holz verweigert", worauf der Kurfürst erwiederte, „daß die Schösser den Befehl erhalten, ohne kurfürstliche An= weisung Niemand etwas aus den Aemtern folgen zu lassen, wenn sie daher etwas über die Stücke, die ihr verschrieben seien, wünsche, möge sie ihn deshalb ersuchen und werde er sich gegen sie söhnlicher Gebühr freundlich zu verhalten wis= sen rc., er wolle sie fürstlich und söhnlich halten". (24. Mai 1557.) Daß Katharina aber auch selbst Anordnungen für ihre Wirthschaft traf und nicht Alles fremden Händen und fremder Leitung überließ, bestätigen mehrere Schriftstücke. So finden wir einen Befehl von ihr an den Weinmeister Peter Gebhard zu Freiberg, ihr Factotum, wegen des Bieres, das er für sie brauen lassen, dessen Verkauf um 5 fl. das Faß sie anordnete (1547). Derselbe erhielt auch von ihr (Sonnabend nach Joh. Bapt. 1548) die Weisung, er solle das Rosenwasser, welches 1547 gebrannt worden, füllen und mit zwei Lachsen, die sie von der Herzogin Sibonie erhalten, ihr nach Dresden schicken, den dritten solle er trocknen, auch vom Stadtrathe zu Freiberg einige Scheffel Hafer borgen. Aus Leipzig verschrieb sie (1548) „Safran Ingwer, dies am meisten, Näglein, Hut Zucker, für 2 fl. Barsamkäse (Parmesan= käse) und Muscatblumen", ließ auch aus der Apotheke Erd= beerwasser kommen. Einen ihrer Beamten, „Meister Hans", wies sie (1548) an, „er solle sich erkundigen, was das Fleisch und die Hühner, junge und alte in Freiberg kosten, ob es

auch theuer oder nicht zu bekommen, er solle auch Heu und
Stroh zu ihrer Ankunft in Vorrath anschaffen und 10 fl. bei
der Frau Holbin dazu leihen, wenn er bei dieser aber nichts
erlangen und ausrichten könne, solle er für 10 fl. Heu und
Stroh borgen". Viel Cassenbestand war also nicht in der
Freiberger Hofcasse. Solchen Cassenverhältnissen entsprachen
denn auch die Vorbereitungen zu einen Souper, welches
Katharina einst dem Kurfürsten August und seiner Gemahlin
zu geben beabsichtigte. Sie schrieb (15. Mai 1554) deshalb
an Hans Greusing auf Döhlen und Hans von Tauschwitz auf
Potschappel, sie habe Jene auf den folgenden Abend zu Gast
gebeten, „sei aber jetziger Zeit zur Nothdurft deshalb nicht
gänzlich versehn und bitte daher, sie möchten ihr um Bezahlung mit einem Paar oder zwei Bratforellen aushelfen".
Die Forellen werden wohl verabfolgt worden sein, vielleicht
hat aber die Bezahlung auf sich warten lassen, wenn die beiden
Herren gleiches Geschick gehabt haben sollten, wie Christoph
von Rüdigsdorf. Katharina hatte bei ihm in Seußlitz (bei
Meißen) 15 Sch. 24 gr. „verzehrt", mit der Vertröstung, die
Kammer werde die Post bezahlen, und der Versicherung, wenn
dies nicht geschehe, werde sie selbst die Schuld tilgen. Aber
weder die Kammer, noch Katharina zahlten und der Gläubiger mahnte denn nach mehrjährigem Warten sehr bringend.
Aber auch Katharina's Schuldner zeigten sich vielfach säumig.
Dem Sohne des Richters zu Dittersbach, Jacob Hentschel,
hatte sie 10 Thlr. geliehen; da der Sohn nicht zahlte, wendete sie sich an den Vater mit der Drohung: „sonst werde sie
verursacht, solches in anderm Weg von ihm zu verlangen".
Auch Johann von Gersdorff, der von Katharina 40 Thlr.
erborgt hatte, ward von ihr (1550) an die Rückzahlung ernstlich erinnert: „nachdem uns die Nothdurft euch selbst zu mahnen bewegt". Wir sehn, wie groß der Geldmangel sein mußte,
wenn eine Herzogin, die Mutter des mächtigen Kurfürsten von
Sachsen, wegen solcher geringen Posten zu mahnen sich genöthigt sah. Auch der Stadtrath zu Freiberg, der ihr 1548

300 fl. zu zahlen hatte, erfüllte seine Verpflichtung nicht. Katharina beauftragte daher den Weinmeister Gebhard, er solle dem Rathe einen Brief, den sie deshalb geschrieben, über- geben, sie versehe sich, der Rath werde die 300 fl., „die uns sollen", ihm zustellen, er möge denn die Summe auf das allerförderlichste durch gewisse Botschaft ihr schicken, desgleichen die 10 Thlr. Ausbeute vom alten Küchenmeister, ferner 10 fl. vom Todtschlage (wahrscheinlich eine ihr überwiesene Geld- strafe) und 20 Thlr. von Siegmund Glatz, die er schulde, einbringen. Durch manche Verluste gewitzigt, suchte sie in einem andern Falle sich genügende Sicherstellung zu ver- schaffen. Zu einer Reise lieh sie der Herzogin Katharina von Lauenburg 300 Thlr., für welche aber deren Rath und Hof- meister Hans von Sondershausen sich verbürgen mußte, unter Uebernahme der Verpflichtung, daß er bei Nichtinnehaltung des Rückzahlungstermins „mit seinem selbst Leib, einem Knecht und zweien reißigen leistbaren Pferden in eine offne Her- berge zu Leipzig einreiten allda inneliegen, leisten[25] nach Leisten Gewohnheit und Gebrauch, wie einem ehrliebenden von Abel eigne und gebühre, also verhalten wolle, auch Tags und Nachts nicht daraus kommen."

Die finanziellen Bedrängnisse, in denen wir Katharina finden, mögen wesentlich dadurch mit herbeigeführt worden sein, daß sie ein für ihr Einkommen zu zahlreiches Hof- und Dienerpersonal unterhielt. Hohe Besoldungen gewährte sie allerdings nicht. Merten Graf, den sie als Hofdiener an- nahm, setzte sie aus jährlich 10 fl., freien Tisch neben den Junkern, Futter für ein Pferd und ein gutes Kleid. Er war damit aber nicht zufrieden, indem er unter Bezugnahme dar- auf, daß er Frau und Kind habe, bemerkte, „die Besoldung dünkt mich etwas schimpflich zu sein". Dem Hauptmann Georg von Diffkowski, der nach zweijährigem Dienste als

---

[25] Leisten, der technische Ausdruck beim Einreiten. Haltaus, Glos- sarium Germanicum medii aevi p. 1259.

Rath eine Zulage von 200 fl. zu seiner Besoldung von 100 fl.
beanspruchte, erwiederte Katharina (1546), sie könne ihm soviel nicht bewilligen, „weil wie er wisse bei ihr des Aus-
gebens viel und des Einkommens etwas gering, sie habe auch
zeither sein Weib und seine Kinder mit Essen und Trinken,
welches seine Bestallung nicht in sich halte, aus Gnaden unterhalten, wolle aber die Besoldung um 100 fl. bessern und
ihm ferner alle Nothdurft sowie seine Frau und Kinder wie
bisher geschehn mit Essen und Trinken gnädiglich versehn".
Sie versprach auch, „wenn er in ihrem Dienst etwa sollte
gefangen werden, sich wegen seiner Auslösung gnädiglich
gegen ihn zu erzeigen."

Narren und Zwerge gehörten damals zu jedem wohl-
eingerichteten Hofstaate und so finden wir denn auch solche in
Katharina's Umgebung. In einem Briefe an die Königin
von Dänemark bedankt sie sich „des fürgewandten Fleißes
des Zwerges, so E. K. W. aus Seeland verschrieben gehabt
und des zugesendeten Pelzes, welchen wir von E. K. W.
wegen tragen und dieweil sein ein Stücklein währt, behalten
wollen". Sie übersendete zugleich als Gegengabe „ein Stüff-
lein Erz, so im Erzgebirg gewachsen, welches uns H. Moritz
geschenkt, so wir niemals von uns haben verlassen wollen".
Wegen einer Närrin, die in Ladislaus Birke von der Duba
Gebiet zur Gabel sich aufhalten sollte, schrieb sie an diesen.
Er erwiederte, er wisse zwar nichts von der Närrin, „wolle
sich aber bemühn und Forschung danach halten und wenn er
die Närrin erfahre, als willig gegen J. F. G. sich verhalten".
(Reichstädt, 25. April 1548.)

Schwierigkeiten scheint Katharina bisweilen bei der Wahl
ihrer Hofdamen gefunden zu haben, vielleicht weil sie ihnen
nicht viel Gehalt zu bieten vermochte. Wir finden mehrere
Briefe von ihr, die sich hierauf beziehn. So schrieb sie
(Montag nach Jubilate 1548) an Christoph von Reinsberg
zu Gebersbach, sie wünsche seine Tochter in ihr Frauenzimmer
und er solle, „wenn sie vielleicht gleich andern unsern Jung-

frauen mit der Kleidung also nicht staffiert und versehn sein
mag, diesfalls kein Bedenken nehmen, denn wir jeder Zeit
des fürstlichen Gemüths und geneigten Willens gewesen, den=
selben Unvermögenden mit gnädiger Steuer zu verhelfen“.
In einem andern Briefe schrieb sie an eine befreundete Edel=
dame, sie wünsche „noch eine Jungfrau von Adel, die eines
tugendlichen und züchtigen Wandels und etwas schön sei, in
ihr Frauenzimmer, auch ihre Hofmeisterin wolle sich verän=
dern und bemannen“, sie bedürfe daher einer andern.

Katharina scheint aber auch nicht immer glücklich in der
Wahl ihres Hofpersonals gewesen zu sein. Im J. 1550 ent=
ließ sie eine ihrer Hofdamen. Die Mutter derselben beklagte
sich hierauf in einem Schreiben „über das, was ihre Tochter
bei Katharina habe erleiden müssen“. Die Briefstellerin „pochte
zugleich auf ihre reiche Verwandtschaft, die hauen und stechen
sollte“, wie Katharina in ihrer Antwort d. d. Dresden, Mon=
tags nach Judica 1550 bemerkte. Sie schrieb auch über die
Entlassene: „Sie hat ein verlogen unverschämt Maul und sich
mit Geberden also gegen die Unsern erzeigt, daß solches an
einem Frauenzimmer nicht zu leiden und zu dulden. Sie hat
sich gegen die Edelleute viel Ungeberden erlaubt, auf Narren=
art die Zunge herausgesteckt“, die Bedeutung, daß sie werde
heimgeschickt werden, habe nichts geholfen.

Ein anderes Schreiben an einen Ungenannten lautet:
„Lieber Besonderer. Nachdem wir Euern Sohn Hans
durch Fürbitte ein Jahr bei uns behalten, so mögen wir Euch
doch gnädiger Meinung nicht verhalten, daß derselbe Euer
Sohn in solcher Zeit etwas ganz ungezogene unverschämte
Worte von sich zu geben beflissen und keine Strafe angenom=
men und dieselbe verachtet, das uns ganz widerwärtig. Be=
gehren derowegen an Euch gnädiglich, da Ihr benannten
Euern Sohn länger bei uns wissen wollet, Ihr wollet ihn
durch Schriften strafen und dahin halten, daß er solcher un=
gebührlichen Thaten abstehe und sich förder züchtiger verhalte,
auch seines befohlnen Dienstes warte. Da aber solches von

ihm übergangen und er also in obbemeldeten Vornehmen
verharren würde, so mögt Ihr denselben Euern Sohn wohl
wieder zu Euch nehmen. Solches haben wir Euch nicht
anders denn der Nothdurft nach und zu Besserung Eueres
Sohnes gnädiglich nicht unberichtet lassen können." Dresden,
den 4. Juli 1548.

Wie Katharina hier über „ungezogene unverschämte
Worte" ihrer eignen Diener sich zu beklagen hatte, so finden
wir auch ähnliche Beschwerden, die sie über Andere bei Kurfürst August anbrachte. Sie war wohl etwas empfindlicher,
reizbarer Natur, konnte es vielleicht nicht vergessen, daß sie,
wenn auch nur kurze Zeit, regierende Herzogin gewesen und
war daher leicht verletzt, wenn sie meinte, man trete ihrer
Stellung und dem ihr gebührenden Respecte zu nahe. Ein
Diener des Kurfürsten, Hulsing, hatte, wie sie angab, „unter-
wegs bei unserer Jungfrauen Wagen uns übel nach geredet
und geschmäht". Sie bat, August möge ihn in ernste Strafe
nehmen, „damit die Andern sich daran stoßen, dieweil Ew. L.
selbst zu ermessen, da die Eltern geschmäht, was weniger die
Kinder darin verschont werden". Der Kurfürst entfernte
zwar, um seiner Mutter die gebührende Genugthuung zu
gewähren, Hulsing aus seiner Nähe, als er ihn aber nach
einiger Zeit wieder zu sich rief, schrieb ihm Katharina, „es
sei ihr dies nicht gering bekümmerlich, er möge um ihret-
willen, da sie jetzt bei ihm sein solle, dahin gedenken, daß
Hulsing sich des Hofes enthalte."

Eines sehr groben, Katharina tief verletzenden Excesses
machte sich am Abende des 30. Novbr. 1553 ein Edelknabe,
der einem der angesehensten Geschlechter angehörte, schuldig.
Die Herzogin war in Dresden, hatte sich an dem Abende
zeitig zur Ruhe begeben, da erschien jener Edelknabe vor
ihrem Hause und „sang zum Fenster ihrer Edelleute herein
schmähliche Worte und Gesänge, in denen sie (die damals
76jährige Greisin) für eine unzüchtige Frau mehr denn eins
gescholten ward". Tags darauf ward Katharina, die im

erſten Schlafe den Vorgang ſelbſt nicht wahrgenommen hatte, in Kenntniß geſetzt, der Uebelthäter ermittelt und es ergab ſich, daß „zwei Knechte oder Edelleute, die nicht weit davon geſtanden, ihn angehetzt mehr dieſes laut zu ſingen". Der Edelknabe ward zu Katharina gebracht, die dem Thorwärter befahl, er ſolle ihn nicht herauslaſſen, allein während Katharina bei Tafel war, erſchien einer der Verwandten des Knaben und „holte ihn mit Gewalt weg". Auf Katharina's Beſchwerde ließ Kurfürſt Auguſt eine Unterſuchung einleiten, er ging aber auf ihren Antrag, den Knaben, welcher das ihm Beigemeſſene läugnete, der Tortur zu unterwerfen, nicht ein, „weil dazu nicht genügender Rechtsgrund vorliege", und ſo entgingen denn die Schuldigen der ihnen gebührenden Strafe.

Um vielfachen, bei ihrem Hofſtaate eingeriſſenen Miß- bräuchen Einhalt zu thun, erließ Katharina zu Anfang des Jahres 1554 folgenden Befehl: „Alldieweil wir zu öftern Malen unſerm Hofmeiſter befohlen, unſere Dienſte und Nutzen zum fleißigſten zu befördern, ſo hat es doch, weil er ſonſt bis- weilen mit andern unſern Geſchäften beladen, nicht gänzlich mögen verrichtet werden. Haben derhalben ihm Chriſtoph Elbeln als einen Marſchall auf dieſer Reiſe zugeordnet, dem man auf unſern Befehl zu gehorſamen. Und ſo oft man unſer Aufſein (d. h. Reiſe) anzeigen wird, ſoll ein Jeder eigner Perſon und Pferde nach ſeiner Beſtallung geſchickt ſein. Es ſollen auch unſere Diener von Adel in dem Gemach, da wir zu eſſen pflegen, auf unſern Tiſch fleißig warten, ſolange die Mahlzeit währt und das Waſſer gegeben wird.

Wir wollen auch, daß alle Edelleute mit ihren Knechten darüber halten, daß die unnützen Buben, die da keinen Dienſt thun und in ihren Herbergen und Ställen ſich aufhalten, nicht gelitten werden, demnach nicht Knechts Knechte vorhanden und unſere Ordnung alſo mit unſerm Schaden und Nachtheil entgegen gelebt werde. Und ſonderlich ſoll der Marſchall bei dem Geſindel gute Aufachtung haben auch in den Ställen, damit die Roſſe zur rechten Zeit gefüttert und wenn es von

Nöthen und nicht eher beschlagen werden, auch an Hafer und Rauchfutter nicht mehr vom Wirth oder aber, da man es vom Hof abholen wird, mehr genommen werde, denn sich gebührt und die Nothdurft erfordert, damit es also allenthalben recht zugehe, Zank und Hader verhütet, auch daß nichts verrückt oder entwendet, noch an andere Orte, denn es hin gehört, gegeben werde, da aber Einer was darüber thun wird, aus seinem Beutel heißen bezahlen."

Diese Gebote wurden aber, wie es scheint, nicht genügend beachtet, denn wir finden noch folgenden Erlaß Katharina's, d. d. Dresden, den 11. August 1554:

„Auf unsern unlängst ergangenen Befehl, den wir vieler Ursachen halber nicht zu umgehn vermocht, befinden Wir nachmals soviel, daß demselben nicht allein nicht nachgegangen, sondern vielmehr entgegen gelebt und gehandelt. Denn wie Wir euch sämmtlich in Schriften haben vermelden und gebieten lassen, auf Unsere Dienste, darum denn ein Jeder seine Besoldung empfängt, zum fleißigsten zu warten, so sind doch Etliche unter unsern Junkern, derselben Dienern und anderm Gesinde, wenn Wir in Unsers geliebten Herrn Sohns, des Kurf. zu Sachsen 2c. fürstlichen Häusern aufgenommen werden, auch mit Ihrer L. nach der Jagd oder sonst etwohin verrücken, so bleiben Etliche gar daheim, oder aber geleiten uns ein halb Gewänd Ackers, machen sich heimlich ohne unsern Urlaub vom Haufen zurück in die Herberge, vielleicht die Küche und Keller zu bestellen, welche ohne dies reichlich genugsam (darüber Niemand zu klagen) versehn und sonst ihres Gefallens zu leben, welches dann fleißig heißt auf den Dienst gewartet. Auch achten Wir es dafür, daß der Kurfürst zu Sachsen 2c. durch Derselben Fouriere des Orts man über Nacht verharren und in Eil auf Dörfern mit Herbergen zu bestellen genugsam versehn läßt, so sind doch Etliche, die nicht allein voranreiten, die besten Stände einnehmen, da doch unsere Wagenrosse, welche in allen felsigen bösen Wegen fort müssen, dadurch auch ihrer Fürstin Leibeswohlfahrt

gefördert, do entgegen die ihren Pferde, so die losen Stall-
buben, die des Brods nicht würdig reiten, alle Wege des
Vortheils zu gebrauchen, eher so billig stehn sollten, so müssen
Unsere Pferde, die Wir des Werths gleich ihren und mehr
achten, die ganze Nacht über an Zäunen stehn, ja da gleich
Platz genugsam vorhanden und Krippen aufgerichtet, brechen
die muthwilligen Buben diese hinweg, verschlagen die Stände
ihres Gefallens, entwenden Heu und Stroh, damit unsere
Rosse des überbleibenden Räumleins nicht theilhaftig noch zu
gebrauchen haben. Und wie Wir auch unlängst haben befehlen lassen, daß sich ein Jeder und derselben Diener in den
Herbergen wohl verhalten soll, damit keine Klage vor Uns
komme, Wir auch keine Nachrede und Schimpf Eines halben
tragen noch zu gewärtigen, so findet man doch das Gegen-
spiel, daß also unsere gnädige Warnung und Befehl ihnen für
einen Scherz und Uns gleich zur Verachtung gereicht. Entwenden dem Wirth heimlich das Seine, treiben andere un-
leibliche Schande und Muthwillen und wie sich etliche lose
Buben hören lassen, wenn sie in einer Nacht einem Bauer
das Seine zu nichte machen und umbringen könnten, wollten
sie es thun, lästern Gott im Himmel aufs Höchste, und wenn
sie toll und voll, flucht und schmäht man jetzt Den, bald
einen Andern, damit man Ursache erlangt, dasselbe endlich
mit der thätlichen Faust ins Werk zu bringen, da Wir doch
in dem Bestallungsbrief als wir Unsern Hofmeister angenommen dermaßen auch anzeigen und befehlen lassen, da einer
wider den andern Beschwerung, dem Hofmeister dasselbe zu
klagen, da er es nun nicht zu verrichten, alsdann an Uns
gelangen lassen, wollten Wir Uns gegen den Verbrecher mit
gebührlicher Strafe zu bezeigen wissen. Wir befinden aber,
daß man auf des Hofmeisters Gebot, der es doch Unsertwegen thut, nichts giebt. Was Wir aber nunmahls für
gnädiges Gefallen an solcher ungebührlicher Verhaltung tragen, ist leichtlich zu ermessen.

Derwegen Wir noch einmal ernstlich befehlen, da Einer

selbst oder auch sein Gesinde nicht dazu hält, diesem Unserm
Mandat und Gebot nachzusehen, sondern entgegen thun würde,
soll er alsbald seinen Abschied haben. Danach sich ein Jeder
zu richten."

Auch eine besondere „Frauenzimmerordnung" erließ
Katharina im Jahre 1560. Sie lautete:

„Erstlich ist unsere ernste Meinung und Wille, daß in
unserm Frauenzimmer unter unsern Jungfrauen und Andern
so darin zu schaffen, züchtigliches Leben und Wandel über
Tisch und sonst gehalten und gepflegt werde.

Zum Andern soll von 12 Hora an zu Mittag bis zu 3
unser Frauenzimmer aufgehalten (offen bleiben) und nach der
Abendmahlzeit bis um 8 Uhr ungeschlossen bleiben und den
Junkern in solcher Zeit im Frauenzimmer zu sein gegönnt
und gestattet sein.

Zum britten wollen wir und ist unser ernster Wille, da
gedachte Junker in unser Frauenzimmer in obberührter Zeit
gehn und sein würden, soll keine Unzucht, großes Geschrei
von ihnen darin geschehn, sondern sich züchtiglich, wie sichs
an solchen Stellen und Orten gebührt, verhalten und ob sich
auch Einer oder Mehrere mit einer Jungfrau in einen Winkel
zu setzen und zu verkriechen unterstehn würde, soll dasselbe
nicht gestattet, sondern bei dem Licht ehrbarlich und züchtiglich
wandeln und wenn die Zeit herauszugehn vorhanden, so soll
die Hofmeisterin klopfen und die Junker alsdann wiederum
herauszugehn züchtiglich verhalten.

Zum vierten wollen wir auch, da sich Einer etwa mit
einem übrigen Trunke, es wäre in unserer Bewohnung oder
in der Stadt, beladen würde, soll er vermöge unserer Hof-
ordnung unsers Frauenzimmers sich enthalten, würde aber
barüber Einer oder Mehrere in unser Frauenzimmer gehn,
so soll er durch unsern Hofmeister daraus geschafft und erinnert werden, daß wir barob kein gnädiges Gefallen tragen
würden.

Zum fünften gebieten und befehlen wir, daß unsere

Jungfrauen der Hofmeisterin in Allem willig und gehorsam sein und was sie mit ihnen schaffen und gebieten werde, thun sollen, auch sollen unsere Jungfrauen ohne Erlaubniß unserer Hofmeisterin aus dem Frauenzimmer nicht gehn.

Zum sechsten und vornehmlichst ist Unsere ernste Meinung, daß wenn die Junker im Frauenzimmer sind, soll keiner Jungfrau aus dem Frauenzimmer zu gehn von der Hofmeisterin gestattet und nachgelassen werden.

Zum letzten ist auch unser Befehl und Meinung, daß sich unsere Hofmeisterin zu rechter Zeit mit unsern Jungfrauen schlafen legen und des Morgens mit ihnen wiederum zur rechten Zeit aufstehn und mit uns zur Kirche zu gehn vorhanden sein, auch daß vor Allem gute Achtung auf das Licht gegeben, dadurch kein Schade daraus erfolgen möge."

Das Bedürfniß solcher Anordnungen liefert zugleich einen augenscheinlichen Beweis dafür, wie roh damals noch die Sitten waren und welche Rücksichtslosigkeit und Ungeschliffenheit selbst in den nächsten Umgebungen der Fürsten herrschte.

Daß Katharina sich frühzeitig Luthers Lehre zuneigte, daß sie wesentlich dabei mitwirkte, daß Herzog Heinrich die Reformation in seinem Gebiete einführte, ist bekannt, aber auch, als sie nach ihres Gemahls Tode einen directen Einfluß nicht mehr üben konnte, suchte sie doch noch für die protestantische Kirche zu wirken. Als ihr der Rath einer nicht benannten Stadt meldete, „daß der Probst das päpstliche Leben und unchristliche Wesen durch Kais. Maj. wiederum in diesen Landen aufzurichten und christliche reine Lehre abzuthun verhoffen solle", antwortete Katharina (6. Jan. 1548), daß Kurfürst Moritz „solches teuflisches Unkraut in seine Lande einzupflanzen und christliche reine Lehre auszurotten nicht gestatten werde, sondern S. L. wollten, ehe solches geschehn sollte, Land, Leute und Alles darüber zusetzen und verlaffen."

Im Jahre 1549 kam zu ihrer Kenntniß, daß der Herzog von Sachsen-Lauenburg „in seinen Landen einen Pfaffen habe, der verführerische Lehren und Leben vorrede und bereits bei den Geiftlichen und Gelehrten zu Wittenberg verklagt worden". Sie schrieb deshalb an Asmus Spiegel zu Grunau, „er solle des Pfaffen Buch, das durch die Gelehrten verklagt werde, dem Herzog zuschicken, damit der Pfaffe desto füglicher aus dessen Landen entfernt werde."

Um immer Gottes Wort vernehmen zu können, hielt sich Katharina einen eignen Hofprediger, der stets in ihrer Um= gebung sein mußte. Der Letzte war M. Kaspar Fuger, welchem Kurfürst August nach Katharina's Tode, bis er eine Stelle erhalte, jährlich 150 fl. aussetzte.

Wie wir den religiösen Sinn Katharina's anzuerkennen haben, so liegen uns auch Beweise ihrer Mildthätigkeit und wohlwollenden Fürsorge für Andere vor. Dem „würdigen Thomas Bleuel, Pfarrer zu S. Niclas vor Freiberg", hatte sie zugesagt zu seines Sohnes „Studio Förderung, Hülfe und Vorschub zu thun". Sie schrieb daher an Melanchthon, er möge den jungen Mann „einem guten praeceptori unter= geben von dem er fleißig gelehrt und zur Schule gehalten, auch auf ihre Kosten mit Essen, Trinken und Lager gebühr= lich versehn werde". Melanchthon unterzog sich des Auf= trags und correspondirte in Briefen, die sich noch erhalten haben, mehrfach mit Katharina über diese Angelegen= heit.[26]

An Katharina von Minkwitz, geb. Gräfin Schlick, „die in Armuth und Betrübniß gefallen", schrieb die Herzogin (1550), weil sie „dem Elend und Angstbarkeiten mit Hülfe zu erscheinen geneigt, wolle sie, wenn es ihr gelegen, sie mit ihrem Kind zu sich holen und gern bei sich behalten."

Lebhaft verwendete sie sich auch (1550) für die Aufnahme einer armen Frau, Christine, der sie Quartier in einem Häus= lein vor dem Kreuzthore in Freiberg gewährt hatte, in das Freiberger Hospital.

---

[26] Stichart, Galerie der Sächsischen Fürstinnen S. 243.

War die Casse erschöpft, so vertröstete Katharina Hülfe-
suchende wenigstens auf die Zukunft. Anna, Georg von Ruß-
dorfs Tochter, „der in diesen Kriegsläuften Alles verheert und
genommen worden", bat die Herzogin um ein Kleid, „nachdem
sie sich verlobt". Katharina antwortete (Freiberg, Dienstag
nach Trinit. 1547), daß „sie der Jungfrau jetziger Zeit mit
Gnaden zu erscheinen" nicht im Stande sei, „aus Ursachen,
daß sie selbst jetziger Kriegsläufte halben nichts bekommen
könne, zu Michaelis hoffe sie aber, sie mit einem ehrlichen
Kleid bedenken zu können."

Ein langes Leben war Katharina beschieden. Im Jahre
1561 trat sie in ihr 84. Jahr, allein ihre Lebenskraft war
erschöpft. Sie erkrankte zu Anfang des Jahres 1561 so
schwer, daß Kurfürst August den Dr. Bartholomäus, der,
wie wir erwähnten, schon früher Katharina behandelt hatte,
abermals herbeirief. Er traf am 10. März in Torgau, wo
Katharina darniederlag, ein. August schrieb hierüber am
3. April 1561 an Erzherzog Maximilian, „er hat die Kur
mit unserer freundlichen lieben Frau Mutter angefangen und
wollen zu Gott hoffen, es soll sich mit J. L. Gesundheit zu
mehrerer Besserung schicken". Diese Hoffnung schien sich zu
bestätigen, Dr. Bartholomäus konnte nach einiger Zeit die
Kranke wieder verlassen, allein es trat ein Rückfall ein und
Dr. Bartholomäus ward abermals nach Torgau berufen, wo
er am 5. Juni eintraf, jedoch um eine Sterbende zu finden.
Am 6. Juni 1561 verschied Katharina in den Armen ihres
Sohnes, des Kurfürsten, und ihrer Schwiegertochter Anna.
August schrieb über ihren Tod an den Erzherzog Maximilian:
„Dr. Bartholomäus von Reckingen Carrichter hat seinen mög-
lichsten Fleiß angewendet. Als aber J. G. befunden, daß
keine menschliche Hülfe an Derselben ersprießlich gewesen,
haben sie auch ferner keine Arznei brauchen noch einnehmen
wollen, sondern sich ganz geduldig und christlich in den Willen
des Allmächtigen ergeben."

Selneccer hat uns in seiner Leichenpredigt auf Kurfürst

August [27] ein frommes Wort aufbewahrt, welches Katharina noch kurz vor ihrem Ende gesprochen: „ich will an meinem Herrn Christo klebend bleiben wie eine Klette am Rock" [28], Worte, welche der geistliche Lieberdichter Simon Graf in das Kirchenlied „Christus der ist mein Leben und Sterben mein Gewinn" aufnahm [29], die aber in der Ueberarbeitung des Liedes, wie wir sie im Dresdner Gesangbuche Nr. 338 wiederfinden, verschwunden sind.

Wegen der Beerdigung der Leiche erließ der Kurfürst an den Rath zu Freiberg nachfolgendes Rescript: [30]

„Wir geben euch mit bekümmertem Gemüth zu vernehmen, daß die hochgeborne Fürstin unsere freundliche herzliebe Frau Mutter heute dato um zwei Uhr im Herrn selig entschlafen und von diesem Jammerthal abgefordert worden ist. Gott der Allmächtige geruhe Ihre Liebden und uns Allen gnädig und barmherzig zu sein. Weil wir denn diese Verordnung gethan, daß J. L. durch die Unsern auf den nächsten Sonntag von hinnen aus nach Lommatzsch und folgenden Montags von da aus nach Freiberg geleitet und in den Chor zu Unserer Lieben Frauen gewöhnlichem Brauch nach zur Erde bestattet werden soll, als ist unser Begehren hiermit befehlend, ihr der Rath wollet Ihre Liebden sammt der Knapp- und Bürgerschaft, desgleichen euern Geistlichen und euern allerseits Weibern in gewöhnlichen Trauerkleidern und Schleiern, auf den Montag ungefähr um 9 Uhr Vormittags vor das Thor nach Lommatzsch wärts in der Procession neben deren von Adel Weibern, so wir hierzu auch erfordern lassen, entgegen gehn und alsdann allerseits J. L. bis in die

---

[27] Hausen, Gloriosa elect. duc. Saxon busta. Dresden 1728. S. 61.

[28] Dr. Weller giebt in der Leichenpredigt auf K. Johann Georg I. die Worte etwas anders wieder (bei Hausen a. a. O. S. 1376).

[29] Green in der Leichenpredigt auf K. Johann Georg II. (bei Hausen S. 1577) Stichart a. a. O. S. 245.

[30] Copial des Haupt-Staatsarchivs no. 279, fol. 275.

oberwähnte Kirche geleiten helfen, dazu ihr denn das Lauten und die Schüler sammt ihrem Präceptor auch zu verordnen, euch auch der Gesänge und anderes halben mit dem würdigen unsern lieben andächtigen und getreuen, M. Christian Schütz, Hofprediger, wohl zu vergleichen wissen werdet. Was er auch in Verfertigung des Begräbnisses von Arbeitern bedürfen wird, die wollet ihm unsäumlich vor die Hand verschaffen". Torgau, den 6. Juni 1561.

Die Verhandlungen über den norddeutschen Bund.

(Juli bis October 1806.)

Unter Berücksichtigung der bisher unbenutzt gebliebenen
Materialien des Königl. Sächs. Haupt=Staatsarchivs bearbeitet.

Vom Regierungsrath von Witzleben.

Der in den Sommer 1806 fallende, unter dem Namen
des norddeutschen oder nordischen Bundes bekannte
Versuch einer föderativen Reconstruirung der nach dem Falle
des deutschen Reiches und der Bildung des Rheinbundes un=
abhängig verbliebenen deutschen Staaten, von den meisten Ge=
schichtschreibern bisher sehr oberflächlich behandelt, hat in den
jüngstvergangenen Jahren eine eingehendere Würdigung er=
fahren in zwei Schriften, von denen die eine bereits in das
Jahr 1851 fällt, die andere aber erst im vorigen Jahre er=
schienen ist. Es sind dies die „Geschichte der preußisch=
deutschen Unionsbestrebungen", von Prof. Dr. Adolf
Schmidt (Berlin, Veit u. Comp. 1851), deren zweiter Theil
unter dem Titel: „Der norddeutsche Reichsbund" die hier in
Rede stehende Materie behandelt, und ein im Separatabbruck
(Berlin, Georg Reimer 1865) veröffentlichter Aufsatz aus den
Preußischen Jahrbüchern: „Napoleon, der rheinische und
der nordische Bund," von dem inzwischen zu einer Pro=
fessur an der königl. preußischen Universität Greifswald be=
förderten Docenten der Geschichte, Rudolf Usinger. Beide

Arbeiten, von denen die Schmidts wegen ihrer ungleich tie-
fern Gründlichkeit und größern Unbefangenheit bei Weitem
den Vorzug verdient, treffen in einem Punkte zusammen, in
dem sichtlichen Bemühen, die Schuld des Mißlingens auf die
Schultern der beiden Regierungen zu wälzen, mit denen
Preußen über die Grundzüge der neuen föderativen Gestalt
von vornherein ausschließlich in Verhandlung getreten war,
— Kursachsen und Kurhessen.　Zu einer förmlichen Tendenz
wird dies Bemühen in der Usinger'schen Schrift, welche die
bona fides des sächsischen Hofes geradezu bestreitet, denselben
als „von französischen Intriguen umsponnen" verdächtigt
und ihn der Verfolgung selbstsüchtiger Sonderpläne zeiht,
indem Sachsen sich „an die Spitze der kleinen sächsischen und
anderen thüringischen Häuser stellen" habe wollen.

Die einseitige Auffassung, welche Schmidts und Usingers
Arbeiten kennzeichnet, mag zum Haupttheile ihre Begründung
in dem Umstande finden, daß beiden, soweit es sich um urkundliche Quellen handelt, nur die Actenstücke des preußischen
Archivs vorgelegen haben.　Usinger benutzte zwar als neu-
edirte Quellen noch die 1863 erschienenen drei Bände (tom. 11,
12 u. 13) der auf Befehl des Kaisers Napoleon III. veröffentlichten Correspondenz Napoleon I. und die in demselben
Jahre veröffentlichten Memoiren des Grafen Senfft, der
im Frühjahre 1806 als sächsischer Gesandter nach Paris gegangen war.　Es wird im weitern Verlaufe unserer Mittheilungen aber Anlaß geboten sein, darzulegen, wie wenig
gerade diese beiden Werke in ihrem Inhalte etwas bieten,
was den Unterstellungen des Verfassers zum Anhalte dienen
konnte und wie es daher nur aus einer mißverständlichen
Auffassung zu erklären ist, wenn er sie für seine Zwecke als
Autorität anzieht.　In Wirklichkeit beschränken sich auch seine
Quellen mithin lediglich auf den Inhalt der Berliner Archive.

Was nun diesen beiden Bearbeitern der Verhandlungen
über den norddeutschen Bund gefehlt hat, die Einsicht in die
hierauf bezüglichen Actenstücke des sächsischen Haupt-Staats-

archivs, ist dem Verfasser der gegenwärtigen Aufzeichnungen
zu Theil geworden. Ihm haben nicht allein sämmtliche mit
der preußischen und den übrigen, in den Bund hineinzuziehen-
den Regierungen von der sächsischen gewechselten Schriften,
sondern auch die Protokolle über die anläßlich der Angelegenheit gepflogenen Cabinetsberathungen und die diplomatische
Correspondenz des Grafen Senfft vorgelegen und diese Quellen finden sich sämmtlich in der nachstehenden Darstellung entsprechend benutzt. Wiefern daraus, insonderheit den Anklagen
Usingers gegenüber, sich eine Ehrenrettung der damaligen
Handlungsweise Sachsens ergiebt, kann der Verfasser dem
öffentlichen Urtheile getrost anheimstellen.

Zum bessern Verständnisse der Sache müssen wenige
einleitende Bemerkungen vorausgeschickt werden.

Mit dem Regierungsantritte des Kurfürsten, spätern
Königs Friedrich August des Gerechten, hatte die sächsische
Politik eine durchgreifende Wandlung insofern erfahren, als
sie sich, nachdem sie bisher, die kurze Periode nach dem Tode
Kaiser Karl VI. abgerechnet, wo gemeinsame Erbinteressen
ein Zusammengehn mit Preußen geboten, seit dem Ende des
dreißigjährigen Krieges grundsätzlich zu Oesterreich gehalten,
nunmehr Preußen zuwendete und mit diesem in allen auswärtigen Fragen fest zusammenhielt. Dieses System, zu welchem sich Friedrich August neben einer unverkennbaren persönlichen Sympathie für Preußens damaligen Beherrscher,
Friedrich den Großen, mit welchem ihn ein auf gegenseitige
Achtung gegründetes, fast intimes Verhältniß verband, auch
durch allgemeine Rücksichten, namentlich durch die Gleichartig-
keit der beiderseitigen reformatorischen Bestrebungen in Gesetzgebung und Verwaltung bestimmt fühlen mochte, ward
ununterbrochen festgehalten bis zum Unglückstage von Jena,
an welchem die sächsische Armee mit der preußischen vereint
gegen die Franzosen kämpfte. Eine Begrenzung fand dies
Zusammengehn nur in der doppelten Richtung, einmal daß
Sachsen von jedem Handel, der auf einen seinen Territorial-

bestand ändernden Ländertausch abzweckte, sich ausschloß, und
sodann in Beziehung auf das Verhältniß zu Kaiser und Reich,
wo Sachsen mit gewissenhafter Pflichttreue jederzeit seinen
durch die Reichsverfassung gebotenen Obliegenheiten nachkam.
Wie man daher im bayrischen Erbfolgestreite 1778 auf das
Anerbieten des Grafen Hertzberg, gegen Abtretung der beiden
Lausitzen an Preußen, Sachsen die Fürstenthümer Anspach und
Bayreuth, deren Anfall an Preußen in Folge Aussterbens
beider Fürstenhäuser nahe bevorstand, zu überlassen, — so
vortheilhaft dieser Ländertausch, der Sachsen zur tonangeben=
den Macht Mitteldeutschlands machen mußte, namentlich im
Hinblicke auf die später eingetretenen Constellationen gewesen
wäre — nicht einging, weil Friedrich August „sich nicht ent=
schließen konnte, ihm ergebene und völlig treue Unterthanen
abzutreten und gegen andere zu vertauschen" (ipsissima verba
aus der Antwortdepesche an den preußischen Gesandten), so
folgte man auch Preußen 1795 nicht nach Basel, ungeachtet
das sächsische Contingent am Rheine bisher unter dem preu=
ßischen Obercommando gekämpft hatte, sondern setzte mit
Oesterreich den Reichskrieg bis 1796, kurz vor dem Frieden
von Campo Formio fort, statt von der im Baseler Frieden
allen Reichsständen, deren Länder innerhalb der Demarca=
tionslinie lagen, gebotenen Gelegenheit, sich Neutralität zu
erwirken, Gebrauch zu machen. Ueberhaupt hielt sich Friedrich
August in seiner auswärtigen Politik von jeder, über die
Stellung seines Landes als Glied des Reichskörpers hinaus=
greifenden Action fern, wie er denn insbesondere den in
Pillnitz 1791 abgehaltenen Conferenzen gegenüber, bei denen
er sich lediglich auf die Rolle des Wirthes beschränkte, sich
durchaus passiv verhielt und weder an den Verhandlungen
noch an den Beschlüssen, ungeachtet der deshalb an ihn er=
gangenen Einladung, irgend einen Antheil nahm. Er wollte
deutscher Reichsfürst sein, nichts mehr, aber auch nichts we=
niger, und wenigstens so weit es von ihm abhing, sollte
nichts verabsäumt werden, was des Reiches Ehre und Ansehn

erheischte. Mit dieser Intention stand er freilich, wie damals
die Dinge lagen, in Deutschland fast isolirt und selbstver=
ständlich konnte das Verhängniß dadurch nicht aufgehalten
werden, daß von den dreihundert Fürsten und Städten, welche
damals das deutsche Reich bildeten, ein einziger Reichsstand
selbstlos und opferwillig seine Schuldigkeit that.

Mit dem Jahre 1806 brach dieses Verhängniß, seit
Jahren vorbereitet und mit der in Basel vollzogenen Los=
sagung Preußens vom Reichsverbande nur noch eine Frage
der Zeit geworden, unaufhaltsam herein, Kaiser Franz legte
die deutsche Kaiserwürde nieder, die süddeutschen und rheini=
schen Fürsten wurden von Napoleon I. zu einem unter seinem
Protectorate ins Leben tretenden neuen Verbande unter dem
Namen des Rheinbundes vereinigt und die tausendjährige
Schöpfung des Deutschen Reichs hatte aufgehört zu bestehen.

Der sächsischen Politik war damit in ungleich empfind=
licherem Grade, wie dies in anderen deutschen Ländern merk=
bar ward, der Boden so zu sagen unter den Füßen wegge=
zogen.   Die größeren deutschen Staaten hatten sich sämmtlich
lange zuvor bereits des Zusammenhanges mit dem Reiche
factisch entäußert, Bayern, Würtemberg, Baden und andere
waren mit Frankreich im Bunde, Hannover von Napoleon I.
an Preußen überlassen. Am wenigsten angefochten vom Gange
der Ereignisse waren bisher Sachsen und Kurhessen geblieben,
und zumal das erstere Land hatte diese Gunst des Geschickes
wesentlich wohl der vorsichtigen Zurückhaltung zu verdanken,
welche seine Regierung nach Außen hin beobachtete.   Der
Verband mit dem Reiche war für diesen Zweck von erheb=
lichster Bedeutung; so sehr das Reich selbst bereits um diese
Zeit auf den bloßen Namen reducirt war, so bot dieser im=
merhin doch eine formelle Handhabe, mittels deren man Zu=
muthungen bedenklicher Art, zumal vom Auslande her, ab=
weisen konnte.   Dieser Umstand ist um so beachtenswerther,
als er den Schlüssel zur Erklärung mancher, auf den ersten
Blick auffälliger Erscheinungen der Folgezeit, namentlich für

die vergleichsweise glimpfliche Behandlung Sachsens durch
Napoleon I. nach der Jenaer Schlacht enthält. Man braucht
durchaus nicht zur Unterstellung französischer Intriguen am
Dresdener Hofe und eines hierauf sich gründenden Doppel-
spiels des Letztern seine Zuflucht zu nehmen, um es begreiflich zu finden, daß Napoleon I. dem Kurfürsten von Sachsen
eine ungleich achtungsvollere Behandlung angedeihen ließ als
beispielsweise dem Kurfürsten von Hessen, dessen Verschuldung
gegen Frankreich anscheinend doch hinter der Sachsens zurück-
stand, indem er vorsichtiger Weise seine Truppen bei Jena
nicht mitkämpfen ließ. Die Correspondenz Napoleon I. giebt
über diese Beweggründe ebenso klaren als erschöpfenden Aufschluß. Die durch und durch ehrliche und selbstlose Politik,
welche der Dresdner Hof, unbeirrt durch lockende Versprechun-
gen, wie durch einschüchternde Drohungen, mit strenger Consequenz einhielt, hatte auf Napoleon I. unverkennbar eines
mächtigen moralischen Eindrucks nicht verfehlt und ihm nach
dieser Richtung hin um so mehr imponirt, je seltener eine
solche Erscheinung in den damaligen Zeitläuften war. Es
wird weiterhin Gelegenheit geboten sein, hierauf zurückzukommen. Vorläufig hier nur so viel, daß der scharfe Blick
Napoleon I. die besonders schwierige Lage, in welche Sachsen
vor Allem durch den Zusammenbruch des deutschen Reichs
gerathen mußte, zwar sofort in ihrer ganzen Bedeutung und
Tragweite erkannte, daß er aber nicht minder auch sich bewußt war, wie wenig bei einem Hofe wie dem Dresdner mit
den Manövern auszurichten sein würde, die ihm anderwärts
so oft zum Erfolge verholfen hatten. Es war eine der wun-
dersamsten Eigenthümlichkeiten der Napoleonischen Staatskunst,
daß sie bei ihren Operationen jederzeit die Individualität der
Personen und Verhältnisse in genaueingehenden Betracht zog
und hiernach vorzugsweise die Wahl der Mittel und Werkzeuge bemaß, mit denen sie zu wirken gedachte. Die anscheinend fast selbstlose Großmuth, welche Napoleon I. nach
der Jenaer Schlacht gegen Sachsen an den Tag legte, trug

ihm hier, wie die Folgezeit lehrte, reichere und nachhaltigere
Früchte, als mit einem brusken, hochmüthigen Auftreten zu
erreichen gewesen wären.

Wenigstens war die schwierige Situation, in die man
durch den endlich der Form nach auch ausgesprochenen Zer=
fall des deutschen Reiches gedrängt ward, keine ganz unvor=
bereitete. Die Nothwendigkeit einer Entscheidung war bereits
beim Ausbruche des Krieges von 1805, der bekanntlich kein
Reichskrieg mehr war, an das sächsische Cabinet mit ernster
Mahnung herangetreten. Man hatte sich damals mit Preußen
über geeignete Maßregeln zum Schutze des nördlichen Deutsch=
lands vermittelst einer bewaffneten Neutralität vernommen
und das damalige Resultat der Verhandlungen war die Mo=
bilisirung eines beträchtlichen sächsischen Truppentheils. Die
Unentschlossenheit Preußens vereitelte weitere Maßnahmen;
statt den Zweck der gemeinsamen Action im Auge zu behal=
ten, ließ man sich dort zu dem später so verhängnißvoll ge=
wordenen Schritte der Besetzung Hannovers verleiten, und
schloß mit Rußland einseitig den Potsdamer Vertrag ab, zu
welchem Friedrich August den Beitritt mit dem bezeichnenden
Beisatze: „daß er viele Stipulationen enthalte, die seinem
und Deutschlands Interesse fremd seien", ablehnte. Kaum
aber war die Austerlitzer Schlacht geschlagen, als die kriegs=
lustige Stimmung in Berlin ins gerade Gegentheil umschlug:
man entwaffnete und ließ sich von Frankreich gegen die Ab=
tretung von Anspach, Cleve und Neuenburg den Besitz Han=
novers vertragsmäßig stipuliren. Von einem vorherigen Ein=
vernehmen mit Sachsen, der verbündeten Macht, war hierbei
ebenso wenig die Rede gewesen, als seiner Zeit über die
Verhandlungen, welche dem Potsdamer Vertrage vorher=
gingen, der insofern eine für die Integrität der deutschen
Staaten ziemlich bedenkliche Bestimmung enthielt, als da=
durch unter Andern sich Preußen „eine sichere Grenze, durch
Acquisitionen oder durch Tausch" von Rußland gewährleisten
ließ.

Hätte man in Dresden Anlage zur Empfindlichkeit gehabt, — die Vorgänge des Herbstes 1805 wären wohl geeignet gewesen, diese Gefühle gegen Preußen wach zu rufen. Der Charakter Friedrich Augusts war solchen Regungen persönlicher Art nicht zugänglich, wo es ein höheres, allgemeines und öffentliches Interesse galt. Schmidt selbst, so wenig er sonst Sachsens Parthie zu nehmen geneigt ist, sagt a. a. O. S. 406: Der sächsische Hof sei (Januar 1806) sehr weit entfernt gewesen, sich von der Politik Preußens loszusagen oder nur Vorwürfe und Verdacht gegen sie zu hegen. Wenn er aber hinterher Sachsen für die damaligen Mißgriffe der preußischen Politik gewissermaßen in Mitleidenheit durch die Bemerkung zieht, die Vorsicht habe damals geboten, vor der Hand gerüstet zu bleiben, doch sei dieselbe von keiner Seite in dem Maße, wie es die Lage der Dinge erfordert, gehandhabt worden, „am wenigsten von Seiten Sachsens, das nicht zeitig genug mit der Entwaffnung vorschreiten zu können glaubte", so muß diese Insinuation als völlig unzutreffend zurückgewiesen werden. Sachsen entwaffnete nicht eher, als nachdem die Preußen, die bereits bis Zwickau vorgedrungen waren, wo die von dem im Jahre darauf bei Saalfeld gebliebenen Prinzen Louis Ferdinand von Preußen befehligte, aus Sachsen und Preußen zusammengesetzte Avantgarde stand, Sachsen wieder verlassen hatten und auf den Friedensfuß gesetzt waren. Daß man damals in Preußen selbst über die Haltung Sachsens ein anderes, gerechteres Urtheil hegte, ergiebt sich aus einem eigenhändigen Schreiben, das Friedrich Wilhelm III. unterm 10. August 1806 an Friedrich August richtete und worin folgende, die Loyalität der damaligen Politik Sachsens jeder Anzweifelung überhebende Stelle vorkommt: es sei leider zu fürchten, daß der Gang der Ereignisse nöthigen werde, ein System anzunehmen, „welches wir vor zwei Monaten noch so wenig ahnten und was nicht meine Wahl gewesen sein würde, wenn man überall jene Entschiedenheit des Willens an den Tag gelegt hätte, wovon Ew.

Kurfürstl. Durchlaucht ebenso wie ich Zeugniß abgelegt haben."

Auch die Auflösung des deutschen Reichs — formell genommen, denn materiell war von diesem schon längst so gut
wie keine Rede mehr, da, wie bemerkt, außer Sachsen sich
keiner der größeren Reichsstände an die Reichspflicht mehr
gebunden erachtete — hatte 1805 bereits ihre Schatten vor-
ausgeworfen.

Der Preßburger Friedenstractat supponirte dem deutschen
Reiche „den deutschen Staatenbund", statt eines römisch-deut-
schen Kaisers sprach er von einem „Kaiser von Deutschland
und Oesterreich" und sanctionirte im klaren Widerspruche mit
den Reichsinstitutionen die Königswürde für Bayern und
Würtemberg mit voller Souveränität. Es ist bezeichnend für
den weitern Verlauf der Dinge, wie sich Preußen und Sachsen
zu diesem offenbaren Bruche der Reichsverfassung stellten.
Unterm 23. Januar 1806 berichtete Baron Brockhausen, der
damalige preußische Gesandte in Dresden: „man werde sich
hier (in Dresden) danach richten, was Preußen thun werde.
Indessen habe man es schmerzlich empfunden, daß es Paris
sei, wo die beiden neuen Könige sich krönen ließen und daß
bereinst auch ihre Nachfolger die Krone aus den Händen der
Kaiser von Frankreich als ein Zeichen der Abhängigkeit und
der Vasallenschaft empfangen sollten. Man finde hier,
daß um solchen Preis es besser sei Kurfürsten zu
bleiben." Der ganze Ton dieser Bemerkungen spricht dafür,
daß man in Dresden an nichts weniger als daran dachte,
aus der Erwerbung der Königswürde Seiten Bayerns und
Würtembergs einen Präcedenzfall für sich selbst zu machen,
daß man aber auf einen, das, durch diesen Vorgang tief
gekränkte Ansehn des deutschen Reiches und seine Verfassung
formell wenigstens wahrenden Schritt von Berlin sich einige
Hoffnung machte, dem man sich mit Freuden sofort angeschlossen haben würde. Diese Erwartung ward indessen keineswegs erfüllt, schon am 27. Januar erging an Brockhausen

ein Rescript seines königlichen Herrn, den kurzen Bescheid enthaltend: „Ich werde ohne Schwierigkeit die Königswürde des Kurfürsten von Bayern anerkennen, wenn sie mir formell angezeigt werden wird."

Von der Abneigung Friedrich Augusts, sich nach dem Vorgange Bayerns und Würtembergs die Königswürde eben= falls beizulegen, wozu für Sachsen, den nächst Oesterreich und Preußen an Landbesitz und Bevölkerung damals mächtigsten Reichsstand, die materiellen Voraussetzungen in unstreitig höherm Grade als für Bayern und Würtemberg (auch nach der diesen Staaten durch Napoleon I. gewordenen Gebiets= vergrößerung) vorhanden waren, giebt eine weitere Depesche. Brockhausens vom 29. Januar 1806 Zeugniß: „eine große Partei am Hofe und im Palast wünsche, daß der Kurfürst den Königstitel annehme. Die Minister wünschen es eben= falls, aber der Kurfürst hat keine Lust dazu, obgleich er sich versichert hält, daß Preußen ihn anerkennen würde. Vielleicht würde er sich in der Folge entschließen, wenn er sieht, daß die Eigenschaft des Kurfürstenthums mit dessen Function erlischt" (mit anderen Worten, wenn durch Auf= lösung des deutschen Reiches die zu den Reichsinstitutionen ihre wesentliche Beziehung habende kurfürstliche Würde gegen= standslos würde). Die Depeschen Brockhausens und ganz besonders die eben angeführte rufen unwillkürlich die Ver= muthung hervor, als habe der preußische Gesandte geheime Instructionen von Berlin aus gehabt, den Kurfürsten von Sachsen zu Annahme der Königswürde zu disponiren und in diesem Sinne seine Umgebung zu bearbeiten. Fast zur Evi= denz ergiebt sich dies aus der Antwort, die Brockhausen auf seine Mittheilung vom 29. Jan. bereits am 4. Febr. erhielt. Hardenberg, der preußische Minister des Auswärtigen, schrieb nämlich: „Wenn der Kurfürst von Sachsen den Königstitel annehmen wolle, so würde er mehr Recht dazu haben als viele Andere, und unser Monarch, weit entfernt davon, ihm entgegen zu sein, würde sich ein Vergnügen daraus machen, seine Erhebung zu begünstigen. Sie können Sich offen in diesem Sinne aussprechen." Daß Brockhausen über diese Gesinnungen seines Hofes in Dresden keinen Zweifel ließ, ist aus seinen weiteren Depeschen in dieser Angelegenheit zu entnehmen, ja im März machte er einen wiederholten Anlauf in dieser Richtung, um dem Herzoge von Sachsen-Weimar, der nach Dresden gekommen war, um den Kurfürsten zu Annahme der Königswürde ebenfalls zu bestimmen, den Rang abzulaufen. Alle diese Lockungen verfehlten indessen ihren Zweck, auch diesmal erhielt Brockhausen von dem Cabinets-minister Grafen vom Loß eine ausweichende Antwort. Das freundschaftliche Verhältniß zwischen Sachsen und Preußen wurde dadurch nicht berührt. Am 1. April 1806, mithin nach dem zweiten verunglückten Versuche Brockhausens, den Kurfürsten zur Annahme der Königswürde zu bewegen, schrieb Friedrich Wilhelm III. an Friedrich August: „Die Sicherheit und die Interessen Sachsens werden mir jederzeit theuer sein. Das ist ein in meinem System feststehender Grundsatz. Ich werde niemals davon abgehn . . . ."

Die Bemühungen Preußens, den Kurfürsten Friedrich August zur Annahme der Königswürde zu bestimmen, hatten, vom Standpunkte der durch Brockhausens Berichte in Berlin gewonnenen Auffassung der Dinge aus, ihren guten Grund. Gleichzeitig nämlich wären, wenn man den Brockhausen'schen Berichten Glauben schenken darf, Versuche in gleicher Richtung von Frankreich gemacht worden, die insofern wirksamer ausgestattet waren, als man von dieser Seite die Lockspeise von Gebietsvergrößerungen, die sich in den süddeutschen Staaten und in Preußen selbst so erfolgreich erwiesen hatte, auftischte. Brockhausen spricht von Erfurt sammt Zubehör und den anhaltischen Besitzungen, die Frankreich Sachsen darbieten wolle, wenn der Kurfürst seine Tochter, die Prinzessin Auguste, Napoleons I. Bruder Hieronymus zur Gemahlin gäbe. Indessen ist nicht außer Acht zu lassen, daß hierfür andere Gewährsquellen als die Brockhausen'schen Berichte überhaupt

nicht vorhanden sind, wie denn insbesondere die jetzt ver=
öffentlichte Correspondenz Napoleon I., bei deren Heraus=
gabe mit anerkennenswerther Rückhaltlosigkeit zu Werke ge=
gangen wird, keine einzige auf eine derartige Thätigkeit
berechnete Depesche oder Weisung enthält, und daß, als
Brockhausen gegen den Minister des Kurfürsten darauf zu
sprechen kam, dieser jede Wissenschaft in Betreff solcher Pläne
entschieden in Abrede stellte. Nicht allein möglicher, sondern
sehr wahrscheinlicher Weise ist Brockhausen in seinen Vermu=
thungen fehlgegangen und, ohne freilich eine Ahnung davon
zu haben, selbst der Getäuschte gewesen.

Die Lage der Dinge, wie sie sich im Frühjahre 1806
bezüglich des Verhältnisses zwischen Sachsen und Preußen
stellte, kann somit in folgende Sätze zusammengefaßt werden:
beiderseits durchaus freundschaftliche Beziehungen; engster An=
schluß Sachsens an Preußen in allen Fragen der auswärtigen
Politik, im Grundsatze treu und aufrichtig festgehalten, auch
nachdem Sachsen während des französisch=österreichischen Krie=
ges 1805 ziemlich niederschlagende Erfahrungen hinsichtlich der
preußischen Beständigkeit zu machen Gelegenheit gehabt; Be=
mühen Preußens, den Kurfürsten von Sachsen zur Annahme
der Königswürde zu bestimmen, nachdem diese Würde den
Beherrschern von Bayern und Würtemberg von Napoleon
beigelegt worden war, — ein Beginnen, dem indessen eine
entschiedene Abneigung Seiten Friedrich Augusts entgegen=
trat. Insonderheit dieser letztere Punkt ist für die Würdigung
mancher später eingetretenen Ereignisse von entscheidender Be=
deutung.

Nach alledem erscheint die Behauptung nicht zu gewagt,
daß Preußen um diese Zeit für etwaige Vorschläge zu födera=
tiven Gestaltungen im deutschen Interesse in Dresden mit
ziemlicher Sicherheit auf eine günstige, bereitwillig entgegen=
kommende Stimmung rechnen durfte. Eine besondere Bürg=
schaft hierfür lag überdies in den Persönlichkeiten der dama=
ligen nächsten Berather des Kurfürsten. Es waren dies die

Grafen Loß, Hopffgarten und Hohenthal, der Cabinets=
minister Generalleutnant von Low und der Conferenzminister
von Burgsdorff. Sie alle waren mit den bisher leitend
gewesenen Grundsätzen der sächsischen Politik aufs Innigste
verwachsen, die Meisten seit einer langen Reihe von Jahren
bereits an der Spitze der Geschäfte. Graf Loß, ein Mann
nahe den Siebenzigen, stand dem auswärtigen Departement
seit 1790 vor, Graf Hohenthal und von Burgsdorff gehörten
dem Geheimen Consilium seit 1799 und bez. 1793 an. Den
schlagendsten Beleg für die Aufrichtigkeit ihrer Gesinnungen
kann wohl die Thatsache bilden, daß der der Schlacht von
Jena folgende Umschwung in den politischen Verhältnissen
den sofortigen Rücktritt der beiden Cabinetsminister Graf Loß
und von Low zur Folge hatte und nur Graf Hopffgarten im
Amte verblieb, der, mit der Leitung der inneren Angelegen=
heiten betraut, der auswärtigen Politik ferner stand. Den
Grafen Loß traf überdies, wie Graf Senfft in seinen Me=
moiren (S. 134 fg.) berichtet, der Zorn Napoleons so schwer,
daß er in voller Ungnade und ohne Pension verabschiedet
werden mußte, und noch mehrere Jahre darauf wird es als
Beweis großen persönlichen Muthes und unabhängiger Ge=
sinnung hervorgehoben, daß eine Anzahl ritterschaftlicher
Stände dem in Ungnade gefallenen Minister durch einen
feierlichen Besuch eine Aufmerksamkeit darbrachte. Es ge=
bräche an jeder vernünftigen Erklärung für den Haß, den
Napoleon I. auf den Grafen Loß geworfen, wenn Sachsen,
wie es beschuldigt wird, bei den Verhandlungen über den
norddeutschen Bund in der That ein doppeltes Spiel getrieben
und gegen Preußen gerichteten französischen Einflüsterungen
Gehör gegeben hätte. Dagegen entspricht es ganz der Praxis
Napoleons I., da, wo es nicht räthlich erschien, seinen Un=
willen an demjenigen, der ihn unmittelbar hervorgerufen,
auszulassen, wenigstens das Werkzeug büßen zu lassen und
seiner Rachsucht zu opfern. Sehr ähnlich wie hier, verfuhr
er bekanntlich zwei Jahre später gegen den Freiherrn vom

Stein, den der König von Preußen nicht allein ebenfalls entlassen mußte, sondern nicht einmal vor der von Napoleon über ihn verhängten Acht retten konnte.

Daß nämlich Napoleon I. von seinem Standpunkte aus wohl Ursache hatte, mit dem Verhalten Sachsens in dieser Zeitperiode unzufrieden zu sein, ergiebt sich klar aus den Depeschen, welche Graf Senfft, dem im Frühjahre 1806 die unter den damaligen Verhältnissen wichtigste diplomatische Mission Sachsens, der Gesandtschaftsposten in Paris, übertragen worden war, in dieser Stellung an den sächsischen Hof richtete. Graf Senfft gehörte zu den wenigen politischen Persönlichkeiten Sachsens, deren Anschauung von den damals leitenden Grundsätzen mannichfach abwich; er galt als Gegner Preußens, nicht minder aber auch als Franzosenfeind. Zu Beidem bekennt er sich offen in seinen Memoiren. Wenn auch die specifisch antipreußische Tendenz, welche seiner Politik, als er einige Jahre später in das sächsische Cabinet trat, zur Signatur diente, um diese Zeit noch weniger scharf ausgeprägt sein mochte, wie sie denn wesentlich auf dem durch die Niederlagen der Jahre 1806 und 1807 hervorgerufenen Glauben von Preußens gänzlicher Zukunftslosigkeit beruhte, so geht doch aus dem abweichenden Urtheile, welches er über die Politik des Grafen Loß fällt, hervor, wie wenig er bereits damals mit dessen Hinneigung zu Preußen einverstanden war. Einen irgendwie maßgebenden Einfluß übte er indessen damit nicht auf den Gang der Dresdener Politik. Eine solche Annahme widerspricht durchgehends den Verhältnissen, wie sie damals bestanden. Von allem Andern abgesehn, würde dem schon die große Altersverschiedenheit zwischen ihm und den damaligen, fast sämmtlich bereits bejahrten Cabinetsmitgliedern entgegengestanden haben. Wenig über dreißig Jahre alt, als er nach Paris ging, galt er als junger Mann, dessen Urtheil und Meinung um so weniger maßgebend in Betracht kommen konnte, als ihm überdies das Terrain seiner Wirksamkeit vollständig neu war. Graf Senfft hatte sich nämlich ursprünglich gar nicht der diplomatischen Laufbahn gewidmet, sondern war aus der Verwaltung — er bekleidete das Amt eines Hof- und Justizraths — hereingenommen und sofort auf den Pariser Posten gestellt worden, weniger vielleicht in Berücksichtigung seiner besondern persönlichen Qualification, als im Hinblicke auf seine, in diesem Falle sehr ins Gewicht fallenden, durch eine Heirath begründeten glänzenden Vermögensverhältnisse. Diese Momente sind nicht außer Acht zu lassen, soweit man den Senfft'schen Depeschen die Bedeutung historischer Quellen beilegen will. Man wird sich streng davor zu bewahren haben, die darin niedergelegten Grundsätze und Meinungsäußerungen in principielle Beziehungen zur Dresdener Politik zu bringen und daraus für Gang und Richtung der letztern irgendwie maßgebende Folgerungen zu ziehen.

Graf Senfft war von Hause aus keine sehr willkommene Erscheinung in Paris. Sein Vorgänger in der Gesandtschaft, Graf Bünau, hatte als Anhänger des französischen politischen Systems gegolten und war in Folge dessen eine beliebte Persönlichkeit gewesen. Als Graf Senfft bei Talleyrand, dem Minister des Auswärtigen, seinen Antrittsbesuch machte, sprach dieser lediglich von seinem Vorgänger, „einem Ehrenmanne, der die Achtung und das Wohlwollen des Kaisers in vollem Maaße besessen habe"; er hatte Mühe, bei Frau von Talleyrand vorzukommen, die ihn mit kalter Vornehmheit behandelte. Erst nach Talleyrands Rücktritt nach dem Tilsiter Frieden gestaltete sich ein besseres Verhältniß. Mit Napoleon selbst kam Senfft gar nicht in persönliche Berührung; er hatte, wie er in seinen Memoiren selbst berichtet, während der ganzen Dauer seiner Mission eine einzige längere Unterredung mit dem Kaiser und diese fand statt bei Gelegenheit des Besuches, den sein Souverain in Paris abstattete, kurz vor seiner Abberufung, als er bereits seine Ernennung zum Cabinetsminister in der Tasche hatte.

So wenig dem Grafen Senfft in Paris seine ziemlich bekannten antifranzösischen Gesinnungen zur Empfehlung gereichen mochten, so wenig verschmähte man es doch andererseits, von seiner zugleich gegen Preußen gerichteten Stimmung Nutzen zu ziehn, in der, wie bemerkt, freilich in der Regel fehlgeschlagenen Hoffnung, damit auf die Dresdener Politik einen, dem französischen Interesse entsprechenden Einfluß zu üben. Es ist überaus interessant, aus den Senfft'schen Depeschen zu entnehmen, welche Mittel und Wege die damalige Pariser Staatskunst zu diesem Zwecke einschlug und welche Mühe sie sich gab, in Dresden einen „Umschwung" in ihrem Sinne zu Stande zu bringen.

Ueber die Pläne, welche Frankreich im Schilde führte, konnte Senfft bald ins Klare kommen. Bereits im Juni 1806, wenige Wochen nach seiner Ankunft in Paris, berichtete er von einem Gespräche des Generals Sebastiani, der sich dahin geäußert habe: der Kaiser müsse sich mit den Angelegenheiten Deutschlands befassen und allein darüber bestimmen. „Wir werden Sachsen Preußen gegenüberstellen, wie wir Bayern Oesterreich gegenübergestellt haben." Daß dies der eigentliche Hintergedanke der französischen Politik war, wußte man auch in Berlin recht wohl. Man war aber dort vollkommen beruhigt über Sachsens Absichten. Graf Lucchesini, der damalige Gesandte Preußens in Paris, sprach dies offen aus, indem er gegen einen Dritten sich dahin ausließ: Ohne Zweifel sei es der Hauptzielpunkt der französischen Politik, Sachsen und Hessen von der Allianz mit dem Berliner Hofe zu trennen, aber „die unerschütterliche Loyalität des Kurfürsten von Sachsen gewährleiste Preußen die Unmöglichkeit der Ausführung eines solchen Projects."

Inzwischen nahten die Anschläge Frankreichs bezüglich der Umgestaltung Deutschlands mehr und mehr der Vollziehung. Bereits am 27. Juni weist Senfft auf die Möglichkeit hin, daß Napoleon die Krone eines Kaisers von Deutschland und des Abendlandes auf sein Haupt setzen und dann die alte Politik der Kaiser wieder aufnehmen werde, die kleinen Staaten als Gegenstand fortwährender Eifersucht für ihre

4*

mächtigeren Nachbarn fortbestehen zu lassen. Auch auf anderen Wegen drangen nach Dresden Gerüchte, daß die sich vor-
bereitenden Veränderungen in Deutschland auch Dispositionen
enthalten könnten, welche den Interessen Sachsens präjudicir-
lich seien, und Senfft ward demzufolge angewiesen, „vorsichtig,
aber mit Vermeidung jedes Scheins von Beunruhigung und
ohne Jemandem vom diplomatischen Corps zu großes Vertrauen zu schenken", das Terrain zu sondiren. Am 7. Juli
konnte denn auch Senfft bereits von den Gerüchten über die
Bildung des Rheinbundes 2c. berichten. „Man spreche in
Folge dessen", fügt er bei, „aber auch von einer näheren
Vereinigung Preußens, Sachsens und Hessens. Frankreich
habe ohne Zweifel ein ähnliches Arrangement im Sinne,
werde es aber unter seinem Einflusse zu Stande zu bringen
suchen und daher bestrebt sein, die Innigkeit der Beziehungen
Preußens zu seinen Alliirten zu lockern". Unterm 18. Juli
theilt er dagegen mit, Frankreich werde Sachsen und Hessen
in den Rheinbund zu ziehn suchen und Bemühungen in diesem
Sinne würden nicht ausbleiben, „sei es hier (in Paris) oder
in Dresden". (Daraus ergiebt sich, daß bisher in dieser
Richtung französischerseits noch keine Schritte gethan worden
sein konnten, was ein neues Argument für die Unglaubwür-
digkeit der obenerwähnten Brockhausen'schen Meldungen über
das Heirathsproject zwischen Prinzessin Auguste und König
Hieronymus und die damit in Verbindung gebrachte Erhebung Sachsens zum Königreiche unter französischem Einflusse abgiebt.) Eine Beruhigung konnte in dieser Beziehung
eine Eröffnung Talleyrands an Senfft gewähren, von welcher
dieser am 21. Juli berichtet. Talleyrand hatte dem sächsischen
Vertreter mit bestimmten Worten die Zusicherung ertheilt, alle
Veränderungen, die sich in Deutschland vorbereiteten, würden
fern von Sachsen vor sich gehn und dieses nicht weiter berühren. Dessenungeachtet vermochte sich Senfft nicht der Be-
fürchtung zu entschlagen, daß Frankreich doch noch Sachsen
in den Rheinbund hineinzuziehn suchen werde.

Am 17. Juli kam Senfft durch die Vermittelung eines Dritten eine Abschrift der Rheinbundsacte vor Augen, die er sofort dem preußischen Gesandten Marquis Lucchesini mittheilte, welchem die auf diesen Gegenstand bezüglichen Verhandlungen bisher vollständig verborgen geblieben waren. Bereits seit Mitte Juni ward der Letztere von Napoleon und den französischen Regierungsmännern mit einer auffallenden Kälte behandelt, und die Anzeichen mehrten sich täglich, daß man es französischerseits zum Bruche mit Preußen treiben wolle. Einen bedeutsamen Wink in dieser Beziehung erhielt Senfft an demselben 17. Juli durch den österreichischen General Vincent, der bis zur Ankunft des neuen Botschafters einstweilen die Geschäfte der österreichischen Gesandtschaft versah. Derselbe theilte ihm, von einer Audienz beim Kaiser in St. Cloud zurückkehrend, mit, wie Napoleon Aeußerungen habe fallen lassen, wonach Sachsen sich wohl in Acht nehmen möge, von Preußen, das seinem Verderben zueile, sich mit fortreißen zu lassen; der Kurfürst könne nichts Besseres thun, als seine Unabhängigkeit und Neutralität erklären und dieselbe in Gemeinschaft mit den benachbarten Kleinstaaten aufrecht halten; Frankreich werde diese politische Haltung anerkennen, ohne Sachsens Zutritt zum Rheinbunde zu verlangen.

Schwerlich hat Napoleon diese Aeußerungen absichtslos gethan. Senfft hatte sich unter seinen diplomatischen Collegen in Paris vorzugsweise dem General Vincent angeschlossen, Napoleon wußte dies ohne Zweifel und konnte daher voraussetzen, daß so gewichtige Worte der Adresse, an die sie gerichtet waren, nicht vorenthalten bleiben würden. Die Eröffnung war zugleich mit großer Klugheit auf die Person des Grafen Senfft, den man als Gegner des preußischen Bündnisses kannte, berechnet. Napoleon hoffte so in diesem ein Werkzeug zu gewinnen, das unbewußt für seinen zunächstliegenden Plan, Preußen zu isoliren, thätig wäre. In der That ging Graf Senfft mit Eifer auf den Gedanken des Kaisers ein und berichtete sofort den Inhalt seiner Unterredung mit General

Vincent in einer chiffrirten Depesche nach Dresden. Hier aber
fand er, wie er selbst eingesteht, mit seinen Ideen sehr wenig
Anklang. „Man glaubte sich Preußen gegenüber durch das
Versprechen der Cooperation zum Zwecke der Vertheidigung
von Norddeutschland gebunden, schmeichelte sich, Alles werde
sich auf dem Wege der Verhandlungen ausgleichen, endlich
war Graf Loß, ein durchaus reiner und ehrenwerther Charakter, aber schwach und durch die Leidenschaft seiner Umgebungen, welche den Schwindelgeist der Berliner Salons
theilten, zu voreingenommen, um sich an einen Gedanken zu
heften, der von Paris kam und der ihm ein Verrath gegen
Preußen zu sein schien.“ [1]

Die Frage erscheint am Platze, ob es Napoleon mit seinen
Andeutungen Ernst war, oder ob sie nur als Behelf dienen
sollten, Sachsen in den Rheinbund hereinzuziehen. Senfft
befürchtete das Letztere, wie sich aus seiner unter dem unmittelbaren Eindrucke der Unterredung Napoleons mit Vincent
geschriebenen Depesche vom 18. Juli ergiebt. Abgesehn indessen davon, daß die von ihm in dieser Depesche in Aussicht
gestellten Schritte Frankreichs in dieser Richtung ausblieben,
so widerspricht dieser Auffassung auch geradezu die beruhigende Eröffnung Talleyrands an Senfft, von welcher die
Depesche vom 21. Juli Kunde giebt. War es wirklich Napoleons Absicht, Sachsen nur zu dem Zwecke von der preußischen
Allianz abzuziehen, um es für den Rheinbund zu gewinnen, so
wäre diese Mittheilung offenbar sinnlos, denn sie hätte dann
nur die Folge gehabt, Sachsen über das, was Frankreich
eigentlich von ihm gethan wünschte, irre zu führen, und insofern mithin eine Gegenwirkung gegen die französischen Pläne
selbst geübt. Angesichts der innern Unwahrscheinlichkeit einer
solchen Deutung vermögen wir daher den Absichten Napoleons
eine über die Worte, die er zu Vincent gesprochen, hinaus-

---

[1] Mémoires du Comte de Senfft, p. 10. (Leipzig, Veit et Comp.
1863.)

gehende Auslegung um so weniger beizulegen, als zugleich die Mittheilungen Talleyrands an Senfft mit diesen Worten vollständig im Einklange stehn, ja, die letzteren in dem eben angedeuteten Sinne genommen, gewissermaßen den Nachsatz zu den von Napoleon verlautbarten Vordersätzen bilden. Der leitende Grundgedanke des Kaisers war auf Preußens Verderben gerichtet; Preußen sollte vorerst isolirt und zu diesem Zwecke seiner militärischen Verbindungen mit Sachsen und Hessen entäußert werden. Das Motiv dieser Handlungsweise war vorzugsweise strategischer Natur. Abgesehn davon, daß, wenn es gelang, Hessen und Sachsen von der Allianz mit Preußen zu trennen, für den Fall eines Krieges mit Frankreich der letztgenannten Macht ein wohlausgerüstetes, kriegsgeübtes und schlagfertiges Hülfscorps von 40—50000 Mann entzogen ward, so hatte man auch mit Preußen allein, was in seinem damaligen Bestande für einen Angriff von Frankreich her fast auf allen Seiten ungedeckte Grenzen bot, ungleich leichteres Spiel, als wenn dieser Staat, durch die Verbindung mit Sachsen im Besitze der durch Gebirgszüge gebildeten natürlichen Grenzdeckungen gegen Bayern und Thüringen hin, in die Lage gesetzt war, eine Aufstellung zu nehmen, welche Napoleon gewissermaßen nöthigte, den Stier bei den Hörnern zu fassen. Auf diese Weise erklären sich namentlich die vielfachen Bemühungen Napoleons, den Dresdener Hof zu bestimmen, den Preußen den Durchzug durch sächsisches Gebiet zu verweigern und seine sichtlich hervortretende Scheu, das Kriegstheater in das Gebirgsterrain der Bayreuther Besitzungen, des Voigtlandes und Erzgebirges zu verlegen. Die Correspondenz Napoleons I. enthält in dieser Beziehung schlagende Belege.

Man könnte hiergegen allenfalls einwenden: wenn Frankreichs Anschläge auf das Verderben Preußens ausgingen, so sei es ziemlich gleichgültig gewesen, ob es gleichzeitig Sachsen in den Rheinbund zu ziehen getrachtet habe; eine andere Wahl würde dann Sachsen ohnehin nicht verblieben sein.

Immerhin wäre das nur eine Hypothese, bezüglich deren es
Gründe und Gegengründe giebt. Einer der gewichtigsten der
letzteren dünkt uns der, daß die Idee des Rheinbundes, wie in
den einleitenden Worten der Conföderationsacte vom 12. Juli
1806 ausdrücklich ausgesprochen ist, vorzugsweise dem südlichen Deutschland galt, und eine weitere räumliche Ausdehnung des Bundes ursprünglich nicht einmal in Aussicht nahm.
Das Interesse Frankreichs erheischte aber auch in Wirklichkeit
weit mehr eine Verbindung, welche die Kräfte des südlichen
und westlichen Deutschlands ihm zur Verfügung stellte, als
es bezüglich des Verhältnisses zu dem nördlichen und östlichen
Deutschland in Frage kam. Der am meisten zu fürchtende
und hartnäckigste Gegner Frankreichs blieb unter allen Umständen, wie eine fünfzehnjährige Kriegserfahrung gezeigt
hatte, Oesterreich, dem man aber in seiner deutschen Machtstellung nur vermittelst des deutschen Südens und Westens
beikommen konnte. Die Hereinziehung der übrigen Theile
Deutschlands in ein französisches Interessenbündniß, wie es
der Rheinbund nach jeder Richtung hin war, war für diesen
Zweck von sehr untergeordneter Bedeutung. Daß Napoleon
selbst die Dinge von diesem Gesichtspunkte aus ansah, ergiebt
sich klar daraus, daß er Preußen vom Eintritte in den Rheinbund freiließ, während, wenn der Plan des Kaisers von
Hause aus auf das gesammte deutsche Gebiet berechnet gewesen
wäre, man vergebens nach einer Erklärung für diese Handlungsweise suchen würde, will man sie nicht als den Act
einer, dem Charakter Napoleons gänzlich fremden, großmü-
thigen Liberalität ansehn. Denn daß Napoleon nach dem
Kriege von 1806—1807 die Macht besaß, Preußen nach
Befinden zum Eintritte in den Rheinbund zu zwingen, wenn
es sich nicht freiwillig dazu herbeiließ, darüber kann wohl
kein Zweifel sein.

Für die Stellung Frankreichs zu dem Plane der Gründung eines norddeutschen Bundes waren Erwägungen solchen
Inhaltes von entschieden maßgebendem Belange. In erster

Linie konnte Napoleon demselben nicht anders als abhold sein. Eine föderative Vereinigung der nach Auflösung des deutschen Reiches und Bildung des Rheinbundes in den letztern nicht hineingezogenen nord- und mitteldeutschen Staaten mußte deren Schwerkraft stärken und stand insofern im scharfen Gegensatze zu der Politik Napoleons, welche wesentlich auf der systematischen Schwächung Deutschlands fußte. Ueberdies bot eine solche Zusammenschließung die Möglichkeit einer Anlehnung für Oesterreich, wenn diese Macht wieder so weit zu Kräften gekommen war, um sich mit Frankreich messen zu können. Auf eine Förderung französischerseits hatten mithin die auf die Errichtung einer solchen Föderation abzweckenden Schritte und Verhandlungen gewiß nicht zu rechnen. Vielmehr war anzunehmen, daß die Pariser Staatskunst zunächst nach Kräften bemüht sein werde, deren Zustandekommen zu hintertreiben. Diesem Zwecke erschien es aber am meisten dienlich, alle Bestrebungen darauf zu richten, die hervorragendsten Contrahenten der Föderation in thunlichster Isolirung von einander zu halten. Napoleon wollte vor allen Dingen es verhütet wissen, daß der norddeutsche Bund sein Machtaufgebot mit in die Wagschale werfen könne, wenn er den langvorbereiteten Schlag gegen Preußen führe. In diesem letztern Sinne vornehmlich intriguirte er gegen das Zustandekommen des Bundes.

Die Berichte des Grafen Senfft stellen diesen Punkt in ziemliche Klarheit. Die ersten Schritte Preußens wegen der Errichtung eines norddeutschen Bundes fallen in die zweite Hälfte des Monats Juli 1806. Zunächst hatte man sich an Kurhessen gewandt und dort so günstiges Terrain gefunden, daß unmittelbar nach den ersten Eröffnungen über die Sache in Kassel der kurhessische Minister von Waitz in Berlin zu Anknüpfung weiterer Verhandlungen auf der von Preußen bezeichneten Grundlage erschien. Diese überraschend günstige Aufnahme seiner Vorschläge in Kassel ermuthigte das Berliner Cabinet zu weiteren Schritten, die sich zunächst nach Dresden

richteten. Wunderbarerweise waren um diese Zeit weder
der preußische Gesandte in Dresden, noch der sächsische in
Berlin auf ihren Posten; Baron Brockhausen wie Graf Görtz
befanden sich auf Urlaub. Es muß auffällig erscheinen, daß
unter den obwaltenden Verhältnissen nicht an Brockhausen der
sofortige Befehl erging, sich so schleunig als möglich auf seinen
Posten zurückzubegeben, um die Verhandlungen mit dem eng=
befreundeten Hofe in die Hand zu nehmen. Das geschah in=
dessen nicht, in der Person des Grafen Götzen ward vielmehr
ein Specialgesandter erwählt, der diese Mission übertragen
erhielt und der allerdings um so mehr persona grata in
Dresden war, als er bereits im Jahre zuvor, vor Ausbruch
des österreichisch=französischen Krieges, eine von Erfolg ge=
krönte Mission nach Dresden vollführt hatte, die ihm das
volle Vertrauen des hiesigen Hofes erwarb.

Für denselben wurde unterm 24. Juli 1806 eine In=
struction ausgefertigt, aus deren Inhalt sich ergiebt, daß man
um diese Zeit in Berlin noch keine Nachricht von dem bereits
erfolgten Abschlusse des Rheinbundes hatte, jedoch ihn bereits
als nahe bevorstehend ansah. Ein zwischen Preußen, Kur=
sachsen und Kurhessen mit Beitritt der übrigen vornehmsten
benachbarten Stände einzugehendes gemeinschaftliches Bünd=
niß, „durch welches die Ruhe, Sicherheit und Unabhängigkeit
des nördlichen Deutschlands erhalten und befestigt werden
solle", war danach der Hauptzielpunkt für Götzens Mission.
Der erste Grund zu einer solchen Verbindung liege, heißt es
in dieser Instruction, schon in dem vormaligen Systeme des
preußischen Hofes, dem Kursachsen von jeher und auch noch
in dem letzten schwierigen Zeitpunkte mit so vieler Biederkeit
treu geblieben sei. Eine neue und bringende Aufforderung
zu einem engern Vereine ergehe aber aus den fortschreitenden
Veränderungen und Umwälzungen, welche das deutsche Reich
theils neuerlich wieder betroffen hätten, theils noch in Kurzem
zu bedrohen schienen. Hieran schließen sich die Befürchtungen
wegen des in seinen Umrissen bereits bekannten Rheinbundes,

wegen der von Oesterreich seit dem Preßburger Frieden beobachteten Passivität, sowie Besorgnisse wegen der von Frankreich gegen Preußen neuerdings beobachteten Zurückhaltung
und wegen der von französischer Seite angeblich bereits gemachten Versuche, den Kurfürsten von Hessen zur französischen
Allianz hinüberzuziehn. Hätte, heißt es dann weiter, der Kurfürst von Hessen den französischen Ansinnungen Gehör gegeben,
so wäre bald nachher die Reihe auch an Sachsen gekommen
(dies war also selbst nach der Berliner Annahme bis dahin
noch nicht erfolgt und die das Gegentheil behauptenden Brockhausen'schen Einflüsterungen waren mithin vom preußischen
Cabinete als das, was sie waren, als wesenloses Gerede,
hingenommen worden) und bliebe Preußen bei den heran-
rückenden neuen Ereignissen ein müßiger Zuschauer, so wäre
es um die noch übrige Existenz des deutschen Reiches vollends
geschehen. Sobald der zu errichtende Bund zwischen den con-
trahirenden drei Haupttheilen befestigt sei, sollen Holstein,
Mecklenburg, Oldenburg, Oranien, Fulda, Braunschweig und
die Anhaltischen Länder zum Beitritte aufgefordert werden,
auch Schweden für sein Vorpommern nicht ausgeschlossen bleiben, wenn es erst seine Irrungen mit Preußen beigelegt hat.
„Daß die herzogl. sächsischen Häuser ebenfalls zum Bunde
gezogen werden, versteht sich von selbst. Es soll aber von
der Entscheidung des Kurfürsten abhängen, ob er als
Oberhaupt der Familie die herzogliche Linie in Gesammtheit vertreten oder selbige den übrigen föderirten Fürsten des nördlichen Deutschlands gleichgestellt wissen will, und auf diesen (letztern) Fall
würde Preußen sich bei jedem der herzoglichen Höfe
besonders um dessen Zutritt bewerben.“
Wir betonen diesen letztern Satz ganz besonders, weil er
die zutreffendste, schlagendste Widerlegung der Insinuation ist,
als habe Sachsen bei seinem Eingehn auf die Idee des norddeutschen Bundes von seiner Seite aus eine Mediatisirung
der sächsischen Herzogthümer erstrebt. Der Gedanke einer

solchen ist allerdings in dem nur bemerkten Schriftstücke halb
und halb angedeutet, aber, und das kann nicht scharf genug
hervorgehoben werden, nicht Sachsen ist es, sondern
Preußen, welches denselben angeregt hat und zwar, was
über den Ernst, den es Preußen hiermit war, jeden Zweifel
benimmt, nicht etwa in einer an den sächsischen Hof gerichteten
Depesche, sondern in einem Schriftstücke vertraulicher Natur,
welches für seinen Vertreter die leitende Richtschnur für dessen
Auftreten und Handlungsweise enthält.   Man dachte es sich
in Berlin, und dies dünkt uns für den ganzen weitern Verlauf der Verhandlungen von entscheidender Bedeutung, gewissermaßen als selbstverständlich, daß Kursachsen auch für die
sächsischen Herzogthümer das Wort mit führe und daß es
lediglich dem Kurfürsten zu überlassen sei, ob diese den übrigen
föderirten Fürsten des nördlichen Deutschlands gleichgestellt
werden sollten; nur in diesem letztern Falle wollte Preußen
bei denselben überhaupt Schritte wegen deren Beitritts thun.

Noch über einen zweiten Punkt giebt die dem Grafen
Götzen ertheilte Instruction einen bedeutsamen Aufschluß, über
die Stellung, welche nach dem ursprünglichen Entwurfe Preußen in dem zu begründenden Bunde sich selbst zudachte.   Als
die leitenden Glieder desselben dachte man sich hiernach Preußen, Sachsen und Kurhessen, sämmtliche drei aber in
durchaus coordinirtem Verhältnisse.   Sie sollten sich
den gegenwärtigen Besitzstand ihrer Länder garantiren und
„über alle künftig etwa im Innern des nördlichen Deutschlands nöthigen Abänderungen und Einrichtungen" sich unter
einander verständigen.   Bei der gegenseitigen Ländergarantie
war der „wesentlichen Schwierigkeit", welche der preußische
Besitz der hannoverschen Lande darbieten dürfte, ausdrücklich
gedacht und um diesen Einwurf schon im Voraus ganz zu
umgehn, es als rathsam bezeichnet worden, Hannover gar
nicht namentlich zu erwähnen, sondern „die Garantie nur im
Allgemeinen auf den jetzigen Zustand des sämmtlichen nördlichen Deutschlands einzuschränken und den casus foederis

überhaupt auf jede künftige Beeinträchtigung zu bestimmen." Es erhellt aus diesen Sätzen zweierlei: einmal, daß man sich in Berlin der üblen Stimmung, welche die bekanntlich durch französische Vermittelung bewirkte Aneignung Hannovers namentlich am Dresdener Hofe hervorgerufen hatte, sehr wohl bewußt war, und sodann, daß man von Hause aus in Berlin selbst gar nicht daran dachte, mittels des Bundes für Preußen die Hegemonie in Norddeutschland zu erlangen. Somit zerfällt die Aufstellung in sich, daß die Eifersucht Sachsens und Kurhessens, welche Preußen eine bevorzugte Stellung nicht gegönnt hätte, das Zustandekommen des Bundes vereitelt habe.

Bevor Graf Götzen diese Instruction noch ausgehändigt erhalten hatte und abgereist war, erfolgte in Berlin die amtliche Notification vom Abschlusse des Rheinbundes. Dieses Ereigniß machte selbstverständlich eine Umarbeitung der Instruction zur Nothwendigkeit. In den vorangegangenen Punkten änderte sich damit nur das Eine, daß die ausdrückliche Hervorhebung der Ländergarantie in Wegfall kam, an deren Stelle der allgemeine Satz trat, die Association solle den Zweck haben, „jeden feindlichen Angriff mit gemeinschaftlichen Kräften abzuwehren, jeden im Bunde begriffenen Mitstand bei seinem Eigenthum zu schützen". Es war also die reine Defensive als Haupt-, ja als alleiniger Zweck des Bundes aufgestellt. Dagegen war auch in dieser neuen Redaction nicht allein der Passus wegen der sächsischen Häuser wörtlich aufgenommen, sondern auch jede Inanspruchnahme einer hegemonen Stellung für Preußen zurückgewiesen. „Der König von Preußen", heißt es in dem Actenstücke, „wünscht und verlangt nichts weiter, als den Frieden, die Erhaltung und Beschützung des noch glücklich verbliebenen nördlichen Deutschlands. Er hegt keine feindselige offensive oder sonst nachtheilige Projecte. Blos eine Vereinigung mit seinen beiden guten Nachbarn und natürlichen Reichsalliirten (d. h. Sachsen und Kurhessen) und nächst ihnen mit den nördlichen Reichs-

ständen, hat er im Sinne. Nur ein und derselbe gemein=
schaftliche Zweck, nur ein und dasselbe gemeinschaftliche
Interesse soll unserm Bündnisse zum Grunde liegen.
Es wird dem Grafen Götzen nicht schwer fallen, dem Chur=
fürsten mit aller nur möglichen Bescheidenheit und Schonung
vorzustellen, wie sehr der Entwurf zur Association des nörd=
lichen Deutschlands mit dem im Süden errichtetem föderativen
System absticht; wie sehr auf der einen Seite Unterwerfung
und stete Opfer, auf der andern Eintracht und gutes Verneh=
men den Verbündeten bevorstehen und daß also die Beherzi=
gung dieses auffallenden Contrastes schon allein dem Könige
von Preußen den Dank und den Beifall seiner Mitstände ver=
bürgen müsse". Nach der Intention des Berliner Cabinets
sollte mithin der norddeutsche Bund einen Gegensatz zum
Rheinbunde vornehmlich in dem Punkte des Verhältnisses der
einzelnen Glieder zu einander bilden, und, während der Rhein=
bund das Protectorat Napoleons an die Spitze stellte, der
norddeutsche Bund dagegen auf dem Grundsatze der Gleich=
berechtigung der Betheiligten, zunächst wenigstens der drei
Hauptpaciscenten Preußen, Sachsen und Kurhessen fußen.

Die Instruction schloß mit der Anweisung, Graf Götzen
solle, wenn der Kurfürst „in seinen Entschlüssen zu wanken
scheinen und noch Anstand nehmen wollte, einen bevollmäch=
tigten Minister ohne Verzug Anher (nach Berlin) zu senden,
eine baldigste Zusammenkunft zwischen dem Könige und den
beiden Kurfürsten von Sachsen und Hessen in Leipzig oder
Dessau beantragen."

Zugleich mit einem eigenhändigen Briefe des Königs
von Preußen an den Kurfürsten und mit einem Schreiben
des Grafen Haugwitz an den Grafen Loß versehen, reiste
Graf Götzen am 25. Juli von Berlin ab und traf am 27. in
Dresden ein. Das Schreiben des Königs von Preußen, d. d.
Charlottenburg, 25. Juli, lautet:[2]

_____

[2] Dieses Document ist bisher nicht zur Veröffentlichung gelangt.
Schmidt a. a. O. sagt, er habe davon in den Berliner Acten eine Abschrift

„Mein Herr Bruder. Die Ereignisse, welche man für den Süden Deutschlands zu fürchten hatte, gehn ihrem Vollzuge entgegen. In dem Augenblicke, wo ich hiervon Gewißheit erhalte, betrachte ich es als meine bringendste Sorge, diese Kunde zur Kenntniß Ew. Durchlaucht zu bringen. Alle Frankreich benachbarten oder von demselben abhängigen Fürsten, vom König von Bayern bis zum neugeschaffenen Herzog von Cleve, verzichten förmlich und unbedingt auf alle ihre Beziehungen zur deutschen Genossenschaft (l'association germanique)[3], um eine andere Vereinigung unter dem Protectorat Frankreichs zu bilden. Nach den Seiten dieser letzteren Macht mir gewordenen amtlichen Mittheilungen darf ich seit gestern hieran nicht mehr zweifeln. Diesen zufolge sind es die Fürsten selbst, welche, indem sie den Reichsverband als gelöst ansehn und darin weder Schutz noch Rückhalt (garantie) mehr finden, Frankreich darum gebeten haben, sie unter den seinigen zu nehmen. Ich enthalte mich jeder Beleuchtung einer solchen Handlungsweise gegenüber einem Fürsten, der sich durch seine Hingebung für das gemeinsame Vaterland von jeher so hervorragend ausgezeichnet hat. Genug, die Thatsache besteht. Gegenüber den Ereignissen kann es sich für uns nur darum handeln, auf ein Auskunftsmittel bedacht zu sein (méditer le remède).

„Dieses Auskunftsmittel, mein Herr Bruder, besteht in einer innigen Verbindung (intime union) der Staaten des Nordens. Sie allein vermögen hinfort eine Ansammlung von Kräften darzubieten, die als Gegengewicht gegen das neue System und als Bollwerk für das, was in Deutschland

---

nicht gefunden. Das Original befindet sich in den Acten des königl. sächs. Haupt-Staatsarchivs. Wir geben es, da es, wie die meisten, von uns benutzten Urkunden und Schriftstücke französisch abgefaßt ist, in der deutschen Uebersetzung.

[3] Dies ist der technische Ausdruck, womit fast in allen preußischen Staatsschriften der damaligen Zeit der Inbegriff des deutschen Reiches umschrieben wird.

an wirklichen Deutschen verbleibt, dienen kann.   Zu diesem
Behufe lade ich Ew. Durchlaucht ein, die guten Beziehungen,
welche bereits zwischen uns bestehen, in feierlicher, entschiedener
und eindrücklicher Weise zu befestigen (à fixer d'une manière
solennelle, précise, imposante).   Se. Hessische Durchlaucht
hat seinerseits ebenfalls das Bedürfniß eines solchen Systems
gefühlt, und ich darf in vertraulicher Weise hinzufügen, mein
Herr Bruder, daß der Minister dieses Fürsten zur Vollziehung
des Bündnisses, welches demselben als Grundlage dienen soll,
sich bereits gegenwärtig in Berlin befindet.   Ich habe mir
geschmeichelt, daß eine innige Verbindung zwischen Preußen
und Hessen, fremd jedem Gedanken von Ungerechtigkeit und
Ehrgeiz (ambition), deren alleiniger Zweck die Unabhängigkeit
des europäischen Nordens, die Vertheidigung und Sicherstellung
der hierher gehörigen Staaten ist, einem System dienlich sein
würde, wohl dazu geschaffen, Ihren Beifall zu haben. Wenn
ich mich hierin nicht getäuscht habe, wenn ich in Erwiederung
des unbegrenzten Vertrauens, das ich in Ihren Charakter
setze, auch einiges Anrecht auf Ihr Vertrauen erworben habe,
so ersuche ich Ew. Durchlaucht inständigst, einen Vertrauens=
mann mit den nöthigen Instructionen und geeignet, sobald
als möglich dieses glückliche Werk zu Stande zu bringen, nach
Berlin zu senden.   Ew. Durchlaucht ist zu erleuchtet und ich
halte Sie für zu gut unterrichtet von dem, was sich um uns
herum zuträgt, als daß Sie nicht die äußerste Wichtigkeit des
Moments, die Gefahr, einen einzigen Augenblick zu verlieren
und die ganze zarte Empfindlichkeit der gegenwärtigen Sach=
lage in dem Grade begreifen sollten, daß Europa darüber
nicht im Zweifel sein kann, wie dermalen unter uns nur noch
ein Gefühl, ein Interesse und eine Pflicht bestehe.

„Derart ist, denke ich, die erste Obliegenheit, welche diese
unerhörte Gestaltung der Dinge (cette époque inouïe) uns
auferlegt.   Daneben besteht noch eine andere, welche gleich=
zeitig alle unsere Sorgfalt erheischt und wofür ich, mein Herr
Bruder, ganz besonders Ihre Umsicht und Ihren Patriotismus

berathſchlagend in Anſpruch nehme. In der Nachbarſchaft
Ihrer Staaten haben Sie machtloſe Fürſten, deren natür=
licher Beſchützer Sie Ihrer Stellung zufolge ſchon ſind (de
princes foibles dont Vous êtes par Votre position même
le protecteur naturel). Es giebt deren andere, welche ihre
Sicherheit unter der Aegide meiner Macht finden und auch
der Kurfürſt von Heſſen hat Intereſſen ähnlicher Art. Es
muß uns daran gelegen ſein, uns vor den Folgen einer
Iſolirung zu bewahren. Die deutſche Genoſſenſchaft iſt zu
Grunde gegangen. Die Hälfte ihrer Glieder hat ſich davon
getrennt. Ihr Oberhaupt iſt durch die neueſten Schickſals=
ſchläge und durch unaufhörliche Bedrängniſſe zum Stillſchwei=
gen verurtheilt. Es gilt, an Stelle der zerſtörten Formen für
unſere Umgebungen und für uns ein Gebäude zu errichten,
bei welchem die Mißſtände der Zeit und die neuen Bedürf=
niſſe, die hieraus ſich ergeben, in Berechnung gezogen werden,
und hier muß ich Ew. Durchlaucht wiederholt darauf auf=
merkſam machen, daß es nicht mehr genügt, die Staaten un=
abhängig zu erhalten bis zu dem Tage, wo ein gemeinſames
und allgemein empfundenes Intereſſe gebietet, ſondern daß
deren einziges Heil (leur dernier salut) in einer feſten, wohl=
erwogenen Verfaſſung beſteht, die Europa keinen Zweifel mehr
läßt hinſichtlich der Ausdehnung unſerer Pflichten und der
Entſchiedenheit unſerer Entſchlüſſe. Ich bitte Sie, mein Herr
Bruder, Sich alsbald mit Allem, was dieſe Idee zur Reife
bringen kann, zu beſchäftigen. Meinerſeits mache ich ſie zum
Gegenſtand meiner beſtändigen Aufmerkſamkeit, und wenn Ihr
Miniſter in Berlin angelangt ſein wird, ſo werde ich aufs
Angelegentlichſte dafür Sorge tragen, mit Ihnen und Sr.
Heſſ. Durchlaucht alle Details dieſer wichtigen Aufgabe zu
berathen. Ich habe den Grafen Götz (ſo ſteht im Originale;
— daß Götzen gemeint iſt, kann keinem Zweifel unterliegen)
beauftragt, dieſes Schreiben Ew. Durchlaucht zu überreichen.
Hochdieſelbe hat mir ſo achtungswerthe Beweiſe von Vertrauen
und Wohlwollen gegeben, daß ich mir wohl nicht ohne Grund

schmeicheln darf, Ew. Durchlaucht werde dieselben auch ihm zu Theil werden zu lassen geruhen. Unterrichtet vom Stande der Dinge, wie er ist, werde ich den größten Werth darauf legen, aus seinen Briefen oder seinem Munde zu erfahren, wie Ew. Durchlaucht die Dinge betrachtet. Möchte es mir gelingen, Hochdieselben zu überzeugen, wie es einer meiner heißesten Wünsche ist, Ihre und meine Interessen ebenso zu verschmelzen, wie ich auch fernerhin gegen Sie derselben Pflichten wie gegen meine Monarchie mich schuldig erachte. Dieses Gefühl allein vermag, gern wiederhole ich es, die Schuld abzutragen, welche ich bei Ihnen stehn habe. Das Andenken an die letzten Krisen wird meinem Herzen ewig theuer sein.

„Ich bin mit größter Hochachtung und vollkommenster Freundschaft

Mein Herr Bruder,

Ew. Kurf. Durchl.

Charlottenburg, guter Bruder
25. Juli 1806. Friedrich Wilhelm."

Ueber die Aufnahme, welche die preußischen Vorschläge in Dresden fanden, vermochte Götzen bereits Tags darauf einen detaillirten Bericht zu erstatten.[4] Nachdem im Eingange desselben der guten Aufnahme, die der preußische Unterhändler bei den beiden Cabinetsministern Graf Loß und von Low gefunden und deren warmer Theilnahme und Anhänglichkeit an „die gute Sache" gedacht, folgt die Mittheilung über die Audienz, welche Graf Götzen bereits Tags nach seiner Ankunft beim Kurfürsten hatte. Auf die Ansprache des Abgesandten äußerte der letztere: Er sei gewiß sehr erkenntlich, daß Se. Majestät wiederholt Seinen Gesinnungen und Wünschen für die Erhaltung des nördlichen Deutschlands, und einer deutschen Verfassung, insofern sie unter den gegenwärtigen Umständen noch statt fänden, Gerechtigkeit widerfahren

---

[4] Schmidt a. a. O. S. 450 fg.

ließen und werde von Seiner Seite gewiß alles dazu beizutragen suchen, was Seine Kräfte und Lage erlaubten. Als
Götzen im weitern Verlaufe der Audienz mit Hinweis auf die
zu wünschende möglichste Beschleunigung sich zu weiterer Aus-
kunftsertheilung bereit erklärte, fragte der Kurfürst plötzlich:
„Haben Sie nicht eine Allianz mit Frankreich?“ Götzen erwiederte, daß er auf seine Ehre versichern könne, daß in dem
Tractate kein Artikel vorhanden sei, der Sr. Majestät bei der
gegenwärtigen Unterhandlung im Mindesten die Hände bände,
oder zum Vorwande dienen könne, sich ihr zu widersetzen;
überdem wäre die Eröffnung des französischen Gesandten in
Berlin über die gegenwärtigen Arrangements im südlichen
Deutschland von der Art gewesen, daß nicht daran zu zweifeln sei, daß man sich französischerseits, pour le moment, in
die von Preußen einzuleitenden Unterhandlungen wegen der
Verhältnisse im nördlichen Deutschland nicht mischen werde;
auch sei seine Mission dem französischen Gesandten angezeigt
worden. Diese Hindeutung auf das Einverständniß Frankreichs war völlig in gutem Glauben ertheilt; denn in der
That hatte Talleyrand theils durch die Vermittelung des französischen Gesandten in Berlin, theils durch directe an den
Marquis Lucchesini, preußischen Gesandten in Paris, gerichtete Worte Preußen förmlich aufgefordert, die Bildung eines
norddeutschen Bundes in die Hand zu nehmen, und von dieser Seite her war es auch, wo zuerst das Wort von einer
Kaiserkrone für das Haus Brandenburg gefallen war. In
der Verblendung, von der damals die leitenden Kreise in
Berlin in Betreff der französischen Absichten befallen waren,
scheint man dergleichen Reden daselbst für baare Münze genommen zu haben, während sie augenscheinlich darauf berechnet waren, Preußen, indem man auf seinen Ehrgeiz speculirte,
in den Augen der norddeutschen Mitfürsten zu compromittiren.

Graf Götzens Audienz schloß mit der Bemerkung des Kurfürsten, er werde aus dem Briefe sehen, was Se. Majestät
von ihm verlange und das Weitere einleiten.

5*

Der Eindruck, welchen Graf Götzen bei seinem Aufenthalte in Dresden gewann, war nicht ungünstig. Daß der
Kurfürst die Wichtigkeit und Nothwendigkeit der Maßregeln
ganz einsehe, hielt er sich nach allen Aeußerungen überzeugt,
nur zögere sein Entschluß etwas. Die Stimmung habe er,
schrieb er gleichzeitig an Haugwitz, im Ganzen sehr gut gefunden, die Verzögerung liege nur „in einer Art von Timi-
dität und gewohnter Langsamkeit und Formalität.‟

Am 30. Juli erfolgte die Rückäußerung des sächsischen
Cabinets. Die Depesche des Grafen Loß an Graf Haugwitz
erklärt die Bereitwilligkeit Sachsens, auf eine „engere Union‟
einzugehn, die im Allgemeinen auf der alten deutschen Asso=
ciation und im Besondern auf den Stipulationen des zwischen
den Häusern Brandenburg, Sachsen und Hessen bestehenden
Erbverbrüderungsvertrags von 1614 beruhe. Graf Görtz,
der sächsische Gesandte in Berlin, habe Befehl erhalten, sich
zu weiterer Verhandlung sofort auf seinen Posten zu begeben,
doch wünsche man über Plan, Ausdehnung und Bedingung
des Bündnisses detaillirtere Mittheilung, um dem Grafen die
nöthigen Instructionen geben zu können. Zugleich beant-
wortete der Kurfürst den an ihn gerichteten Brief des Königs
in einem Schreiben, welches folgendermaßen lautete:

„2c. 2c. Aufrichtig theile ich die Betrübniß, welche Ew.
Majestät über die gegenwärtige Lage Deutschlands und die
Parthei, welche mehrere seiner Staaten ergriffen haben, in=
dem sie sich vom deutschen Reichskörper trennten, um sich
unter den Schutz einer fremden Macht zu begeben, empfinden
und ich verhehle mir nicht die Nothwendigkeit, ohne Verzug
die geeignetsten Mittel zu berathen, die Unabhängigkeit, ja die
politische Existenz des Nordens von Deutschland sicher zu
stellen, Dinge, woran Ew. Maj. seit lange bereits ein so
beständiges Interesse genommen haben. Um zu diesem so
ersprießlichen Ziele zu gelangen, wünschen Sie eine engere
Allianzverbindung zwischen Ihrem Hause, dem meinigen und
dem Hessischen Hause, deren Grundlagen bereits festgestellt

sind durch den zwischen diesen Häusern schon bestehenden Erb=
verbrüderungsvertrag und durch den deutschen Genossenschafts=
verband, obschon dieser in Folge der Veränderungen, die sich
seit seinem Bestehn ereignet haben, eine große Umgestaltung
erlitten hat.

„Indem Ew. Maj. der Aufrichtigkeit meines Wunsches
Rechnung trägt, soviel an mir ist, zum Gelingen von Maß=
nahmen beizutragen, welche die traurige Lage unseres Vater=
landes und das Bedürfniß betreffen, zum Mindesten, wenn es
geht, die Reste seiner Verfassung (les débris de sa constitution)
zu erhalten, wollen Hochdieselben an meiner Bereitwilligkeit
nicht zweifeln, im Einvernehmen mit Ew. Maj. einen dieser
wichtigen Aufgabe entsprechenden Entschluß zu fassen. Aber
ich muß in diesem Betreff Sie ersuchen, Sire, mir eine ein=
gehendere Kenntniß von dem Plane, den Sie hierbei verfolgen,
zu gewähren. Um diese Mittheilung zu erleichtern, habe ich
meinem Minister, dem Grafen Görtz, befohlen, Sich ohne
Verzug zu Ew. Maj. zu begeben, um die Eröffnungen ent=
gegenzunehmen, welche Hochdieselben ihm über den in Frage
stehenden Gegenstand machen wollen und denselben zu diesem
Behufe mit den nöthigen Instructionen versehen."

Dem Grafen Senfft gab Loß unterm 3. Aug. Kenntniß
von der Sendung Götzens, indem er hinzufügte, der Kurfürst
werde kein Bedenken tragen, auf den Gedanken eines solchen
Bündnisses an sich einzugehn, da anderen Mächten dadurch
nicht der geringste Anstoß gegeben werde und da überdies
der Kaiser Napoleon Preußen ja selbst zur Bildung eines
solchen Bundes aufgefordert habe. Augenscheinlich sollte mit
dieser letztern Bemerkung Talleyrand disponirt werden, etwas
bestimmter mit der Sprache herauszugehn, damit man wisse,
woran man sei.

Die von dem sächsischen Cabinete wiederholt betonte
Dringlichkeit einer detaillirtern Kenntniß des preußischen
Plans hatte, auch abgesehn von dem in seinen dispositiven
Sätzen sehr allgemein gehaltenen Handschreiben des Königs

Friedrich Wilhelm III., ihre guten Gründe. In Berlin hatte
man nämlich, noch ehe Graf Götzen abreiste, nicht allein
einen Entwurf zum norddeutschen Bunde vollkommen fertig,
sondern man war auch bereits mit dem kurhessischen Minister
von Waitz zunächst wegen Abschließung eines Allianztractats
in Verhandlung getreten. Von beiden Thatsachen hatte man
möglicher Weise in Dresden Kenntniß erhalten.

Dieser erste Entwurf, im Auftrage des Grafen Haugwitz
von dem Vice-Kammerpräsidenten von Hänlein bearbeitet,
nahm zwar für Preußen, Sachsen und Hessen eine bevorzugte
Stellung, für das Oberhaupt des Bundes aber, im stricten
Widerspruche mit dem Inhalte des königlichen Schreibens an
den Kurfürsten von Sachsen, bereits alle Vorrechte des deut=
schen Kaisers in den ständischen Landen und für den preußi=
schen Directorialgesandten den Vorsitz und das Directorium
in Anspruch und wollte die kleineren Staaten namentlich in
Beziehung auf Militair und Justizverfassung zu den drei lei=
tenden in eine Art Protectionsverhältniß stellen; dagegen findet
sich in ihm noch nicht die Spur von der Absicht einer förm=
lichen Mediatisirung. Der mit Kurhessen projectirte Allianz=
tractat hatte im Wesentlichen nur den Zweck eines vorbereiten=
den Schrittes, der den Eintritt Kurhessens in die Föderation
zu erleichtern bestimmt war.

Gleich hierbei zeigte sich aber ein wesentliches Auseins=
andergehn in den obersten leitenden Grundsätzen. Kurhessen
erblickte nämlich in dem ganzen Plane nichts weiter, als ein
Mittel, sich auf Kosten der kleineren angrenzenden Länder zu
vergrößern und bestand demzufolge auf der Annexion von
Bückeburg, Detmold, Waldeck, Pyrmont und Rittberg, indem
es dieselbe als ein Aequivalent für den ihm von Frankreich
dargebotenen Erwerb von Fulda, Waldeck, Lippe und Corvey
betrachtete. Diese Aneignung stellte es geradezu als Vorbe=
dingung seines Zutrittes zu der angestrebten Constituirung
des nördlichen Deutschlands hin. Seitens Preußens, welches
hierzu theils seiner eigenen Machtstellung überhaupt nach,

theils als derjenige Staat, der in der ganzen Angelegenheit die Initiative ergriffen, die nächste Veranlassung gehabt hätte, fanden diese Gelüste leider nicht die zu wünschende nachdrückliche Abweisung. Im Gegentheile ging man hier nicht allein auf die Annexionsidee bereitwillig ein, sondern ließ sich auch zu einer sofortigen Umarbeitung des Bundesentwurfes herbei, mit der Hänlein bereits am 2. August zu Stande war.

Dieser neue Entwurf, im leitenden Grundgedanken von dem frühern insofern diametral verschieden, als er wesentlich auf der Basis der Mediatisirung fußt, welche der frühere grundsätzlich verwarf, wollte den „nordischen Bund" aus allen, in dem Tractate v. 12. Juli nicht genannten, deutschen Ständen, ausgenommen Oesterreich und die beiden Prinzen dieses Hauses, den Kurfürsten von Würzburg und den Deutschmeister, gebildet wissen. Als Hauptglieder waren Preußen, Sachsen und Hessen bezeichnet, ersterm die Direction und obere Leitung zugewiesen. Hieran schlossen sich als „souveraine verbündete Fürsten" Dänemark (wegen Holstein), Schweden (wegen Pommern), beide Mecklenburg, Braunschweig, Oldenburg, Oranien-Fulda mit Beilegung der Souverainetät über Schlitz. Außer den Landen dieser sechs Fürsten wurden „sämmtliche übrige nordische Bundeslande" in drei Kreise, den preußischen, sächsischen und hessischen, getheilt und „alle darin gelegenen Stände kamen unter die Hoheit von Preußen, Sachsen und Hessen" in der Weise, daß in die preußische Hoheitslinie Corvey, Dortmund, die Reichsstädte Lübeck, Bremen und Hamburg, „deren Proprietät zugleich an Preußen fällt", Anhalt, Schwarzburg und der an das Bayreuthische grenzende südliche Theil der reußischen Lande, in die sächsische Hoheitslinie die sächsischen Herzogthümer und der Rest von Reuß, in die hessische Hoheitslinie Waldeck, Pyrmont, Rittberg, Lippe, Schaumburg-Bückeburg fallen sollten. Die Hoheitsrechte sollten, „wie bei dem rheinischen Bunde", im Gesetzgebungsrechte, der hohen Jurisdiction und

Polizei, der Militairconscription und den nothwendigen Ter=
ritorialabgaben bestehen.

Die Aufstellung dieses Entwurfes darf mit Fug und
Recht als der entscheidende Wendepunkt in der ganzen Ange=
legenheit bezeichnet werden. Während die gesammten bis=
herigen Verhandlungen darauf abzuzwecken schienen, eine vom
Rheinbunde essentiell verschiedene Institution ins Leben zu
rufen, die, im Gegensatze zu dem letztern, geeignet sei, die
nationale und staatliche Selbständigkeit der zu ihr haltenden
Glieder vermittelst eines, das Protectoratsverhältniß grund=
sätzlich ausschließenden föderativen Organismus sicher zu stellen,
war der neue Entwurf factisch nichts Besseres, als eine, über=
dem ziemlich schwache Nachbildung der Rheinbundsacte, deren
leitenden Grundgedanken, die Mediatisirung der Schwächeren,
sie sich nicht allein ebenfalls aneignete, sondern auf die man,
wie bereits erwähnt, in der sachlich wichtigsten Bestimmung
förmlich Bezug zu nehmen nicht einmal Bedenken trug. Der
hauptsächlichste Antrieb für die Schwächeren, sich dem Bunde
anzuschließen, die Aussicht auf Wahrung ihrer Selbständigkeit,
schwand hiermit, und dieser Gesichtspunkt mußte nothwendiger
Weise für den weitern Verlauf der Dinge in hohem Grade
maßgebend werden. Ein hingebungsvolles, warmes Interesse
an dem Zustandekommen des Bundes war hinfort wenigstens
bei allen denen nicht mehr denkbar, welche vermittelst desselben
der Mediatisirung verfallen sollten.

In Berlin selbst konnte man sich dieser Betrachtung nicht
entschlagen. Der Entwurf, vor allen Dingen die veränderte
Basis, auf welche er sich gründete, stieß im Cabinete auf
Widerspruch. Der Geheime Cabinetsrath Lombard trat als
Hauptgegner der Mediatisirungsidee auf und setzte sofort einen
Gegenentwurf auf, der, die ursprüngliche Idee wiederherstel=
lend, wie sie sich in den Eröffnungen der Mission des Grafen
Götzen kund giebt, den Zweck des Bundes auf die reine De=
fensive beschränkte, auf dem Principe der Gleichberechtigung
sämmtlicher Theilnehmer fußte und für Preußen nur die

Direction in der Bundesversammlung und die Stelle des Generalissimus der vereinten bewaffneten Macht des Bundes beanspruchte. Aber auch Graf Haugwitz selbst schien sich mit dem Mediatisirungsgedanken nicht recht befreunden zu können. Ein bei dem Punkte wegen der Mediatisirung der freien Städte, die sogar in die völlige „Proprietät" von Preußen übergehn sollten, im Manuscripte des Entwurfes mit dicken Rothstift= zeichen angebrachtes „Nein" soll von ihm herrühren.

Alle diese, in die ersten Tage des August fallenden Vor= gänge hatten sich bereits ereignet, als der sächsische Gesandte Graf Görtz in Berlin eintraf. Man hatte hier indessen, viel= leicht weil im Berliner Cabinete selbst noch Meinungsverschie= denheiten obwalteten, nicht für nothwendig gefunden, von der veränderten Lage der Dinge Nachricht nach Dresden zu geben, an welchem letztern Orte man sich somit um diese Zeit über die in Berlin eingetretene Unsicherheit in den leitenden Ideen völlig in Unkenntniß befand. Erst dem Grafen Görtz machte Haugwitz hiervon Mittheilung, indem er ihm am 9. August den Entwurf zum Bündnisse mit Hessen und den Plan zum nordischen Bunde vorlegte. Zugleich fragte Haugwitz wieder= holt an, ob der Kurfürst nicht sogleich die königliche Würde annehmen wolle, was dann als Artikel in den Bundesver= trag aufgenommen werden solle. Dem Kurfürsten von Hessen sei gleichfalls die königliche Würde angetragen worden; dieser wünsche aber zunächst eine Ländervergrößerung und wolle wegen der angetragenen Würde sich nach Sachsen richten.

Der von Haugwitz dem Grafen Görtz mitgetheilte Ent= wurf war aber, wie sich aus den Acten des sächsischen Staats= archivs ergiebt, nicht der von Hänlein umgearbeitete neue Entwurf, sondern der Lombard'sche Gegenentwurf. Au= genblicklich schien somit in Berlin die der Mediatisirung ab= fällige Ansicht den Sieg davon getragen zu haben und der Hänlein'sche Mediatisirungsentwurf beigelegt zu sein. Der gleichfalls mitgetheilte Entwurf zum Bündnisse mit Hessen war der obenerwähnte Allianztractat.

Aus dem Vorstehenden erhellt, daß man zur Zeit in
Dresden noch keine Ahnung von den veränderten Anschauun=
gen, aus welchen der Hänlein'sche Mediatisirungsentwurf her=
vorgegangen war, hatte, sich vielmehr der Voraussetzung hin=
gab, daß in Betreff der leitenden Grundgedanken für die
Constituirung des Bundes die preußische Regierung noch auf
demselben Standpunkte, wie zur Zeit der Sendung des Gra=
fen Götzen, stehe; denn der Lombard'sche Gegenentwurf hielt
diesen Standpunkt in der Hauptsache ebenfalls fest.

Graf Loß begnügte sich, dem preußischen Geschäftsträger
nach Eingang der beiden Entwürfe (zur Union und zum
Allianzvertrage) vorläufig zu sagen, daß der Kurfürst nichts
mehr wünsche, als das glückliche Zustandekommen der Union,
mit der man sich gegenwärtig in Berlin beschäftige und daß er,
was Frankreich anlange, seinerseits Mittheilungen erhalten habe,
die übereinstimmend bestätigten, daß man dort keinen Anstoß
an einer solchen Union nehme. Er fügte dem die Bemerkung
bei, daß seiner Ansicht nach zu wünschen sei, daß auch Oester=
reich und Rußland dem Bündnisse beiträten, um ihm mehr
Consistenz zu geben. Diese letztere Bemerkung ist später und
bis in die neueste Zeit der sächsischen Regierung zum beson=
dern Vorwurfe gemacht worden, indem man einestheils das
Bestreben, auch Rußland in das Bündniß hineinzuziehn, als
einen Beweis, wie fern der sächsischen Regierung dabei die
deutsche nationale Tendenz gelegen habe, gedeutet, sodann
aber aus dem allerdings unpraktischen Vorschlage den Hinter=
gedanken herauszulesen versucht hat, als sei es dem Dresdner
Cabinete überhaupt mit der ganzen Sache kein rechter Ernst
gewesen und als habe man hier nur nach einer einigermaßen
plausibeln Ausflucht gesucht, um um dieselbe herumzukommen.
Alle diese Aufstellungen erledigen sich indessen, wenn man ins
Auge faßt, daß es lediglich der Lombard'sche Gegenentwurf
war, der damals dem Dresbener Cabinete vorlag. Dieser
aber wollte ausdrücklich den Zweck des Bundes lediglich auf
die Defensive beschränkt und jede weitergehende Action daraus

fern gehalten wissen. Somit lebte man in Dresden in dem
Wahne, daß man in Berlin von den ursprünglich weiter=
gehenden Plänen, wie sie Graf Götzen präcisirt hatte, aus
was immer für Gründen zurückgekommen sei und daß es sich
dermalen nur um eine reine Defensivallianz handle. Diese
aber glaubte man in Dresden allerdings nicht stark genug
begründen zu müssen, wenn sie irgendwie Erfolg haben solle,
denn ihre Spitze konnte selbstverständlich nur gegen Frankreich
und dessen Aggressivpolitik gerichtet sein. Die Beschränkung
derselben auf die Länder des nördlichen Deutschlands schien
den Dresdener Staatsmännern unter diesem Gesichtspunkte
völlig unzureichend und sie konnten sich eine Lebensfähigkeit
der Allianz nur denken bei dem Hinzutritte wirklicher Groß=
mächte. Die seit fünfzehn Jahren in den Kriegen mit Frank=
reich gemachten Erfahrungen, vor Allem die Thatsache, daß
Frankreich seine Haupterfolge der Zersplitterung seiner Gegner
zu verdanken hatte, welche ihm fast immer gestattete, auf den
Schlachtfeldern mit militairischer Uebermacht aufzutreten, recht=
fertigten einigermaßen diese Betrachtungsweise, und der Ge=
danke, Oesterreich und Rußland möge sich mit Preußen und
den noch vom französischen Einflusse freigebliebenen deutschen
Ländern zu einer Defensivallianz einigen, war in der Idee
keineswegs so übel, wenn schon eine ziemliche Naivetät dazu
gehörte, den Gedanken, so viel wenigstens Rußland anlangt,
auch nur einen Augenblick für ausführbar zu halten. Allein
gerade diese Naivetät, die alle Leute für ebenso ehrlich und
das Gute wollend hielt, wie er selbst, war ein Grundzug in
dem Charakter des Grafen Loß, der den Schlüssel zu manchen
gar auffälligen Erscheinungen in der damaligen sächsischen
Politik enthält.   (Schluß folgt.)

Der sächsische Nationalökonom Johann Heinrich Gottlob von Justi.

Ein Beitrag zur innern Geschichte von Deutschland um die Mitte des vorigen Jahrhunderts.

Von Wilhelm Roscher.

Der berühmte Theoretiker Kaiser Josephs II., von Sonnenfels, preist Justi als den Ersten, welcher alle Staatswissenschaften auf Ein oberstes Princip, Beförderung der allgemeinen Glückseligkeit, zurückgeführt habe. Dagegen wirft er ihm als Finanzmanne vor, daß er schwanke zwischen der Begier, den Souverainen Vieles einzuräumen, und der Schande, den Unterthanen Alles zu rauben. Der Hauptwerth von Justi's Schriften liege in ihrem speciell polizeilichen Detail.[1] Und noch im Jahre 1831 rühmt von ihm der büchergelehrte Steinlein, daß er in Deutschland zuerst das Mercantilsystem in wissenschaftlicher Form dargestellt, auch zuerst ein „sehr brauchbares" System der Regierungswirthschaft und Lehrbuch der Polizei geschrieben habe. Sein Buch über Staatswirthschaft sei die beste Quelle der in der Praxis geltenden Grundsätze des vorigen Jahrhunderts.[2] In diesem Lobspruche liegt freilich implicite ein Vorwurf geringer Consequenz.

---

[1] v. Sonnenfels, Grundsätze der Polizei, Handlung und Finanz I. §. 22. III. §. 83. 94.

[2] Steinlein, Handbuch der Volkswirthschaftslehre I. S. 24 fg.

Denn das Zeitalter Friedrichs d. Gr. und Maria Theresia's zeigt sich namentlich auch darin als eine sog. Uebergangsperiode, daß selbst die bedeutendsten Köpfe damals zu gleicher Zeit und mit gleicher Lebhaftigkeit Richtungen verfolgen konnten, deren völlige Unvereinbarkeit bald nachher Jedermann klar wurde, und die eben deßhalb zu jeder andern Zeit ihre Vertreter nur in ganz entgegengesetzten Lagern haben. Dieser Widerspruch, auf dem Gegensatze verschiedener Weltalter beruhend, kommt den Menschen einer solchen Uebergangszeit nicht zum klaren Bewußtsein. Das Vergangene ist eben noch nicht ganz abgestorben: man hängt noch daran mit tausend Jugendeindrücken; und die Zukunft ist noch so wenig fertig, daß man sich über die schließliche Gestaltung ihrer Keime noch sehr und im besten Glauben täuschen kann. Ich erinnere an die für uns so auffällige Mischung despotischer und liberaler Grundsätze bei Friedrich d. Gr., wie bei allen gleichzeitigen Vertretern des „aufgeklärten Absolutismus", eine Mischung, die man sehr Unrecht thun würde auf bewußte Heuchelei zurückzuführen. Aehnlich bei den Physiokraten, sowie sie die praktische Anwendung ihrer Lehre versuchen. Selbst ein Mann wie Kant schreibt in demselben Buche der gesetzgebenden Gewalt, die nur dem vereinigten Volkswillen zukomme, das Recht zu, den Regenten zwar nicht zu strafen, aber jederzeit abzusetzen oder seine Verwaltung zu reformiren; während andererseits keine Constitution einen Artikel enthalten darf, der es einer Gewalt im Staate möglich machte, den obersten Befehlshaber einzuschränken, und jede sog. gemäßigte Staatsverfassung einfach ein Unding heißt.[3]

I.

War Justi auch hinsichtlich der Menge solcher Widersprüche mit sich selbst ein rechtes Kind seiner Zeit, so steht der

---

[3] Kant, Metaphysische Anfangsgründe der Rechtslehre: (Werke, ed. 1838) V. S. 146, 152 fg.

äußere Verlauf seines Lebens damit als Ursache und
Wirkung im engsten Zusammenhange. Unstreitig ist das
politische Hauptereigniß jener Zeit der furchtbare Kampf
zwischen Oesterreich und Preußen, der im siebenjährigen
Kriege gipfelt. Unser Justi gehörte durch seine Geburt wie
Erziehung im engsten Sinne zu jenem Mitteldeutschland, dessen
Beruf es ist, alle nord= und süddeutschen Interessen zu theilen
und eben darum alle Conflicte zwischen Nord= und Süddeutsch=
land zu versöhnen. Leider war indessen Justi's Charakter
nicht von der Art, seine großen Fähigkeiten für diese Aufgabe
zu benutzen und etwa an einem dauernden, beide Gegensätze
umfassenden gesammtdeutschen Werke zu bauen, wie es sein
Landsmann Lessing that. Vielmehr hat der eitle Mann, ohne
Selbstbeherrschung, als würdeloser Ueberläufer beiden Ge=
gensätzen nacheinander gedient, um beidemal schließlich zu
scheitern!

Geboren ist Justi[4] zu Brücken im kursächsischen Thü=
ringen. Aber das Jahr seiner Geburt kennen wir nicht, was
vielleicht damit zusammenhängt, daß er ein uneheliches Kind
gewesen sein soll. Um 1720 soll er in Jena als armer Chor=
schüler gelebt, nachher aber ebendaselbst studirt haben. Man
erzählt, daß er bereits auf der Universität durch seine Fähig=
keiten geglänzt habe, dann aber in Folge lüderlichen Wandels
und satirischer Angriffe auf bedeutende Personen herabgekom=
men sei. Auf diese Art wäre er Soldat geworden, nach
einigen Angaben in einem preußischen, nach anderen in einem
kursächsischen Regimente, wo ihn seine Geschicklichkeit im Rech=
nen bald zum Unteroffizier beförderte. Im österreichischen

---

4 Ueber Justi's Leben sind wir leider noch wenig unterrichtet. Der
Précis historique sur la vie de Mr. Justi par Mad. D. M. in Rozier
Observations sur la physique, May 1777, woraus Adelung, Höck,
Hirsching und Meusel geschöpft haben, ist nicht bloß sehr unvollständig,
sondern auch voll nachweisbarer Fabeleien. Am sichersten benutzt man
außer dem, was Justi's eigene Schriften darbieten, die kurze Notiz von
Beckmann in dessen Physikalisch=ökonomischer Bibliothek X. S. 458 ff.

Erbfolgekriege habe er gerade Quartiermeister werden sollen, als eine Handlung der Insubordination ihm Degradirung, nach einer Angabe sogar Infamirung, zugezogen. Aus Unmuth hierüber habe er sich von den Oesterreichern gefangen nehmen lassen, sei aber alsbald wieder entwischt und nach Sachsen gegangen, wo er sich durch schriftstellerische Thätigkeit ernährte. — Manche Punkte dieser Erzählung erhalten dadurch einige Wahrscheinlichkeit, daß Justi's früheste Schriften sämmtlich anonym herausgekommen sind. In seiner von Breitkopf verlegten Zeitschrift: „Ergetzungen der vernünftigen Seele aus der Sittenlehre und Gelehrsamkeit überhaupt" (1745—1748), die von Manchen irriger Weise mit Gottsched in Verbindung gedacht wurde, sind Name und Wohnort des Redacteurs die beiden ersten Bände hindurch vollständig verschwiegen. Band III. ist doch schon dem Reichshofrathe von Senkenberg zugeeignet; Band IV., zuerst mit Justi's Namen und Sangerhausen als Wohnort, dem hannoverschen Minister von Münchhausen; Band V. dem Großkanzler von Cocceji. Dahingegen bezweifle ich sehr, daß Justi schon 1720 Chorschüler in Jena sein konnte. In seinem 1745 gedruckten Buche: „Die Dichterinsel" steht ein Lobgedicht auf den Minister Grafen Brühl, das er 1760 (in der Vorrede zum II. Bande der Scherzhaften und satyrischen Schriften) mit großem Eifer desavouirt[5] und damit entschuldigt hat, wie er selbst zur Zeit der Abfassung erst 19 Jahre alt gewesen. Nun wurde Brühl bekanntlich 1738 Minister, und es ist kaum anzunehmen, daß ein Mann wie Justi ihn bereits lange vorher enthusiastisch sollte besungen haben.[6] Auch die Erzählung von seiner Soldatenwerbung ist für einen noch sehr jungen Mann viel wahrscheinlicher, als

---

[5] Die vielbenutzte Schrift: „Leben und Charakter des Grafen von Brühl, in vertraulichen Briefen entworfen" (1760), wird ja auch zum Theil Justi zugeschrieben!

[6] Könnte der Druck des Lobgedichtes nicht vielleicht ein Mittel gewesen sein, die trotz aller Vorsicht doch lautbar gewordenen militärischen Abenteuer des Verfassers zuzudecken?

für einen Mann von wenigstens dreißig Jahren, bei dem es zugleich auffallen würde, seine, nachmals so vielgeschäftige, literarische Thätigkeit so spät erst beginnen zu sehen.

Schon 1748, wenn nicht gar 1746, war Justi fürstlich sachsen=eisenachischer Rath geworden. Nach dem Ende des Krieges berief ihn Oesterreich als Professor der Cameral= wissenschaft und deutschen Beredtsamkeit an die Theresianische Ritterakademie zu Wien, nachdem er, wie es scheint, vorher katholisch geworden. Die Mehrzahl seiner Biographen erzählt, daß er diese ihm in Aussicht gestellte Professur nie wirklich an= getreten; dem widersprechen aber Justi's beiläufige literarische Aeußerungen, sowie seine 1754 gedruckte Antrittsrede. Er suchte sich auch sonst mit dem österreichischen Staatswesen zu assimi= liren. Sein Werk über Staatswirthschaft (1755) ist der Kai= serin Maria Theresia zugeeignet, und er versichert dabei, seine Theorie wesentlich von der Praxis ihres Staates abstrahirt zu haben. Als Mitglied der Censur=Hofcommission wirkte Justi im Bunde mit v. Swieten immer dahin, bedeutende Bücher, wie den Esprit des Loix, zu schützen, während unbedeutende allenfalls den Jesuiten preisgegeben wurden. (Staatswirthschaft I. S. 127.) Außerdem legte er sich auf bergmännische Unternehmungen, wie er denn z. B. in einer 1750 zu Wien gedruckten Schrift „Das Geheimniß der neuen sächsischen Farben" veröffentlichte, und in Folge davon zum Finanz= und Bergrathe ernannt wurde. Allein, obschon er den Adelstand erhielt, konnte er doch auf die Länge „die Wiener Luft nicht vertragen": wie Andere sagen, weil er sich durch Unverträglichkeit und Hochmuth verhaßt machte; wie ich vermuthe, zum Theil wegen Scheiterns bergmännischer Schwindelprojecte. Er selbst deutet an, wegen Feindschaft der Jesuiten, die seine Vorlesungen unter den Fenstern und vor der Thüre behorchen ließen (Staatswirthschaft I. S. 119), und deren Rector ihm geradezu sagte, auf Cameralwissen= schaft und Polizei käme gar nichts an; Oesterreich sei ohne dergleichen lange sehr glücklich gewesen. Wenn man nur fromm

sei und bete, so werde Gott das Land ohnedieß segnen. (Grundriß einer guten Regierung, 1759, S. 324.)

Jedenfalls ging Justi 1754 wieder nach Sachsen, wo er
eine Zeitschrift herausgab: „Neue Wahrheiten zum Vortheil
der Naturkunde und des gesellschaftlichen Lebens der Menschen". Aber schon im folgenden Jahre wurde er als Ober-
Polizeicommissär mit dem Titel Bergrath nach Göttingen
berufen, wo er vom Juni 1755 bis zum Juli 1757 eine
Wochenschrift redigirte: „Polizey-Amts-Nachrichten oder ver-
mischte Abhandlungen zum Vortheil des Nahrungsstandes aus
allen Theilen der ökonomischen Wissenschaften". Er wurde
zugleich Mitglied der K. Societät der Wissenschaften und als
solches zu Vorlesungen an der Universität berechtigt, die übrigens keinen großen Beifall gefunden haben. Sein Göttinger
Lectionsprogramm datirt vom 20. Juni 1755. Nach Beck-
manns Versicherung waren es nicht Streitigkeiten, sondern
Schulden, welche ihn 1757 von Göttingen vertrieben. Zunächst finden wir ihn dann zu Kopenhagen als Kolonial-
Inspector. Die Kosten zur Reise dahin verdankte er dem
Minister von Bernstorff, dem er dafür sein Buch über Manufacturen und Fabriken zueignete. Was nachher von seiner
Beleidigung des württembergischen Herzogs und preußischen
Königs, seiner Verhaftung in Württemberg und Auslieferung
an Preußen erzählt wird, erklärt Beckmann für „lächerliche"
Fabel. Sicher ist, daß seine Vorreden seit 1762 von Berlin dati-
ren, daß er als Berghauptmann in die Dienste Friedrichs d. Gr.
trat und diesem 1766 sein großes System des Finanzwesens
dedicirte. Er wurde jedoch 1768 seines Amtes entsetzt und
nach Küstrin auf die Festung gebracht, weil er zu einem
Projecte Vorschuß vom Könige bekommen und weder das
Versprochene durchgeführt hatte, noch den Vorschuß zurück-
zuzahlen im Stande war. In Küstrin ist er denn am
20. Julius 1771 gestorben: während der letzten Zeit seines
Lebens fast blind, aber doch noch kurz vor dem Tode mit

dem Dictiren von Büchern beschäftigt, die seine Tochter nieder=
schrieb.[7]

Inmitten dieses abenteuerlichen Lebens fand Justi gleich=
wohl Zeit, eine höchst umfangsreiche schriftstellerische Thä=
tigkeit zu entwickeln. Das Meusel'sche Lexikon zählt nicht
weniger als 48 Bücher auf, die zwischen 1741 und 1771 von
ihm erschienen sind, viele darunter aus mehreren Bänden
bestehend. Sie zerfallen dem Inhalte nach in sechs Gruppen:

1) Aesthetische und bellettristische, wie z. B. die
Sammlung seiner „Scherzhaften und satyrischen Schriften"
(1760 ff. in III Bänden), die ziemlich matt und steif sind und
nur zu ihrem Nachtheile an Rabeners Satiren erinnern.

2) Philosophische, wozu u. A. das Buch über „Nich=
tigkeit und Ungrund der Monaden" (1748) und die „Biblio=
thek von Erziehung der Kinder" (1748) gehört.

3) Naturwissenschaftliche, fast immer in cameralisti=
scher Absicht geschrieben, wie sie denn namentlich den Bergbau
und die Metallurgie betreffen. Nach Adelung hätte er sich
durch seinen „Grundriß des gesammten Mineralreiches" (1756)
bei allen Bergwerksverständigen „lächerlich gemacht."

4) Historische, wie z. B. die „Abhandlung von den
römischen Feldzügen in Teutschland" (1748) und die Beant=
wortung der Münchener akademischen Preisfragen über die
Anfänge der bayerischen Geschichte (1763). Ohne viel eigent=
liche Gelehrsamkeit bezeugen diese Schriften durchweg viel Ge=
wandtheit und praktischen Verstand für geschichtliche Fragen.
Justi mißbilligt es sehr, daß sich die bisherigen Geschichts=
bücher fast nur mit der Regentenfolge, Kriegen ꝛc., aber viel

---

[7] Nach einer gefälligen Mittheilung des Herrn Redacteurs dieser
Zeitschrift aus dem K. Archive zu Dresden schreibt der kursächs. Gesandte
von Stutterheim aus Berlin am 9. Mai 1768: Le conseiller Justi,
Intendant général des mines et des fonderies en Silésie et dans les
Marches, vient d'être arrêté à Custrin. On l'accuse de malversa-
tion et d'avoir detourné des caisses, qui étaient sous son inspection,
une somme de 20000 écus. Il y a apparence, qu'il sera condamné,
outre la restitution des espèces, à une prison perpétuelle.

zu wenig mit dem Ursprunge und Wachsthume des Staates selbst, den Regierungsgrundsätzen, deu Bevölkerungs- und Kulturfortschritten ꝛc. abgeben. (Vorrede zu Band I. der „Ge= sammelten politischen und Finanzschriften.")

5) Juristische und publicistische. So namentlich die im kursächsischen und österreichischen Interesse verfaßte Schrift: „Ob es dem Natur= und Völkerrechte gemäß sei, wenn fremde Mächte von den Ländern eines Dritten Verträge untereinander machen" (1746: gegen den damaligen preußisch=englischen Ver= trag). „Abhandlung von der Abtretung eines Reichslehens im Frieden mit auswärtigen Mächten" (1750), worin nachgewie= sen wird, daß Parma ꝛc. noch immer deutsche Reichslehen seien. „Der handelnde Adel, aus dem Französischen, mit einer Ab= handlung vom Wesen des Adels" (1756). „Rechtliche Abhand= lung von den Ehen, die an und für sich ungültig sind ꝛc." (1757). „Die Chimäre des Gleichgewichts von Europa" (1758), im englisch=preußischen Interesse namentlich gegen Frankreich gerichtet. „Die Natur und das Wesen der Staaten, als die Grundlage der Staatskunst, der Polizei und aller Regierungs= wissenschaften, deßgleichen als die Quelle aller Gesetze" (1760). „Vergleichung der europäischen mit den asiatischen und anderen vermeintlichen barbarischen Regierungen" (1762). Endlich

6) volkswirthschaftlich=cameralistische Schriften, die uns im Nachfolgenden hauptsächlich beschäftigen werden. Justi's Ideal war eine eigene cameralistische Facultät, bestehend aus 6 bis 7 Professuren: für Polizei= und Commerzwissen= schaft, für Oekonomie und Finanzwissenschaft, für Politik, für Chemie, für Mechanik, für Naturkunde und allenfalls noch für Bauwesen. Seine eigene Staatswirthschaft bezeichnet er im ersten Theile als Fundamentalwissenschaft, Encyklopädie aller ökonomisch=cameralistischen Fächer; der zweite Theil han= delt speciell von der Cameralwissenschaft. Außerdem verspricht er noch vier andere Lehrbücher: der Politik, Polizei, Com= merzwissenschaft und Oekonomie. (Vorrede zum I. Bande der Staatswirthschaft, S. XXXII. XLIV.)

6*

Die meisten seiner Bücher sind mit geistreicher Nachlässig-
keit hingeworfen. Justi schreibt sich selbst gerne aus, wie
Buchmacher gewöhnlich thun: ein Fehler, der ihm z. B. von
der Allgemeinen deutschen Bibliothek eine Menge spöttischer
Vorwürfe zugezogen hat. Citate aus anderen Büchern liebt
er nicht: sie werden von ihm ausdrücklich als Pedanterie
getadelt. (Vorrede zu den Grundsätzen der Polizeiwissenschaft, 1756.) Sein Werk über Manufacturen und Fabriken
hat er laut Vorrede größtentheils auf der Reise verfaßt, ohne
ein einziges Buch dabei nachzuschlagen. Nach Thomasius'
Vorgange verachtet er alle Wissenschaften, die nicht handgreif-
lich Nutzen bringen, zumal die Philologie, aber auch die Mathematik, Astronomie, wobei er ignoranter Weise die große
Unsicherheit der astronomischen Ansichten verspottet. (Staatswirthschaft I. S. XVIII. 410.) Von der Justiz meint er, sie
sei bisher gewaltig überschätzt worden und in Wahrheit nur ein
kleiner Theil der Polizei.[8] (Staatswirthschaft I. S. XXIV.)
Daß solche Reaction gegen frühere Einseitigkeit ihren Nutzen
haben mochte, ist nicht zu verkennen; daneben jedoch wird es
selbst wieder zur plattesten Einseitigkeit, wenn er z. B. das
Recht, in der Nothwehr zu tödten, bloß für die Vertheidigung
des eigenen Lebens gelten läßt, nicht aber, „um die Chimären
und lächerlichen Kostbarkeiten zu erhalten, die wir uns von
der Ehre, dem Eigenthume, das wahrscheinlich Gottes Willen
gar nicht gemäß ist, von der weiblichen Tugend und vielleicht
gar von der Jungferschaft gemacht haben". (Natur und Wesen
der St. S. 339.) Namentlich diese letzte Aeußerung scheint
die Angaben der Biographen von seinem ehelichen Leichtsinne
und Unglücke nur zu sehr zu bestätigen.

II.

Als theoretischer Politiker steht Justi wesentlich auf
Montesquieu's Schultern, obwohl er oft genug wider sei-

---

[8] Die Zincke'sche Zeitschrift wirft ihm deßhalb vor, daß er durch
Vernachlässigung des staatsrechtlichen Elementes mehr eine philosophische

nen Meiſter polemiſirt. Juſti's Werk: „Die Natur und das
Weſen der Staaten ꝛc."[9] wird von dem Verfaſſer ſelbſt ge=
radezu ein „Geiſt der Geſetze" genannt. In der Vorrede
erklärt er, immer mehr die Nothwendigkeit erkannt zu haben,
daß ſich die Cameralwiſſenſchaft auf die Grundlehren der
Politik ſtütze. Auch die nicht übel hiſtoriſche Erörterung,
wie vom Jägerſtaate an jede beſondere Staatsverfaſſung
ihre beſondere Einrichtung der Finanzen nöthig macht, iſt
ganz im Geiſte Montesquieu's. (Syſtem des Finanzweſens,
S. 48 ff.). So kämpft Juſti gegen die Hypotheſe des ſog.
Geſellſchaftsvertrages, der nicht der Urſprung des Staates
ſein könne, ſondern bereits eine Art von Staatsgewalt vor=
ausſetze, um für die Minorität verbindlich zu ſein. Ihm zu=
folge iſt der Urſprung des Staates vielmehr ein unmerklicher,
und wird durch ſehr verſchiedene Gründe befördert. (Natur
und Weſen der Staaten S. 9. 41.) — Andererſeits beweiſt
er gegen Montesquieu nicht ohne Erfolg, daß die richterliche
Gewalt unmöglich der geſetzgebenden und ausführenden Ge=
walt coordinirt ſein kann. Er lehrt auch, daß jede Staats=
form gut iſt, ſo lange ſie ihre eigenthümliche Triebfeder un=
verletzt bewahrt. (Grundriß einer guten Regierung, 1759,
S. 12.) Nicht bloß die Demokratie ſetzt Tugend voraus,
ſondern jede Staatsform: nur die Monarchie eine vorzugs=
weiſe auf Ehre, die Ariſtokratie eine vorzugsweiſe auf Mäßi=
gung, die Demokratie eine vorzugsweiſe auf Gleichheit gerich=
tete Tugend. (Natur und Weſen der Staaten S. 176 ff.)

Mit ſeinen Grundſätzen für die politiſche Praxis war
übrigens Juſti nur inſofern conſequent, als er die Ueber=
reſte des Mittelalters bekämpft. Er iſt gegen das
Lehnsweſen (Staatswirthſchaft II. S. 404 ff.), gegen erbliche
Gerichtsbarkeit und Bezahlung der Richter in Sporteln

Einleitung zur Cameral- und Finanzwiſſenſchaft, als eine ſolche ſelbſt
geſchrieben habe. Nicht einmal den Unterſchied zwiſchen Fiscus und
Aerarium beachte er. (Leipz. Dekon. Sammlungen XI. S. 890, 916.)

[9] Neu herausgegeben von Scheidemantel 1771.

(a. a. O. S. 413.); möchte sogar statt des Erbadels einen bloß persönlichen Adel eingeführt wissen. (Grundriß einer guten Regierung S. 190.) Wie er für Oesterreich bringend ein neues allgemeines Gesetzbuch wünscht (Gesammelte politische und Finanzschriften, 1761, I. S. 520)[10], so möchte er den städtischen Zopf mit solcher Gründlichkeit abgeschnitten sehen, daß er anstatt zahlreicher Magistrate an eine Nachahmung der französischen Lieutenants de Police denkt. (Staatswirthschaft I. S. 492.)

Vor der englischen Verfassung hat Justi ähnlichen Respect wie Montesquieu. Sie ist „vielleicht die weiseste, welche Menschen erfinden können". (Vergleichung der europäischen mit den asiatischen und anderen, vermeintlich barbarischen Regierungen S. 7 fg.) So deutet er zwar behutsam, aber entschieden an, daß die Sicherheit des englischen Münzwesens mit der englischen Verfassung zusammenhängt. (Gesammelte politische und Finanzschr. II. S. 572.) Er hält es aber doch für sehr fraglich, ob die vielen Kämpfe, Bestechungen ꝛc. des englischen Staatswesens durch die Vortheile der Verfassung daselbst in der That aufgewogen werden. Ueberhaupt ist die eben erwähnte Schrift, Vergleichungen der europäischen mit den asiatischen Regierungen ꝛc., gegen den Hochmuth gerichtet, womit die Europäer theoretisch wie praktisch auf alle übrigen Welttheile herabsahen; und Justi erklärt namentlich „ohne Bedenken die chinesische Verfassung für die vernünftigste und weiseste auf unserer ganzen Kugel." (S. 466.) Vgl. Staatswirthschaft II. S. 148. Selbst die Hinrichtung von Zeitungsschreibern, die zu der officiellen Chronik aller Vorgänge eigenmächtig etwas zusetzen, billigt er. (a. a. O. S. 51.) Während er in einer Schrift lehrt, daß ein Herrscher durch Verfassungsbruch sein Recht verwirkt (Natur und Wesen der St. S. 238 fg.), wie denn überhaupt die in den

---

[10] In einem für Wiener Vorlesungen geschriebenen und von der österreichischen Censur gebilligten Grundrisse.

Staat eintretenden Menschen gar nicht die Absicht gehabt haben
können, sich der Willkür zu unterwerfen (a. a. D. S. 50.),
wird anderswo selbst in einer beschränkten Monarchie den
Unterthanen gegen Verfassungsbruch des Herrschers nur das
Recht beweglicher Vorstellung zugeschrieben. (Gef. polit. und
Finanzschr. I. S. 542 fg.) Dem Absolutismus eines Peters d.
Gr. oder gar einer Elisabeth von Rußland ist Justi feind. (Natur
und Wesen der St. S. 126.) Doch scheint ihm für Deutschland, wo die altgermanische Freiheit „mit Stumpf und Stiel
ausgerottet ist“ (Vergleichungen 2c. S. 27.), ein aufgeklär-
ter Absolutismus im Sinne Friedrichs d. Gr. oder Maria
Theresia's offenbar das Wünschenswertheste.

In diesem Grundgedanken lösen sich viele scheinbare
Widersprüche Justi's. „Ein Fürst ist Schöpfer seines Staates; er kann darin bilden und hervorbringen, was er will,
wenn er nur die rechten Maßregeln ergreifet“. (Gef. polit.
und Finanzschr. III. S. 512.) Zu diesen rechten Maßregeln
wird namentlich auch die gerechnet, daß in den Gesetzen nicht
bloß geboten und verboten werde, sondern zugleich durch Mittheilung der Motive des Regenten die Ueberzeugung der Unterthanen gewonnen. (a. a. D. I. S. 542 fg.) Daneben heißt
es dann wieder: alle Gewalt geht vom Volke aus. (Staatswirthschaft I. S. 34 fg.) Ein guter Regent muß gar keinen
Sonderwillen haben, sondern nur dem vereinigten Willen des
Volkes, der auf Volksglück gerichtet ist, folgen. (Grundriß
einer guten Regierung S. 23.) Der Staatszweck, gemeinsame
Glückseligkeit, fällt ganz mit dem Lebenszwecke der Menschen
zusammen. (a. a. D. S. 55.) Direct gegen v. Schröber ist der
Nachweis gerichtet, daß die Hebung der Unterthanen nicht
bloß secundärer, sondern Hauptzweck des Herrschers sein müsse.
(Natur und Wesen der St. S. 55 fg.) Unter einem absoluten
Monarchen läßt sich dieser Zweck schleuniger, als in jeder andern Staatsform, erreichen. (Von Manufacturen u. Fabriken,
1757—61, I. S. 37.) Ein solcher verspricht stillschweigend,
keine von der Wohlfahrt des Volkes verschiedene Absicht zu

hegen. Je unbeschränkter er ist, um so weniger hat er Eigen=
thum, wovon er z. B. Geschenke machen könnte. (System des
Finanzwesens S. 9.) In Europa tadelt es Justi bitter, daß
die Steuerlast beinahe ganz auf die mittleren und niederen
Klassen fällt; daß sich, mit Ausnahme Preußens und weniger
anderen Staaten, die obersten Beamten trotz aller Pracht doch
sehr bereichern, und Niemand Anstoß daran nimmt; daß end=
lich außer England und der Schweiz das Landvolk überall
im härtesten Drucke schmachtet. (Vergleichungen der europ.
Regierungen 2c. S. 288. 461. 308.) Wie das Buch über
Finanzen und die Grundsätze der Polizeiwissenschaft (1756)
Justi's Hauptwerke sind, so stellt er auch principiell gern
Polizei= und Finanzwissenschaft zusammen: jene lehrt die
Gründung und Erhaltung, diese die vernünftige Anwendung
des Staatsvermögens. (Syst. des Finanzw. S. 4.) Daher
sollen Polizei und Finanzen auch ja nicht in der obersten
Instanz von einander getrennt werden. Jene säet, diese ernten;
und es thut nicht gut, einen Andern ernten zu lassen, als der
gesäet hat. (Ges. polit. und Finanzschr. I. S. 576.) — Man
erkennt sogleich, dieß ist die Praxis aller großen Regenten da=
maliger Zeit, die einen ähnlichen theoretischen Gegensatz von
Herrscherwillkür und Volksfreiheit durchs Leben zu versöhnen
strebten. Im Einzelnen freilich liegen bei Justi auch manche
wirkliche Widersprüche vor. So entwickelt er z. B. in seiner
Staatswirthschaft (II. S. 513) die in Preußen seit Friedrich
Wilhelm I. durchgedrungene Ansicht, daß es thöricht sei,
gegenüber der Domänenverwaltung eine selbständige Steuer=
behörde zu haben; während er gerade in dem, Friedrich d. Gr.
zugeeigneten, Systeme des Finanzwesens (S. 349) den Gegen=
satz von Aerarium und Fiscus nicht missen möchte, weil da=
durch immer viel Böses auf landständischem Wege verhütet
wird.

. In der obersten Schicht der Staatsverwaltung räth
Justi, ein Collegium zu gründen mit 5 oder 6 Departements,
für Polizei, Finanzen, Commerzien, Kriegswesen, Justiz, unter

Umftänden auch für Bergfachen. (Staatswirthfchaft II. S. 694 ff.) Dagegen findet er die fchon damals in Frankreich ausgebildete Bureaukratie zwar fehr energifch, zumal befchleunigend, aber im Ganzen doch gefährlich. (Gef. polit. und Finanzfchr. II. S. 369.) Das Landvolk als Miliz aufzubieten, widerräth er fo fehr, daß er nach Erfchöpfung des ftehenden Heeres lieber zu Hülfstruppen feine Zuflucht nehmen will, oder felbft den ungünftigften Frieden nicht verfchmähet. (a. a. D. I. S. 545.) Dagegen denkt er an ein allgemeines Confcriptions- und weiterhin Landwehrfyftem, wobei die Nichtausgehobenen oder zeitweilig Beurlaubten wenigftens eine tüchtige Steuer zahlen follen (a. a. O. I. S. 54. Staatswirthfchaft II. S. 426).

Ueberaus merkwürdig find Jufti's Anfichten von auswärtiger Politik. Die Schrift: „Die Chimäre des Gleichgewichts von Europa" ift eine geiftreiche Durchführung des Gedankens, daß ein Gleichgewichtsfyftem weder rechtlich zu begründen, noch politifch zu erhalten fei, auch praktifch niemals beftanden habe, da felbft Wilhelm III. aus ganz anderen, perfönlichen Gründen alle Welt gegen Frankreich gehetzt. Die Macht jedes Staates hängt vornehmlich von der Güte feiner Regierung ab; diefes Wachsthum eines Gegners im Innern kann das Ausland ja doch nicht hemmen! Statt deffen empfiehlt Jufti den Aengftlichen eigene gute Regierung und Defenfivbündniffe. Schon 1748 hatte er einen Beweis für die Vortrefflichkeit der Univerfalmonarchie geliefert (Gef. polit. u. Finanzfchr. II. S. 235 ff.); nur infofern halbironifch, als er dabei ftets gute Herrfcher vorausfetzt, an die er felbft nicht zu glauben verfichert. Aber z. B. von einem irgendwelchen Rechte und Bedürfniffe der Nationalität ift gar keine Rede; bloß die Dynaftien würden bei der Einführung des Univerfalreiches verlieren. (S. 245.) Und daß der Univerfalherrfcher bald auch feine Religion zur univerfalen machen würde, hält Jufti geradezu für einen Vortheil, da nun die gehäffigen Religionszwifte aufhörten. (S. 286 ff.)

III.

Auch auf dem nationalökonomischen Gebiete steht Justi im Kreuzungspunkte verschiedener Zeitalter und Zeittendenzen; und es ist ganz falsch, wenn ihn Heeren als klassischen Vertreter des reinen Mercantilsystems bezeichnet. Am ersten könnte dieß noch von seiner „Staatswirthschaft" und dem „Grundrisse aller ökonomischen und Cameralwissenschaften" (1759) gelten. Hier heißt es: der Reichthum eines Landes entspringt aus der Volksmenge, zumal wenn Reiche einwandern; sodann aus dem auswärtigen Handel und den Bergwerken. Die Verschwendung macht das Land nur dann ärmer, wenn sie ausländische Güter betrifft; denn sonst könnte sie nur den Reichthum aus einer Hand in eine andere bringen. (Ges. polit. und Finanzschr. I. S. 524 ff. 538.) Der eigentliche Landesreichthum, als Gegensatz vom Reichthume des Fürsten und der Privaten, besteht in der Menge des unter die Einwohner vertheilten, im Gewerbe angelegten und circulirenden Geldes. (Staatswirthschaft I. S. 156.) Auch die Schrift von Manufacturen zc. erblickt „den großen Hauptzweck derselben lediglich darin, den Ausfluß des Geldes zu verhüten". Nur wenn zwei Industriezweige in dieser Hinsicht gleich stehen, soll nach der Menge der von ihnen beschäftigten Menschen gefragt werden; im Allgemeinen ist diese Rücksicht nur secundär, die auf die Geldmenge principal. (I. S. 71.) „Hat ein Land keine Ausfuhr des Getreides zc., so ist der fruchtbarste Boden von gar keinem Nutzen." (a. a. O. I. S. 16.)

Späterhin taucht die Ansicht auf: „wenn man das Hauptaugenmerk des echten Cameralisten, worauf er bei allen Maßregeln und Anstalten zu sehen hat, in ein Wort fassen wollte, so müßte man durchaus: Bevölkerung! ausrufen." (Ges. polit. und Finanzschr. III. S. 379.)

Und Grundsätze, die sehr an Hume erinnern, werden von Justi vorgetragen in der Schrift: „Die Chimäre des Gleichgewichts der Handlung und Schiffahrt" (1759), wie sie die literarisch-diplomatischen Angriffe der Franzosen während

des siebenjährigen Krieges auf die englische Seeherrschaft zu-
rückzuweisen bemühet ist. Aller Handel zwischen Völkern setzt
beiderseitigen Gewinn voraus. Er muß darum frei sein.
(S. 43.) Schon hier wird der Schmuggel als die natürliche
Folge davon betrachtet, wenn der wahre oder vermeintliche
Vortheil des Staates mit dem der Privaten im Kampfe liegt.
Kein Volk kann deßhalb einen blühenden Handel erlangen,
anders als zum Vortheile der übrigen, mit denen es handelt.
(S. 14 fg.) Eine schädliche Bilanz hat jedes Volk sich selber
zuzuschreiben, insofern die Ausfuhr sein Einkommen, die Ein-
fuhr sein Verbrauch ist. (S. 17.) Justi schildert zwei verschiedene Wege, auf welchen das Volk seine höchste Glückseligkeit erreichen kann: einer durch Absperrung, wie Israel, Sparta,
China, Japan; der andere durch Commerzien, wie England.
(S. 23 ff.) Im letztern Falle ist große Schiffahrt nöthig;
ferner abhängige, bloß Ackerbau treibende Kolonien. (Andere
Kolonien nützen dem Mutterlande so gut wie gar nicht.) Dergleichen Kolonien, sowie der eigene Boden sind die Unterlage
des auswärtigen Handels, indem ein bloßer Zwischenhandel
stets gefährdet ist, sobald die fremden Völker anfangen klug
zu werden.[11] In einem solchen Lande braucht man den Luxus
nur insofern zu beschränken, als er sich auf fremde Güter
richtet. Unter Voraussetzung einer guten Constitution mit
ordentlichem Gleichgewichte der Gewalten muß das Land alsdann sehr volk- und geldreich werden. Der niedrige Zinsfuß,
der hier besteht, wird von Justi allein aus der Menge des
Geldes erklärt; aus ihm wiederum der sorgfältige Anbau
alles Landes, welcher es möglich macht, trotz der großen
Volksmenge Korn auszuführen. Der niedrige Zinsfuß zwingt
Alle zur Thätigkeit und macht die Waaren wohlfeil. (S. 33.)
Zuletzt freilich muß die immer noch wachsende Geldmenge die
Exportwaaren vertheuern und der auswärtige Handel wieder

---

[11] Holland mit einem Hause verglichen, das auf Pfähle ins Wasser
hinaus gebaut ist, wo die Pfähle jedoch bereits morsch geworden. (Natur
und Wesen der St. S. 35.)

aufhören: wobei Justi an die Möglichkeit einer Reexportation
des Geldes nicht denkt. Insoferne treffen dann schließlich die
beiden verschiedenen Wege zum Volksglücke wieder auf dem=
selben Fleck zusammen. (S. 36.) Ja, der Weg der Absperrung
scheint doch eigentlich der sicherere. (S. 38.) Jedenfalls ist der
Krieg mit einem Handelsvolke das verkehrteste Mittel, dessen
Handelsübermacht zu brechen; man schadet sich dabei selbst
mit, und die Suprematie geht wahrscheinlich inzwischen auf ein
drittes Volk über. (S. 58.) — Noch weiter vorgeschritten ist
die Schrift: „Vom wahren Reichthume des Staates." (Ges.
polit. und Finanzschr. III. S. 23 ff.) Das Geld ist mehr, als
ein bloßes Zeichen, es ist selbst eine Waare, die im Papier=
gelde wieder ihr Zeichen hat. Ein Staat kann reich sein,
kann sogar auswärtigen Handel treiben, ohne Gold und Sil=
ber zu besitzen. Justi ist sehr in Zweifel, ob die Erfindung
des Geldes im Allgemeinen mehr geschadet oder genützt habe.
(S. 39.)[12] Hat ein Land Ueberfluß an Gütern, so kann es
ihm an Gelde nicht fehlen. (a. a. O. III. S. 384.) Nur für
eine Angriffspolitik ist der Geldreichthum sehr wichtig. (S. 386.)
Anderswo freilich heißt es allgemeiner, die vorzügliche Reich=
thumsqualität der Edelmetalle beruhet darauf, daß wohl kein
Volk ohne auswärtigen Verkehr leben kann. (Staatswirthschaft
I. S. 152.) Gold und Silber sind relativer Reichthum, wichtig
für den Verkehr: also für Nationen, die keinen Verkehr haben
wollen, sehr Nebensache. (Grundriß einer guten Regierung
S. 88 ff.) Uebrigens stellt Justi, im Gegensatze der Mercan=
tilisten sowohl als der Physiokraten, die Künste und Wissen=
schaften mit dem Ackerbau, den Manufacturen und dem Han=
del als „Nahrungsarten" zusammen (a. a. O. I. S. 273.);
und rechnet zu den Gütern und Vermögensbestandtheilen nicht
bloß Geld und Geldeswerth, sondern auch Geschicklichkeiten

---

[12] In der "Abhandlung von denen Steuern und Abgaben" (1762,
I. S. 36.) wird die Erfindung des Geldes sogar als die Quelle alles Bösen
in der Welt bezeichnet; das Geld sei gleichsam das böse Urwesen der Ma=
nichäer. Indeß hat Justi diesen Gedanken nirgends weiter entwickelt.

und Credit. (I. S. 439 ff.) Aus diesem Gesichtspunkte berichtigt er sehr gut den gewöhnlichen Schuldenbegriff, wonach
man „weniger als Nichts haben" könne. Wer auch gar kein
Vermögen im engern Sinne besitzt, der hat doch Fähigkeiten, Aussichten 2c.; und die mag er mit Schulden belasten.
(I. S. 473.)

Zwischen diesen drei Ansichten vom Volksreichthume, der
alten Mercantilisten, der neueren Populationisten und der
Hume'schen Schule, ist Justi niemals recht zu klarer Entscheidung gekommen. Wenn er einmal Gold und Silber sogar
bloße Zeichen nennt, wie die spanische Geschichte zeige (Natur
und Wesen der St. S. 472), so ist er doch immer dabei geblieben, daß man keine Anleihen im Auslande machen soll,
weil sonst, einschließlich der Zinszahlungen, mehr Geld im
Ganzen hinausgehen würde, als hereingekommen ist. (Ges.
politische und Finanzschr. II. S. 347. Staatswirthschaft II.
S. 461.) Indessen findet sich doch eine Ahnung der Wahrheit im Systeme des Finanzwesens, S. 563: wonach man
das Borgen im Auslande vorziehen soll, wenn man seinen
Bedarf hier um mehr als $1\frac{1}{2}$ Proc. wohlfeiler bekommt, als
im Inlande. — Es ist besser, zwei Millionen auf Truppen
im eigenen Lande, als eine Million auf Subsidien zu verwenden. (System des Finanzw. S. 20.) Auch wo der Nachtheil eines zu geringen Waldbestandes erörtert wird, ist vom
Holzbedarfe des Volkes gar nicht die Rede, sondern nur davon, daß der hohe Preis des Holzes die Ausfuhrartikel vertheuern und somit dem Handel schaden würde. (Ges. polit.
und Finanzschr. I. S. 441.) Im Bergbau erklärt Justi einmal die unedlen Metalle für wichtiger, als die edlen (Grundsätze der Policeywissenschaft, §. 148); und doch sollen diese
unbedenklich selbst mit Zubuße gebaut werden, jene bloß
wenn sie mindestens ihre Kosten decken. (System des Finanzw.
S. 262.)

Zu viel Einwohner kann ein Staat niemals haben.
(Grundriß einer guten Regierung, S. 87; Staatswirthschaft

I. S. 160 ff.) Ein Satz, dessen Irrigkeit von Justi dadurch corrigirt wird, daß Reichthum und Volksmenge mit gleichem Schritte fortgehen müssen; sowie er an einer andern Stelle noch die Voraussetzung beifügt, der Staat müsse in blühendem Nahrungsstande und weise beherrscht sein. (Ges. polit. und Finanzschr. I. S. 199.) Wenn er meint, dichte Bevölkerung ziehe immer einen Ueberfluß an Gütern nach sich (a. a. O. III. S. 380); und je dichter die Bevölkerung, desto mehr werden Ausfuhrartikel producirt (Grunds. der Policeyw. §. 88): so wird der Kern von Wahrheit, der in dieser Uebertreibung steckt, darauf gestützt, daß alle Fähigkeiten der im Staate lebenden Menschen, ja diese Menschen selbst zum Vermögen des Staates gehören. (Staatswirthschaft I. S. 160.) Gegen die Furcht vor Uebervölkerung hält Justi ein, wie Europa wohl das Sechsfache seiner heutigen Bewohnerzahl ernähren könne.[13] (S. 162.) Ganz fein unterscheidet er die starke von der dichten Bevölkerung. (Absolut und specifisch große Bevölkerung, wie man heute sagt.) Eine Million Menschen, die auf 250 Q.Meilen wohnt, ist viel stärker, als wenn sie über 1000 Q.Meilen zerstreut wäre; unter übrigens gleichen Umständen wohl viermal so stark. (Grundriß einer guten Reg. S. 84. Ges. polit. und Finanzschr. I. S. 199.) Unter den Mitteln zur Volksvermehrung werden namentlich auch gutes Regiment, Toleranz 2c. empfohlen, hingegen Auswanderungsverbote getadelt. (Staatswirthschaft I. S. 160 ff. 345.)

---

[13] Uebrigens meint er, daß eine Q.Meile sehr fruchtbaren Landes nur 2000 Menschen ernähren kann; sowie er auch annimmt, die mittleren und kleinen Städte enthielten gewöhnlich ebenso viel Einwohner, wie das platte Land (Ges. polit. und Finanzschr. III. S. 452 fg.), in Ländern, wie England, Frankreich, Holland, die sämmtlichen Städte sogar doppelt so viel. (Von Manufacturen I. S. 19.) So wunderlich dieß unseren Statistikern klingen mag, so echt praktisch werden sie Justi's Vorschlag finden, bei jeder Volkszählung charakteristische Altersgruppen zu sondern: bis zum 12. Jahre ohne Unterschied des Geschlechts, 13—18 Jahre als die vornehmste Lernzeit, 19—24 Jahre als die beste Heirathszeit der Frauen, Studier- und Gesellenzeit der Männer 2c. (Staatswirthschaft I. S. 262.)

Den Bätern von 6 lebenden Kindern foll Steuerfreiheit und, wenn fie arm find, eine Penfion zu Theil werden. Colbert habe nur darin gefehlt, daß er das fo äußerft feltene Vorkommen einer Familienftärke von 10—12 Kindern zur Bedingung feiner Prämie gemacht. Auch wird „eine weife Regierung nie unterlaffen, den Fremden, welche fich im Lande anbauen, Baubegnadigungsgelder zu zahlen". Im Findelhaufe muß „jedes Kind als ein fchätzbares Pflanzreis der künftigen Bevölkerung willkommen fein; man follte denen, welche eins bringen, eher eine Belohnung geben, als Geld oder Anzeige ihres Namens von ihnen fordern". (Gef. polit. und Finanzfchr. II. S. 121. III. S. 400. 407.) Mit diefer Bevölkerungspolitik fteht es in gutem Einklange, daß Jufti den Volksreichthum fo viel wie möglich gleichmäßig vertheilt fehen möchte. (Grundriß einer g. Reg. S. 240.)

Was die technifche Seite der Landwirthfchaft betrifft, fo ift unfer Jufti über die verfchiedenen Bedingungen ihres extenfiven oder intenfiven Betriebes durchaus nicht im Klaren, fo gut er auch z. B. die phyfikalifche und chemifche Bodenfruchtbarkeit zu unterfcheiden verfteht. (Von der Vollkommenheit der Landwirthfchaft, S. 42.) Aber durchweg leidet er an dem Irrthume, den auch Friedrich d. Gr. theilte, jede Vergrößerung der urbaren Länderei für Gewinn zu achten: fo in den beiden Abhandlungen von Urbarung der Haiden 2c. und von Austrockenung der Moore. (a. a. O.) Gegen Erfindungen, wie Kretfchmats Ackerbauräthfel, (Emporpflügen des Untergrundes 2c.) hält er ein, man folle doch vorher alle jetzt noch unbeftellten Gründe beftellen. (Gef. polit. und Finanzfchr. III. S. 374.) Daß es vortheilhafter ift, wenig gutes Vieh zu halten, als viel fchlechtes, fieht er ein; dagegen fteckt er noch fo tief in den Vorausfetzungen extenfiver Landwirthfchaft, daß er jedem Wirthe die eigene Zuzucht empfiehlt; wie er denn überhaupt fehr gegen alle Geldausgaben des Landmannes eifert. (Staatswirthfchaft I. S. 591.)

Ungleich confequenter fteht er der focialen Seite des

Faches gegenüber. Obschon er geschichtlichen Sinn genug besitzt, um anzuerkennen, daß die Lehngesetze im Mittelalter bei
allgemeiner Kriegspflicht und Seltenheit des Geldes recht
passend gewesen (Natur und Wesen der St. S. 483), so gehört
er doch zu denjenigen, welche zumal nach englischen Vorbildern,
aber in Deutschland am frühesten und geistvollsten die Reform
der neuern Agrarpolitik eingeleitet haben. Von den „Abhand=
lungen von der Vollkommenheit der Landwirthschaft und der
höchsten Cultur der Länder" (1761) erörtert die erste die in
Deutschland beim Ackerbaue üblichen Hauptfehler. Als Muster
der Landwirthschaft wird hier die englische bezeichnet. Der
erste Fehler ist das Zusammenleben des Landvolkes in Dör=
fern, das zwar die Polizeiaufsicht erleichtert, aber die Privat=
aufsicht des Landwirthes, überhaupt die Arbeit sehr erschwert,
auch nur (im Gegensatze der von Tacitus geschilderten Höfe)
aus den Zeiten des Faustrechtes zu erklären ist. Justi empfiehlt
als Vermittelung der Extreme die heutzutage sog. Uebergangs=
dörfer, und zwar selbst in nordischen und Gebirgsgegenden,
wo er das Vorwalten des Hofsystems recht wohl beobachtet
hat, ohne jedoch auf den natürlichen Grund desselben zu ver=
fallen. (Staatswirthschaft I. S. 525.) Ein zweiter Fehler ist
die Vertheilung der Aecker rc. in sehr lange schmale Streifen.
Ein dritter die Hut= und Triftgerechtigkeit nebst dem Flur=
zwange: lauter nothwendige Folgen des Dorfsystems. Justi
räth statt dessen eine Verkoppelung und Koppelwirthschaft in
englischer Weise an; wobei er die Korn= und Wollausfuhr
die wahren Quellen von Englands Reichthum nennt, da alle
übrigen Waaren von den Engländern ziemlich in gleichem
Werthbetrage aus= und eingeführt würden. Ein vierter Fehler
besteht in dem allzu großen Umfange der Landgüter, wobei
sich der Verfasser zu der Uebertreibung hinreißen läßt, eigent=
lich alle Rittergüter in kleine Pachtungen zerlegt zu wünschen.
(S. 19 ff.) Denn anderswo begreift er sehr wohl die Noth=
wendigkeit von großen und mittleren Gütern, um den kleine=
ren als Unterstützung zu dienen; jene sollen daher ja nicht

zerstückelt werden, während diese nur eines Verbotes bedürfen, keine Parzellen unter einem Morgen Größe zu bilden. (Grundf. der Policeyw. §. 39.) Eine fünfte nothwendige Reform soll die Bauern zu Eigenthümern ihrer Höfe machen. Eine sechste die Frohndienste für den Werth ablösen, den sie bisher für den Gutsherrn gehabt, und der oft nicht ⅙ bis ¼ des Schadens betrug, welchen der Bauer davon gelitten. — Ein guter Gedanke ist die Anstellung von Oekonomie-Inspectoren, welche in freier Weise zwischen der Volkswirthschaftspolitik und dem einzelnen Landwirthe vermitteln sollen. (Staatswirthschaft I. S. 268.)

Als Grundlage seiner ganzen Gewerbe- und Handelspolitik ist sehr interessant Justi's Schrift über die großen Städte (Ges. polit. und Finanzschr. III. S. 449 ff.), welche mit ihrer Versinnlichung der Theorie durch concentrische Kreise an das vortreffliche Werk des neuern v. Thünen erinnert. Dabei ist es charakteristisch für das Städteleben jener Zeit, daß Justi es kaum möglich glaubt, eine Stadt zu vergrößern, wenn nicht den neuen Ansiedlern besondere Vortheile zugestanden werden. (Grundf. d. Policeyw. §. 54.) Die mittelalterlich scharfe Sonderung der stadtwirthschaftlichen Stände von den landwirthschaftlichen will Justi beibehalten wissen. (Ges. polit. und Finanzschr. III. S. 375.)

Von der Wichtigkeit des Gewerbfleißes war er tief durchdrungen. Obwohl er den Ackerbau den „festen und unbeweglichen Grund" nennt, „worauf Bevölkerung, Nahrungsstand, Manufacturen und Handel ruhen", außer dem reinen Zwischenhandel (Vollkommenheit der Landw. S. 1.), so meint er doch, eine halbe Million Volksbereicherung durch ausländischen Absatz von Fabrikaten sei für den Nahrungsstand wichtiger, als eine ganze Million aus Bergwerken und sonstigen Quellen. (Von Manufacturen I. S. 162.) Der Staat soll die Industrie vornehmlich durch Zölle heben, die auch ohne allen finanziellen Zweck schon als Mittel, die Volkswirthschaft zu leiten, nöthig sind und deßhalb ja nicht bloß von der

„cameralistischen" Seite betrachtet werden dürfen. (a. a. O.
I. S. 154.) Da er jedoch nicht alle Gewerbe zugleich fördern
kann, so muß er mit den nothwendigsten beginnen: zuerst also
denen, welche die stärkste Geldausfuhr ersparen; hierauf denen,
welche die meisten Menschen beschäftigen. Zuletzt kommen die=
jenigen, welche alle Haupt= und Nebenstoffe im Lande selbst
finden. (Staatswirthschaft I. S. 203.) Im Innern werden
Gewerbereglements und obrigkeitliche Schauanstalten zu deren
Handhabung aufs Dringendste empfohlen: ihnen sei die ge=
werbliche Blüthe Preußens und Englands vorzugsweise zuzu=
schreiben. (Von Manufacturen I. S. 120 ff.) Von Polizeitaxen
ist Justi kein Freund: er vergleicht sie mit dem Vor= oder
Zurückstellen einer falsch gehenden Uhr. Zu billigen, ja noth=
wendig sind sie nur bei Fleisch, Brot und Bier, weil hier der
Preis des Rohstoffes klar zu übersehen, die Verarbeitung
desselben höchst einfach, der Absatz ganz sicher ist, und daher
im Nothfalle vom Staate selbst übernommen werden könnte.
(Grundf. der Policeyw. §. 254. Ges. polit. und Finanzschr.
III. S. 484.) Staatsgewerbe sollen, wenn sie einmal im
Gange sind, möglichst bald an Privatunternehmer gegeben
werden. Denn z. B. Absatz in fremde Länder können sie
schwerlich hoffen. (Von Manufacturen I. S. 85 ff.) Obwohl
Justi den Werth der Arbeitstheilung recht gut versteht, wo
jeder Arbeiter „seinen besondern Theil zu bearbeiten hat, bei
dem er beständig gelassen wird" (Staatswirthschaft I. S. 500),
so ist er doch kein Freund sehr großer Fabriken. (Grundf. der
Policeyw. §. 159.) Maschinen billigt er indeß entschieden,
nur den Fall ausgenommen, wo die von ihnen ersetzten
Arbeiter gar keine anderweitige Arbeit finden könnten; und
dahin „wird wohl niemals ein Staat gelangen." (Von Ma=
nufacturen I. S. 147.) Viel zu viel hofft Justi von einer
Zunftreform, welche darin bestehen soll, daß jedes Handwerk
einen Rathsherrn zu seinem besondern Patrone hat. Daneben
viel zu wenig von einer Reform des Unterrichts, indem er
meint, daß eine Schulbildung, welche die Jugend für das

bürgerliche Leben, bie allgemeinen Handwerksregeln 2c. un=
mittelbar vorbereitet, „vielleicht erſt nach ein Paar tauſend
Jahren" eintreten werde. (Staatswirthſchaft I. S. 315 fg.)
Von Erfinderprivilegien hält er nicht viel. Lieber ſollen birecte
Staatsbelohnungen an ihre Stelle treten. (a. a. O. II. S. 613.)

Es iſt doch wenig mehr als Redensart, wenn Juſti ein=
mal die Abſchaffung der Despoterei bas beſte Mittel nennt,
ben Handel zu befördern. (Gleichgewicht der Handlung 2c.
S. 47.) Denn im Einzelnen erflärt er ſich eigentlich mit
allen Handelsbeſchränkungen bamaliger Zeit einverſtanden.
So z. B. ſollen die früher gewöhnlichen Beſchränkungen der
Hökerei faſt ohne Ausnahme unentbehrlich ſein. (Geſ. polit.
und Finanzſchr. III. S. 492.) Wenn gleich bas Verbot des
Gelderportes ſchon wegen ſeiner Unburchführbarkeit gemiß=
billigt wird (Staatswirthſchaft I. S. 196), ſo glaubt Juſti
boch vorauszuſehen, baß in fünfzig Jahren ſich alle Staaten
durch Handelsverträge ſtreng ausbedingen werden, keine Gelb=
ausfuhr zu erleiden: wo bann alſo nur noch die Bergwerke als
Bereicherungsmittel übrig ſein würden. (a. a. O. I. S. 244.)
Auch ben Meſſen mit ihrer Suspenſion der ſonſtigen Handels=
ſchranken iſt er nicht gewogen: er hebt hervor, baß ein Land
ſehr blühende Meſſen haben könne, unb boch einen ſehr nach=
theiligen auswärtigen Handel. (Staatswirthſchaft I. S. 196.)
Den Handelscompagnien, die übrigens bei ganz entwickeltem
Verkehre wieder aufhören ſollen, wird eine große Nützlichkeit
zur Förderung der Ausfuhr nachgerühmt (a. a. O. I. S. 216,
224), ſo ſcharf auch, boch mehr aus ſittlichen als ökonomiſchen
Gründen, gegen die treuloſe Art geeifert wird, in welcher die
Europäer den Activhandel mit fremden Welttheilen betreiben.
(Vergleichung der europäiſchen Regierungen 2c. S. 318 ff.)

Ueber bas vornehmſte Handelswerkzeug, die Münze,
hat Juſti ziemlich aufgeflärte Anſichten, wenn er auch ſonder=
bar genug vorausſetzt, baß der anfängliche Tauſchhandel zuerſt
durch Münzzeichen unb erſt hernach wegen des Verkehrs mit
bem Auslande durch Gold= und Silbergeld verdrängt worden.

7*

(Ges. polit. und Finanzschr. I. S. 359.) Aber die Schrift:
„Ueber die Ursachen des verderbten Münzwesens in Deutschland, wobei neue und wirksame Mittel dagegen vorgeschlagen
werden" (zuerst 1755 anonym erschienen), enthält viel Gutes.
So z. B., daß Gold und Silber durchaus nicht willkürlich als
Geldstoff angenommen sind (Ges. polit. und Finanzschr. II.
S. 417 ff.); ebenso daß nur mit Hülfe des Bergregals eine
fiscalische Ausbeutung des Münzregals erfolgen kann. Doch
geht Justi hierbei zum Theil nicht weit genug, indem er nur
von einer moralischen Unmöglichkeit redet und die gewöhnliche Benutzung des Münzregals damit vergleicht, daß man
Dörfer in Wald verwandelt, um das Forst- und Jagdregal
darin auszuüben. Zum Theil wieder geht er zu weit, indem
er es für unmöglich erklärt, die Prägkosten auf den Metall-
preis zu schlagen. (a. a. O. S. 474 ff. 493.) Die Folge des
hohen Schlagschatzes, allgemeine Preiserhöhung der Waaren,
wird von Justi unterschätzt, indem er immer fürchtet, das
Ausland werde unser Geld zum wahren Werthe annehmen
und zum fictiven Werthe an uns zurückschicken. (S. 485.)
Zur Beförderung soliden Münzens räth er, Scheidegeld nur
von Kupfer zu prägen (S. 521), auch auf die übrigen Geldsorten bloß Gewicht und Feingehalt aufzustempeln (a. a. O. I.
S. 363), und nach englischem Vorbilde sogar den Schlagschatz
gänzlich abzuschaffen. (II. S. 326.)

Von Banken weiß Justi offenbar sehr wenig. Der
Credit einer Bank soll „fast lediglich" auf der richtigen Zins-
zahlung für die bei ihr niedergelegten Gelder beruhen. (Vom
Credite des Landes, 1760, S. 68.) Papiergeld macht ein
Land geldreicher als zuvor, freilich auch mit größerer Unsicherheit. (a. a. O. S. 67 fg.) Der Staat giebt das Geld
aus, das er von der Bank geliehen hat, und die dafür emit-
tirten Creditpapiere laufen daneben um. (System d. Finanzw.
S. 568.) Auch werden im Interesse des Credites scharfe
Wuchergesetze empfohlen, weil „sonst Jedermann sein Geld
auf wucherische Art zu nutzen sucht, und der Credit, der sich

auf mäßige Interessen gründen muß, fast gänzlich darnieder=
liegt." (Gleichgewicht der Handlung, S. 74.)

Was die Consumtion des Volkes betrifft, so ist Justi
gegenüber dem Luxus („Ueppigkeit"), dessen Begriff er
durchaus relativ faßt, sehr liberal, obwohl er es für eine
mittelbare Pflicht der Unterthanen gegen den Staat hält, ihr
Privatvermögen gut zu verwalten. (Ges. polit. u. Finanzschr.
I. S. 553.) Aber der Staat soll nur solche Arten des Luxus
bekämpfen, die in den wirklichen Bedürfnissen und Bequem=
lichkeiten des Lebens gar keinen Grund haben und dem Ge=
meinbesten unmittelbar schädlich sind, wie bei Prodigis, beim
Verbrauche von Fremdwaaren ꝛc. (a. a. O. II. S. 40 ff.) Da=
neben muß dann ein strenges Verbot des Bettelns bestehen
und durch Zwangsarbeitshäuser aufrecht erhalten werden.
(Staatswirthschaft I. S. 322 fg.)

Bedeutendes Verdienst hat sich Justi um das Assecu=
ranzwesen erworben. Wie er zu den Frühesten gehört, die
an Hagelassecuranz gedacht haben, so empfiehlt er in der geist=
vollen Schrift über die Feuerversicherung (Ges. politische und
Finanzschr. II. S. 105 ff.), diese letztere mit einer Leihbank auf
Häuser zu verbinden und den Feuerversicherungsanstalten auch
die Löschpolizei zu übertragen. Bedenklicher ist es, wenn er
„nicht einzusehen" erklärt, „was uns abhalten könnte", auch
Assecuranzen gegen Wasserschaden zu errichten, deren An=
stalten zugleich mit der Deichpolizei betraut werden müßten.
(Staatswirthschaft I. S. 287.)

IV.

Justi's Lehren vom Staatshaushalte sind unserer heuti=
gen Finanzwissenschaft viel ähnlicher, als seine Lehren
von der Volkswirthschaft unserer heutigen Nationalökonomik.
Gegen die Plusmacherei hat er eine eigene Schrift verfaßt,
der es wenigstens an Eifer nicht fehlt. (Ges. politische und
Finanzschr. III. S. 409 ff.) „Da zum Plusmachen wenig
Klugheit, aber genug Bosheit, Unverschämtheit, Verachtung

ber Rechte der Menschen und Bürger erfordert wird, so ist
die Erfindung des Plusmachens eine überaus leichte Sache
gewesen." (S. 423.) Er hebt hervor, daß alle reellen Auf=
besserungen des Finanzwesens mit einem vorübergehenden
Minus beginnen. (System des Finanzw. S. 87.) Das Ca=
meralinteresse wird der „neue unglückliche Götze der meisten
europäischen Höfe" genannt, wobei man sich um die Wohl=
fahrt des Volkes nicht kümmert. (Vergleichungen der euro=
päischen Regierungen 2c. S. 491.) Von der Habgier der
meisten Kammern sagt Justi, es sei, als wenn ein Geizhals
Obstbäume für 5 Rthlr. zu Brennholz schlagen ließe, die einen
jährlichen Obstertrag von 100 Rthlrn. liefern könnten. (Ges.
polit. u. Finanzschr. I. S. 351.) Die beste Vermehrung der
Staatseinkünfte besteht im Aufblühen des Volksvermögens.
(Staatswirthschaft II. S. 63.) Die Grundregeln jeder Finanz=
verwaltung reducirt er auf folgende: 1) durch die Nutzung
niemals das Vermögen selbst und damit das fernere Ein=
kommen zu verringern; 2) gerechte Gleichheit der Abgaben;
3) die Abgaben müssen sich nach der Natur und dem Zu=
stande des Staates richten, weßhalb er bei jeder Steuer mit
großem Eifer nach ihrem politischen Charakter forscht, ohne
dabei jedoch viel über Montesquieu hinauszukommen (System
des Finanzw. S. 424 ff.); 4) sie dürfen zu keiner Betrügerei
Anlaß geben; 5) alle Ausgaben nur zur Nothdurft und Wohl=
fahrt des Staates dienen. (Natur u. Wesen des St. S. 445 ff.)

Den ältern hauswirthschaftlichen Charakter des Finanz=
wesens erkennt man bei Justi noch darin, daß er im Ganzen
die Einkünfte aus Domänen mehr liebt, als die aus Steuern.
(Staatswirthschaft II. S. 81.) Wenn er deßhalb in seiner
Polizeiwissenschaft (§. 38) lehrt, die Domänen sollten in dem=
selben Verhältnisse, wie die Bevölkerung zunimmt, immer mehr
in Privathände übergehen: so meint er damit keine wirkliche
Veräußerung. (System des Finanzw. S. 114.) Die Verpach=
tung soll auf 6, höchstens 9 Jahre erfolgen. (Staatswirth=
schaft II. S. 103 fg. 124.)

Von übermäßigem Regalismus ist Justi frei. Alle Re=
galien, die auf das Aufblühen von Staat und Handel un=
mittelbar Einfluß haben, sollen nicht verpachtet werden. (Gef.
polit. und Finanzschr. II. S. 312.) Das Bergregal weiß er
sehr gut aus Gründen der Volkswirthschaftspolitik zu erklären.
(System des Finanzw. S. 255.) Er ist gegen den Monopol=
zwang der Post, überhaupt gegen jede weitgehende fiscalische
Ausbeutung des Postregals. (Staatswirthsch. II. S. 175.)
Hier sollte die Bequemlichkeit des Publicums immer in erster
Linie stehen, der Ertrag für den Fiscus in zweiter (Gef. polit.
und Finanzschr. I. S. 583.), obschon die Nachahmung der
schwedischen Postfrohnden sehr empfohlen wird. (a. a. O. S.
603.) Seine Billigung des Lottos unterstützt Justi damit,
es könne der Regierung gleichgültig sein, in wessen Händen
sich der Landesreichthum befinde. Uebrigens sieht er ein, wie
das Lotto einen unwirthschaftlichen Sinn im Volke befördert;
aber die in ihm liegende Besteuerung habe den großen Vor=
zug der Freiwilligkeit doch in ganz besonderm Grade. (a. a. O.
III. S. 256 ff.) Die Soldatenvermiethung so mancher deut=
schen Fürsten nennt er „ein niederträchtiges Gewerbe von
Landreerberbern." (System des Finanzw. S. 523.)
Daß eine leichtbesteuerte, aber schlafende Volkswirthschaft
durchaus nicht glücklich zu preisen ist, wird an dem Beispiele
von Deutschland gezeigt, bevor die hugenottischen Einwanderer
es gleichsam aufgeweckt hätten. (Gef. polit. und Finanzschr. I.
S. 486 ff.) Der Staat muß bei seinen Steuern folgende
Grundsätze beobachten: 1) daß sie der menschlichen Freiheit
und den Gewerben nicht schaden; 2) daß sie gerecht und gleich=
mäßig seien, weßhalb z. B. die Steuerfreiheit der Rittergüter
verworfen wird, deren früherer Grund, die besondere Kriegs=
pflicht der Ritter, längst aufgehört hat; 3) daß sie einen un=
betrüglichen Grund haben; 4) daß die Vielheit der Bedienten
und Kassen dabei vermieden werde. (a. a. O. I. S. 385. 371.)
Einen ganz besondern Nutzen der Steuern sieht Justi noch
darin, daß die Regierung nicht bloß durch die vorzugsweise

fog. Schußzölle, sondern überhaupt durch höhere Besteuerung
oder umgekehrt Steuerfreiheit die Volkswirthschaft von ge-
fürchteten Zweigen ab- und auf gewünschte Zweige hinleiten
kann: ungleich freiheitlicher, als durch eigentliche Verbote oder
Gebote. (a. a. O. I. S. 614 ff.) — In den meisten, Justi
bekannten Ländern nehmen die directen Steuern ⅓ des Volks-
einkommens in Anspruch; die Länder, wo nur ¼ gefordert
wird, sind leiblich belastet. (a. a. O. I. S. 49.) Späterhin
wurde Justi's Ansicht liberaler. Im Systeme des Finanzwesens (S. 65) tadelt er Bielfeld, der ¼ angenommen hatte.
Er selbst betrachtet hier ⅙ als Durchschnitt, während ¼ viel,
⅛ wenig sei. (S. 393.) Den Impôt unique der Physiokraten
verwirft Justi durchaus, jedoch ohne tiefere Gründe, nur weil
der Landbau darunter leiden, auch der Staat die Mittel verlieren würde, den Gewerbfleiß durch Abgaben zu leiten. (Ges.
polit. und Finanzschr. III. S. 536.) Gegen die Einkommen-
steuer hebt er die bekannten sittlichen Bedenken stark hervor
(System des Finanzw. S. 402); ebenso gegen jede Vermögen-
steuer oder Abgabe von verliehenen Kapitalien (Ges. polit.
und Finanzschr. II. S. 340), wozu noch die Gefahr kommt,
daß die Kapitalisten zum Schaden der Länder sonst auswan-
dern möchten. (a. a. O. I. S. 373.) Besoldungssteuern sollen
bloß im Nothfalle erhoben werden; eigentlich sogar alle Gelehrten steuerfrei sein, wegen ihres großen Nutzens für das
Gemeinwesen: nur müssen es wirklich Gelehrte sein, nicht
bloß Studierte. (Von den Steuern und Abgaben I. S. 93.)
Gegen hohe Beamtencautionen ist Justi um deßwillen, weil
hier bei gleichem Range durchaus nicht auf gleiches Vermögen
zu rechnen sei. (Ges. polit. und Finanzschr. II. S. 342.) Der
Accise zeigt er sich im Allgemeinen nicht gewogen (Staatswirthschaft II. S. 357 ff.); in seiner Abhandlung von Steuern
und Abgaben ist ein großer Abschnitt (I. S. 123 ff.) gegen
die Accisevorschläge von der Lith's gerichtet. Doch sieht er
klar ein, daß sich um so weniger gegen sie einwenden läßt,
je größer die Stadt, wo sie erhoben wird. Unter den Zöllen

scheint ihm der Werthzoll übler, als der Gewichtszoll. (System des Finanzw. S. 171.) Sehr interessant ist sein Vorschlag einer allgemeinen Gewerbesteuer, umgelegt nach dem wahrscheinlichen Gewinne der Gewerbtreibenden, wodurch er die bisherige Accise ersetzt wissen möchte. (Staatswirthschaft II. S. 373 ff. Von Steuern und Abgaben I. S. 168 ff.) Er glaubt, hiermit eine wesentlich neue Sache aufs Tapet zu bringen, worin er sich allerdings irrt.[14] Die Verpachtung der Steuern verwirft Justi entschieden: Steuerpächter seien immer Blutegel des Volkes. (Natur und Wesen der Staaten S. 451. Ges. polit. und Finanzschr. I. S. 348.) Doch entschuldigt er sich wegen dieser Behauptung in der Vorrede zu seinem Systeme des Finanzwesens; nur bei schwachen Fürsten treffe seine frühere Beweisführung zu, nicht aber bei Herrschern, wie Friedrich d. Gr.

Die Lehre von den Staatsausgaben, meint Justi, sei von den bisherigen Cameralisten so gut wie gänzlich übergangen. Als höchsten Grundsatz dabei stellt er (wie Friedrich d. Gr.) auf, daß man die Ausgabe nach der Einnahme und dem gesammten Vermögen einrichten soll und überall das vereinigte Beste von Herrscher und Unterthanen vor Augen haben. Dieß wird nun sehr unelegant in 21 coordinirte Hauptregeln auseinandergezogen. (Staatswirthschaft II. S. 469 ff.) Dagegen ist es eine feine Bemerkung, daß ein Privatmann auch ohne ordentlichen Etat, durch Geiz, Vermögen erwerben könne, daß aber der Geiz eines Fürsten immer gemeinschädlich ist. (a. a. O. II. S. 510.) Auf den Militäretat rechnet Justi wenigstens die Hälfte der Einkünfte (Ges. polit. u. Finanzschr. II. S. 356); doch sollte ein Staat, der nicht mindestens 10,000 Mann Soldaten halten kann, sich lieber mit seinem Kreiscontingente und einigen Leibwachen begnügen. (Staatswirthschaft II. S. 521.)

Von Staatsschulden ist bei Justi viel weniger die Rede, als man vom damaligen Zustande der Praxis sowohl

---

[14] Vergl. schon Bornitz, De aerario (1612) V. 8.

in Deutschland, wie noch mehr in England vermuthen sollte. Eine ganz hübsche Idee von Tilgungsfonds wird Staatswirthschaft II. S. 621 entwickelt. Andererseits betrachtet er das preußische Schatzwesen als einen Hauptgrund von Preußens Wachsthum. Nur darf der Staatsschatz nicht allzu groß sein für die Geldcirculation des Landes, in welchem Falle man lieber außerordentliche Bauten rc. zu seiner Abminderung vornehmen sollte. (Staatswirthschaft II. S. 630 ff.) Denn durch einen zu großen Staatsschatz würde das Land blutarm werden. (Ges. polit. und Finanzschr. I. S. 83.) Man sollte jährlich höchstens $\frac{1}{24}$ der Staatseinkünfte in den Schatz legen. (a. a. O. II. S. 364.)[15] — Wenn Justi ein großer Freund des Nehmens von Subsidien ist (System des Finanzw. S. 70), das keineswegs den Vorwurf des Vasallischen verdiene, so wirkt hierbei seine Ansicht von der Bedeutung der Geldeinfuhr und seine zeitgenössische Principienverwandtschaft mit Friedrich d. Gr. und Maria Theresia zusammen.

---

[15] Friedrich d. Gr. thesaurirte bekanntlich von einer Staatseinnahme = 21,700,000 Thlr. jährlich 2 Millionen.

1.

In einem Actenstücke des Haupt-Staatsarchivs s. r. Friedrich Lebzelters Berichte aus Wien in unterschiedenen Sachen 1629—1633, Loc. 8246 findet sich Bl. 374 eine Schrift, die ganz entschieden aus jener Zeit herrührt. Ein Ungenannter theilte sie d. d. Ortelsburg den 4. Octbr. 1632 Lebzeltern, der damals kursächs. Agent in Wien war, mit den Worten mit: „Ich überschicke dem Herrn hierbei ein judicium de successione regum a tempore Sigismundi Augusti, welches vivo adhuc Sigismundo Augusto gefunden und nobis Varsaviae communicirt worden, bishero hat es all= weg eingetroffen". Die Schrift enthält Prophezeiungen über die Könige von Polen, welche auf Sigismund II. August (August I. aus dem Stamme der Jagellonen, † 1572) folgen sollen. Der erste Satz lautet:

„Primus Rex erit Gallus, qui magno periculo hoc regnum intrabit, paulo post tamen fugam dabit". Daß hiermit Heinrich von Valois (1573) bezeichnet wird, kann uns von der Prophetengabe des Verfassers noch nicht überzeugen, da unsere Schrift eben aus einer spätern Zeit herrührt. Aber in der That merkwürdig sind die folgenden Sätze:

„2) Rex erit homo pauper, vilis familiae, senex, cujus regni gubernatio erit justissima, is eliget quen- dam virum omnino sibi similem, cujus gubernatio non

diu durabit, tamen hostem profligabit et amissa recu-
perabit.

3) Rex erit magnus princeps, qui post regni violen-
tam acquisitionem erit captivus usque quo abnegabit.“

Abgesehn davon, daß allerdings Stanislaus Lescczynski
erst etwa 130 Jahre nach Heinrich von Valois zum Könige
von Polen (1704) erwählt ward, und abgesehn von einigen
sonstigen Abweichungen, stimmt doch die Bezeichnung desselben
und des Königs August II. (Friedrich August I. von Sachsen)
so vollständig mit der Geschichte überein, daß wir allerdings
nicht in Abrede stellen können, daß diese Prophezeiung in der
Hauptsache eingetroffen ist. Allenfalls können wir auch den
folgenden Satz:

„4) Rex erit ex numero et sanguine Polonum juvenis
felix, tamen nescio quo fato“ auf Stanislaus II. August
aus dem Hause Poniatowski beziehn, dann aber giebt die
Prophezeiung ihm, dem letzten Könige von Polen, noch
5 Nachfolger, darunter (unter no. 8) eine Königin (postea
ad quandam mulierem regnum devolvetur, quae insolenter
geret, regnum luxu et omni foeditate inficiet sed non diu
durabit), eine Vorhersagung, die sich wenigstens zur Zeit
noch nicht bewahrheitet hat, die aber, wenn wir annehmen
wollen, daß der Prophet, wie bei Stanislaus Lescczynski,
ein Jahrhundert oder mehr übersprungen hat, möglicher Weise
späteren Generationen gilt.

2.

Mit dem Ende des 15. und dem Anfange des 16. Jahrhunderts begannen die größeren Reichsfürsten, den Symptomen
einer drohenden Theuerung in ihren Landen ihre Aufmerksamkeit zuzuwenden und denselben mit den Maßregeln zu begegnen,
welche sich später zu einem vollständigen Systeme der in allen
deutschen Reichsländern in gleicher Weise befolgten Theuerungs-
politik ausbildeten. Auch im Kurfürstenthume Sachsen finden
wir zu jener Zeit ernstliche Versuche, einer sich nur von fern

ankündigenden Noth mit Heilmitteln entgegen zu treten, und
es ist hier dann stets vor allen die Elbe als Hauptkornstraße
des Kurfürstenthums, welche die Aufmerksamkeit der Regierung
in Anspruch nimmt. Als sich im Frühjahre 1524 die Furcht
vor herannahender Theuerung regte, war Herzog Georg sogleich zu Gegenmaßregeln bereit und forderte am 13. Mai[1]
den Rath von Pirna auf, ihm zu berichten, was er und die
Bürger von Pirna an Getreide in Vorrath hätten; „vnd nachdem leichtlich abzenemen, so von frembden leutten das korn
weggeführt vnd von den einlendischen vber das, so sye zu
jrem enthalbt nit nottorfftig sein, aufgekawfft wirdet, das
solchs zu noch mehrer thewerung vrsach gibt, lassen wir vns
gefallen, das jr auf ewerm margkt vnd platz einen offenlichen
wunsch aufstecket vnd keinem frembden, es sey dann das sich
zuuor ewer burger vnd einlendischen nottorfftiglich mit korn
versehen haben, ainichen kawffe, noch auch ewern burgern
oder andern einlendischen gestattet, das sye vber jren enthalbt
korn auf widerglassen (Wiederverkauf) vnd gewynn zu sich
bringen, damit souil möglich durch die wege weitter aufschlag
muge verhuettet werden". Als die Theuerung sich in Folge
einer schlechten Ernte steigerte und der Rath von Pirna beß-
halb im September zur Verschärfung der Maßregeln Vorstellung machte, traten die kurfürstlichen Räthe mit dem Rathe
der Stadt Dresden zusammen und einigten sich dahin, daß
sich die von Dresden drei Wochen lang enthalten sollten, ins
Land zu Böhmen zu schiffen, damit der Böhme selbst wieder
Getreide herausschiffe und solches dadurch um billigeren Preis
erlangt werden könne. Auch solle man den Scheffel Gerste
auf der Elbe nicht höher denn um 13 gr. kaufen und verkaufen und auf einmal nicht mehr, denn zu einem ganzen
Brau gehöre. Deßgleichen sollten alle, die zu Dresden anführen, drei Sonnenscheine auf der Elbe einen gemeinen
öffentlichen Kauf halten, damit das Armuth zum Kauf auch

---

[1] Copial no. 27, Bl. 59b. 147. 152.

zugelassen werbe. Weil auch eine Ursache der Theuerung sei, daß man so viel Gerste verbrauete und „winkigk" Bier machte, sollte niemand, der brauete, auf 30 Sch. Gerste weniger denn 15 Faß Bier gießen, damit man Gerste ersparen und dieselbe zur Speise gebrauchen möge. Diese Ordnung auch in Pirna aufzurichten, wurde der Rath daselbst am 28. Septbr. auf= gefordert; „wollen wjr vorhoffen, es sult der teuerung etwas ein eingriff hir mit gescheen vnd nachdem by von Dresden vnd auch jr zu Pirn drey wochen langk by schiffung meyden sullet wy angezeitt, begeren wir, das jr mit den Bhemen practiciren vnd sie vermogen wollet, das sy nhu selbst stadt= lich zufurten ———" Ein Rescript vom 8. Octbr. schärfte dem Rathe von Pirna die Befolgung der Ordnung von neuem ein und fügte noch als weitere Maßregel hinzu: „begeren der= wegen, jr wollet derselben also nachgehen vnd wann zwey schiff aldo bey euch ankomen, das eyne schyff wollet alher nach Dreßden weyßen vff ein ansehen zwischen hier vnd ostern, sall ewern brivelegien vnschedlichen seyn."   J. F.

3.

Bekannt sind die sogen. Grumbach'schen Händel, in deren Folge die Stadt Gotha und Festung Grimmenstein nach einer Belagerung von drei Monaten erobert wurden, der un= glückliche Herzog Johann Friedrich der Mittlere am 13. April 1567 auf Gnade und Ungnade sich ergab und dessen Anhänger Grumbach, Stein, Brück u. a. in des Kurfürsten August Hände kamen.

Letztere wurden öffentlich zur blutigen Strafe gezogen, der Herzog aber über Dresden nach Oesterreich zu einem langen Gefängnisse, das nur erst 1595 sein Tod endete, abgeführt.

Zur Weiterreise von Dresden wurde ein zahlreiches Geleite der Meißner Ritterschaft aufgeboten, nachdem dem Kurfürsten ein Verzeichniß der hierzu in Vorschlag gebrachten Vasallen mit 152 Pferden vorgelegt worden war. Die

Mehrzahl mag zur Begleitung erwählt worden sein, Einige sind ausgestrichen, also wohl weggeblieben. Aus dem Verzeichnisse sind folgende, mit der von jedem Gute zu stellenden Anzahl Pferde, zu bemerken, wobei Zusätze von einer andern Hand, wohl des Landrentmeisters Barthel Lauterbach, hier in Parenthese aufgeführt sind:

Christoph von Karlowitz, 6 Pferde.

Simons Juda von Schleinitz Erben zum Hof 8 Pferde.

Der von Schleinitz zu Serhausen 7 Pferde.

Hans von Schleinitz zu Schleinitz 3 Pferde, ursprünglich 6 Pf.

Jorg von Schleinitz zu Stauchitz, 4 Pferde. (soll den Sohn schicken.)

Hans von Schleinitz zu Ragewitz, 4 Pferde. (soll den Sohn schicken.)

Der von Schleinitz zu Bornitz, 2 Pferde. (da er zwei Pferde mehr brächte, soll es zu keiner Einführung gereichen.)

Die von Karlowitz vom Kriebstein, 5 Pferde.

&c.

Die Herren von Schenburgk 20 Pferde.

(Finanz-Archiv. Cop. in Kammersachen v. 1568. Bl. 337.)

E. B.

4.

Weinvorräthe in den kurfürstl. Kellereien 1585:

705	Eimer in dem Schloß-Keller zu Dresden.	
10,015	= = = Zeug-Keller zu Dresden.	
10,910	= zu Leipzig.	
302	= = Augustusburg.	
2,457	= = Annaburg.	
1,975	= = Torgau.	
26,367	Eimer.	

(Finanz-Archiv.)

E. B.

5.

Bei Ablösung der böhmischen Lehnbriefe waren ansehnliche Summen zu entrichten. So findet sich, daß 1578 bezahlt worden sind:

„3000 fl. dem Herrn Behmischen Obersten Canzler Ordinaria Taxa für den behmischen Haupt- und Sonnewaldschen Lehnbrief.

2000 fl. item für den Voigtländischen Lehnbrief.

150 fl. dem Herrn Obersten Behmischen Secretarien Oswald von Schonfeld.

150 fl. dem Herrn Secretarien Hügel.

200 fl. in die Behmische Hofcanzlei deutscher Expedition wegen der böhmischen Haupt- auch Sonnewaldschen und Voigtländischen Lehnbriefe."

5500 fl. Summa.

Dabei steht noch für das Jahr 1586 die Bemerkung:

„Hierüber ist dem böhmischen Canzler 3000 fl. zu einer sonderlichen Verehrung hiebevor gegeben, stehet zu kurfürstlichen gnädigstem Gefallen."

(Finanz-Archiv.)

E. B.

Die Verhandlungen über den norddeutschen Bund.

(Juli bis October 1806.)

Unter Berücksichtigung der bisher unbenutzt gebliebenen Materialien des Königl. Sächs. Haupt=Staatsarchivs bearbeitet.

Vom Regierungsrath von Witzleben.

(Schluß.)

Daß man in Dresden die Sache wirklich ernst nahm und im guten Glauben an das Zustandekommen des Bundes handelte, dafür spricht mit unumstößlicher Beweiskraft die Thatsache, daß die preußischen Vorschläge unmittelbar nach ihrem Eingange mittels Allerhöchsten Rescriptes vom 11. Aug. den Geheimen Räthen zur Begutachtung zugefertigt wurden. Das Actenstück lautet: „Von Gottes Gnaden Friedrich August 2c. Unsern Gruß zuvor, Hoch= und Wohlgebohrner, auch Veste Räthe, liebe getreue. Aus den von der Gesandt= schafts=Canzley zu Regensburg mit dem Diario No. 3 vom 1. Dieses eingesendeten Erklärungen des Französisch=Kaiserlichen Chargé d'affaires, Bacher, und verschiedener Reichsstände, sowie aus dem von den letztern mit der Krone Frankreich am 12. vorigen Monats zu Paris geschlossenen Vertrage, habt ihr von der mit dem größten Theile des südlichen und west= lichen Deutschlands vorgegangenen wichtigen Veränderung vollständige Kenntnis erlangt. Wie solches von dem Römisch Kaiserlichen Hofe angesehen werde, und was für eine Ent=

schließung derselbe deshalb gefaßt haben möge, ist zur Zeit noch nicht bekannt. Des Königs von Preußen Majestät aber haben durch diese Ereignisse Sich veranlaßt gefunden, bey Uns auf ein mit Ihnen und des Herrn Churfürsten zu Hessen Liebden abzuschließendes Bündnis anzutragen, welches die Unabhängigkeit des nördlichen Deutschlands, sowie die Be= schützung und Gewahrung der darunter begriffenen übrigen Stände zum Zwecke haben würde.

„Unserer Seits ist darauf der Wunsch einer umständ= lichern Mittheilung des dabey sich vorgesetzten Plans, und zugleich die Meinung zu erkennen gegeben worden, daß ein solches Bündnis nur defensiv seyn, und zu Vermeidung aller unrechten Auslegung auf die zwischen Sachsen, Bran= denburg und Hessen schon bestehende Erbverbrüderung, sowie auf die reichsständische Association von 1785 [1], insofern sie auf die gegenwärtigen Umstände noch anwendbar ist, ge= gründet werden möchte, mithin die wechselseitige Sicherheit und die möglichste Aufrechterhaltung der bisherigen Ver= fassung für den übrigen Reichstheil zum alleinigen Gegen= stande haben müsse, übrigens aber auf die Königlich Preußische Besitznahme der Chur Braunschweigischen Lande und auf deren Folgen nicht ausgedehnt werden könne. Hierauf haben nun des Königs von Preußen Majestät Uns die hier anliegenden Entwürfe eines Allianztractats zwischen Ihnen und des Herrn Churfürsten zu Hessen Liebden, und eines Plans zur Organisation des nördlichen Deutschlands im engsten Vertrauen mittheilen lassen.

„In dessen allen Folge begehren Wir an euch gnädigst, ihr wollet die gegenwärtige Lage der Dinge im Deutschen Reiche und das dabei von Uns sowohl überhaupt, als in Ansehung des von Ihrer Königlichen Majestät vorgeschlage= nen Bündnisses insonderheit zu beobachtende Benehmen in

---

[1] Hiermit ist der von Friedrich dem Großen in's Leben gerufene Deutsche Fürstenbund gemeint, dessen eifrigster Förderer der Kurfürst Friedrich August gewesen war.

reifliche Erwägung ziehen und Uns darüber euer räthliches Gutachten mittelst unterthänigsten Vortrags baldigst eröffnen, dabey aber auf die möglichste Geheimhaltung Bedacht nehmen."

Dem Rescripte waren die beiden von Berlin nach Dresden gelangten Entwürfe beigefügt, die hier ebenfalls wörtliche Aufnahme finden mögen. Der Allianztractat lautete:

„Seine Königl. Maj. von Preußen und Seine Churfürstl. Durchl. zu Hessen haben jederzeit aufrichtigst gewünscht, die Verfaßung des deutschen Reichs und die Vereinigung der Stände desselben zu seiner Vertheidigung und Integrität aufrecht erhalten zu sehen, und besonders in den letztern gefahrvollen zwölf Jahren Ihre vorzügliche Aufmerksamkeit unverrückt auf diesen Gegenstand gewendet, wie denn auch Ihnen nebst Seiner Churfürstl. Durchl. von Sachsen das nördliche Deutschland eine vollkommene Ruhe zu verdanken hat.

So wünschenswerth Ihnen indessen diese Erhaltung auch noch jetzt erscheint, so ist es doch keinem Zweifel mehr unterworfen, daß die völlige Auflösung der Verfaßung und des Reichsverbandes in Deutschland nicht nur nahe bevorstehet, sondern schon wirklich erfolgt ist, indem bekanntlich im südlichen Deutschland der Churfürst Erzkanzler, Baiern, Würtemberg, Baden, Darmstadt und Cleve-Berg, nebst mehreren kleinen Staaten, sich unter dem Protectorate Seiner Maj. des Kaisers von Frankreich in ein föderatives System vereinigt haben, wodurch alle Bande derselben mit dem deutschen Reiche und alle Verbindlichkeiten gegen deßen Oberhaupt und übrigen Stände aufgehoben und dagegen von ihnen verhältnißmäßige Truppencontingente zur Disposition Sr. Kaiserl. Maj. von Frankreich, als Protector, in steter Bereitschaft zu halten übernommen werden. Es ist daher sicher vorauszusehen, daß, wenn bei solchen Umständen der nördliche Theil Deutschlands isolirt, ohne Stütze und Vereinigungspunkt dastehen müßte, derselbe einer allgemeinen Zerrüttung unausweichlich entgegen gehen würde.

Durch diese bringende Betrachtung und zugleich durch die aufrichtige Empfindung Ihrer innigen Freundschaft und Ihres gegenseitigen Zutrauens geleitet, haben Se. K. M. von Preußen und S. C. D. zu Hessen beschlossen, im nördlichen Deutschland eine auf die Erhaltung und Vertheidigung des Ruhestandes und der Sicherheit desselben gegen jede äußere Gefahr abzweckende

8*

föderative Verbindung zu bilden, und als erste Grundlage dazu
die Bande, welche seit so langen Zeiten beyde hohen Häuser ver=
einiget haben, durch Abschließung eines besondern Allianztractats
noch enger und unauflöslich zu knüpfen. In dieser Absicht
haben beyde hohe Paciscenten mit Ihren Vollmachten versehen 2c.,
welche nach gehöriger Auswechselung derselben folgendes verab=
redet und festgesetzt haben.

Art. I.　Zwischen S. K. M. von Preußen und S. C. D.
zu Hessen besteht von nun an und auf immer eine feste und
unauflösliche Allianz, deren Hauptzweck die gegenseitige förmliche
Garantie der sämmtlichen Staaten und Besitzungen beyder Souverains seyn wird, ohne Ausnahme und so, wie selbige sich gegenwärtig in Ihrem Besitze befinden.　Da aber die Erhaltung
des Ruhestandes und der Sicherheit im nördlichen Deutschland
beyden hohen Contrahenten vorzüglich am Herzen liegt, so versprechen sich dieselben, im besondern, darauf Ihre Aufmerksamkeit zu richten, auch in diesem Falle Sich nicht nur gegenseitig
von jeder dem besagten Ruhestande drohenden Gefahr zu benachrichtigen und zu deren Abwendung mit aller Offenheit und
im engsten Vertrauen zu concertiren, sondern auch, sobald die
anzuwendenden Vorstellungs= und Unterhandlungsmittel dagegen
unwirksam bleiben sollten, Ihre Macht, nach einem zur Vertheidigung des nördlichen Deutschlands abzufaßenden Plan, und
wo es die Umstände erheischen, in ihrem ganzen Umfange
auftreten zu lassen, selbige auch nie anders als im genauesten
Einverständnis, nach erreichter Absicht zurück zu ziehen.　Höchst=
dieselben verbinden Sich zugleich und überhaupt, Ihr und Ihrer
Staaten und Unterthanen Wohl und Vortheil gegenseitig, soviel
immer in Ihren Kräften stehen wird, zu befördern und zu ver-
mehren, und einer des andern Nuzen stets als seinen eigenen zu
betrachten.

Art. II.　Unter dem nördlichen Deutschland verstehen beyde
Theile sämmtliche Länder Deutschlands, die innerhalb der Linie,
　　von der Böhmisch=Sächsischen Gränze an, längs der südlich=
　　Sächs. Gränze, Bayreuth, die fürstl. sächs. Länder, die
　　Churhessischen Länder, Fulda mit inbegriffen, ferner längs
　　der Oberhessischen, Paderbornischen, Minden=Ravens=
　　bergischen, Märkischen und Münsterischen Gränze, bis
　　an die äuserste Preußisch=Holländische Gränze,
begriffen sind, mit allen dahinter liegenden deutschen Ländern
bis an die Nord= und Ost=See.

Art. III.　S. Ch. Durchl. von Sachsen werden sofort von

beyden Theilen eingeladen werden, der gegenwärtigen Vereinigung, in gleicher Absicht, durch Schließung eines gleichmäßigen Tractats, oder wie Sie es sonst gut finden werden, beyzutreten.

Art. IV. Demnächst werden die durch gegenwärtigen Allianztractat und die unter Ihnen bestehende Erbverbrüderung vereinigten Höfe durch Bevollmächtigte in Berlin zusammentreten, um gemeinschaftlich für das nördliche Deutschland einen föderativen Bund unter Preußischem Schutz zur Verstärkung der politischen, sowie der militärischen Kräfte, auch, soviel es immer hiernach geschehen kann, zur Erhaltung der inneren Ordnung und bis jetzt bestandenen inneren Verfassung jedes Landes und dessen Vertheidigung, zu verabreden und festzusetzen. Zu dieser Conföderation des nördlichen Deutschlands sollen hierauf alle Stände desselben eingeladen werden, namentlich:

> die Fürstl. Sächsischen Häuser,
> die Herzoglich Mecklenburgischen Häuser,
> die Anhaltischen Häuser,
> Braunschweig=Wolfenbüttel,
> Fulda,
> Oldenburg,
> die Hanse=Städte, Hamburg, Bremen und Lübeck,
> Holstein,
> Schwedisch=Pommern, in sofern die gegenwärtigen Irrungen
>   zwischen Preußen und Schweden bis dahin beseitigt sein
>   werden.

Obgleich dabey, daß das Föderativ=System im Norden nur auf Veranlassung und als nothwendige Folge des südlichen eingerichtet wird, die Trennung von dem nun wirklich aufgelösten Reichsverbande mit allem Fug zum Grunde gelegt werden kann, so behalten Sich doch die Hohen Contrahenten vor, Sich über die möglichste Annäherung an die Formen der Reichsverfassung, in sofern sie auf die gegenwärtigen Zeitumstände und auf die Absicht einer wirksamen Vertheidigung noch passen dürften, desgleichen über die etwa dienlich erachtete Annahme höherer Titel und Würden, bey der obgedachten Zusammentretung näher zu berathen.

Dieser Tractat wird von den beiderseitigen Souverains ratificirt, und sollen die Ratificationsurkunden innerhalb 2c. ausgewechselt werden. Des zu Urkunde 2c.

So geschehen 2c."

Der Bundesentwurf enthielt folgende Fassung:

„1) Da durch die Trennung der Rhein=Stände das deutsche Reich aufgelöset worden, und die Fürsten im Norden sich nunmehro ohne Constitution und ohne Garantie befinden, so haben dieselben beschlossen, sich beydes zu geben.

2) Jene Fürsten sind

a) der König von Preußen,

b) der Churfürst von Sachsen,

c) der Churfürst von Hessen.

d) der Herzog von Braunschweig,

e) die Herzöge von Anhalt,

f) die Herzöge von Mecklenburg,

g) die Herzöge zu Sachsen=Gotha, Weimar, Coburg, Meiningen und Hildburghausen,

h) der Fürst zu Fulda,

i) der Herzog von Oldenburg,

k) der Fürst zu Waldeck,

l) der Fürst zu Schwarzburg,

m) der Fürst zu Lippe,

n) der Fürst Reuß,

o) die Städte Hamburg, Bremen und Lübeck,

p q r) der Kaiser von Rußland und die Könige von Schweden und Dänemark, für Jever, Holstein und Pommern, wenn sie beytreten wollen.

3) Eine Conföderation wird gebildet unter dem Namen des Nördlichen Bundes.

4) Der Gegenstand des Bundes ist defensive. Die Stände machen gemeine Sache für gemeine Sicherheit.

5) Jedes Recht, sowie jede Pflicht, aus ihrem ehemaligen Nexu mit dem deutschen Reiche entspringend, geben die Mitglieder des Bundes, als solche, feyerlich auf.

6) Keines derselben hat die Befugniß, mit einem fremden Staate eine Verbindung einzugehen, die dem Bunde nachtheilig oder gefährlich werden könnte, oder im Widerspruch mit seinen Pflichten, als Mitglied desselben stehen möchte.

7) Es existirt eine permanente Versammlung der verbündeten Stände. Der Ort des Sitzes ist zu bestimmen.

8) Sie wird nicht in Collegia getrennt, sondern in einer einzigen Kammer wird votiret und die Mehrheit der Stimmen entscheidet.

9) Jeder Stand behält die Zahl der Stimmen, die nach der ehemaligen Verfassung beim Reichstage ihm zukam.

10) Ein immerwährender Director präsidiret der Versammlung. Der König von Preußen ist Director.

11) Sein Gesandter trägt der Versammlung die Gegenstände vor, worüber deliberirt werden soll. Durch ihn gehen die Vorschläge der übrigen Stände.

12) In jeglichem Falle eines auswärtigen Angrifs sind sämtliche Stände die ganze Masse ihrer Mittel dem Bunde schuldig. Diejenigen, welche kein Militär unterhalten, liefern und zahlen nach Verhältnißen, welche unmittelbar bestimmt werden sollen.

13) An die Stelle des Reichskammergerichts zu Wezlar wird in Berlin oder wo es sonst bestimmt wird, ein Tribunal errichtet, um in erster Instanz über die innern Streitigkeiten, welche zwischen den Mitgliedern des Bundes entstehen möchten, zu entscheiden. Jeder Mitstand trägt, nach Verhältnis seiner Kräfte, zu den Kosten bey.

14) An die allgemeine Versammlung kann appelliret werden."

Das Geheime Consilium ging sofort an die ihm aufgegebene Arbeit. Bereits am 13. August war es in der Lage, sein Gutachten zu erstatten. In demselben ward zuvörderst die Frage erörtert, ob, nachdem der Rheinische Bund geschlossen und Oesterreich auf die Kaiserwürde verzichtet, Sachsen nicht von seinem Rechte des Reichsvicariats Gebrauch machen und die Leitung des Reichs übernehmen solle. Dem Consilium erschien dies „auf keine Weise rathsam, noch dazu unaufgefordert, sich an die Spitze zu stellen und unendlichen Schwierigkeiten schon in Rücksicht auf den Ort der Berathschlagungen, auch unvermeidlichen Unannehmlichkeiten und wol gar höchst nachtheiligen Weiterungen und Folgen hierunter auszusetzen, zumal der französische Kaiser in der Note des Chargé d'affaires Bacher vom 1. d. (Aug.) ausdrücklich erklärt, daß er die Existenz einer deutschen Reichsconstitution nicht weiter anerkenne, der Römisch deutsche Kaiser die Unmöglichkeit deren Aufrechthaltung zu erkennen gegeben und des Königs

in Preußen Maj. [2]) als einer der mächtigsten noch übrigen
Stände die Auflösung als bereits erfolgt angesehen hat."
Somit werde man sich für ebenso selbständig und unabhängig
anzusehen haben, wie die übrigen Glieder des aufgelösten
Reichs und es frage sich nur, welche Schritte zur Wahrung
dieser Selbständigkeit und Unabhängigkeit zu thun seien.

Die verschiedenen Eventualitäten werden hierauf in Betracht und Erörterung gezogen und nach deren Verwerfung
wird zur Prüfung der preußischen Propositionen übergegangen. Dabei sei zunächst davon auszugehn, ob nicht schon
die zwischen Sachsen, Brandenburg und Hessen bestehende,
„freilich ziemlich in Vergessenheit gekommene, jedoch keineswegs aufgehobene" Erbeinigung d. d. Naumburg 30. März
1614 alle diejenigen Punkte enthalte, worauf das neue Bündniß abzweckt und das Gutachten spricht sich in dieser Beziehung dahin aus, daß es „auf alle Fälle zu weniger Aufsehn
und ungleicher Deutung Gelegenheit geben werde, wenn es
bei dem Inhalte derselben oder doch deren Erneuerung und
näheren Bestimmung nach den gegenwärtigen Zeitumständen
besonders in Absicht der Truppenstellung bewenden könnte,
dergestalt, daß es allenfalls des Königs in Preußen Maj.
überlassen bliebe, durch Allianzen mit anderen Nordischen
Mächten und den etwa noch übrigen Reichsfürsten, welche
beizutreten sich veranlaßt fänden, die Beihilfe im Nothfalle
zu verstärken."

Sollte dagegen der Kurfürst mit dieser Auffassung nicht
einverstanden und die Errichtung eines besondern Bündnisses
unvermeidlich sein, so würde der Entwurf noch der Abände-

---

[2] Es ist nicht ohne Interesse, daß man im amtlichen Style in
Sachsen auch damals noch nur von einem „Könige in Preußen" und
nicht von einem „Könige von Preußen" sprach. Jene Bezeichnung war
die der Reichspragmatik entsprechende und auch in dieser Beziehung hielt
man mithin am Reichsbegriffe so lange als möglich fest. Mit einer miß-
gönnenden Eifersüchtelei gegen Preußen hat die Sache nicht das Geringste
zu schaffen.

rung und Modification in vielen Stücken bedürfen. Die
unter diesem Gesichtspunkte vom Consilium geltend gemachten
Ausstellungen beziehen sich im Wesentlichen auf folgende
Sätze:

1) Im Bündnisse selbst sei die ausdrückliche Erwähnung
der „südlichen Conföderation" (d. i. des Rheinbundes) bedenklich und dessen Abfassung in der größten Allgemeinheit
rathsamer.

2) Nicht minder wird die Abschließung des Bundes als
eines unauflöslichen beanstandet, „da bey der nach dem
bisherigen Gange der Dinge leicht möglichen Veränderung
der Umstände wohl bald die Errichtung eines neuen Systems
nothwendig werden könnte" (bezieht sich offenbar auf die Ver-
änderlichkeit der damaligen preußischen Politik, in Betreff
deren man in Sachsen das Jahr zuvor allerdings Erfahrungen hatte machen können).

3) Eine präcisere Fassung des Art. 12. des Bundesent-
wurfs, wonach sämmtliche verbündete Stände im Falle eines
auswärtigen Angriffs die ganze Masse ihrer Mittel dem
Bunde schuldig seien, sei wünschenswerth.

4) Gegen den unbedingten Beitritt der Häuser Schwarzburg und Reuß wird bei Ersterem, daß ihm die Landeshoheit
in Absicht ihrer Reichs- und böhmischen Lehne von Sachsen
durch den Receß von 1719 nur in Rücksicht auf seine damalige Verbindung mit dem deutschen Reiche zugestanden
worden sei, bei den Reußen aber geltend gemacht, daß sich
Sachsen in den Verträgen von 1546 und 1549 der Lehns-
und Landesherrlichkeit über dieselben blos zu Gunsten der
Krone Böhmen begeben und deren einstmaligen Rückfall sich
vorbehalten habe.

5) Gegen die Modalität der Abstimmung in der nach
Art. 7—9. projectirten Versammlung werden mannichfache
Bedenken erhoben. Dasselbe geschieht in Beziehung auf die
Art. 13. und 14., „die leicht zum Nachtheile der Rechtspflege
im Lande und der den Ständen zukommenden Appellations-

privilegien gemißbeutet werden" können. „Uebrigens aber"
— mit diesen Worten schließt das Gutachten — „würde
alles dieses erst bei den ferneren Verhandlungen umständ=
licher zu erörtern, vor der Hand aber bey Ihro Königl.
Maj. in Preußen der Antrag blos auf die Erneuerung und
Erläuterung der Erbeinigung zu richten und dabei ebenfalls
zu erkennen zu geben seyn, daß Ihro Churfürstl. Durchl.
nicht abgeneigt wären, künftig die zu näherer Organisation
der nördischen Stände etwa erforderlichen zweckmäßigen, der
Landesverfassung unnachtheiligen Bestimmungen mit
anzugehn."

Das nurerwähnte Gutachten ward in einer Minister=
conferenz, an welcher die Grafen Loß, Hopffgarten und
Hohenthal, sowie die Minister von Low und von Burgsdorff
Theil nahmen, am 21. August in Berathung gezogen. Auch
hierbei machte sich die Ansicht geltend, daß eine Erneuerung
der alten Erbeinigung von 1614 im Wesentlichen dieselben
Zwecke erreichen lassen würde, welche das Bündniß verfolge.
Zugleich tritt aber auch hier wieder, wie dies schon in dem
Allerhöchsten Rescripte, mittels dessen die Actenstücke den
höchsten Landescollegien zur Begutachtung zugefertigt wur=
den, angedeutet war, der innere Grund zu Tage, warum
man sächsischer Seits so sehr das Absehn darauf richtete, daß
die Basis des Bündnisses diese alte Erbeinigung bilden möge.
Man mochte nämlich von einer Garantie der han=
noverschen Lande für Preußen nichts wissen. „Denn
obwol die Erbeinigung," heißt es in dem betreffenden Mini=
sterialprotocoll, „auch die künftigen Besitzungen nicht aus=
schließe, so könne dies doch nur von rechtmäßigen verstan=
den werden', und dem preußischen Besitz fehle es noch an
einem rechtlichen Titel. . . . . Demohnerachtet dürfte in
anderer Rücksicht dem Könige in Preußen der diesseitige Bei=
stand nicht versagt werden können, wenn Frankreich Ihrer
Majestät Truppen in den hannöverischen Landen angriffe
und dadurch Dero Erbstaaten mit einem Einfall bedrohte,

folglich auch die Sicherheit Sachsens Gefahr liefe, indem als=
dann nicht von der Garantie der Chur Braunschweigischen
Lande für Preußen, sondern von der Vertheidigung gegen einen
Angriff die Rede sei, wozu Frankreich, nachdem es Preußen
den Besitz von Hannover garantirt hat, wohl andere Vor=
wände nehmen möchte" (wie dies dann auch wenige Wochen
später in Wirklichkeit geschah).

Von besonderem Interesse, weil damit auf's Bündigste
die gegen die damalige sächsische Politik von neueren Histo=
rikern erhobene, auf theils unvollständige, theils unlautere
Quellen gestützte Verdächtigung hinfällig wird, als ob die=
selbe die Verhandlungen als Hebel habe benutzen wollen, die
sächsischen Herzogthümer sich anzueignen, ist in dem Ministe=
rialprotocolle folgender Passus: „Immittelst sey allerdings
anzurathen und dem eigenen Vortheil und dem Ansehen des
Churhauses angemessen, daß man das demselben von den
Ernestinischen Häusern beweisende Vertrauen nicht nur durch
die möglichste Unterstützung erwiedere, sondern auch dazu
benütze, um sie durch die von ihnen selbst gewünschte
engere Verbindung ganz an sich zu ziehen, auch diese Verbin=
dung durch andere, mit Chursachsen in näheren Verhältnissen
stehende Stände zu verstärken, wohin vorzüglich die Fürsten
zu Schwarzburg und die Reussen zu rechnen wären. Die
Absicht dabey würde seyn, den vereinigten Häusern mehrere
Selbständigkeit und innere Sicherheit zu geben, und
eine unauflösliche Verbindung unter ihnen dergestalt
zu knüpfen, daß sie in gewisser Rücksicht Ein Ganzes aus=
machten, und in ihrem festen Zusammenhalten und in der
wechselseitigen Unterstützung gegen äußere Beeinträchtigung
ein gemeinschaftliches Interesse hätten."

Diese Pläne, die im Wesentlichen auf Dinge hinaus=
laufen, wie sie in neuester Zeit durch Verträge zwischen den
einzelnen Thüringischen Staaten in Militär=, Justiz= und
innern Verwaltungs=Angelegenheiten in freilich noch sehr
unvollkommener Weise und einem die damalige Intention der

sächsischen Minister bei Weitem nicht erreichenden Umfange
zu Stande gekommen sind, haben augenscheinlich nicht das
Geringste mit Annexionsgedanken gemein, sondern zwecken
auf das gerade Gegentheil davon um so mehr ab, als man
sächsischerseits dabei nicht einmal an eine dauernde Beziehung
Sachsens zu dem so geeinten Ganzen dachte. Die sächsische Regierung sollte lediglich dem Zustandekommen einer derartigen
Einigung ihre guten Dienste widmen. Vom preußischen Standpunkte aus würde sich überdies aber um so weniger dagegen
etwas haben einwenden lassen, als man hier um diese Zeit
bereits, wie wir gesehn haben, mit dem Plane einer wirklichen Einverleibung der thüringischen Lande in den sächsischen
Kurstaat umging und für diese Idee, freilich vergeblich, den
Dresdener Hof zu gewinnen suchte. Ueberdies war es völlig
in Wahrheit begründet, wenn in dem Protocolle auf den von
den ernestinischen Höfen selbst ausgegangenen Wunsch einer
engeren Verbindung Bezug genommen wird. Die meinin-
gensche Regierung (in Folge der Minderjährigkeit des regierenden Herzogs damals unter vormundschaftlicher Leitung)
hatte sich bereits am 9. Aug. nach Dresden um Unterstützung
gewendet, da Meiningen, zunächst an auswärtige Länder grenzend, durch die Gründung des Rheinbundes in eine äußerst
gefahrvolle Lage gesetzt sei, indem „die benachbarten mächtigeren Stände bei allenfallsigem Beytritt zu diesem Bund ihre
Grenzen zu erweitern und die Souveränetätsrechte auch über
die hiesigen Lande zu erlangen suchen möchten", und zugleich
gebeten, „uns geneigtest zu belehren, ob bey den zeitherigen
freundschaftlichen Verhandlungen zwischen Ihro Churfürstl.
Durchlaucht Hochdero gnädigsten Herrn, und Ihro Majestät
dem Kaiser von Frankreich, auch sämmtliche Herzogl. Häuser
wegen unveränderter Erhaltung ihrer Lande und zeitherigen
unbeschränkten Landes Hoheits Rechten vollkommen für die
Zukunft sich gesichert befinden oder, wenn solches noch nicht
geschehen, wie dieses noch zu bewirken sein möchte?" Hierauf
erging unterm 20. Aug. ein Antwortschreiben, daß Se.

Churfürstl. Durchl. „sich die Erhaltung Ihres (des meinin-
genschen) sowie der sämmtlichen Herzogl. Sächs. Höfe auf
alle thunliche Art angelegen seyn lassen werden." Zur Zeit
habe der Kurfürst „von einigen den Fürstl. Sächs. Häusern
nachtheiligen Absichten einige zuverlässige Nachricht nicht erhalten, sey aber dem ungeachtet zu Abwendung solcher Besorgnisse mit dem Königl. Preuß. Hofe in Vernehmung getreten."

Kundgebungen ähnlichen Inhalts, die gleiche beruhigende
Erwiederung fanden, ergingen von Hildburghausen, Schwarzburg-Rudolstadt und Reuß-Greiz, welche sämmtlich die Vermittelung des Dresdener Hofs in Anspruch nahmen, während
der Herzog von Sachsen-Weimar in Dresden persönlich erschien, und der Herzog von Gotha sowie der Fürst von
Schwarzburg-Rudolstadt eigene Gesandte nach Dresden ent-
sendeten. Das Vertrauen der thüringischen Höfe zu dem
Kurfürsten, zum Theile wohl auch auf der hohen Achtung
vor dessen ehrwürdiger, vielerfahrener Persönlichkeit fußend,
war ein volles, unbedingtes, wie aus einer preußischen Staats-
schrift damaliger Zeit selbst erhellt[3], in der es wörtlich heißt:
„Sämmtliche Herzöge von Sachsen hätten bei damaligen Zeitumständen sich bewogen gefunden, an den Churfürsten von
Sachsen sich zu wenden und demselben angetragen, sich
seinem Schutz und seiner obersten Hoheit zu unterwerfen. Der Herzog von Sachsen-Weimar sei deshalb selbst
nach Dresden gereist, die anderen sächsischen Höfe aber hätten
ihre vornehmsten Staatsbedienten hingesandt. Der Fürst von
Schwarzburg-Rudolstadt sei diesem Beispiele gleichfalls gefolgt 2c." Nur der Fürst von Sondershausen oder vielmehr
dessen schlauer Minister von Weise, der sich nach allen Seiten
hin den Rücken decken wollte, hielt es für nothwendig, sich
vorerst wegen eines ähnlichen Schrittes des Einverständnisses

---

[3] Vergl. den Bericht des preußischen Directorial-Gesandten von
Dohm bei Schmidt a. a. O. S. 545 fg.

von Preußen zu versichern, was ihm mit dem Bemerken wurde, „daß der Fürst von Schwarzburg-Sondershausen nicht abzuhalten sei, sich an Chursachsen zu wenden."

Aus den Berathungen des Geheimen Consiliums und der Ministerconferenz ging ein Gegenproject zu beiden, von Berlin nach Dresden gelangten Entwürfen hervor, in welchem die vorstehend erwähnten, sächsischerseits erhobenen Ausstellungen den entsprechenden Ausdruck fanden. Bevor dasselbe aber noch zum Abgange gebracht war, traf am 25. Aug. von Berlin ein anderweiter Entwurf in Dresden ein, der allerdings in einer Menge der wesentlichsten Punkte von dem früher vorgelegten abwich, ja für das ganze Bündniß eine theilweise durchaus neue Basis aufstellte.

In Berlin hatte inzwischen nämlich der Lombard'sche Einfluß der Firma Hänlein weichen müssen, mit andern Worten: die Annexionsidee war wieder in vollem Schwunge. Sie sollte aber gewissermaßen ihre Verklärung erhalten durch Uebertragung der Würde eines Kaisers von Norddeutschland auf Preußen, wogegen Sachsen und Hessen auf Einladung Preußens die Königswürde annehmen sollten. Dementsprechend erhielt Hänlein Mitte August den Auftrag, einen neuen Bundesentwurf auszuarbeiten, womit selbstverständlich der Lombard'sche, in Tendenz und Princip hiervon durchaus verschieden, als zurückgezogen gelten mußte.

Während man nun in Dresden den Ministerberathungen ausschließlich den Lombard'schen Entwurf zum Grunde legte, in der Meinung, auch in Berlin halte man sich fortwährend daran gebunden, verhandelte man in Berlin über einen, im principiellen Gegensatze zu diesem stehenden neuen Entwurf, und zwar, dem Anscheine nach, ohne von dieser veränderten Sachlage irgend eine amtliche Mittheilung nach Dresden zu machen! Denn wäre diese rechtzeitig erfolgt, so konnte man der Natur der Sache nach unmöglich noch für die in die zweite Hälfte des Monats August bereits fallenden Ministerberathungen den Lombard'schen Entwurf zum Anhalte nehmen.

In der Hauptsache scheint die preußische Regierung über den neuen Hänlein'schen Entwurf nur mit Hessen in eingehende Verhandlungen getreten zu sein[4]. Mit diesem kam man bald in's Reine; die auf die Annexion gerichtete Tendenz des neuen Vertrages entsprach ja vollkommen den innersten Herzenswünschen Hessens, für welches, wie wir gesehen haben, der ganze Bund nur als plausibler Vorwand, sich auf Kosten der benachbarten Kleinstaaten zu vergrößern, Werth und Bedeutung hatte. Bereits am 20. Aug. wurde in Berlin zwischen den Bevollmächtigten Preußens und Hessens der Hauptvertrag über den Norddeutschen Bund, d. h. das aus dem Hänlein'schen neuen Entwurfe und den Verhandlungen zwischen Haugwitz und Waitz hervorgegangene Elaborat vollzogen. Sehr eigenthümlich klingt es, wenn in der Vertragsurkunde die Unterzeichnung „mit Vorbehalt der Chursächsischen Beistimmung" vollzogen wird — eine Beistimmung, zu deren Erlangung man es noch nicht einmal der Mühe werth gefunden, in Dresden wenigstens darüber Aufklärung zu geben, daß die bisherige Basis, auf welcher man mit der sächsischen

---

[4] Auch Schmidt a. a. O. S. 481 läßt es durch die Bemerkung: „Inwieweit Sachsen dabei concurrirte, läßt sich nicht ermessen", zum Mindesten zweifelhaft, ob der sächsische Gesandte zu den Verhandlungen zugezogen worden sei. Nach dem oben Mitgetheilten ist dies absolut unglaubbar, denn, wäre es geschehen, so verstand es sich von selbst, daß Graf Görtz darüber sofort nach Dresden berichtet haben würde, und dann konnte man hier unmöglich noch über den Lombard'schen Entwurf im Ministerrathe weiter verhandeln. Auch ist dies aus dem Grunde nicht wahrscheinlich, weil Graf Görtz, der nur als ständiger Gesandter in Berlin fungirte, mit besonderen Vollmachten zu derartigen Verhandlungen von seinem Hofe gar nicht versehen war, was bei dem kurhessischen Minister der Fall war. Pölitz läßt allerdings Hänlein, den Verfasser des neuen Etwurfs, „in wiederholte Besprechungen mit den Gesandten von Görtz und von Waitz" treten; allein er bringt für diese Behauptung nicht das geringste Beweisdocument bei. Die Acten des sächsischen Hauptstaatsarchivs, insbesondere die Correspondenz des Grafen Görtz haben ihm nicht vorgelegen. Auf diese aber kommt in der Hauptsache hier doch Alles an.

Regierung in Verhandlung getreten war, in Berlin bereits wieder verlassen sei!

Tags darauf, am 21. Aug., ward dem Grafen Görtz eine Abschrift des Vertrags mitgetheilt und zugleich der preußische Geschäftsträger in Dresden mit Instruction versehen, das Zustandekommen der Sache am sächsischen Hofe energisch zu betreiben, obwol Graf Haugwitz es begreiflich findet, „daß der Churfürst über eine Sache von solcher Wichtigkeit sich Zeit zur Ueberlegung nehmen will." Der Graf ermächtigt den Geschäftsträger, dem Grafen Loß zu sagen, „daß der Kurfürst von Hessen bereits unterzeichnet habe" (was thatsächlich nicht einmal wahr war, denn zur Zeit hatte nur sein Bevollmächtigter unterzeichnet, eine Ratification aber noch nicht stattgefunden), und spricht die Hoffnung aus: „daß Sachsen unverweilt seinem Beispiele folgen werde. Sobann werde ich", fährt er in der Depesche fort, „weiter vorgehn können, um uns der übrigen Staaten zu versichern, welche in unseren Bund (association) treten sollen." Dessenungeachtet hatte Haugwitz bereits Tags zuvor, am 20. Aug., an die herzoglich sächsischen Höfe ein Circularschreiben erlassen, worin sie von den bisher geschehenen Schritten unterrichtet und „zur Mitwirkung" eingeladen wurden. Auffälligerweise nur an die sächsischen Höfe, nicht auch an die übrigen Regierungen, die man in's Bündniß zu ziehen gedacht. War das rückhaltlos hingebende Vertrauen, was diese Höfe dem Kurfürsten Friedrich August in dieser Weise an den Tag legten, in Berlin vielleicht bereits unbequem geworden?

Die Hauptpunkte des zwischen Preußen und Hessen vereinbarten Vertrags lassen sich im Wesentlichen in folgende Sätze zusammenfassen:

1) Hauptzweck des Nordischen Reichs-Bundes — diesen Namen hatte man nunmehr der Verbindung zugedacht — ist Schutz und Sicherheit in Absicht der innern und auswärtigen Verhältnisse. Die Stände machen gemeine Sache für gemeine Sicherheit. Zur Erreichung dieses Zweckes sind nach

dem natürlichen Maßstab der Kraft und des Umfangs ihrer
Lande die ersten und vorzüglichsten Glieder des Bundes:
Preußen, Sachsen und Hessen und eben dieser natürliche Maß-
stab spricht Preußen die oberste Stelle zu.

2) In dieser Rücksicht wünschen J. J. Chf. Chf. D. D. von
Sachsen und Hessen, daß es Ihro Kgl. Majestät von Preußen
gefällig sein möge, die Würde eines Kaisers von Norddeutschland anzunehmen, sowie Se. Kgl. Maj. von Preußen
J. J. Chf. Chf. D. D. von Sachsen und Hessen einladen, Sich,
nachdem Ihre Churfürstliche Würde mit der bisherigen deutschen Reichsverfassung wegfällt, zu Königen zu proclamiren.

3) Die übrigen Mitglieder des Nordischen Reichsbundes
sind Dänemark wegen Holstein, Schweden wegen Pommern,
die Herzöge von Sachsen-Weimar, Gotha, Meiningen, Coburg
und Hildburghausen, der Herzog von Braunschweig, die Herzöge von Mecklenburg-Schwerin und Strelitz, der Herzog von
Oldenburg, die drei Fürsten von Anhalt, der Fürst zu Fulda,
die Reichsstädte Lübeck, Bremen und Hamburg.

4) Zur Annahme des Titels eines Großherzogs werden
eingeladen: die älteste herzogl. sächsische Linie, der Herzog
von Braunschweig, die älteste herzogl. Mecklenburgische Linie
und der Herzog von Oldenburg, nächstdem der Fürst von
Oranien-Fulda zur Annahme der herzogl. Würde.

5) Gleich nach der Ratification des Vertrages werden
sämmtliche unter 3) aufgeführte verbündete Stände durch das
Berliner Cabinet und im Namen der beiden hohen Mitpacis-
centen zum Beitritt eingeladen und ersucht, sich in dieser Absicht am 15. Oct. d. J. (Tags zuvor fand die Unglücksschlacht
von Jena statt!) durch Gesandte und Abgeordnete zu einem
Congreß in Dessau zu versammeln. Dieser wird sich unter
dem Vorsitz und der Direction des preußischen Directorial-
gesandten damit beschäftigen, sowol alles dasjenige zu erwägen und festzusetzen, was die Ausscheidung aus den bisherigen Reichs- und Kreisverhältnissen betrifft, als auch
besonders durch nähere Bestimmung aller einzelnen Punkte,

durch Regulirung des Stimmenverhältnisses, wobei die bis=
herige Reichs= und Kreisstimmenzahl zur Grunblage dienen
und die Stimmenmehrheit entscheiden soll und durch Fest=
setzung des Ranges der einzelnen Mitglieder, die Nordische
Bundesverfassung zu consolidiren und eine förmliche Consti=
tutions=Acte darüber zu entwerfen.

6) Folgende Hauptpunkte werden hierüber jetzt sogleich
festgesetzt: Preußen, Sachsen und Hessen bilden das Directo=
rium des Bundes und Preußen steht hier die erste Stelle zu.
Alle zu dem Bundescongreß gehörige Angelegenheiten und An=
träge werden bei dem Directorium eingereicht, in eigenen Di=
rectorialconferenzen, insofern es die Wichtigkeit des Gegen=
standes erfordert, vorläufig erwogen und sonach unverzüglich
durch die Dictatur an den gesammten Congreß gebracht. Ueber
die Stimmenzahl der paciscirenden Höfe und deren billiges
Verhältniß wird man sich noch vor Eröffnung des Congresses
gütlich einverstehen.

7) Sämmtliche Bundeslande werden in drei Kreise ge=
theilt, den Brandenburgischen, Sächsischen und Hessischen und
zwar begreift der Brandenburgische Kreis außer den sämmt=
lichen eigenen Preußischen Landen in sich

> die Mecklenburgischen Lande,
>
> Schwedisch=Pommern,
>
> Holstein,
>
> Oldenburg und Delmenhorst nebst dem Fürstenthum Lübeck,
>
> sämmtliche Braunschweigische Lande,
>
> die drei Reichsstädte Lübeck, Bremen und Hamburg.

In diesem Kreise wird der Preußischen Landes=
hoheit, nach den durch die größte Billigkeit mobi=
ficirten Bestimmungen und mit den blos aus dem
Zweck des Bundes entspringenden nothwendigsten
Beschränkungen der bisherigen Vorrechte unter=
worfen: der an das vom sächsischen Kreise exemte
Fürstenthum Bayreuth grenzende südliche Theil der
Fürstl. und Gräfl. Reußischen Lande.

8) Der Sächsische Kreis begreift außer den eigenen Landen Sr. Churf. Durchl. sämmtliche den Fürstl. Sächsischen und Fürstl. Anhaltischen Häusern zugehörige Lande mit der Grafschaft Henneberg, deren sächsischer Antheil, sowie die Fürstlich und Gräflich Reußischen Nördlichen Lande und die Grafschaft Schwarzburg, der sächsischen Landeshoheit unterworfen werden.

9) Der Hessische Kreis begreift außer den eigenen Landen das Fürstenthum Fulda und die zugleich unter die hessische Landeshoheit fallenden Grafschaften Walbeck, sowie Lippe=Detmold und Lippe=Schaumburg, und nach bereits vorliegenden älteren Conventionen auch die Grafschaft Schlitz, ferner Pyrmont, Rittberg und Rheda in sich.

10) Alle bisherigen reichsritterschaftlichen Besitzungen, welche in den Preußischen, Sächsischen und Hessischen Landen oder in den Landen der übrigen verbündeten, ihre Landeshoheit nicht verlierenden Fürsten liegen, werden von den Landesherren mediatisirt.

11) Nicht allein mit der Landeshoheit aber, sondern auch mit der Proprietät fallen sämmtliche in den nördlichen Bundeslanden gelegene Besitzungen der deutschen Ritterorden dem respectiven Landesherrn zu. Die Präbendirten und zunächst expectivirten Mitglieder solcher Orden dürfen jedoch durch die Einziehung der ihnen angewiesenen Fonds nichts verlieren. Der Bundescongreß wird deren Pensionirung nach billigen Grundsätzen reguliren und festsetzen, daß die Hälfte der von jedem Landesherrn abzureichenden Pensionen auch nach dem Tode der jetzt Präbendirten und zunächst expectivirten Mitglieder für beständig die Bestimmung einer Pensionirungs= und Belohnungsanstalt für verdiente Staatsbeamte vom Civil= und Militärstand erhalte.

12) Die Städte Lübeck, Bremen und Hamburg bleiben

9*

zwar unmittelbare Städte des Nordischen Reichsbundes, behalten so wie alle übrigen Bundeslande unverändert ihre
ganze bisherige innere Verfassung und bleiben ferner in dem
Genusse aller ihrer bisherigen Freiheiten und Privilegien,
sind jedoch der höchsten Gerichtsbarkeit des Bundes
und der Kaiserl. Oberherrlichen Aufsicht in dem
nämlichen Verhältnisse unterworfen, wie vorhin
der des Kaisers und Reiches. Sie sind für immer als
neutral zu betrachten und zu behandeln, müssen aber für die
Protection ihrer Neutralität und wegen der Conscriptionsfrei-
heit und des genießenden militärischen Schutzes zu Friedens-
und Kriegszeiten jährliche, verhältnißmäßig zu regulirende
ordentliche und in Kriegszeiten außerordentliche charitatife
Subsidien bezahlen.

13) Dem Oberhaupt des Bundes stehen alle Vorrechte
des deutschen Kaisers in den ständischen Landen zu. Im
Falle der Minderjährigkeit des preußischen Monarchen bis zu
dessen Majorennität üben Sachsen und Hessen abwechselnd
von Fall zu Fall die Rechte des Bundesoberhauptes aus.

14) In jeglichem Falle eines auswärtigen Angriffs sind
sämmtliche Stände die ganze Masse ihrer Mittel dem Bunde
schuldig und überhaupt hat keine derselben die Befugniß, mit
einem fremden Staate eine Verbindung einzugehn, die dem
Bunde nachtheilig oder gefährlich werden könnte, oder im
Widerspruch mit seinen Pflichten als Mitglied desselben stehen
möchte. Die reguläre und gewöhnliche Militärmacht des
nordischen Bundes besteht aus 240,000 M., wozu Preußen
in Verbindung mit Mecklenburg und Braunschweig 165,000
M., Sachsen in Verbindung mit den fürstl. sächsischen Häusern
und Anhalt 35000 M., Hessen in Verbindung mit Fulda
22,000 M., Dänemark mit Oldenburg 12,000 M. und Schweden 6000 M. stellen.

15) Diejenigen Fürsten, welche sich in Absicht der Stellung der festgesetzten Militärmacht mit einander vereinigen,
treffen ein besonderes gütliches Einverständniß unter sich,

kraft deſſen dem zur Aufbringung der ſtipulirten Militärmacht verpflichteten Stande eine gewiſſe Truppenzahl zum beſtimmten Zweck in beſtändiger Bereitſchaft gehalten, oder ſich beſtimmt über die Summe der in Kriegs- und Friedenszeiten in natura zu ſtellenden jährlichen Mannſchaftszahl und zu bezahlenden Geldbeiträge gütlich einverſtanden wird.

16) Es iſt Grundſatz, daß die ganze Militärmacht jedes Kreiſes nur unter dem Commando des Standes ſtehe, von welchem der Kreis den Namen führt und daß in Kriegszeiten die geſammte Bundesarmee, nach der zwiſchen den drei paciscirenden Höfen getroffenen Verabredung, den oberhauptlichen Befehlen gehorche.

17) Die innere Macht des Bundes muß durch eine gute Polizei- und Juſtizverfaſſung verbürgt werden. Diejenigen Gegenſtände der höheren Landespolizei, welche ſich nicht einzeln in kleinern und iſolirten Landen behandeln laſſen, ſondern ſich nur in einem größern Umfang und mit Beitritt mehrerer benachbarter Länder wirkſam zeigen, und daher ſchon vorhin zur Deliberation und Schlußfaſſung der Reichskreiſe verwieſen werden, ſollen für den Congreß des Nordiſchen Bundes gehören. Die Aufſicht und die Anſtalten zur Ausführung der Congreßſchlüſſe über allgemeine Polizeigegenſtände wird zunächſt jedem Landesherrn im Einzelnen, und jedem Kreisdirector im Ganzen überlaſſen.

18) Für die Fälle, wo bisher die Appellationen von den ſtändiſchen Gerichten an die höchſten Kreisgerichte gingen, ſoll ein eigenes höchſtes Bundestribunal errichtet werden und ſeinen Sitz in einer der drei Hanſeſtädte haben. Daſſelbe entſcheidet auch bei Klagen gegen die Regenten in den Fällen, wo bisher die reichsgerichtliche Jurisdiction gegründet war. Der Recurs von den Ausſprüchen des Bundestribunals geht an den Bundescongreß. Die Execution der Urtheile, ſowie die Regulirung des ſtändiſchen Schuldenweſens und die Sequeſtrationscommiſſionen werden nach den Aufträgen des Bundesgerichts von dem Kreisdirector geführt und vollzogen.

19) Streitigkeiten der Stände unter sich werden dem Bundescongreß vorgelegt; der Beklagte wählt zwei Gesandte als Compromißrichter, der Kläger einen Dritten und die so Gewählten entscheiden ohne processualische Weitläufigkeiten pro arbitrio boni viri, und wenn sie sich nicht einigen können, durch einen vom Congreß gewählten Obmann. Appellation gegen den so gefällten Spruch findet nicht statt.

Der tiefgreifende Unterschied dieses Vertrages von dem Lombard'schen, nach Dresden mitgetheilten Entwurfe liegt auf der Hand. Während der letztere, ausschließlich auf die Defensive gerichtet und streng föderativen Characters, in seinem Grundcharacter vom Rheinbunde wesentlich verschieden war, stellt sich der auf Grund der Hänlein'schen Ausarbeitung zwischen Haugwitz und Waitz abgeschlossene Vertrag selbst in seinen Einzelnheiten als eine bloße Nachbildung des Rheinbundes dar. Erscheinen auch die ursprünglich beabsichtigten Annexionen darin beträchtlich eingeschränkt, so kann dies immerhin nichts ändern an dem Princip, von dem man dabei ausgegangen ist. Insofern blieb es sich gleich, ob sofort sämmtliche Kleinstaaten durch einen Machtspruch den Staaten der Paciscenten einverleibt wurden oder ob man sich vor der Hand damit begnügte, die Reußenländer zwischen Preußen und Sachsen zu theilen, Schwarzburg an Sachsen, Waldeck und Lippe an Hessen zu geben und für die Hansestädte eine Art Suzerainetätsverhältniß zum Vortheile Preußens zu errichten. Vor der Hand — denn was für ein Schicksal schließlich auch den einstweilen noch in ihrer Selbstständigkeit verbleibenden Kleinstaaten zugedacht war, ließ sich aus einer Menge bezüglicher Andeutungen im Vertrage unschwer errathen. In dieser Hinsicht ist es beispielsweise characteristisch, daß bei der Organisation der Militärmacht des Bundes nur Dänemark und Schweden als selbstständige Körper aufgeführt werden, während die Contingente aller übrigen den Contingenten der drei Directorialmächte zugeschrieben sind. Zum Ueberflusse ist, um dieses „Aufgehn" der Militärhoheit der Kleinstaaten zu erleich-

tern, in Punkt 15 der Weg besondern gütlichen Einverständnisses vorgesehn. Nicht genug hiermit aber, nicht einmal die
Besorgung der inneren Landesangelegenheiten in den kleinen
Staaten ist vor Eingriffen der drei Directorialmächte sicher
gestellt, die hierzu, sobald sie nur wollten, in den Bestimmungen von Punkt 17 jederzeit den geeigneten Vorwand
finden konnten. Der letzte Zweifel über den gewaltsamen
Charakter der Föderation wird indessen gehoben durch einen,
dem Hauptvertrage beigefügten, selbstverständlich nur den
Paciscenten bekannten „Separatartikel", der folgendermaßen
lautet:

„Da sich der Fall denken läßt, daß einer oder der andere
derjenigen Stände, welche nach dem unter heutigem Dato
abgeschlossenen Tractat über die neue Constitution des nördlichen Deutschlands als Mitglieder des nordischen Reichsbundes betrachtet werden müssen, den Beitritt zu verweigern
gesonnen sein dürfte: so haben auf diesen Fall die drei paciscirenden Mächte die Ansicht, daß hier, wo es auf die Selbsterhaltung Aller und jedes Einzelnen und auf die Sicherstellung der Ruhe und des Friedens des gesammten nördlichen
Deutschlands ankommt, jede Trennung von dem gemeinschaftlichen Interesse ganz unzulässig sei. Sollten alle gütlichen
Vorstellungen diese Ueberzeugung und den Entschluß eines
freiwilligen Beitritts hervorzubringen, vergeblich sein, so
scheint kein anderes Mittel übrig zu bleiben, als die Erklärung: daß derjenige Landesherr, welcher seine Souverainetätsrechte nach der durch den Drang der
Umstände erzeugten Constitution des gegenwärtigen norddeutschen Reichsbundes auszuüben Bedenken fände, derselben für verlustig erklärt werden müßte, welche sobann an denjenigen der drei
pacicirenden Höfe fallen sollen, in dessen Kreise
die sich ausschließenden Lande liegen. Die hohen
pacicirenden Höfe geben sich hierdurch feierlich das Wort,
vorstehende Grundsätze im vorkommenden Falle zur Nicht-

schnur ihres Betragens zu machen, und solche mit allem Nach=
druck gemeinschaftlich aufrecht zu erhalten."

Nun, die hier gestellte Alternative war auf's Haar die=
selbe, unter welcher Napoleon I. den Beitritt zum Rheinbunde
zu proponiren pflegte.

Am 25. Aug. ging der zwischen Preußen und Hessen
unter Vorbehalt des Beitritts Sachsens abgeschlossene Bun=
desvertrag in Dresden ein. Derselbe ward auf Befehl des
Kurfürsten wiederum zunächst dem Geheimen Consilium zur
Begutachtung zugefertigt. Dieses Gutachten ward bereits
am 27. Aug. überreicht und der am 10. Sept. abgehaltenen
Ministerconferenz zum Grunde gelegt. Das Resultat aller
dieser Berathungen war ein Gegenentwurf, „nach welchem,
wenn man Kgl. Preußischer und Churfürstl. Hessischer Seits
damit einverstanden wäre, sogleich unter den drei Höfen ab=
geschlossen werden könne."

Nach dem vorstehend Mitgetheilten kann man sich eine
Vorstellung davon machen, welche Ueberraschung der Inhalt
des preußisch=hessischen Vertrags in Dresden hervorbringen
mußte. Das Gefühl derselben spiegelt sich zunächst in einer
an Görtz unterm 24. Aug. — man kannte aus dessen De=
peschen bereits theilweise den Inhalt der Sendung vom
25. Aug. — gerichteten Note, wo es heißt: „Der Entschluß
des Königs von Preußen, sich den Titel eines Kaisers von
Norddeutschland beizulegen, hat den Kurfürsten um so mehr
überraschen müssen, als man sich dazu ohne vorgängiges Ein=
vernehmen und ohne deshalb sich der Zustimmung unsers
Hofes, noch wie es scheint, auch dessen von Kassel zu ver=
sichern, (hierin irrte sich freilich, wie wir oben gesehen haben,
Graf Loß) bestimmt gefunden hat." Nicht minder entschieden
tritt dasselbe in den Protocollen über die Verhandlungen im
Geheimen Consilium und in der Ministerconferenz hervor.
In Berlin scheint man auf einen so entschiedenen Widerstand
nicht gefaßt gewesen zu sein. Die bisher von Sachsen an
den Tag gelegte gutwillige Connivenz hatte hier den Wahn

aufkommen laſſen, daß man auch diesmal wieder in Dresden
leichtes Spiel haben werde und nur ſeine Willensmeinung
kundzugeben brauche, um alsbald das ſächſiſche Cabinet für
dieſelbe zu gewinnen. Hatte man doch gegen die dem Kurfürſten ſchuldigen Rückſichten· ungleich ärger verſtoßen, als
man wenige Monate zuvor hinter dem Rücken des ſächſiſchen
Verbündeten mit Frankreich abgeſchloſſen und von dieſem ſich
hatte Hannover abtreten laſſen. Hier aber hatte man ſich
in der Sinnesart des Kurfürſten völlig verrechnet, indem
man außer Acht ließ, daß derſelbe wohl eine perſönlich ihn
treffende Rückſichtsloſigkeit überſehn konnte, ſchlechterdings
aber nie einen Verſtoß gegen das wohlerworbene klare Recht.
Von dieſem Geſichtspunkt in's Auge gefaßt, konnte das
preußiſch-heſſiſche Abkommen auf den Beifall des Dresdener
Cabinets um ſo weniger ſich Rechnung machen, als man hier
nicht einmal irgend eine zwingende Nothwendigkeit für die
veränderte Grundlage der Föderation und insbeſondere für
die dabei projectirten Vergewaltigungen abzuſehn vermochte.
Das Dresdener Cabinet hielt vor wie nach an der Anſicht
feſt, daß der hauptſächliche und jedenfalls durch die Umſtände
nächſtgebotene Zweck der Föderation die Herſtellung einer
kräftigen Defenſive ſein müſſe und man mochte daher ebenſo
wenig von der Annahme höherer Titel für die Hauptglieder
des Bundes, als von der projectirten Mediatiſirung und
allen den Beſtimmungen, welche deren Weitergreifen vorbe-
reiten ſollten, etwas wiſſen. „Ueberhaupt,“ heißt es in den
Bemerkungen, welche die ſächſiſche Regierung zu dem preußiſch-
heſſiſchen Vertrage machte, „ſind Höchſtdieſelben entfernt,
irgend jemand etwas an ſeinen Rechten zu entziehen, und
wie Sie gleicher Geſinnung von den beiden andern Höfen ſich
überzeugt halten, ſo glauben Sie, daß theils aus dieſer Rück-
ſicht, theils zur Vermeidung aller widrigen Eindrücke und
Folgen, es damit genügen könne, wenn in dem gegenwärtigen
Plane nur ſo viel feſtgeſetzt würde, daß jedem Kreiſes-
Director und Stand überlaſſen bleibe, mit des Kreiſes Zuge-

hörigen sich, wegen der künftigen näheren Verhältnisse mit
ihnen, besonders zu vereinigen." Die Festhaltung der Rechts=
basis und der Grundsatz des Selbstbestimmungsrechts
der einzelnen Bundesglieder — das waren die leiten=
den Ideen, welche die sächsische Regierung zur Geltung ge=
bracht wissen wollte, und nebenher ging als ein durch die
ganzen Verhandlungen sich ziehender rother Faden der Ge=
danke, daß die nordische Föderation zwar nicht etwas Ge=
gensätzliches, aber etwas wesentlich Verschiedenes
vom Rheinbunde sein müsse. Der obenerwähnte „Separat=
artikel" scheint dem sächsischen Cabinet gar nicht mitgetheilt
worden zu sein, wie nach einer vom Geh. Consilium zu
Punkt 5 gezogenen Erinnerung angenommen werden muß,
wo es heißt: „Zu Errichtung eines sogenannten Nordischen
Reichsbundes in der von des Königs von Preußen Maj. be=
absichtigten Maaße hätte die Einladung der benannten Stände
zum Beitritte, ohne welchen sie für Verbündete keineswegs
zu achten sind, ohnstreitig vorausgehn und deren Erklärung
abgewartet werden sollen, weil in Entstehung dieses Beitritts
von ein und anderer Seite der ganze Organisationsplan wo
nicht vereitelt werden, doch einer großen Abänderung bedürfen
würde."

Ueberhaupt machte in Berlin, sobald man sich erst über=
zeugt, daß dem Kurfürsten mit der ihm durch den Vertrags=
abschluß mit Hessen zugedachten „Ueberraschung" nicht bei=
zukommen sei, die heißblütige Action rasch wieder einer
gemäßigteren Stimmung Platz. Man erkannte, daß es doch
wohl ein Fehler gewesen war, daß man die ganze bisherige
Zeit hindurch den ständigen Gesandten in Dresden, Baron
Brockhausen, der wenigstens das Terrain genau kannte, in
Urlaub abwesend sein und die Verhandlungen mit dem säch=
sischen Cabinet, nachdem Graf Götzen Dresden verlassen, durch
einen Canzleibeamten, den Legationsrath Lautier pflegen ließ[5].

---

[5] Schmidt a. a. O. sagt zu Erklärung dieses auffälligen Umstandes:

Brockhausen erhielt Ordre, sofort auf seinen Posten zurückzukehren; zuvor aber ward er nach Berlin beschieden.

Graf Haugwitz machte nun eine Erfahrung, die er sich, wenn er mit etwas mehr Umsicht und etwas weniger Voreingenommenheit für die hessischen Vergrößerungspläne an's Werk gegangen wäre, hätte ersparen können. Brockhausen erklärte ihm rund heraus, daß der preußisch-hessische Vertrag ein todtgebornes Kind sei und daß der Beitritt Sachsens dazu, wie er Dinge, Persönlichkeiten und Verhältnisse in Dresden kenne, nie zu erlangen sein werde. Um so viel zu retten, als seiner Ansicht nach praktisch möglich, arbeitete Brockhausen einen neuen vermittelnden Entwurf aus, der in seiner Basis an den alten Lombard'schen Entwurf wieder anknüpfte, indem er die Defensive als Hauptzweck wieder in den Vordergrund stellte. Vom Kaisertitel war nicht weiter die Rede, doch sollte nach einem Separatartikel Sachsen und Hessen den Königstitel, die sächsischen Herzöge den Großherzogstitel annehmen. Die Fürsten von Schwarzburg, die Fürsten und Grafen von Reuß und von Schönburg, ingleichen die Grafen Stolberg sollten nicht unter die Bundesstaaten gezählt werden und ihren Beitrag an Mannschaften und Naturalien für den Kriegsbedarf nach einer zu bestimmenden Proportion theils an Sachsen, theils an Preußen zu leisten haben. Auch das Contingent der sächsischen Herzogthümer sollte von Sachsen gestellt werden. Im Uebrigen genossen sämmtliche Bundesstaaten völlige Souverainetätsrechte.

Brockhausens nüchterne Auffassung der Sache hatte auf

„Es scheint, Haugwitz habe mit seiner Berufung deshalb so lange gezögert, weil er vorausgesetzt, daß Brockhausen nach seiner Kenntniß des sächsischen Hofes den preußischen Unionsentwurf nicht billigen . . . . werde." Wenn er dies glaubte, war es gewiß ein ebenso verfehltes als ungeschicktes Auskunftsmittel, eine Negotiation, wo er sich mit dem des Terrains auf's Genaueste kundigen Gesandten nicht eins wußte, einer Persönlichkeit zu übertragen, der nicht einmal die mancherlei formellen Erleichterungen zur Verfügung standen, welche die gesellschaftliche Rangstellung des wirklichen Gesandten darbot.

Haugwitz zunächst wenigstens die Wirkung, daß er dem Grafen
Görtz die Erklärung abgab, der König werde den Kaisertitel
nur auf Antrag von Sachsen und Hessen annehmen, was that=
sächlich einer Verzichtleistung auf das ganze Project gleich=
kam, denn an einen diesfallsigen Antrag Sachsens war unter
den obwaltenden Umständen nicht zu denken. Im Uebrigen
blieb aber Haugwitz auch diesmal wieder auf halbem Wege
stehn. Statt Brockhausen nach Dresden zurückkehren und auf
Grund des von ihm vorgelegten Entwurfs mit Sachsen ver=
handeln zu lassen, hielt er ihn unnöthigerweise in Berlin zurück,
und Preußens Vertretung in Dresden verblieb wie bisher
allein in den Händen Lautiers. Bei der Uebereinstimmung in
den Ansichten, die zwischen Brockhausen und dem sächsischen
Cabinet über die Rechtsgrundlage des Bundes bestand, würde
in diesem Falle mit ziemlicher Wahrscheinlichkeit ein Ausgleich
erzielt worden sein.

Die sächsische Anschauung, welche den Schwerpunkt des
Bundes in eine starke, kräftige Defensive gelegt wissen wollte,
fand inzwischen in den Ereignissen eine schlagende Rechtferti=
gung. Die Beziehungen Preußens zu Frankreich waren all=
mählig bis zu einem Punkte gelangt, der es zur gebieterischen
Pflicht machte, den Ausbruch wirklicher Feindseligkeiten in's
Bereich der Betrachtung zu ziehn. In militärischer Bezie=
hung zählte man aber in Berlin schon damals sicherer auf
Sachsen als auf Hessen, denn während in dem königlichen
Kriegsbefehl vom 25. Aug. es hieß: „Für den Fall, daß
der Churfürst von Hessen sich entschließt, seine Truppen mit=
wirken zu lassen, so erscheint es zweckmäßig 2c." lauten die
Worte in Betreff Sachsens: „nach Dresden sei Götzen gesandt,
um den Churfürsten von Sachsen von dem Anmarsch der
Truppen zu benachrichtigen" und Fürst Hohenlohe solle nach
Dresden gehn, „um sich über den Stand der Dinge mit
Sachsen zu unterrichten und den Befehl über die säch=
sisch=preußischen Truppen zu übernehmen"[6].

⁶ Schmidt a. a. O. S. 505. fg.

Am 26. August traf demzufolge Götzen, diesmal als militärischer Sendling, wiederum in Dresden ein und hatte am 27. Audienz beim Kurfürsten, dem er einen Brief seines Monarchen überreichte, worin der Letztere den sächsischen Gesandten, Grafen Görtz, zur Abschließung eines Allianztractats zu bevollmächtigen bat.

Die Sendung Götzens bereitete in der preußischen Stellung zur Sache augenfällig einen abermaligen Wendepunkt vor: der Allianztractat ward nunmehr für die preußische Politik die Hauptsache, der Bund trat in die zweite Linie. Das Interesse für das Zustandekommen desselben erkaltete sichtlich, je näher die Kriegsgefahr rückte und je mehr sich durch den Verlauf der Dinge in Berlin die Ueberzeugung befestigen mußte, daß über Tendenz und Zweck des Bundes zwischen beiden Cabinetten nicht auszugleichende Meinungsverschiedenheiten obwalteten. In diesem principiellen Gegensatze des beiderseitigen Standpunktes, wie er für unsere Leser in den vorstehenden Aufzeichnungen deutlich zu Tage tritt, nicht in einer durch auswärtige, namentlich französische Einflüsse genährten Uebelwilligkeit des Dresdener Cabinets ist der Grund zu suchen, daß schließlich die ganze Sache scheiterte.

Die „französischen Intriguen" spielen bei gewissen Tendenzhistorikern eine geradezu dominirende Rolle. Nach ihnen war damals der Dresdener Hof nichts weiter als ein Spielball dieser Intriguen. Geht man der Sache auf den Grund, so stellt sie sich in einem wesentlich andern Lichte dar.

Wir gedachten bereits der Mittheilung, welche Graf Loß an Senfft über die erste Sendung Götzens unterm 3. Aug. richtete. Jener Gegensatz hatte damals noch keinen Ausdruck gefunden, man war in Dresden des guten Glaubens, daß man auch in Berlin nur an einen Defensivbund denke und in diesem Lichte wird Senfft Talleyrand die Sache dargestellt haben. Ueber die Aufnahme, welche hier seine Eröffnungen

gefunden haben, geben Senfft's Depeschen keinen Aufschluß.
Wie aber Napoleon darüber dachte, erhellt aus dem vielfach
mißverstandenen Schreiben, welches er unterm 13. Aug. 1806
an den Fürsten Primas richtete[7]. Der letztere trug sich mit
der Idee, sämmtliche Lande des deutschen Reiches im Rheinbunde zu vereinigen und hatte in diesem Sinne gegen den
Kaiser sich verlauten lassen. Napoleon erwiedert ihm darauf:
wie man denn Schweden, Preußen und Oesterreich zum Eintritt bestimmen wolle? „Was Sachsen und Hessen betrifft, so kann ich nichts weiter thun, als was ich
schon gethan habe, ihnen volle, unbedingte Freiheit
lassen. Es ist gut, daß sie wissen, daß sie vollkommen frei
sind, daß keine Macht ihnen Gewalt anthun darf (qu'aucune
puissance ne sera dans le cas de leur forcer la main) und
daß sie ohne jede Beschränkung lediglich das Interesse ihrer
Souveränetät zur Richtschnur ihres Handelns machen dürfen.
Von dem Augenblicke an indessen, wo diese Fürsten mittelbar
oder unmittelbar den Wunsch kundgeben sollten, in den Rheinbund einzutreten, können Sie dieselben über jedwede Besorgniß vor Unannehmlichkeiten in meinem Namen beruhigen
(vous pouvez les mettre, en mon nom, à l'abri de toute
crainte du ressentiment de qui que ce soit). Ich habe
meine Meinung meinem Cabinet nicht kundgegeben; meine
Minister bei diesen Höfen haben keine Instruction
empfangen, so sehr ist es mein Wille, ihnen volle und unbedingte Freiheit zu lassen.‟

Dies ist bis gegen die Mitte September die einzige in
die Oeffentlichkeit gelangte Meinungsäußerung Napoleon's.
Man hat sie vielfach als eine Aufmunterung für den Fürsten
Primas, an den Höfen von Dresden und Kassel für deren
Beitritt zum Rheinbund thätig zu sein, gedeutet. In diesem
Falle ist es aber geradezu unbegreiflich, daß den betreffenden
Gesandten bei diesen Höfen keine Instructionen ertheilt wur-

---

[7] Correspondance de Napoléon I. tome XIII. 69.

den, die ihnen wenigstens in allgemeinen Umrissen des Kaisers Willensmeinung andeuteten.　Denn in Ermangelung
derselben konnten sie unbewußt etwaigen Bemühungen des
Fürsten Primas entgegenarbeiten.　Die richtigste Auslegung
der Depesche dünkt uns die, welche nicht mehr und Anderes
aus derselben herausliest, als was die Regeln sprachlicher
Auslegung ergeben.　Napoleon hatte gegen den norddeutschen
Bund und Sachsens und Hessens Zutritt zu demselben nichts
einzuwenden, so lange er auf der damals, wie es schien, mit
allseitigem Einverständniß angenommenen Basis sich hielt,
aber er wollte es auch nicht verschmäht wissen, wenn diese
oder andere deutsche Mächte aus freien Stücken dem Rheinbund beitreten wollten. Von einem „französischen Intriguen-
spiel“ am Dresdener Hofe kann somit um so weniger die
Rede sein, als, wie aus dem eben angeführten Schreiben des
Kaisers erhellt, der französische Gesandte in Dresden bis zu
dessen Datum — 13. Aug. — nicht einmal Instructionen besaß.　Verbleibt somit nur die Annahme, daß er auf
eigene Faust „intriguirt“ hätte.　Bei einem Selbstherrscher
von Napoleon's Art eine bedenkliche, sehr unglaubliche
Sache!

In Dresden war man nach wie vor der Ueberzeugung,
daß es Preußen mit der Begründung eines norddeutschen
Bundes Ernst sei und daß sich der durch die neuesten preußischen Vorschläge hervorgerufene principielle Gegensatz um so
leichter werde ausgleichen lassen, als im Wesentlichen die
sächsische Anschauung Anfangs ja auch die preußische gewesen
war, so daß das Berliner Cabinet nur nöthig hatte, auf seinen alten Standpunkt zurückzukehren.　In diesem Sinne erhielt Graf Görtz am 4. Sept. förmliche Vollmacht zur Unterhandlung und Abschließung einer auf die alte Erbeinigung
von 1614 zu gründenden Defensivverbindung zwischen Preußen, Sachsen und Hessen.　In der Hauptsache hielt man
hierdurch den in dem preußisch-hessischen Vertrage zum Ausdruck gebrachten Organisationsplan wohl für erledigt, gleich-

wohl erschien ein wenigstens formelles Eingehn darauf schick-
lich und es wurde daher auch der aus den Berathungen des
Geh. Consiliums und der Ministerconferenz hervorgegangene
Gegenentwurf dem preußischen Cabinet mitgetheilt⁸. Dieser
Gegenentwurf lautet:

„Nachdem in Betracht der jüngsten Ereignisse und der gegenwärtigen Lage der Dinge in Deutschland von Sr. Königl.
Majestät von Preußen und von Ihren Churfürstlichen Durchlauchten zu Sachsen und Hessen es als eine dringende Pflicht
angesehen worden ist, theils zu ihrer Selbsterhaltung, theils zur
Sicherstellung der Ruhe, der Ordnung und des Friedens im
nördlichen Deutschland, darauf bedacht zu sein, daß dasselbe dermalen in eine Bundesverfassung vereinigt werde, so haben Höchstdieselben zu einer diesfallsigen Verabredung zu Ihren Bevollmächtigten ernannt und zwar Se. Königl. Maj. von Preußen ꝛc.,
welche nach Auswechselung ihrer Vollmachten über folgende vorläufige Grundzüge zu einer den gegenwärtigen Umständen ange-
messenen Constitution für das nördliche Deutschland unter dem
Namen des nordischen Bundes übereingekommen sind.

Art. 1. Der Hauptzweck dieses Bundes ist Schutz und
Sicherstellung der inneren und äußeren Verhältnisse gegen innere und äußere Angriffe und Gefahren auf jedesmalige Requi-
sition des gefährdeten Theils. Sämmtliche Mitglieder machen
daher gemeine Sache für gemeine Sicherheit. Zu Erreichung
dieses Zweckes sind in Betracht des Umfanges Ihrer Lande
und Ihrer Kraft die ersten und vorzüglichsten Mitglieder des
Bundes: Se. Königl. Majestät von Preußen und Ihre Churfürstlichen Durchlauchten zu Sachsen und Hessen, und Sr. Königl.
Majestät von Preußen wird dabei in dem weiter unten bemerkten Maaße die erste Stelle eingeräumt.

Art. 2. Sämmtliche bisher zu dem nördlichen Deutschland
gerechnete Stände sollen im Namen der drei hohen Paciscenten
nebst der Einladung zum Beitritt zu dem zu errichtenden Bunde
ersucht werden, auf dem zu seiner Zeit zu haltenden und für

---

⁸ Nach Schmidt a. a. O. S. 520., der hier den bezüglichen Angaben
von Pölitz folgt, soll dies bereits am 6. Sept. erfolgt sein, der betreffende
Courier auch gleichzeitig dem Grafen Görtz ein Gegenproject zum Allianz-
traktat überbracht haben. Das erstere ist keinesfalls zutreffend, denn die
Ministerconferenz, in welcher der Gegenentwurf für den Bund festgestellt
ward, fand erst am 10. Sept. statt.

permanent zu erklärenden Congresse durch Gesandte und Abge=
ordnete zu erscheinen, um unter dem Vorsitze des Directorial=
Gesandten alles dasjenige, was zur Consolidirung der norbischen
Bundesverfassung erforderlich ist, zu erwägen und nach der
Mehrheit der Stimmen festzusetzen, auch darüber eine förmliche
Constitutionsacte abzuschließen, jedoch ohne an den unter den
drei paciscirenden Höfen verabredeten Grundzügen derselben
anders als mit ihrer Einwilligung etwas ändern zu können.

Art. 3. Wegen derjenigen Stände, welche jeder der drei
hohen Contrahenten für sich und im Namen der beiden anderen
zum Beitritt einzuladen hat, sind Höchstdieselben übereingekom=
men, sich nach der weiter unten zu befindenden Eintheilung der
Kreise zu richten. Ueber die Stimmenzahl der drei pacisciren=
den Höfe und über ein billiges Verhältniß derselben, wollen Die=
selben sich noch vor Eröffnung des Congresses gütlich einverstehen,
ingleichen einen summarischen Entwurf der neuen Organisation
vorerst unter sich verabreden, um solchen dem Congreß vorzu=
legen, jedoch mit Vorbehalt des freiwilligen Beitritts der übrigen
Stände zu diesem Entwurf oder wenigstens seiner Legalisirung
durch Mehrheit der Stimmen.

Art. 4. Folgende Hauptpunkte werden inzwischen sogleich
festgesetzt. Preußen, Sachsen und Hessen bilden das Directorium
des norbischen Bundes, und alterniren darin von Jahr zu Jahr
dergestalt, daß Preußen damit den Anfang macht, sobann Sachsen
und endlich Hessen folgt. Alle zu dem Bundescongreß ge=
hörigen Angelegenheiten und Anträge, von welchem Stande sie
kommen mögen, werden bei dem Directorio eingereicht, in enge=
ren Directorialconferenzen, insofern es die Wichtigkeit des Ge=
genstandes erfordert, vorläufig erwogen, und sobann unverzüg=
lich durch die Dictatur an den Gesandten=Congreß gebracht.

Art. 5. Sämmtliche Bundeslande werden in drei Kreise
getheilt, den Brandenburgischen, Sächsischen und Hessischen.

Art. 6. Der Brandenburgische Kreis begreift außer den
sämmtlichen eigenen preußischen folgende Lande in sich 2c.

Art. 7. Der sächsische Kreis begreift, außer den eigenen
Landen Sr. Churfürstlichen Durchlaucht zu Sachsen, sämmtliche
den Herzoglich=Sächsischen und Fürstlich=Anhaltischen Häusern
zugehörige Lande mit der gefürsteten Grafschaft Henneberg säch=
sischen Antheils, ingleichen sämmtliche Fürstlich= und Herrlich=
Reußische, auch Schwarzburgische Lande und Besitzungen.

Art. 8. Der hessische Kreis begreift, außer den eigenen Lan=
den Sr. Churfürstlichen Durchlaucht zu Hessen, das Fürstenthum

Fulda und die Graf= und Herrschaften Waldeck, Lippe=Detmold, Lippe=Schaumburg, Schlitz, ferner Pyrmont, Rittberg und Rheda.

Art. 9. Jeder Kreis macht ein Ganzes aus, welche durch einen Bund unter sich vereinigt sind, und es bleibt jedem Kreis=director und Stande überlassen, mit des Kreises Zugehörigen wegen der künftigen näheren Verhältnisse mit ihnen sich beson=ders zu vereinigen. Auch soll in Ansehung derjenigen reichs=ritterschaftlichen Besitzungen, welche zwischen zweierlei Landen liegen, ein gütliches Einverständniß unter den Interessenten ge=troffen und dabei auf die freie Wahl des Gutsbesitzers, zu wel=chem Kreise er gerechnet sein und gehören will, Rücksicht genom=men werden.

Art. 10. In jedem Falle eines auswärtigen Angriffs sind sämmtliche verbündete Stände die ganze Masse ihrer Mittel dem Lande schuldig, und keiner derselben hat das Befugniß, mit einem fremden Staate und überhaupt eine Verbindung einzugehen, die dem Bunde nachtheilig oder gefährlich werden könnte, oder im Widerspruch mit seinen deshalb übernommenen Pflichten stehen möchte.

Art. 11. Die reguläre und gewöhnliche Militärmacht des nordischen Bundes besteht aus — Mann. Dazu stellen:

    a) der Brandenburgische Kreis
    c) der Sächsische   =
    b) der Hessische   =

Die Zahl der einzelnen ständischen Contingente jeden Kreises soll jedoch noch näher regulirt und dabei auf die Population und auf die übrigen Verhältnisse Rücksicht genommen werden. Für die Erfüllung der von den einzelnen Ständen jeden Kreises des=halb übernommenen Verbindlichkeiten hat der contrahirende Haupttheil, nöthigenfalls mit Beiwirkung der übrigen Pacisccen=ten, zu sorgen.

Art. 12. Sowie die Militärmacht des Bundes für die äußere Sicherheit sorgt, muß die innere durch eine gute Polizei= und Justizverfassung befestigt werden. Weit entfernt aber, die Rechte der verbündeten Stände rücksichtlich der in ihren Landen bereits bestehenden oder aus Landesherrlicher Macht und Gewalt anzuordnenden Anstalten und Einrichtungen im geringsten zu beschränken, sollen nur diejenigen Gegenstände der höheren Lan=despolizei, welche schon vorhin zur Deliberation und Schluß=fassung der Reichskreise verwiesen waren, für den Congreß des nordischen Bundes gehören. Damit jedoch dieser Vorbehalt auf keine Weise zum Nachtheil der eigenen Landespolizei gemißbeutet und dadurch eine der Lage und den Umständen nach nothwendige Maaßregel vereitelt werden könne, so sollen jene Gegenstände noch besonders so genau als möglich bestimmt werden.

Art. 13. Soviel die höhere Justiz=Verfassung anlangt, da soll jedem Director der oben gedachten drei Kreise freistehen, in seinem Kreise mit Einverständniß der dazu gehörigen Stände ein eigenes, die Stelle der bisherigen Reichsgerichte vertretendes Tribunal als höchste Instanz zu errichten, wobei jedoch der wohlhergebrachten Landesverfassung, den erworbenen Appellations= privilegien und anderen bestgegründeten Freiheiten und Gerecht= samen, sowie in Absicht der Streitigkeiten unter den Fürsten selbst denen zwischen Einem und dem Andern auf Verträgen oder Herkommen beruhenden gewillkührten Austragsgerichten nicht zu nahe getreten werden soll.

Art. 14. Ueber die in diesem Vertrage theils zu näherer Regulirung vorbehaltenen, theils noch nicht bestimmten Gegen= stände, wollen die hohen Paciscenten durch eigends zu bevoll= mächtigende und allenthalben hinlänglich zu instruirende Abge= ordnete, noch vor Eröffnung des Bundescongresses, präparatorische Conferenzen halten lassen, um darüber zu einer vorläufigen Uebereinkunft zu gelangen.

Art. 15. Die gegenwärtige, durch den Drang der Umstände veranlaßte Vereinbarung wird von den drei hohen Paciscenten in möglichst kurzer Zeit ratificirt, und nach der längstens den — geschehenen Auswechselung der Ratificationen den zum Beitritt eingeladenen Ständen mit Bestimmung der Zeit und des Ortes der Eröffnung des Congresses mitgetheilt, auch insoweit dienlich andern Höfen bekannt gemacht werden."

Auf den Inhalt dieses Gegenentwurfs sei es gestattet etwas näher einzugehn, denn aus ihm hauptsächlich sind die Anklagen der Mediatisirungsgelüste des sächsischen Hofs for= mulirt worden [9].

Der wesentlichste Punkt, worin der Gegenentwurf von dem preußisch=hessischen abweicht, liegt in der Bundesorga= nisation. Statt der dem letztern zum Grunde liegenden

---

[9] Vergl. Häussers „Deutsche Geschichte" II. 722. fg., der von Sach= sens Plan, „einen eigenen sächsischen Sonderbund zu gründen", fabelt und dem Usinger u. A. gläubig nachbetet.

einheitlichen Spitze will der sächsische Entwurf die Ge=
schäftsleitung vorzugsweise einem dreiheitlichen Directo=
rium zugewiesen wissen. Den einzelnen Gliedern des Bun=
des soll im Gegensatze zum preußisch=hessischen Entwurfe
ihre innere Selbstständigkeit unbeschränkt gewahrt bleiben;
doch „bleibt es jedem Kreisdirector und Stande überlassen,
mit des Kreises Zugehörigen wegen der künftigen näheren
Verhältnisse mit ihnen sich besonders zu vereinigen." Eine
Beschränkung dieser Selbstständigkeit mit Rücksicht auf das
gemeinsame Kreisinteresse war mithin zwar nicht ausge=
schlossen, doch konnte sie nur aus der freien Entschlie=
ßung der Betheiligten hervorgehn und sie traf in diesem
Falle, je nach den Umständen, den vorsitzenden Stand eben
so gut wie die übrigen kreiszugehörigen Stände. In diesem
Punkte unterschied sich der Gegenentwurf unverkennbar äußerst
vortheilhaft von der preußisch=hessischen Vorlage, die durch=
gehends ein Suzeränetätsverhältniß der Kleineren gegenüber
den drei Directorialmächten im Auge hat. Namentlich war
dies auch Sachsen, gegenüber den sächsischen Herzogthümern,
zugedacht. Dieser Grundsatz der Gleichberechtigung aller
Stände im Gegensatze zu der, die Voraussetzung der preußisch=
hessischen Vorlage bildenden Minderberechtigung der Klei=
neren gegenüber den Größeren ist auch in den Bestimmungen
des Gegenentwurfs über die Bundesmilitärmacht — die ein=
zigen, wo der Vertrag selbst bereits eine zum Voraus bin=
bende Directive enthält — ausgeprägt, während der preu=
ßisch=hessische Entwurf auch hier, wie wir gesehn haben, auf
Kosten der Freiheit und Selbstständigkeit der Kleineren viel
weiter ging.

Der Gedanke, der den sächsischen Hof bei Aufstellung
seines Gegenentwurfs leitete, dürfte dahin zu präcisiren sein,
daß er den Schwerpunkt der innern Organisation nicht so=
wohl in den Bundescongreß, als vielmehr in den Kreis ge=
legt wissen wollte, wogegen dem Bunde, der ursprünglichen
Idee entsprechend, die Gewährleistung der Sicherheit nach

Außen hin zugedacht war. Man ward in dieser Erwägung unzweifelhaft von Reminiscenzen an die Erfolglosigkeit der deutschen Reichstagsverhandlungen geleitet und wollte um keinen Preis ein Experiment wieder aufnehmen, was sich praktisch bereits so schlecht, ja verhängnißvoll bewährt hatte.

Auf den sächsischen Gegenentwurf erfolgte keine eingehende Rückäußerung Preußens, obwohl, wie bemerkt ward, Graf Görtz am 4. Sept. förmliche Vollmacht zu Unterhandlung und Abschließung einer auf die alte Erbeinigung von 1614 zu gründenden Defensivverbindung zwischen Sachsen, Preußen und Hessen erhalten hatte, somit also auch in formeller Hinsicht jeder Anstand sächsischerseits beseitigt war. Die Ursache dieser auffälligen Erkaltung des preußischen Interesses an einer Angelegenheit, die nach den bisherigen amtlichen Kundgebungen des preußischen Cabinets nicht rasch genug zum Abschlusse gebracht werden konnte, liegt nicht allein in der Mißstimmung, die man in Berlin darüber empfand, daß der Dresdener Hof nicht ohne Weiteres der preußisch-hessischen Vorlage in Bausch und Bogen sich angeschlossen hatte, und daß damit das preußisch-hessische Annexionsproject vorläufig in den Brunnen gefallen war, sondern, und zwar vorzugsweise, in dem weiteren Gange der äußeren Ereignisse, die, wie wir bereits sahen, von Anfang September an für Preußen das Zustandekommen des Bundes zu einer Nebensache machten, während das Hauptabsehn darauf gerichtet war, Sachsens und Hessens militärischer Hilfsleistung in dem bevorstehenden Kriege sich zu versichern. Auf den Abschluß eines Allianzvertrags concentrirten sich daher von nun an die Bemühungen Preußens in erster Linie. Den Entwurf eines solchen hatte nun zwar, wie wir gesehn haben, Sachsen nach Berlin bereits mitgetheilt. Derselbe, nicht sowohl den augenblicklich gegebenen Fall, als ein auf die alte Erbeinigung von 1614 gegründetes dauerndes Schutz- und Trutzbündniß in's Auge fassend, entsprach indessen augenscheinlich nicht den Wünschen des preußischen Cabinets, dem zwar die sächsische Hülfe für den bevorstehenden Krieg eine sehr schätzenswerthe Zugabe dünkte, das aber an nichts weniger dachte, als ein über diesen Krieg hinaus dauerndes Verhältniß festzustellen.

Dem sächsischen Interesse war diese Anschauung diametral entgegen. Ein lediglich ad hoc geschlossenes Bündniß mit Preußen gegen Frankreich mußte nothwendig Napoleon's Erbitterung im höchsten Grade um so mehr hervorrufen, als Sachsen keinen unmittelbaren Anlaß zum Kriege hatte. Im Falle eines unglücklichen Ausgangs würde daher voraussichtlich der Zorn des französischen Herrschers vorzugsweise auf Sachsen sich entladen haben; während man andererseits bei einem für die preußisch-sächsischen Waffen glücklichen Verlaufe des Krieges so gut wie nichts zu gewinnen hatte, wenn Preußen nicht einmal zu einer über die Dauer des Krieges hinausreichenden Allianz sich hatte bestimmen lassen. Unter allen Umständen erheischte die Sachlage auf sächsischer Seite die Beobachtung äußerster Vorsicht und Behutsamkeit. Mit Recht gewiß zögerte man daher in Dresden mit Ertheilung der von Preußen dringend gewünschten Vollmachten zum Abschlusse einer Militärconvention mit Preußen, und entschloß sich gewissermaßen erst in der zwölften Stunde dazu. Am 3. October erhielt sie Graf Görtz; zum wirklichen Abschlusse ist es indessen, zunächst in Folge der sich überstürzenden Ereignisse auf dem Kriegsschauplatze, an die sich die Katastrophe von Jena unmittelbar anschloß, nicht gekommen. Materiell hat Preußen damit nichts eingebüßt, denn factisch kämpfte bekanntlich Sachsen an Preußens Seite. Bereits am 12. Sept. hatte der Kurfürst die Beurlaubten einziehn und das Heer auf den Kriegsfuß setzen lassen und am 23. Sept. meldete er dem Könige, daß er 25 Bataillone und 32 Escadrons — zusammen 22,000 M. — unter die Befehle des preußischen Obergenerals Fürsten von Hohenlohe gestellt habe.

Für Sachsen kam indessen Alles darauf an, Frankreich

gegenüber die Auffassung sich zu sichern, daß es sich bei all'
diesen kriegerischen Maßnahmen nur um ein Vertheidigungs=
system handle. In Paris begegnete man in dieser Beziehung
bis zu einem gewissen Punkte einem richtigen Verständnisse der
eigenthümlichen Lage des sächsischen Cabinets und dies erklärt
vielleicht am zutreffendsten die verhältnißmäßig glimpfliche
Behandlung, welche Sachsen nach der Jenaer Unglücksschlacht
durch den Sieger zu Theil wurde. Das französische Ca=
binet begann nämlich mit einem Male sich eingehender mit
der Frage der Errichtung des nordischen Bundes zu beschäf=
tigen, welche es bisher fast nur beiläufig behandelt hatte.
Man wußte in Paris nur zu gut, wie unbequem ein Drän=
gen in dieser Richtung dem preußischen Cabinete jetzt sein
würde.   .

Die Senfft'schen Gesandtschaftsberichte enthalten hier=
über äußerst interessante Aufschlüsse. Unterm 19. Sept.
schreibt er über den Inhalt einer Unterredung mit Talley=
rand: Der Kaiser wünsche den Kurfürsten wissen zu lassen,
daß er volle Freiheit zu thun und zu lassen habe und daß
nichts seine Entschlüsse beeinflussen solle. „Ihre Regierung,
Ihr Souverain,“ fügte er bei, „ist weise und Alles, was
er thut, wird gut sein in den Augen Sr. Maj., möge nun
Sachsen zum nordischen Bund oder in den Rheinbund treten
oder der Kurfürst, ohne einer Verbindung sich anzuschließen,
sich zum König erklären und die Fürsten seines Hauses unter
sein Protectorat und seinen besondern Einfluß nehmen; er ist
groß genug, um allein zu bleiben.“ Letzteren Satz wiederholte
Talleyrand mehrere Male.

Der Inhalt dieser Unterredung steht in innigem Zusam=
menhange mit der Weisung Napoleon's vom 12. Sept. [10] für
eine an den Dresdener Gesandten Durand zu richtende De=
pesche, wo es heißt: „Lassen Sie meinen Minister in Dresden
wissen, wie inconsequent und thöricht die preußischen Rüstungen

---

[10] Correspondance de Napoléon I. tome XIII 173. sq.

sind, wie es nicht meine Absicht sei, das Gebiet Sachsens ver-
letzen zu lassen. In diesem Sinne solle er sich gegen das
Dresdener Cabinet aussprechen. Ich würde nicht dulden,
daß Sachsen, möge es sich für unabhängig erklären und als
Königreich Sachsen die Fürsten seines Hauses mit seiner Krone
vereinigen, oder möge es sich dem Rheinischen oder Nordischen
Bunde anschließen wollen, auf irgend eine Weise beeinflußt
würde. Das, was ich verlangte, sei, daß es keine Rüstungen mache, daß die Preußen sein Gebiet nicht beträten; denn
bei dem ersten Schritt in dieser Richtung habe Herr von La
Forrest Weisung, Berlin zu verlassen und der Krieg sei erklärt.
Der Gesandte solle begreiflich machen, daß die Ueberschreitung
des sächsischen Gebiets durch preußische Truppen nur als ein
Act der Feindseligkeit Sachsens gegen Frankreich betrachtet
werden könne; er solle unter den obwaltenden Umständen all'
seine Ueberredungskunst aufbieten, um Sachsen zu gewinnen,
und wenn man ihn um Rath frage, sagen, daß Sachsen
unter dem Schutze Frankreichs, Oesterreichs, Rußlands und
Preußens unabhängig sein, die Fürsten seines Hauses mit
seiner Krone vereinigen und sich zum Königreich erklären
könne, daß es dann 2,600,000 Einwohner haben und ebenso
bedeutend wie Schweden sein werde. Er solle nichts
Schriftliches von sich geben, sondern freundlich zu-
reden, denn nach Allem lege ich diesen Angelegenheiten eine besondere Wichtigkeit nicht bei; was mich
am meisten interessirt, ist, daß Sachsen nicht rüstet, daß die
Preußen nicht in Sachsen eindringen. Das Dresdener Cabinet möge dem preußischen wissen lassen, daß der französische
Minister erklärt habe, daß, wenn Sachsen rüste und die
Preußen bei sich aufnähme, der Kaiser dies als Kriegserklärung ansehn würde."

Man sieht, welche Anstrengungen Napoleon es sich kosten
ließ, Sachsen von der Cooperation mit Preußen in dem bevorstehenden Kriege abzuhalten und welche Lockungen er an-
wendete, um diese Eventualität zu verhüten. Sie erwiesen

sich sämmtlich als wirkungslos, wie der Verlauf der nächsten
Tage bereits ergab. Die sächsischen Truppen wurden mobil
gemacht, und unter preußischen Oberbefehl gestellt, die Preußen
rückten in Sachsen ein. Man hätte nach dem Vorstehenden
denken sollen, daß nunmehr der äußerste Zorn Napoleon's
gegen Sachsen entbrennen werde. Wider Erwarten geschah
dies nicht. Nöthigte die selbstlose Redlichkeit und Uneigen=
nützigkeit Friedrich August's, die sich ebenso für die darge=
botene Krone wie für die in Aussicht gestellten Vergröße=
rungen unempfindlich erwies, Napoleon unwillkürlich einen
höhern Grad von Achtung ab, als er sie sonst im Verkehre
mit auswärtigen Mächten zu zollen pflegte?

Ein weiterer Bericht Senfft's vom 23. Sept. lautet
nämlich, Talleyrand habe mit Rücksicht auf das, was sich in=
zwischen in Sachsen zugetragen, sich nur geäußert: man scheine
sich Preußen etwas rasch überlassen zu haben. Die Gefühle
von Hochachtung, welche der Kaiser für den Kurfürsten hege,
ließen ihn nur wünschen, daß der Letztere volle Freiheit sich
bewahren möge; die lasse sich aber nicht mehr aufrecht erhal=
ten, wenn preußische Truppen aufgenommen und Sachsen
ganz den Impulsen des Berliner Hofes Preis gegeben würde.
Die Stellung des französischen Ministers in Dresden beginne
peinlich zu werden, wenn er sich von Truppen, die gegen
Frankreich bewaffnet seien, umgeben sähe. Diese Unterre=
dung war der Vorläufer des Schritts, den unmittelbar dar=
auf die französische Regierung that. Am 22. Sept. verlangte
Durand seine Pässe, „weil er sie, nach dem Einrücken der
preußischen Truppen in Sachsen, welches Napoleon für eine
Feindseligkeit betrachte, habe fordern müssen." Er erhielt sie,
indessen betrachtete der Kurfürst damit das Verhältniß mit
Frankreich nicht für abgebrochen, sondern befahl Senfft, auf
seinem Posten zu verbleiben.

Die eingehendste Unterredung über die Verhandlungen
wegen des Bundes fand zwischen Senfft und Talleyrand am
25. Sept. statt. Der Letztere ließ sich über die preußischen

Vorschläge, wie sie damals vorlagen, dahin aus, daß Sachsen
damit aus seiner Stellung als erste Macht (bezieht sich wohl
auf die von Kur=Sachsen im deutschen Reiche eingenommene
bevorzugte Stelle als Reichsvicar) zurückgedrängt und zu
einer völlig secundären und untergeordneten Rolle herabge=
drückt werde. Senfft erwiederte, er habe keine unmittelbare
Kenntniß von den Propositionen, wie sie im Moniteur vom
23. Sept. unter dem Artikel „Dresden" erwähnt würden, sei
aber überzeugt, daß der Kurfürst Bedingungen, die seiner
Würde zuwiderliefen, jederzeit zurückweisen würde. Worauf
Talleyrand: Immerhin sei Sachsens Stellung sehr kritisch,
wenn in dem Augenblicke, wo der König von Preußen seine
Vorschläge mache, seine Armee im Lande stehe. Factisch sei
es, daß die Aufrichtung der Suzeränetät Preußens im Nor=
den von Deutschland das große Ziel des preußischen Cabinets
und das eigentliche Motiv seiner raschen Verständigung mit
Schweden sei, Herr von Lucchesini habe gegen ihn schon von
einem Protectorate gesprochen, welches auf die Beziehungen
gegründet sei, die seit 1796 mit den in der Neutralität des
Nordens begriffenen Staaten stattgehabt hätten. Aeuße=
rungen ähnlichen Inhalts wiederholte Talleyrand ein Paar
Tage später, wie sich aus einem Gesandtschaftsberichte vom
27. ergiebt.

Ueber den Gedankengang der französischen Politik ge=
winnt man aus allen diesen Actenstücken ein ebenso er=
schöpfendes als klares Bild. In erster Linie stand ihr der
Plan, Sachsens Cooperation mit Preußen zu hindern. Ge=
lang dies nur, so galt es Napoleon anscheinend gleich,
ob der Nordische Bund zu Stande kam oder nicht. Am
liebsten wäre es ihm gewesen, wenn Sachsen sich unabhängig
erklärt, die sächsischen Herzogthümer sich einverleibt und den
Königstitel angenommen hätte. Alle derartigen Gestaltun=
gen erschienen aber in seinen Augen nicht ernstlich gemeint,
darüber läßt der Gedankengang der an Durand gerichteten
Note keinen Zweifel. Man that wohl daran, daß man in

Dresden den Pariser Verlockungen nicht willfährig Gehör
gab; sehr wahrscheinlicherweise hätte man das Geschick Preu=
ßens getheilt, wenn man sich verleiten ließ, die sächsischen
Herzogthümer sich à la Hannover von Frankreich schenken
zu lassen.	Wie die Dinge aber lagen, wäre es für alle
Theile unverkennbar ein starker Rückhalt gewesen, wenn
der Plan der norddeutschen Conföderation auf seiner ur=
sprünglichen, Anfangs auch von Preußen gebilligten Basis
der reinen Defensive zur wirklichen Ausführung gelangt
wäre.

Daß dies nicht geschah, ist nicht Sachsens Schuld, son=
dern hauptsächlich der Lauheit zuzuschreiben, welche Preußen
an den Tag legte, nachdem sein mit Hessen verabredeter
Kaiser= und Annexionsplan an Sachsens Rechtsgefühl An=
stoß gefunden hatte.	Wie bemerkt, war Graf Görtz, der
sächsische Gesandte, seit Anfang September mit der erforder=
lichen Vollmacht versehen.	Dessenungeachtet nahmen die Un=
terhandlungen in Berlin keinen Fortgang.	Ende September
begab sich Haugwitz in's Hauptquartier und Görtz folgte ihm
dahin.	Der letztere benützte hier die leichtere Zugänglichkeit
des gleichfalls anwesenden Königs, um die Sache einem ge=
deihlichen Abschlusse entgegenzuführen.	Ende September und
in den ersten Tagen des October fanden fast täglich lebhafte
Unterredungen zwischen den beiden Ministern und dem Kö=
nige über den Bund sowohl als über den Allianzvertrag
statt.	Aber beide Theile standen nicht allein hinsichtlich der
Bundesidee auf einem principiell verschiedenen Standpunkte,
sondern gingen auch über die Frage der Priorität der bei=
den Verhandlungsgegenstände in ihren Ansichten auseinan=
der.	Sächsischerseits sollte in erster Stelle der Bund zum
Abschlusse gelangen und die Allianz wäre dann die selbstver=
ständliche Consequenz desselben gewesen.	Für Preußen han=
delte es sich jetzt vor allen Dingen um den Allianzvertrag,
der Bund war für die Berliner Politik bereits so gut wie
ein überwundener Standpunkt.	Ziemlich deutlich geht dies

aus einer Aeußerung des Königs gegen Görtz hervor, wor=
über derselbe d. d. Naumburg, 30. Sept. dahin berichtet,
daß Friedrich Wilhelm III. ihm bezüglich der militärischen
Cooperation „seine besondere Genugthuung über die Ueber=
einstimmung der zwischen beiden Souveränen so glücklich ge=
troffenen Maßregeln ausgesprochen habe; in der erprobten
Freundschaft und Loyalität des Kurfürsten sei ihm ein siche=
res, in diesem Augenblicke einer ernsten Krisis für die ge=
genseitige Handhabung (maintien) wesentliches Pfand ge=
boten."

Thatsächlich erreichte übrigens Preußen, wie bereits be=
merkt, von Sachsen in dem bevorstehenden Kriege genau das=
selbe, was ihm ein förmlicher Allianzvertrag hätte bieten
können. Sächsischerseits ließ man sogar die Bedingung fallen,
die man für die Cooperation anfänglich gestellt hatte, daß die=
selbe auf den Fall eines wirklichen feindlichen Angriffs beschränkt
bleibe. In dieser Hinsicht giebt ein Briefwechsel interessanten
Aufschluß, der Anfang October zwischen den beiden Souve=
ränen stattfand. Das Schreiben des Kurfürsten Friedrich
August d. d. Dresden, 1. Oct. 1806 lautet: „Ew. Königl.
Maj. geehrtestes Schreiben vom 26. vorigen Monats ist Mir
von Dero General=Major von Pfuhl übergeben worden.
Dieselben wünschen aus den darin angeführten Ursachen, daß
Ich den General von Zezschwiz baldigst anweisen möchte, mit
dem unterhabenden Theile Meiner Truppen den Befehlen des
Fürsten zu Hohenlohe Liebden unbedingt und auch in dem
Falle zu folgen, da zu Ausführung der jetzt beabsichtigten
Operationen die Gränzen Meiner Lande überschritten werden
müßten. Wenn Ich in Ansehung des letzten Punkts die dem
General von Zezschwiz ertheilte Ordre vor der Hand auf
den Fall eines wirklichen feindlichen Angriffs eingeschränkt
habe, so bin Ich dazu lediglich durch die Betrachtung ver=
anlaßet worden, daß bisher nur von Vertheidigungs=Maas=
regeln und von Meiner Mitwirkung dazu die Frage gewesen
ist und Ich bey jeder Gelegenheit, besonders bei dem franzö=

fischen Hofe, habe erklären lassen, daß die Meinigen keinen andern Gegenstand hätten.

„Nach dem Vertrauen jedoch, welches Ich in E. K. M. setze, und in der Ueberzeugung, daß dieselben sich zu Offensiv-Maasregeln gegen einen gewiß zu erwartenden gegenseitigen Angriff bewegen lassen werden, habe Ich nunmehro die dem General von Zezschwiz vorgeschriebene Ein-schränkung wieder aufgehoben und ihn' angewiesen, daß er die Anordnungen des Fürsten zu Hohenlohe Liebden in allen Fällen befolgen solle.

„Es bleibt Mir blos übrig, E. K. M. für die Mir bey dieser Gelegenheit gegebenen schätzbaren Beweise Dero Freundschaft und Vertrauen, und für Meine Lande und Truppen, wie für die Ihrigen, tragen wollende Fürsorge Meine aufrichtige Verbindlichkeit zu bezeugen, und die Ver-sicherungen der besonderen Hochachtung und Ergebenheit zu erneuern, womit ich unausgesetzt verbleibe Ew. Königl Maj. dienstwilliger Vetter F. A.“

Das Schreiben fand d. d. Naumburg 3. Oct. 1806 fol-gende Erwiederung: „Durchlauchtigster Kurfürst, Freundlich lieber Vetter und Bruder! Euer Kurfürstlichen Durchlaucht gefälliges Schreiben vom 1ten b. M. ist Mir durch Dero Obersten v. Mangold richtig zugekommen. Ich habe aus demselben mit Vergnügen ersehen, daß Dieselben Mein An-suchen in Betreff der unbedingten Ueberlassung Ihrer Trup-pen an den Fürsten zu Hohenlohe erfüllt haben. Euer Kur-fürstliche Durchlaucht können versichert sein, daß sie nicht unnöthig angestrengt, sondern nur zu der gemeinsamen guten Sache gebraucht werden sollen. Ich werde auch nicht er-mangeln, Denenselben von den ferner erforderlichen Maaß-nehmungen und von den eintretenden Ereignissen von Zeit zu Zeit Kenntniß zu geben und werde keine Gelegenheit vor-beilassen, wodurch Ich Denenselben darthun kann, wie sehr Ich Ihre freundschaftliche Anhänglichkeit schätze und daß Ich mit vorzüglicher Hochachtung und wahrer Freundschaft beharre Euer Kurfürstlichen Durchlaucht freundwillig ergebener Vetter und Bruder Friedrich Wilhelm."

Jedenfalls war das Verhalten Sachsens in dem kurz darauf eröffneten Kriege ein ungleich thatkräftigeres und freundnachbarlicheres als das Kurhessens, dessen selbstsüchtigen Regungen das preußische Cabinet zum unwiederbringlichen Schaden der Sache wenige Wochen zuvor so bereitwillig nachgegeben hatte. Kurhessen ließ Preußen im Stiche, der Kurfürst erklärte sich neutral. Die Kritik dieses Benehmens zu üben war Napoleon selbst beschieden. Während Kurhessen in Folge der Jenaer Katastrophe aus der Reihe der Staaten verschwand, kam Sachsen, der Mitkämpfer bei Jena, ohne Beeinträchtigung seiner Ehre über Erwarten glimpflich weg.

Mit der Niederlage von Jena änderte sich die Situation so gründlich, daß das Project des norddeutschen Bundes als zu den Acten gelegt gelten konnte. Aber — und das ist wohl festzuhalten — nicht dieses äußere Ereigniß ließ es scheitern, schon vor dessen Eintritt war es in seiner Grundlage dermaßen erschüttert, daß an ein befriedigendes Resultat nicht mehr zu denken war. Wen die Verantwortung für das Fehlschlagen trifft, diese Frage wird man sich unter Anleitung der vorstehenden Bemerkungen ohne große Schwierigkeit beantworten können.

Die Besitzungen des Bisthums Meißen in der Oberlausitz.

Von Dr. Hermann Knothe,
Professor beim Königl. Sächf. Cadettencorps.

Durch Herausgabe des „Urkundenbuchs des Hochstiftes Meißen" in dem codex dipl. Saxoniae regiae dürfte die Geschichtschreibung dieses mit der ältesten Geschichte der jetzt königlich sächsischen Länder so eng verbundenen Bisthums in ein neues Stadium getreten sein. Eine gründliche, allseitig erschöpfende Geschichte des letzteren, bisher bereits mehrfach versucht, aber nicht erreicht, ist jetzt wenigstens um vieles leichter möglich geworden.

Auch über die Geschichte der Oberlausitz, in welcher bekanntlich ein großer Theil der Besitzungen des Stifts gelegen war, enthält jene Urkundensammlung eine Fülle von bisher entweder gar nicht oder doch nicht hinreichend bekanntem, wichtigem Material.

Indem gegenwärtiger Aufsatz bezweckt, diese mannichfaltigen Besitzungen des Bisthums Meißen in der Oberlausitz, soweit möglich, festzustellen und über die Schicksale derselben bis zum Jahre 1559, wo bekanntlich diese Güter sämmtlich an Kursachsen gelangten, kurz zu berichten, wünscht er, ebensowohl eine Vorarbeit für eine dereinstige Geschichte des Bisthums Meißen, als einen Beitrag zu der Territorialgeschichte der Oberlausitz zu bilden.

Wir verzichten hierbei auf die etwaige Auseinander=
setzung der politisch=kirchlichen Verhältnisse, unter denen das
Bisthum theils Güter erwarb, theils deren verlor[1], und be=
schränken uns lediglich auf die Ermittelung der betreffenden
Besitzungen selbst und des Besitzwechsels, welchen dieselben
etwa erlitten.

Für den angegebenen Zweck scheint es aber vor allem
nöthig, die ursprünglichen Grenzen der Oberlausitz nach
Südwest hin zu ermitteln, welche sich infolge der Vereini=
gung der dort gelegenen bischöflichen Besitzungen mit ande=
ren unmittelbar anstoßenden, aber niemals zur Oberlausitz
gehörigen Gütern unter dem bischöflichen Amte Stolpen früh=
zeitig in dem Bewußtsein selbst der Behörden verwischt haben.
Einen ziemlich sicheren Anhalt dürfte hierbei die bekannte
Matrikel der Meißner Diöces vom Jahre 1346[2] gewähren.
In dieser aber werden die Kirchorte Ottendorf, Rückersdorf,
Drebnitz, Bühlau, Bischofswerda, Hartha und Frankenthal,
Groß= und Klein=Röhrsdorf, Ramenau, Hauswalde aus=
drücklich als zu „Lusatia superior" gehörig und als unter
den erzpriesterlichen Stuhl Bischofswerda, nicht unter Stolpen
(Jokrim) gestellt, bezeichnet. Von Dhorn an aber bildete
bekanntlich der Pulßnitzfluß seit ältester Zeit die Grenze
zwischen der Oberlausitz und dem Markgrafenthum Meißen[3].
Hiermit stimmt überein, daß z. B. 1226 König Ottokar von
Böhmen, als damaliger Inhaber der Oberlausitz, die Dörfer
Golbbach, Weikersdorf und Geißmannsdorf, die er dem Bis=
thume Meißen widerrechtlich entfremdet hatte, dem Bischof
Bruno II. wieder zurückgab[4]. Die Gegend von Bischofs=

---

[1] In dieser Beziehung machen wir aufmerksam auf einen beachtens=
werthen Aufsatz von Dr. Neumann über „die Gesch. der geistlichen
Abministration des Bisthums Meißen in der Oberlausitz." Neues
Lauf. Magazin 1860. 180 fgg.

[2] Calles, ser. ep. Misn. p. 376.

[3] Vgl. Lauf. Magaz. 1865. 289 fgg.: „die ältesten Besitzer von
Pulßnitz."

[4] Cod. dipl. Saxon. II. 1. 94.

werda gehörte also schon vor Erwerbung von Stolpen (1227?)
zu dem Bisthume Meißen, war also schon mit der Erwerbung der oberlausitzischen Ländereien an letzteres gekommen.

Wie in allen der Diöces Meißen untergebenen Ländern
war dem Bischofe auch in der gesammten Oberlausitz oder
dem damaligen Gau Milzane (Milsca) schon durch die Stif-
tungsurkunden von 967 und 970 der volle Zehnten von
allen dem Landesherrn zu leistenden Abgaben und zwar an
Honig, Vieh, Silber, Gewand, Leibeigenen, Getreide ꝛc. zuerkannt worden[5]. Den in der Oberlausitz noch
lange üblichen Honigzehnt bestätigte dem Bisthume König
Ottokar von Böhmen in der schon erwähnten Urkunde von
1226 ausdrücklich aufs neue (praeterea volumus, ut decimam mellis nostri, sicut ex antiquo praedecessores
vestri perceperunt, ut et vos eas similiter percipiatis).

Am üblichsten und am wichtigsten aber war allenthalben
der Getreidezehnt, um dessenwillen sich, wie anderwärts
(in der Niederlausitz und im Markgrafthume Meißen) so auch
in der Oberlausitz eine Menge Streitigkeiten zwischen den
Bischöfen und den jedesmaligen Landesherren entspannen.
Während nämlich das Quantum, welches die Bischöfe von
jedem Gute als Getreidezehnt zu beanspruchen hatten, ursprünglich ein nach Scheffel- oder Garbenzahl fest bestimmtes
gewesen war, verlangten dieselben später bei der von Jahr
zu Jahr wachsenden Menge urbar gemachten Landes den
Getreidezehnt auch von diesem Neulande (novalia). Der
Zehnten sollte also in gleichem Verhältnisse mit dem bebauten
Lande ein stets wachsender sein. Es war natürlich, daß infolge dessen die mit der Eintreibung der landesherrlichen,
wie der bischöflichen Abgaben ursprünglich beauftragten
Voigte in häufige Differenzen mit den immer mehr Zehnten
begehrenden Bischöfen geriethen. Es war daher ein wichtiges
Zugeständniß, welches in der erwähnten Urkunde von 1226

---

[5] Cod. dipl. Saxon. II. 1. 4 und 11.

König Ottokar dem Bischof Bruno machte, daß er erklärte,
er wolle in Betreff des Neulandzehnten im Lande Budissin
dem Bischofe zu Willen sein (gratum etiam habemus, ut
per terram Budeshyn in decimis novalium vobis respon-
deatur). Bei einem späteren Vergleiche (21. Jan. 1272)
zwischen Bischof Witego und den Markgrafen von Brandenburg, welche damals die Oberlausitz besaßen, wurde in Betreff des Neulandzehnten von dem Dorfe Schleife (Slepe)
bei Muskau bestimmt, daß jede Hufe zur üblichen Zinszeit
(tempore census) drei Denare als Zehnten (nomine deci-
marum) entrichten solle⁶.

Dieser in seiner Gesammtheit sehr bedeutende Bischofszehnt wurde bei der Unmöglichkeit, das Getreide in natura
nach der bischöflichen Residenz zu schaffen oder es an Ort und
Stelle zu verkaufen, von den Bischöfen meistentheils entweder
verschenkt oder verkauft, d. h. gegen Geldzahlung zu
Lehen überlassen. Im letzteren Falle ging dieser Bischofszehnt häufig aus einer Hand in die andre über, bis er entweder von Kirchen und Klöstern, von Stadtgemeinden oder
von den Besitzern der betreffenden Ortschaften erworben wurde
und so endlich in feste Hände gelangte.

So hatte Bischof Bruno II. der von ihm gegründeten
Propstei Großenhain (Ozzek) wohl schon bei deren Stiftung
den Zehnten im Burgward Lagowe (Loga, Parochie Nesch-
witz, wendisch noch jetzt Lahow) im Lande Budissin überlassen.
Weil derselbe aber für die Propstei zu entlegen war (propter
locorum distanciam minus nobis existeret fructuosa), verkaufte ihn der Propst mit Genehmigung des Bischofs den
27. März 1226 um 37 Mark an das Domstift zu Budissin (quia eadem decima Budessinensi capitulo adja-
cebat)⁷. Letzteres Stift hatte ebenfalls schon bei seiner
Gründung durch denselben Bischof den 24. Juni 1221 unter
anderem auch Decem zu Kunnersdorf bei Löbau geschenkt er-

---

⁶ Cod. dipl. Sax. II. 1. 174.

⁷ Cod. dipl. Lus. sup. I. 38.

halten[8]. Bischof Heinrich ertheilte ihm den 22. Nov. 1236 die fernere Erlaubniß, zu Aufbesserung seiner Einkünfte 300 Schock (Garben) zu Lehen ausgethanen Bischofszehntens von den gegenwärtigen Inhabern desselben aufzukaufen[9], und schenkte d. 11. Juli 1237 gewissen Altären an der Haupt-kirche zu Budissin seinen Zins (decimam nostram) in den Dörfern Letonin (Litten bei Purschwitz) und Bresin (Briesing bei Niedergurig)[10]. Bischof Albert aber gab den 17. Sept. 1261 dem Stifte 4 Malter 4 Scheffel Korn wie Hafer in Maleswitz (Malschwitz) und Nigua, 4 Schock Korn wie Hafer in Borch (Burk) und 2 Malter und 10 Schock Korn wie Hafer in China (Kaina) und Borsewitz (Purschwitz), die ein Domherr zu Budissin zusammengekauft hatte, auf dessen Bitte jetzt dem Stifte zu eigen (in veram proprietatem)[11]. Bischof Witego II. endlich verkaufte den 1. Mai 1314 dem Domstifte Budissin all seinen Bischofszehnt (tam in schockis quam in modiis) rings um Budissin für 85 Schock Groschen[12]. Ein Inhaltsverzeichniß über das Domarchiv Budissin[13] zählt außerdem 5 Malter in Preititz (1253), 5 Scheffel in Weißenberg, 16 Scheffel in Krummenforst (1334; cod. Lus. I. 302.) und von dem allodium regis (1284, cod. Lus. I. 120. Lauf. Mag. 1860 85.) den vollen Decem von allem, was gesät wird, als nach und nach erworbenen Bischofszehnt auf.

In ähnlicher Weise hatte das Mariä-Magdalenen-Kloster zu Lauban[14] zeitig den Bischofszehnt auf den Dörfern Ren-gersdorf, Holzkirch, Altlauban, Wünschendorf, Ullersdorf,

---

[8] Cod. dipl. Lus. sup. I. 28.
[9] Ebend. I. 46.
[10] Ebend. I. 47.
[11] Ebend. I. 83.
[12] Ebend. I. 206.
[13] Abgedruckt Lauf. Magaz. 1859. 221 fgg.
[14] Das Folgende meist nach Grunbmann's Collectanea u. cod. dipl. zur Gesch. d. Bisth. Meißen; Mscr. im Hptst. Archive.

Lichtenau, Markliſſa (Liſſa), Belmannsdorf (Baldwinsdorf)
und Linda, aber als Lehn erworben. Später (1554) verkaufte es den zu Lichtenau an Hermann von Salza, und den
zu Holzkirch (3 Malter, 1 Scheffel, halb Korn, halb Hafer)
1557 an Joachim von Uechtritz, die Besitzer dieſer Dörfer. —
Auch das Kloſter Marienſtern hatte unter anderem von Gregor von Kopperitz 14 Scheff. Korn wie Hafer Zehnt zu
Kubſchitz erkauft, was 1317 Biſchof Witego II. beſtätigte [15].
— Die Kirche zu Penzig aber hatte die 8 Malter Zehnt zu
Langenau 1399 von den Gebrüdern von Penzig zugewieſen
erhalten [16].

	Außer den geiſtlichen Stiftungen ſuchten beſonders Stadt-
gemeinden, auch einzelne Bürger ihre Gelder in ſolch ſicheren
Renten anzulegen und kauften zu dem Zwecke Biſchofszehnten
von den adlichen Familien auf, denen er einſt von den Bi-
ſchöfen verliehen worden. So erwarb 1540 der Rath zu
Lauban die 5½ Malter zu Geibsdorf, welche bisher die
von Haugwitz (auf Geibsdorf, ſpäter auf Walbau geſeſſen)
inne hatten, und der Rath zu Görlitz 1539 die zwei Malter
zu Ludwigsdorf, mit welchen 1489 der von Gersdorf auf
Kemnitz, 1499 aber der Bürgermeiſter Wenzel Emmerich zu
Görlitz, 1504 deſſen Söhne, 1539 noch Urban Emmerich belehnt worden waren. In der Nähe von Görlitz beſaß 1413
der haſige Bürger Nik. Reicher 22 Scheff. zu Troitſchendorf,
7 Scheff. zu Naunborf, 9½ Scheff. zu Melzdorf, 2 Scheff. zu
Grunau, bald darauf auch den Zehnt auf den Vorwerken rings
um die Stadt (13 Sch.). Hiermit wurden 1502 Chriſtoph und
Hans von Haugwitz auf Gruna, die auch ſchon die 30 Scheff.
zu Gersdorf bei Görlitz beſaßen, 1513 der Görlitzer Bürger
Bernhard Berndt, 1551 der Bürgermeiſter Franz Schneider,
1556 Hans Wille belehnt. — Die 2 Malter zu Kunnersdorf
bei Görlitz und den Zehnt zu Torga erkaufte 1506 Hans

---

[15] Archiv zu Marienſtern N. 132.
[16] Oberlauſ. Urkund.-Verzeichniß I. 150.

Frenzel von Görlitz von Caspar von Kottwitz; ersterer Zehnt
gehörte noch 1556 der Familie Frenzel, während der zu
Torgau seit 1512 an die von Gersdorf auf Rengersdorf
übergegangen war [17].

Eine zweite Art bischöflicher Revenuen bildete der von
allen Altären auch in der Oberlausitz zu entrichtende Bi=
schofszins, ursprünglich in der Höhe von einer Mark von
jedem Altare, bei den reicher dotirten aber auch bis auf 4 und
6 Mark ansteigend. In einem Register aus dem 16. Jahrh. [18]
haben wir zusammen 638 Mark jährlichen Altarzinses aus
der Oberlausitz gezählt, zu welcher Summe besonders die
Städte Löbau mit 39 Mark, Lauban mit 55, Kamenz mit
80, Görlitz mit 163 Mark sehr bedeutende Contingente
lieferten.

Ferner gehörte dem Bischofe die Collatur über die
ältesten, bei der Christianisirung des Landes wohl durch die
Bischöfe selbst gegründeten Pfarreien. Ueber eine Anzahl der=
selben hatte jedenfalls Bischof Bruno dem Domstifte Budissin
schon bei dessen Begründung das Besetzungsrecht abgetreten.
So wenigstens verstehen wir die Urk. v. 25. Febr. 1222 [19],
durch welche derselbe anordnet, daß das Capitel zu Budissin,
nicht der dasige Propst, die curas ecclesiarum zu Wilthen,
Neukirch, Sohland, Kunewalde, Gröditz, Purschwitz, Buke=
witz (?), Klix und Guttau zu vergeben haben sollte. Die
Kirche zu Göda war dagegen unter bischöflicher Collatur
verblieben, und die Bischöfe wendeten zweimal die reichen
Einkünfte derselben an, um einmal die Präbende des Dom=

---

[17] Mit der erblichen Ueberlassung des Zehntes inter limites, qui
vulgariter Jeswiken, Duekamnegorke et Tyzowe nuncupantur,
hatte 1234 Bischof Heinrich den Zbizlaus von Schönburg für Abtretung
von Bernsdorf entschädigt. Den Decem in Hoyerswerda hatte vor 1272
Hoger von Friebeberg zu Lehn gehabt; der zu Gurig war zu derselben
Zeit durch den Tod der Gebrüder Reinhard und Hermann eröffnet worden.
Cod. dipl. Sax. II. 1. 105. 174.

[18] Grundmann: Collect. I. 44.

[19] Cod. dipl. Lus. I. 31.

herr custos zu Meißen (1350—53), das andere Mal die
Revenuen „des bischöflichen Tisches" selbst (1459) damit auf=
zubessern, und als 1488 auch diese zweite Incorporation
wieder aufgehoben wurde, legten sie der Pfarrei Göba wenig=
stens eine jährliche Abgabe von 40 fl. an den Bischof auf[20].

Die wichtigsten Besitzungen der Bischöfe von Meißen in
der Oberlausitz bildeten aber die zahlreichen, theils verein=
zelte Enklaven, theils zusammenhängende Landstrecken bilden=
den Landgüter. In diesen bezogen die Bischöfe als Grund=
herren nicht nur den Erbzins an Geld, Getreide, Hühnern,
Eiern 2c., desgleichen Frohndienste aller Art oder anstatt
derselben ein entsprechendes Geldäquivalent und die Lehn=
waare bei Verkauf der einzelnen Grundstücke, sondern be=
saßen daselbst meistentheils auch die obere, wie die niedere
Gerichtsbarkeit, sowie „die Folge", d. h. die Verpflich=
tung der Mannschaft zum Kriegsdienste; sie übten also, da sie
diese Güter nicht als Lehn, sondern als erbliches Kirchengut
inne hatten, über dieselben fast völlige Hoheitsrechte.

Erhalten hatte das Bisthum diese Güter theils von deut=
schen Kaisern als Reichsland, theils von böhmischen Königen,
als den Landesherren. Mehrere der betreffenden Schenkungs=
urkunden sind noch vorhanden. Von anderen Besitzungen
dagegen ist es unerweislich, wie sie an das Bisthum gekom=
men, oder wie sie wieder verloren gegangen sind. Seit Ende
des 13. Jahrhunderts scheint der Bestand des bischöflichen
Territoriums in der Oberlausitz sich nicht mehr wesentlich
verändert zu haben. Die in der östlichen Hälfte gelegenen
Güter waren bis dahin sämmtlich wieder vom Bisthume ab=
gekommen; nur noch die in der westlichen Hälfte gegen die
Grenze des Markgrafthums Meißen hin befindlichen waren
verblieben, deren vielgewundene Grenzen schon in der ersten
Hälfte des 13. Jahrhunderts 1228 und 1241 jene bekannten

---

[20] Archiv f. sächs. Gesch. V. 83. fg. 93. fg. „Gesch. der Pfarrei
Göba."

Grenzregulirungen [21] zwischen dem bischöflich. meißnischen und königlich böhmischen Gebiete in der Oberlausitz nöthig machten. Weit entfernt, in Folgendem eine neue Erklärung jener vielbesprochenen „Grenzurkunde" liefern zu wollen, glauben wir doch einem neuen Ausleger derselben, der freilich nicht nur der altwendischen Sprache kundig, sondern auch mit den Lokalverhältnissen zumal der südwestlichen Oberlausitz genau vertraut sein müßte, manchen nicht unwichtigen historischen Anhaltpunkt zu bieten.

Wir werden zuerst die einzelnen Erwerbungen, so weit nöthig, nachweisen, sodann die einst zum Bisthume gehörigen und später wieder verloren gegangenen Güter aufzählen und endlich über die Schicksale der bis 1559 unter dem bischöflichen Amte Stolpen vereinigt gebliebenen Besitzungen in der Oberlausitz berichten.

Die nachweislich erste Erwerbung von Grundbesitz in diesem Lande verdankte das junge Stift Meißen der Freigebigkeit des Kaiser Heinrich II., der demselben den 1. Jan. 1006 „tria castella nostri juris cum omnibus eorum pertinentiis, adjacentia in pago Milzani, quorum nomina haec sunt Ostrusna, Trebista, Godouui" schenkte [22]. — Zunächst steht wohl fest, daß unter diesen im Gaue Milzani, d. h. also in der nördlichen Oberlausitz gelegenen castellis keine anderen Befestigungen, als die bis dahin bei den Sorbenwenden allgemein üblichen sogenannten Sorbenschanzen, die ja noch im 14. Jahrhunderte als castra und noch heut im Volksmunde als Burgen (Burgberge) bezeichnet werden, zu verstehen, und daß nicht bloß die Burgen selbst, sonder zugleich die dazu gehörigen Güter („cum omnibus eorum pertinentiis"), also die ganzen Burgbezirke oder Burgwardiate gemeint sind. Schwieriger ist die richtige Deutung der Namen.

[21] Cod. Sax. II. 1. 97. 109.
[22] Ebend. II. 1. 24.

Mit Ostrusna kann nicht Ostritz bei Zittau, obwohl
dasselbe ähnlich geschrieben ward, auch nicht Ostra bei Dres=
den bezeichnet werden, obwohl dies bis 1559 bischöfliches
Besitzthum war, da beide Orte nicht im Gaue Milzane lagen.
Es kann vielmehr darunter nur Ostro bei Kamenz verstanden
werden, dessen große Schanze den Ort als ein ehemaliges
castellum erweist. Leider ist uns sonst keine einzige Urkunde
bekannt, in welcher Ostro als Eigenthum des Bisthums bezeich=
net würde. Ueberhaupt haben wir Ostro erst in einer Urkunde
vom 21. Oktober 1319[23], durch welche „Ritter Tylich von
Nuwenkirchen, genannt von Hugewitz in seinem Dorfe
Oztrow" dem Kloster Marienstern 4 Talent Zins zueignet,
und dann in zwei anderen vom 27. Dec. 1330 und vom
10. April 1331[24], wieder erwähnt gefunden, durch welche
ebenfalls „Ritter Theodoricus v. Hugewitz" demselben Klo=
ster, wo seine Tochter Utha Nonne war, 8 Talent Zins und
2 Hufen Land schenkt. Da sich von einer Bestätigung die=
ser Schenkungen durch den Bischof weder in jenen Urkunden,
noch sonst im Archive zu Marienstern eine Andeutung vor=
findet, kann Ostro damals schon nicht mehr bischöfliches Gut
gewesen sein. Und doch dürfte gerade die Erwähnung derer
von Haugwitz, die, wie sich aus dem Folgenden ergeben
wird, von dem Bisthume sehr viele Güter zu Lehn hatten,
als der Inhaber des Dorfs, darauf hindeuten, daß sie auch
diesen Besitz den Bischöfen von Meißen zu verdanken hatten.
1370 wird ein Martinus de Ostrow als Zeuge in Ma=
rienstern genannt. 1420 und jedenfalls schon früher gehörte
die andere Hälfte des Dorfs den Herren von Ponikau auf
Elstra[25].

Noch weniger zweifellos ist es, was für ein Ort mit
Trebista gemeint sei. Derselbe Name kehrt noch einmal als

---

[23] Archiv zu Marienstern N. 203.
[24] Ebend. N. 87 u. 183.
[25] „Die ältesten Besitzer von Pulsnitz." Lauf. Magazin 1865.
291.

ein Burgwardsitz in der bekannten Urkunde Bischof Benno's von 1071 [26] wieder, in welcher derselbe dem Slaven Bor den lebenslänglichen Nießnutz von fünf bischöflichen Dörfern, darunter „una in burcwardo Trebisto Rocina" überläßt. Da der Name Rocina mit Russeina zwischen Nossen und Ziegenhain viel Aehnlichkeit besitzt, so hat Gersdorf [27] das letztere Trebiste auf den Burgberg bei Ziegenhain gedeutet, während er das erstere in der Urkunde von 1006 auf Drebnitz (Trebnitz) bei Bischofswerda bezieht. In der That scheint kein andrer noch vorhandener Ort im Gaue Milzane zu finden, auf den Trebista besser bezogen werden könnte, als das mit seiner ganzen Umgebung bis 1559 zum Bisthume gehörige Drebnitz, obwohl daselbst die Spuren eines castellum fehlen. Sollte nicht vielleicht auch jenes Rocina in dem jetzt nicht mehr vorhandenen, aber in der meißnischen Bisthums-Matrikel von 1346 [28] als unter dem erzpriesterlichen Stuhle Bischofswerda stehend bezeichneten Dorfe Rosenhayn wieder erkannt werden können?

Das dritte der von Kaiser Heinrich II. dem Bisthume geschenkten Castelle Godouui war sicher Göda bei Budissin. Die noch vorhandene Schanze dabei erweist es als ein solches; die oben erwähnte Urkunde Benno's von 1071 nennt eins der an den Slaven Bor überlassenen Dörfer Drogobudiwice (Drauschkowitz) als gelegen „in burcwardo Godiwo", und als Mittelpunkt eines ganzen „Districts", „Amtes", einer „Pflege" galt Göda noch bis Ende des 16. Jahrhunderts sowohl bei den bischöflichen, als später bei den kurfürstlich sächsischen Behörden des Amtes Stolpen. Außer jenem Drauschkowitz, das später nicht mehr unter bischöflich meißnischer, sondern unter königlich böhmischer Hoheit erscheint, also veräußert worden war, dürften zum Burgwardiate Göda gehört haben Buscheritz, Dahren, Pietschwitz, Nedaschitz, Groß-

---

[26] Cod. Sax. II. 1. 36.
[27] Ebend. 37. Anml.
[28] Calles, ser. ep. Misn. 376.

hähnichen, Semichau, Birkau, Zockau, Cossern, Kannewitz,
Potschaplitz, Wölkau, welche Dörfer sämmtlich bis 1559 beim
Bisthume verblieben sind; desgleichen auch Leutewitz und
Prischwitz, welche den 11. Nov. 1292 durch den Dompropst
Bernhard von Kamenz im Namen des ganzen Capitels zu
Meißen um 234 Mark Freiberger Silber an das Kloster
Marienstern verkauft wurden[29]. Dem Wortlaute der Grenz-
urkunde von 1241 zufolge (hi sunt limites, qui distinguunt
Godou et terram regis) würden die Grenzen des Burgwar-
diats Göda sich sogar bis gegen Fischbach hin erstreckt haben.
Doch dürften hier die zum Burgwardiate Drebnitz gehörigen
Ortschaften mit umfaßt sein.

Eine andere, wenngleich minder ansehnliche Gebietser-
werbung in der Oberlausitz verdankte das Bisthum Meißen
ebenfalls kaiserlicher Huld. Es schenkte ihm nämlich Kaiser
Heinrich IV. den 11. Dec. 1071[30] aus Zuneigung gegen den
damaligen Markgrafen von Meißen, Eggebert, sowie gegen
den damaligen Bischof Benno (Bennonis misnensis episcopi
servitii non immemores) „acht königliche Hufen, gelegen
im Dorfe Görlitz, sammt allem Zubehör, nämlich den Leibeigenen beiderlei Geschlechts rc." Diese Güter hatte früher
ein gewisser Ozer vom Kaiser zu Lehn gehabt, sie aber durch
ein Verbrechen verwirkt. An diese Schenkung knüpfte der Kaiser die Bedingung, daß, wer immer (von den Meißner Dom-
herren) Inhaber dieser Güter sei, nach Markgraf Eggeberts
Tode regelmäßig an dessen Jahresgedächtniß ein volles Seel-
amt zu halten haben solle. — Darüber, was später aus diesen Ländereien geworden, verdanken wir freundlicher Mittheilung folgende, zur Zeit zwar nicht urkundlich erweisliche,
aber große Wahrscheinlichkeit habende Vermuthung. Als
1131 Herzog Sobieslav von Böhmen die abgebrannte Burg

---

[29] Archiv zu Marienstern N. 14. Die Urkunde selbst ist 1853 bei
einem Einbruche von Dieben gestohlen worden; nur das Regest auf dem
Umschlage hat sich erhalten.

[30] Cod. Sax. II. 1. 35.

zu Görlitz neu aufführte, wurde wohl auch das Kirchen-
wesen in diesem inzwischen zu größerer Bedeutung erwachsenen Orte zuerst begründet. Wahrscheinlich hat damals der
Bischof von Meißen jene acht Hufen zur Aussetzung der
neuen Kirche und Pfarrei zu St. Nikolaus, der ältesten
Pfarrkirche von Görlitz, hergegeben. Wenigstens besaß bis
1508 der dasige Pfarrer eine sehr ausgedehnte Wiedemuth,
welche die sämmtlichen, nördlich von der Stadt gelegenen
Felder bis an die Grenzen von Ebersbach und Klingewalde
umfaßte und von einem großen Pfarrvorwerke aus bewirth-
schaftet wurde. Diese Wiedemuth nun verkaufte 1508 der
Pfarrer Martin Faber gegen eine Jahresrente von 26 Mark
an den Rath zu Görlitz[31], der die Aecker an 24 Stadtgärtner
austhat.

Als Kaiser Heinrich IV. die Oberlausitz als Reichslehn
an Böhmen gegeben hatte, entspannen sich zwischen den Bischöfen von Meißen und diesen neuen Landesherren mehrfach
ernste Differenzen. Als Entschädigung für die dem Bisthume
während eines solchen Streites zugefügten Brandschäden
(damnum restituimus, quod Misnensi ecclesiae ignis in-
tulimus vastatione) schenkte König Wladislaus von Böhmen dem Bisthume im Jahre 1160 das Dorf Prezez (in
pago Budessinensi situm) und ließ daher das Gut, als
Reichslehn, dem Kaiser Friedrich I. auf, der es den 26. Febr.
1165 dem Bisthume zu eigen gab[32]. — Unter diesem Prezez
kann unseres Erachtens nur das Dorf Prietitz bei Kamenz
zu verstehen sein. Einmal wird dasselbe noch bis 1559 auch
Pretitz geschrieben, und der Uebergang des langen e in ie ist
ein ganz üblicher (z. B. Bresnicz = Briesnitz; Beczicz =
Pietschwitz) und sodann geht aus der Grenzurkunde von 1241
deutlich hervor, daß damals Prietitz ein bischöfliches Besitzthum war; denn die Grenze zwischen dem königlichen und

---

31 Den Kaufbrief siehe in: Novi scriptores rer. lusatic. II. 443.
32 Cod. Sax. II. 1. 56. u. 58.

bischöflichen Gebiete ging „inter Priszez et Kamenz" hin.
Wie lange es solches geblieben, ist nicht zu bestimmen. Obgleich das Dorf dicht an die Herrschaft Kamenz grenzte, und
obgleich die Besitzer desselben sehr häufig als Zeugen bei den
Herren von Kamenz vorkommen, haben wir doch keinerlei
Andeutung gefunden, daß es jemals zu Kamenz gehört habe.
Als Besitzer von Prietitz ist uns zuerst vorgekommen Hart-
mannus de Pritzizt [33], Zeuge zu Kamenz 1248 [34]. Schon
seit Mitte des 13. Jahrhunderts scheint übrigens das Dorf
in den Besitz der Familie von Eynau gelangt zu sein, von
welcher 1245 Ramvoldus et Conemannus fratres de
Eunowe, 1354 und 1365 Heynrich von Eynow, freilich ohne
Angabe ihres Wohnsitzes, meist als Zeugen für Marienstern
genannt werden. Den 28. Jan. 1406 aber verkaufte Otto
von Ewnaw, „czu Preticz gesessen", 3 Mark Zins daselbst an
den Rath zu Kamenz [35], und 1431 wird ein Martin von
Ewnaw „von Prietitz" erwähnt [35]. Noch 1488 erscheint „Er
Henrich von Ownaw" als Zeuge bei den Burggrafen von
Dohna auf Königsbrück [36]. Damals (1482) waren übri-
gens bereits die von Ponikau auf Elstra Besitzer auch von
Prietitz.

Der Grenzurkunde von 1241 zufolge setzte sich aber das
bischöfliche Gebiet auch noch weiter westlich von Prietitz fort bis
an die Pulßnitz: Item inter Priszez et Kamenz per antiquam
stratam, qua itur de Budesin contra Albiam in antiquum
vadum trans Alestram et sic usque in Difintal. Abinde
in Polsnizam, de Polzniza ad locum, ubi in eam defluit

---

[33] Ob die Brüder: Johann, Heinrich, Leutolb, Siefrid, dicti de
Pretetz, die Söhne Leutolbs und die Neffen Conrads, welche 1310
2 Mark Zins zu Edarbsdorf bei Zittau dem Kloster Marienthal schenk-
ten (Cod. Lus. I. 194), mit diesem Prietitz zusammenhängen, ist um so
fraglicher, da eine im böhmischen Museum zu Prag befindliche Copie dieser Urkunde schreibt: dicti de Premtitz.

[34] Arch. zu Marienstern N. 2.

[35] Rathsarchiv zu Kamenz.

[36] Schloßarchiv zu Königsbrück.

Lusna et usque ad ortum Lusnae. In der That deutet der Name des dort gelegenen Dorfes Bischheim (Bischovisheim)[37] an dem Haselbache und die daselbst noch erhaltene Sage, Bischof Benno von Meißen habe auf seinen Reisen nach der Oberlausitz dort zu übernachten gepflegt[38], darauf hin, daß dasselbe einst bischöfliches Eigenthum gewesen sei. Seit Mitte des 13. Jahrhunderts gehörte das Dorf sammt den benachbarten Ortschaften bis an die Pulßnitz hin den Herren von Kamenz, die es an eine ritterliche Familie, die sich danach von Bischofsheim nannte, zu Lehn gegeben hatten[39].

Aber auch im äußersten Südosten der jetzigen Oberlausitz besaß das Bisthum Meißen ein sehr bedeutendes Landgebiet, nämlich die Burg und daher jedenfalls auch das ganze dazu gehörige Burgwardiat Seidenberg, also die nachmalige Standesherrschaft Seidenberg-Friedland (quendam montem in Zagosd, qui Syden vocatur, et alia ibidem quaedam ecclesiae nostrae bona)[40]. Durch welchen Fürsten dies ursprünglich zum Lande Böhmen gehörige Gebiet dem Stifte Meißen geschenkt worden sei, ist unerweislich. Bekannt aber ist, daß infolge dieser Schenkung die Herrschaft Seidenberg-Friedland in kirchlicher Beziehung bis in die neueste Zeit nicht unter der Prager, sondern unter der Meißner Diöcese stand. Auf diese Besitzung des Bisthums nun hatte zuerst Conrad von Kittlitz, aus jener alten oberlausitzischen Adelsfamilie, von der viele Mitglieder auch Domherrenstellen zu Meißen bekleideten, Ansprüche erhoben (vielleicht war er damit belehnt gewesen) und dieselben mit Gewalt geltend zu machen versucht. Allein er hatte nach kaiserlichem Urtheilsspruche davon abstehen müssen und wendete sich darauf nach Schlesien zu Herzog Boleslav, an dessen Hofe er zwar einflußreich, aber

---

[37] Wir setzen die älteste uns vorgekommene Schreibart der Dorfnamen in Parenthese bei.

[38] Oberlauf. Kirchengallerie 305.

[39] Lauf. Mag. 1866. p. 107. „Geschichte der Herren von Kamenz".

[40] Cod. Sax. II. 1. 62.

bald wegen seiner Gewaltthätigkeit und seiner Intriguen ver=
haßt war. Später von Herzog Kasimir auch aus Schlesien
verbannt, flüchtete er nach Ungarn[40]. Nach ihm hatte sein
Bruder Burchhard von Kittlitz jene Ansprüche wieder auf=
genommen und sich mit Gewalt in den Besitz jener Güter
gesetzt. Aber Bischof Martin von Meißen hatte ihn excom-
municirt und zu Verona den Streitfall dem Papste Urban
selbst vorgetragen, der den Bann bestätigt hatte. Vergeblich
hatte Burchard durch List, mit Hülfe einer Verkleidung, die
Absolution des Papstes zu erlangen gesucht; erst später sprach
ihn Martin zu Worms auf Fürbitte des Kaisers und des
Markgrafen von Meißen vom Banne los. Als sich aber
Burchard dennoch aufs neue Eingriffe in die bischöflichen
Besitzungen erlaubte, excommunicirte ihn 1188 der Bischof
abermals auf das feierlichste. — Wie lange Seidenberg=
Friedland den Bischöfen von Meißen gehört habe, läßt sich
ebenfalls nicht ermitteln. Sogleich der Anfang der Grenz=
urkunde scheint zu erweisen, daß noch 1241 dies der Fall
war (vgl. die Ausleger; Literatur: Cod. Sax. II. 1. 112 A.).
Doch bald darauf hatten es bereits die Herren Berka von
der Duba als böhmisches Lehn inne. Um 1254 entriß es
ihnen König Ottokar, um es 1278 für 800 Mark an Nulco
von Biberstein zu überlassen[41].

Aber auch noch einen andern nicht unbedeutenden Land=
strich hatten die Bischöfe von Meißen, unbekannt, seit wann,
in der südlichen Oberlausitz inne, nämlich die Bernstadter
Pflege, den sogenannten Eigenschen Kreis. Den 22. Sept.
1234[42] nämlich überwies Bischof Heinrich dem edlen Zbiz=
laus von Schönburg, „seinem Getreuen", zum Ersatze für
„das Dorf Bernhardisdorf", welches derselbe schon dem vori=
gen Bischofe Bruno (1208—28) wieder aufgelassen hatte,

---

[40] Stenzel, scriptor. rer. Siles. I. 17. 97. 101.

[41] Mende, Chronik von Seidenberg, 1857. Herrmann, Ge=
schichte der Stadt Reichenberg, 1860. S. 118. 124. Anmerk.

[42] Cod. Sax. II. 1. 105.

gewisse Bischofszinsen in der Gegend der Orte Jeswiken, Duekamnegorke und Tyzowe (sämmtlich noch nicht genau bestimmte Ortsnamen), die der von Schönburg bereits zu Lehn
hatte, jetzt zu immerwährendem Besitze (perpetuo possiden-
das). Hieraus ergiebt sich zunächst sicher, daß das „Dorf
Bernhardisdorf" unter Bischof Bruno bischöfliches Eigenthum
gewesen sei. Es ist aber höchst wahrscheinlich, daß mit dieser
Bezeichnung nicht bloß das jetzige Dorf Altbernsdorf, sondern
die spätere Stadt Bernstadt, die in den Urkunden stets Bernhardisdorf genannt wird, sammt den dazu gehörigen Ortschaften gemeint sei. Dieses ganze Gebiet von Bernstadt, bestehend
aus der Stadt selbst und den Dörfern Altbernsdorf, Schönau,
Berzdorf, Kießdorf, Dittersbach, Kunnersdorf, Neundorf und
damals auch Deutsch-Paulsdorf, findet sich nämlich seit der
zweiten Hälfte des 13. Jahrhunderts im Besitze der beiden
mit einander verschwägerten Familien von Schönburg und
von Kamenz und zwar als deren Erbe (proprietas)[43]. Es
war also jedenfalls dieser ganze Gütercomplex, den vor 1228
Zdislaus von Schönburg noch als bischöfliches Lehn besessen
hatte, bald darauf theils ihm theils seinen Blutsverwandten
vom Bisthume als Erb- und Eigenthum überlassen worden.

Historisch nachweisbar ist eine andere Schenkung, datirt
den 22. Sept. 1247[44], durch welche König Wenzel von
Böhmen die Besitzungen des Bisthums in der Oberlausitz
vermehrte. Dieselbe bestand in dem castrum in Lesne cum
omnibus attinentiis suis ac villis adjacentibus universis.
Unter diesem Lesne ist nicht das Dorf Lissa an der Neiße
unterhalb Görlitz, sondern die ehemalige Burg bei dem jetzigen Städtchen Marklissa, von der sich auf dem Zangenberge
noch Ueberreste erhalten haben, und wohl der ganze dazu
gehörige sogenannte Queiskreis gemeint. Nur sehr kurze Zeit
aber kann dem Bisthume dieses damals noch fast ganz unbe-

---

[43] Lauf. Magaz. 1866. 101.
[44] Cod. Sax. II. 1. 125.

baute Gebiet verblieben sein. Vielleicht ging es verloren, als die Oberlausitz an die Markgrafen von Brandenburg gelangte. Seitdem nämlich finden wir Lesne im Besitze brandenburgischer Vasallen. So war den 12. Apr. 1264[45] dominus Hanko de Lesne Zeuge zu Görlitz bei Markgraf Otto unter einer Menge der vornehmsten oberlausitzischen Vasallen, jedenfalls identisch mit jenem Hanko de Irekesleve, der mit seinen Söhnen Johann und Burchard den 19. Jan. 1272 bei demselben Markgraf Otto als Zeuge erscheint (Cod. Lus. I. 97.). Als sich nämlich den 1. Mai 1268[46] die beiden Linien der Markgrafen in die Oberlausitz mit Ausnahme der bedeutendsten Vasallen, die beiden gemeinschaftlich verbleiben sollten, theilten, so gehörte zu diesen Mannen auch der de Yrikisleve cum omnibus bonis pertinentibus ad castrum Lesne. Nach Aussterben der Askanischen Markgrafen von Brandenburg (1319) setzte sich bekanntlich Herzog Heinrich von Jauer in den Besitz des Landes Görlitz, trat aber den 14. Sept. 1329[47] Görlitz an König Johann von Böhmen ab, indem er sich nur Lauban und den inzwischen zum Marktflecken (opidum forense, Marktlissa) gewordenen Ort Lesna nebst den beiden Burgen Tschochau und Schwerta, kurz den ganzen Queiskreis vorbehielt.

Den 2. Juni 1249[48] machte das Bisthum abermals eine und zwar unseres Wissens die letzte neue Erwerbung in der Oberlausitz. Es kaufte nämlich Bischof Conrad von dem Propste Dionysius von Wissehrad die bisher dem letztgenannten Kloster gehörigen Dörfer Meuselwitz oder Muschelwitz (Misseslewitz, Muzslesuwitz, Meßeßwitz) bei Göda und Kubschitz (Cupsyts) bei Budissin. König Wenzel von Böhmen bestätigte (an demselben Tage) nicht nur diesen Kauf, sondern überließ dem Bischofe auch die bisher dem

45 Lauf. Magaz. 1843. 397.
46 Cod. Lus. I. 94.
47 Ebend. I. 285.
48 Cod. Sax. II. 1. 131.

königlichen Voigte zu Budissin zuständige Gerichtsbarkeit auf
diesen Dörfern und den Wachzins, den dieselben auf das
Schloß zu Budissin zu zahlen gehabt hatten.[49]

Dennoch erhoben später die Voigte von Budissin Anspruch auf diese Obergerichtsbarkeit.   Seit alter Zeit
nämlich herrschte zwischen den Bischöfen und diesen Voigten
darüber Streit, ob die bischöflichen Ländereien, obgleich zum
Theile mitten in dem landesherrlichen Gebiete gelegen und
dem Schutze der Voigte unterstellt, von allen Leistungen an
dieselben und ebenso von der Obergerichtsbarkeit derselben
völlig frei sein sollten.   Schon 1144[50] hatte Kaiser Kon-
rad III. einen deshalb zwischen dem Bisthume und Markgraf
Conrad von Meißen ausgebrochnen Zwist dahin entschieden,
daß die bischöflichen Dörfer im Gaue Milsca, also in der
eigentlichen Oberlausitz, drei Stuben auf dem Schlosse zu
Budissin zu bauen und den Wachdienst nach Landesbrauch
zu leisten haben, daß dagegen die im Gaue Zagost, also in
der südlichsten Oberlausitz, gelegenen bischöflichen Ortschaften
von den Bauten befreit und nur zu den Wachdiensten verpflichtet sein sollten.   Auch den Grenzregulirungen von 1228
und 1241 lagen ähnliche Streitigkeiten mit den Königen von
Böhmen zu Grunde.   Dieselben konnten auch nicht ausbleiben, als seit Mitte des 13. Jahrhunderts die Markgrafen
von Brandenburg in den Besitz des Landes gelangten.   Bischof
Witego I. hatte deshalb sogar das ganze Land Budissin mit
dem Interdict belegt.   Endlich kamen die Parteien überein,
vier Schiedsmänner sollten feststellen, ob den Markgrafen
irgend Rechte oder Gerichtsbarkeit auf den bischöflichen Gütern zuständen.   Die Schiedsmänner erklärten, nur auf sechs
bischöflichen Dörfern gehörten den Markgrafen die Obergerichte, nämlich auf Meuselwitz, Kubschitz, Kunewalde, Beiersdorf, Spremberg und Niederfriedersdorf.   Durch diesen den

---

49) Cod. Sax. II. 1. 130.
50) Ebend. II. 1. 51.

21. Jan. 1272 [51] zu Budissin ratificirten Vergleich scheint den
langwierigen Streitigkeiten vor der Hand ein Ende gemacht
worden zu sein.

Haben wir in dem Bisherigen eine Menge Besitzungen
aufzuzählen gehabt, die bis gegen Ende des 13. Jahrhunderts bereits wieder vom Bisthume abgekommen waren:
Ostro, Prietitz und die westlich davon gegen die Pulßnitz gelegenen Ortschaften, die acht Hufen bei Görlitz, und die Be-
zirke von Seidenberg, Bernstadt, Lesne, denen wir noch hin-
zuzufügen haben die, wie oben (S. 170) erwähnt, 1292 an
das Kloster Marienstern verkauften Dörfer Leutewitz und
Prischwitz, so bleibt von da an bis zur Säcularisirung der
sämmtlichen oberlausitzischen Güter der Besitzstand des Stiftes
unverändert. Es gilt daher, nun nachzuweisen, welche wechselnden Schicksale diese an Zahl und Werth noch immer sehr
bedeutenden Güter theils durch Verlehnung, theils durch
sonstige Verwendung erfahren haben. Hierbei werden wir zugleich die zahlreichen bischöflichen Vasallen auf den oberlausitzischen Gütern zu behandeln haben.

Wir beginnen mit den sämmtlich unweit Göda gelegenen
Dörfern Coblenz (Kobulitz, Gobliz), Dobranitz (Dobranu-
witz) und Kannewitz (Chanowitz). Diese waren wohl schon
mit dem Burgwardiate Göda an das Bisthum gekommen,
die Revenuen davon aber waren von Bischof Benno einem
Canonikate zu Meißen, das die Bezeichnung obedientia do-
minicalis oder (eben nach diesen Gütern) slavonica führte,
zugewiesen worden. Die Voigtei über sie hatte längere Zeit
hindurch der „edle" Moyko von Stolpen von dem Bisthume zu Lehn gehabt. Dieser aber hatte die dasigen Bauern
durch unaufhörliche Forderungen so über alle Maßen ge-
plagt, daß endlich Bischof Bruno den 25. Febr. 1222 [52] gestattete, daß sein Capitel um 27 Mark diese Voigtei Moyko
abkaufte. Noch aber machte der Ritter Matthäus von

---

[51] Cod. Sax. II. 1. 174.
[52] Ebend. II. 1. 87.

Chanewitz, ein Ministeriale des Bischofs, gewisse Ansprüche auf zwei Hufen Land und eine Mühle zu Kannewitz, auf die er den 26. März 1227[53] um den Preis verzichtete, daß ihn der Bischof von dem Banne, in den er gerathen war, wieder lossprach. Auch diese Güter wurden nun zu der genannten Präbende geschlagen. — Es haftete aber auf diesen Dörfern noch eine jährliche Abgabe von 8 Scheffeln Waizen und ebensoviel Korn, sogenannten Wachkorn, desgleichen von 6 Scheff. Korn und 3 solidi Honigzins nebst 3 solidi Geldzins, die für Wachschutz gegen die Niederlausitz zu leisten waren. Diese Rente, welche eigentlich dem Voigte zu Budissin zustand, hatte bisher die Königin Kunigunde von Böhmen bezogen. Diese aber verzichtete 1245 zu Gunsten des Bisthums darauf und bestimmte nur, daß ihr Capellan, der Meißner Domherr Hermann von Leißnig, auf Lebenszeit diese Bezüge genießen solle. Diese Schenkung bestätigte nicht nur den 10. Okt. 1245 ihr Gemahl, König Wenzel, sondern es leistete auch der damalige Burggraf von Budissin, Benesch, den 7. Nov. 1245 Verzicht auf alle Ansprüche, die er darauf etwa haben könnte[54]. — Später ward auch das Dorf Gnaschwitz (Gnaschuwitz) zu der obedientia slavonica, der achten und letzten unter den größeren Präbenden zu Meißen geschlagen[55]. 1518 bestand das Einkommen des obedientiarius aus diesen vier „Obedienzdörfern" in 24 Schock 6 Gr. Geldzins, 9 Maltern 8 Scheff. Korn und 9 Maltern Hafer, 16 Scheff. Waizen, wogegen sich seine statutenmäßigen Ausgaben auf jährlich etwa 14 Schock Groschen beliefen. Derselbe war Erbherr dieser Dörfer; die Obergerichte aber gehörten nach dem bischöflichen Amte Stolpen. Die Erbgerichte wurden durch einen Erbrichter und durch Schöppen verwaltet. Wenn der Erbherr die von den Unterthanen zu leistenden Frohndienste nicht bedurfte, so verpachtete

---

53 Cod. Sax. II. 1. 94.
54 Ebend. 120 fg.
55 Ebend. 277.

er dieselben, wie dies z. B. 1570 der (bereits protestantische) Inhaber der Pfründe, Dr. Petrus von Neuburg that, der dafür von dem von Haugwitz auf Putzkau jährlich 20 fl. erhielt.

Die übrigen Dorfschaften waren entweder zu Lehn ausgethan und zwar bald mit, bald ohne Ueberlassung der wichtigen Obergerichtsbarkeit, oder die betreffenden Unterthanen hatten Dienste und Abgaben unmittelbar an das Amt Stolpen abzuführen und von da durch ihre Richter Befehle und Anordnungen zu empfangen, seitdem die früher von dem bischöflichen Hofmeister auf den Dörfern abgehaltenen Jahrdinge 1493 aufgehoben worden waren. Hierauf gründete sich die später in der Kanzlei zu Stolpen übliche Classification der Ortschaften in schriftsäßige, amtsäßige und unmittelbare Amtsdorfschaften[56]. Da aber diese Eigenschaften der Dörfer im Laufe der Zeit oftmals wechselten, so verfolgen wir in Folgendem eine andere Reihenfolge.

Den eigentlichen Mittelpunkt der bischöflichen Besitzungen in der Oberlausitz bildete der Ort, die spätere Stadt Bischofswerda[57]. Nicht nur gehörte die ganze Umgegend seit ältesten Zeiten zu dem bischöflichen Gebiete, sondern dasselbe erstreckte sich auch von hier aus in fast ununterbrochenem Zusammenhange einmal nordöstlich an der großen Straße von Dresden nach Budissin hin bis Göda, sodann südöstlich an der Nebenstraße über Putzkau, Neukirch, Wilthen hin bis Spremberg und Niederfriedersdorf. Wann und von welchem Bischofe der Ort angelegt worden, ist unerweislich. Genannt wird derselbe zuerst in einer Urkunde Bischof Bruno's von 1227, die er zu Biscofiswerde ausstellte[58]. Zur Stadt erhoben wurde er erst 1363. Das hierdurch erlangte Markt-, Brau- und Innungsrecht vermehrte schnell den Wohlstand der

[56] Gercken, Stolpen 299. 455. fgg.

[57] Heckel, Histor. Beschreib. der Stadt Bischofsw. 1713. Mittag, Chronik der Stadt Bischofswerda, 1861.

[58] Cod. Sav. II. 1. 95.

Bewohner und ermöglichte alsbald namhafte Erwerbungen zu Erweiterung des Stadtgebiets. — Dicht an die Stadt stieß ein zum nahen Rittergute Putzkau gehöriges Vorwerk „der Hunger". Dieses erkaufte die Bürgerschaft von den Brüdern Günther und Nickel von Haugwitz; Bischof Rudolph verlieh es ihr 1420 zu Stadtrecht; die Gebäude des Vorwerks wurden abgebrochen und der Platz, wo es gestanden, noch jetzt „der Hof" genannt, in die Ringmauern der Stadt gezogen. Auch das von der Herrschaft auf Putzkau noch vorbehaltene Ackerland, „die Hungerau", wurde später hinzu erworben, nämlich 1496 „eine Viertelhufe unter dem wüsten Vorwerke, dem Hunger", um 300 fl. und 1544 „ein Viertel Artland" um 31 Schock. Aber auch größere Güter zu erwerben, fand sich die Gelegenheit, fanden sich die Mittel. 1540 erkaufte der Rath von Dietrich und Hans von Taubenheim um 3500 fl. das Rittergut Kyntsch (Vorwerk und 4 Gärtner) mit den dazu gehörigen Dörfern Wölkau (4 Hüfener und 1 Gärtner) und Großhähnichen (6 Bauern), und 1544 von den Gebrüdern Hans, Heinrich und Joachim von Bolberitz um 5200 fl. das Rittergut Pickau mit Ober- und Niedergerichten, sammt den dazu gehörigen Ortschaften Geißmannsdorf, der Wüstung Teupitz und 2 Bauern zu Schönborn, endlich 1554 von Friedrich von Bolberitz auf Pietschwitz um 2300 fl. das Dorf Zockau und 1556 von Caspar von Haugwitz auf Putzkau das Dorf Semichau. 1546 hatte der Rath von dem Bischofe, wenn auch zunächst nur pachtweise, auch die Obergerichtsbarkeit innerhalb der Stadt erlangt. So war denn Bischofswerda bereits eine wohlhabende, mit Landgütern wohlausgestattete Stadt, als es 1559 an den Kurfürsten von Sachsen gelangte.

Von den in der Umgegend von Bischofswerda gelegenen Ortschaften hatten die Bischöfe meist mehrere an einander grenzende ein und denselben Vasallen überlassen. Schon Anfang des 13. Jahrhunderts hatte der bischöfliche Ministeriale Heinrich von Göda die Dörfer Goldbach (Goldbahc),

Weikersdorf (Uikerisdorf) und Geißmannsdorf (Giselbregtisdorf, Ghsselsdorf, Ghlbersdorf) „und andere"[59] zu Lehn. König Ottokar hatte sich aber dieselben angeeignet und sie so dem Bisthume entfremdet; 1226 jedoch stellte er sie demselben zurück[60]. — Auf dieselben Dörfer Goldbach, Weikersdorf, Geißmannsdorf sowie auf Rückersdorf (Rukerisdorph), Ottendorf (Tutendorph), Groß- und Klein-Drebnitz (Drewenitz), Lauterbach (Luterbach), Bühlau (Bela) nebst anderen nicht zur Oberlausitz gehörigen Ortschaften erhob später Hugo von Wolkenburg Lehnsansprüche, denen er erst nach langem Streite d. 1. März 1262 gegen Zahlung einer Summe von 100 Mark Silber seiten des Bischofs Albrecht entsagte[61]. — Seitdem scheinen die in größerer Nähe der bischöflichen Residenz gelegenen Ortschaften Rückersdorf, Lauterbach, Bühlau, Groß- und Klein-Drebnitz, Weikersdorf, desgleichen auch Belmsdorf (Baldewinesdorf)[62] nicht wieder zu Lehn ausgethan worden zu sein. Sie blieben unmittelbare Amtsdörfer. Nur die Erbrichter daselbst pflegten die Lehn über ihr Erbgericht zu erhalten.

Hartha dagegen (Hart, schon 1241 genannt) war stets ein bischöfliches Vasallengut. 1402 war ein Günther von Haugwitz zu Hartha gesessen[63]. 1465 verkaufte es Hans von Schönberg an Hans (nicht Heinz) Krahe (Cra, Crohe) und dessen Söhne: Hans, Nikel, Balthasar. 1488 wurden

---

[59] Calles, ser. ep. Misn. 160. nennt noch Rückersdorf.

[60] Cod. Sax. II. 1. 94.

[61] Ebend. 153.

[62] Ebend. 95. (anno 1227.).

[63] Der Raumersparniß wegen müssen wir von nun an in den meisten Fällen auf specielle Citate, sowie auf genaue Datumangaben verzichten. Wir haben die betreffenden, stets ganz vereinzelten Notizen geschöpft theils aus den Originalurkunden, Grundmann's „Sammlungen zur Gesch. des Domstifts Meißen" (collectanea; cod. diplom.) und den Lehnbüchern der letzten Meißnischen Bischöfe, sämmtlich im Hauptstaatsarchive zu Dresden, theils aus den Archiven zu Kamenz, Marienstern, Pulßnitz, Königsbrück und des Domstifts Budissin.

von diesen Söhnen Hans und Nikel damit belehnt.   1491
überließ Hans es seinem Sohne Wilhelm, der darüber 1492
zugleich mit seinen Brüdern Dietrich und Veit, und 1518
zugleich mit Veit's Söhnen: Wolf, Dietrich und Barthel, die
Lehn empfing. 1524 wurden Raymund und Hans, Wilhelms
Söhne, gemeinsam mit diesen ihren Cousins belehnt.   1559
ließ Raymund durch seinen Sohn Alexander dem Kurfürst
August von Sachsen Treue schwören.

Nordöstlich von Bischofswerda bildete in älterer Zeit
das kleine noch im 15. Jahrhunderte nur aus dem Ritter=
gute, einer Mühle und einem Gärtner bestehende Dorf
Kyntsch (Künczsch), das erst seit dem 16. Jahrhunderte
Kessel genannt wurde, den Mittelpunkt eines anderen Güter=
complexes.   Nach demselben nannte sich ein bischöfliches Va=
sallengeschlecht, das aber mindestens seit Anfang des 15.
Jahrhunderts auch das anstoßende Pickau (Pigkow, Pickaw)
besaß und daselbst wohnte.   Den 7. April 1412 belehnte
Bischof Rudolph Hans von Kyntsch und dessen Vettern, die
Gebrüder: Heinrich, Nikel und Günther v. K., zu gesammter
Hand mit dem Vorwerke Kyntsch und 1 Mark Zins daselbst,
ferner mit dem Vorwerke Pickau, mit dem Dorfe Geißmanns=
dorf und mit 5 Mark Zins zu Goldbach (die Hans und
Heinrich von Kyntsch erst 1411 von dem Bischofe erkauft
hatten)[64], wie diese Güter „von ihren Aeltern an sie ge=
kommen".   1414 ließ Heinrich, „zu Pickau gesessen", seine
Frau Marusche mit seinem Antheile an diesen Besitzungen be=
leibdingen.   Bald darauf aber muß die Familie alle diese
Güter verkauft haben.   Nikel und Heinrich erscheinen 1421
in Bischofswerda ansässig. 1469 war ein Johann v. Kyntsch
zu Burkau (bei Elstra) gesessen und verkaufte Zins auf den
beiden ihm noch zuständigen bischöflichen Lehngütern Wölkau
bei Pickau (Welkowe) und Birkau bei Göda (Birke) für
ein Altar zu Stolpen.   Nach ihm wird Wolfgang auf Bur=

---

[64] Urk. N. 5555. des Hptst. Archivs.

kau bis 1533 genannt, dem Ende des 15. Jahrhunderts auch noch Birkau gehörte.

Kyntsch nebst dem benachbarten Wölkau erscheint 1488 im Besitze Oswalds von der Olßnitz, des Baumeisters der 1497 neugeweihten Kirche zu Bischofswerda und nachmaligen (1502) bischöflichen Hauptmanns zu Stolpen, der auch den bischöflichen Antheil von Großhähnichen an sich gebracht hatte, welcher bis 1455 Joachim und Hans von Bolberitz auf Pietschwitz gehörte, die ihn zu dieser Zeit an Hinko von Hermsdorf verkauften. Die Güter Kyntsch, Wölkau und Großhähnichen blieben seitdem vereinigt. 1498 ward damit Nikel von Taubenheim, 1499 dessen Söhne: Dietrich, Hans, Haug und Nikel belehnt. 1540 überließen zwei dieser Brüder, Dietrich und Hans, diese Besitzungen um 3500 fl. an den Rath von Bischofswerda.

Pickau nebst Geißmannsdorf und Goldbach dagegen war von denen von Kyntsch an Hans Küchenmeister gekommen, der 1428, als „zu Pickau gesessen", den Zins zu Goldbach gegen zwei Mühlen zu Bischofswerda dem Bischofe Johann IV. überließ, von wo an Goldbach unmittelbares Amtsdorf verblieben ist. Mindestens seit 1439 aber gehörte Pickau mit Geißmannsdorf der Familie von Bolberitz.

Dieses jedenfalls von dem gleichnamigen Dorfe bei Göda benannte alte oberlausitzische Adelsgeschlecht[65] hatte später seinen Stammsitz in dem benachbarten Seitschen, das bis in die neuere Zeit im ununterbrochenen Besitze der Haupt-linie verblieben ist. Eine Nebenlinie erwarb im 15. und 16. Jahrhunderte besonders in dem bischöflich meißnischen An-theile der Oberlausitz eine große Menge Güter und gründete die Stammhäuser Pietschwitz und Pickau. Schon 1414—37 kommt ein Hans v. B. als Besitzer des bischöflichen Lehn-gutes Pietschwitz (Beczicz) bei Göda vor, der 1435 nebst

---

[65] Die den folgenden Mittheilungen über die Familie von Bolbe-ritz zu Grunde liegenden Stammtafeln sind natürlich völlig neu und selbständig und nur nach urkundlichen Nachrichten bearbeitet worden.

anderen oberlausitzischen Adlichen von dem Baseler Concil
wegen Raub und Gewaltthätigkeit gegen mehrere zum Concil
reisende Cleriker mit dem Banne belegt wurde. Nach ihm
besaßen die Gebrüder Joachim und Hans v. B. Pietschwitz
sammt jenem bischöflichen Antheile von Großhähnichen, den sie,
wie schon erwähnt, 1455 an Hinko von Hermsdorf verkauften.
Dieser Joachim dürfte derselbe sein, der später (1464 fgg.)
als auf dem Burglehn zu Budissin wohnhaft genannt wird,
und dürfte kinderlos gewesen sein. Sein Bruder Hans aber
dürfte identisch sein mit jenem Hans v. B., der zuerst 1439
als „zu Pickau gesessen" bezeichnet wird und 1442 „sammt
seinen Erben" von Bischof Johann IV. die Obergerichts=
barkeit, „zu richten über Haut und Haar", über Pickau
sammt Zubehör und Geißmannsdorf erhielt. Es waren ge=
wiß seine Söhne Friedrich und Hans, welche von 1464 an
mehrmals Zins auf ihrem Gute Geißmannsdorf an eine
Capelle zu Stolpen verkaufen und zwar „mit Wissen ihres
vetters Joachim auf dem Burglehn zu Budissin". Friedrich
lebte zu Stolpen am Hofe des Bischofs und war mindestens
von 1477—94 Hauptmann daselbst. Diese Brüder hatten
jedenfalls ihren „Vetter" (Onkel) Joachim auf dem Burglehn,
den Besitzer von Pietschwitz und Zubehör, beerbt; jedenfalls
wurde 1488 Friedrich v. B. und sein Vetter Heinrich (wohl
seines Bruders Hansen Sohn) von Bischof Johann VI. ge=
meinsam belehnt mit Pickau, Geißmannsdorf, der wüsten
Mark Teutiz (Tutize in der Grenzurkunde von 1241, auch
Teupitz) bei Pickau, ferner mit Pietschwitz, Semichau bei Göda
(Semcho), Zockau bei Gaußig (Zocou 1241), Naundorf bei
Neukirch, 5 Mark Zins zu Kunnersdorf (noch 1488 wieder
verkauft an Christoph von Haugwitz), endlich mit dem halben
Dorfe Weifa bei Steinigt=Wolmsdorf (1489 an Peter von
Haugwitz verkauft) und mit Antheil an Irgersdorf bei Wilthen
(Ergirsdorf, Erichstorf, Jägersdorf). Nach Friedrichs von
Bolberitz Tode erhielten 1492 seine Söhne Wolfgang, Friedrich,
Christoph und Joachim sammt ihrem Vetter (Cousin) Heinrich

darüber die Lehn, theilten sich aber so, daß die ersteren fort=
an Pietschwitz mit Semichau, Zockau, Naunborf und Jrgers=
dorf (1493 an die von Haugwitz auf Wilthen verkauft),
Heinrich aber Pickau, Geißmannsborf und Teutitz erhielt,
wozu letzterer noch das angrenzende Schönbrunn erwarb.
Mit den ebengenannten Gütern ließ Heinrich 1509 seine Frau
Elisabeth beleibbingen. Von jenen vier Brüdern besaß 1512
Wolfgang das Dorf Naunborf, verkaufte es aber 1514 an
Caspar von Haugwitz auf Putzkau; er selbst war damals zu
Kuna gesessen. Friedrich wird schon bei der Neubelehnung
von 1509 nicht mehr genannt. Christoph und Joachim hatten
Pietschwitz, Semichau, Zockau und lebten beide noch 1544.
Friedrich aber, der Sohn eines dieser Brüder, und wie es
scheint der Erbe Beiber, verkaufte zuerst 1554 Zockau um
2300 fl. an den Rath zu Bischofswerda und um dieselbe Zeit
sein Stammgut Pietschwitz sammt Semichau an Christoph
und Capar von Haugwitz auf Putzkau. — Von der Pickauer
Linie hatte der oben erwähnte Heinrich von Bolberitz zwei
Söhne: Joachim und Hans, die 1521 mit den väterlichen Gü=
tern belehnt wurden. Sie theilten sich so, daß Joachim
Schönbrunn, Hans aber Pickau und Geißmannsborf erhielt.
Als Hans 1540 starb, kaufte sein Bruder das ganz verschul=
dete Gut Pickau, auf welchem der Wittwe Euphemia und
deren Sohne Heinrich eine Summe Geld als Leibgebinge und
Erbe haften blieb. Aber bald darauf starb auch Joachim und
hinterließ eine Wittwe Katharina, und drei Söhne: Hans,
Heinrich, Joachim, deren Vormünder 1544 das Gut Pickau
mit Geißmannsborf, der Wüstung Teupitz und zwei Bauern
zu Schönbrunn um 5200 fl. an den Rath zu Bischofswerda
veräußerten. So waren denn die bischöflichen Lehngüter der
Familie von Bolberitz aus den Häusern Pickau und Pietsch=
witz fast sämmtlich entweder an die Stadt Bischofswerda oder
an die Familie von Haugwitz gekommen.

Wohl aber besaßen die von Bolberitz aus dem Hause
Seitschen von mindestens 1488 an bis weit über das Ende

der bischöflichen Herrschaft in der Oberlausitz hinaus das kleine Dorf Meuselwitz „in der Göba'schen Pflege" von dem Bisthume Meißen zu Lehn, die Mühle ausgenommen, die denen von Haugwitz auf Gaußig gehörte.

Noch reicher mit bischöflichen sowohl, als königlich böhmischen Gütern in der Oberlausitz begabt und noch mehr verzweigt, als die von Bolberitz, waren die von Haugwitz, die in zwei ganz von einander getrennten Hauptlinien Nedaschitz und Putzkau Mitte des 16. Jahrhunderts den weitaus größten Theil aller bischöflichen Lehngüter in der Oberlausitz besaßen.

Zuerst haben wir die von Haugwitz[66] in der Oberlausitz als Besitzer des ebenfalls bischöflich meißnischen Gutes Neukirch in den schon erwähnten (S. 168) Urkunden gefunden, durch welche „Ritter Tylich v. Nuwenkirchen, genannt v. Hugewitz" dem Kloster Marienstern 4 Talent Zins in seinem Gute Ostro zueignet (1319), und „Ritter Dietrich v. Hugewitz" mit Zustimmung seiner Söhne Gelfrad, Dietrich und Günther demselben Kloster erst 8 Talent Zins (1330) und dann noch 2 Hufen Land (1331) in Ostro schenkte[67]. Von Dietrichs Söhnen erkauften Dietrich und Günther von ihren Oheimen Dietrich und Wilrich von Nusseblitz (Roth= oder Weiß=Naußlitz,) das halbe Dorf Dretschen bei Gaußig, womit sie Bischof Johann I. von Meißen 1352 belehnte[68], welches aber später Bischof Caspar († 1463) wieder zurückgekauft zu haben scheint[69]. Seit Anfang des 15. Jahrhunderts besaß dieser Zweig der Familie von Haugwitz das Rittergut Nedaschitz (Nedeschowitz, Nedischwitz), indem ein Günther v. Haugwitz „auf Nedaschitz" wiederholt als Zeuge bei Bischof Rudolph genannt wird. Jedenfalls seine Söhne waren die

[66] Das S. 184 Anm. Gesagte gilt auch von den über die verschiedenen Linien derer von Haugwitz ausgearbeiteten Stammtafeln.
[67] Arch. zu Marienstern N. 87. u. 183.
[68] Cod. Sax. II. 2. 383.
[69] Gercken, Stolp. 598.

Gebrüder Gelfrad, Zachmann und Heinrich zu Nedaschitz, die
um 1425 von Balthasar von Kamenz auf Pulßnitz den halben Pferdezoll zu Kamenz erkauften, den ihre Nachkommen
in sieben getrennten Siebenteln zwischen 1557—66 [70] an den
Rath zu Kamenz veräußerten. Gelfried und Zachmann werden außerdem noch 1432, Heinrich schon 1414 genannt. Von
diesen Brüdern stammen ohne Zweifel die beiden „Vettern"
Balthasar und Christoph auf Nedaschitz, von denen Balthasar
1488 nicht nur mit Nedaschitz und dem diesem Gute incor-
porirten Pomeklitz (jetzt Klein-Praga), sondern auch mit 4
Mann zu Göda, und mit Steinigt-Wolmsdorf (das Hans
und Caspar von Hermannsdorf schon 1399 an die von
Haugwitz verkauft haben sollen), mit Ober-Ottendorf (das
1413 Bischof Rudolph an Keseling von Hermannsdorf veräußert hatte), mit halb Ringenhain (das 1430 Albrecht von
Pannewitz und Nic. Glubacz gehörte), mit Tauttewalde, mit
6 Männern zu Schwarz-Naußlitz (wo 1317 Georg von Kopperitz Zins verkauft hatte) und endlich mit der Mühle zu
Meuselwitz belehnt ward. Sein „Vetter" Christoph aber, auf
dessen Gütern zu Nedaschitz schon 1430 das Domstift Budissin
Zins besaß, erwarb vor 1466 das auf königlich böhmischem
Grund und Boden gelegene große Rittergut Gaußig (Gußk)
und ward dadurch der Stammvater der Gaußiger Linie derer
von Haugwitz. Christophs Sohn, Peter „auf Gaußig" erlangte hierzu nicht nur die bischöflichen Lehndörfer Gunters-
dorf dicht bei Gaußig (schon 1241 genannt), 5½ Mann zu
Ober-Neukirch und Weife (1489 von Friedrich von Bolberitz
erkauft), womit er 1488 und 1489 von Bischof Johann VI.
belehnt ward, sondern wahrscheinlich bei dem kinderlosen Tode
seines „Vetters" Balthasar auf Nedaschitz auch dessen sämmtliche Güter (unter denen jetzt auch Dahren bei Göda), die er
1493 und 1519 zugleich mit seinen schon früher besessnen
bischöflichen Lehen aufs neue verreicht erhielt. Als Peter von

---

[60] Lauf. Magaz. 1866. 105.

Haugwitz 1520 starb, hinterließ er eine Witwe Barbara, die auf Steinigt-Wolmsdorf, Teuttewalde, Ottendorf und Ringehain beleibbingt war, und nicht weniger als 11 Söhne: Christoph, Heinrich, Balthasar, Gelfrad, Zachmann, Bastian, Hans, Peter, Jacob, Wolf und Simon, welche 1520, 1528 und zuletzt 1556, wo noch sechs derselben und die Söhne eines siebenten lebten, zu Stolpen die Lehn empfingen. Natürlich hatten sich diese Brüder, obgleich alle „zu Gaußig gesessen", in die väterlichen Güter getheilt. — Heinrich erhielt Neukirch, für welches seine Söhne Joachim und Abraham 1559 die neue Belehnung durch Kurfürst August von Sachsen empfingen. — Auch Jacob lebte später zu Neukirch, mit dem auch seine Frau Veronika beleibbingt war, und wo sich noch 1559 seine Söhne: Christoph, Peter, Jakob, Melchior aufhielten. — Balthasar hatte halb Nedaschitz nebst Dahren, Göda und Teuttewalde inne, womit er 1556 seine Frau Margarethe beleibbingen ließ, und lebte noch 1559. — Bastian besaß Gaußig, das er aber an Marten von Gersdorf auf Tschirna verkaufte. Vielleicht schon er, sicher aber seine Söhne: Siegmund und Hans, waren später „zu Spittwitz und Drauschkowitz (bei Göda) gesessen". — Auf Peter war bei der Theilung Schwarz-Naußlitz und Ottendorf gekommen; er verkaufte 1556 seinen Antheil an dem ebenfalls bischöflichen, dicht an Schwarz-Naußlitz stoßenden Dorfe Ober-Gurig nebst dem Dörflein Sora an Caspar Voigt, genannt von Wirandt. 1559 wurden seine Söhne: Caspar, Peter, Nikel, Christoph, Gelfrad, Heinrich, Günther mit den väterlichen Gütern belehnt. — Wolf „der ältere" war noch 1559 zu Steinigt-Wolmsdorf gesessen. — Hans hatte schon 1557 das königlich böhmische Gut Zölsendorf. — Diese sämmtlichen Zweige der Familie von Haugwitz aus dem Hause Nedaschitz-Gaußig waren es, die 1557—66 ihre bis dahin besessenen Antheile an dem halben Pferdezolle zu Kamenz an den Rath dieser Stadt verkauften.

Der andere Hauptzweig der Familie von Haugwitz

besaß mindestens seit dem letzten Viertel des 14. Jahrhunderts
das an der südöstlich von Bischofswerda abzweigenden Straße
gelegene Stammhaus Putzkau[71] (Puczkow). Auf diesem Gute
nämlich, und zwar auf dem Obergute, hatten die Gebrüder
Rüdeger, Otto, Albert, Gelfried (letzterer Pfarrer in dem benachbarten Neukirch) dem Johann von Calbenborn, Canonicus
zu Budissin, 8 Mark Zins verkauft, was Bischof Johann den
1. Juni 1388 bestätigte[72]. Als Bischof Thimo (1409) für
seine Reise zum Concil in Pisa sehr viel Geld benöthigte,
borgte er auch „von den von Haugwitz zu Putzkau" 230 Schock
und versetzte ihnen dafür Niederputzkau, womit Bischof Rudolph 1411 Otto, Albert, Hans und Daniel von Haugwitz
belehnte[73]. 1412 ertheilte derselbe Bischof den Brüdern
Otto und Albert und Otto's Sohne Hanns die Gesammtlehn
über Putzkau „und andere Güter, die sie von ihm zu Lehn
haben". Dieser Hans ward 1454 sammt seinen Söhnen:
Walther, Günther, Heinrich, Christoph mit Oberputzkau, mit
einem Viertel von Niederputzkau, mit dem anstoßenden Dorfe
Tröbichau (Drebishow), welches von Joachim und Christoph
von Bolberitz erworben worden war, ferner mit einer halben
Hufe unter dem Vorwerke Hungerau und endlich mit dem

---

[71] Zu diesem Zweige gehörten gewiß jene Brüder Günther und
Nikel von Haugwitz, welche vor 1420 das „nach Putzkau gehörige"
Gut „der Hunger" an den Rath zu Bischofswerda verkauften. 1412 und
1413 wird mehrfach ein Günther von Haugwitz „zur Neukirch" als Zeuge
oder Bürge für Bischof Rudolph von Meißen genannt, und 1408 bezog
ein Nikel von Haugwitz „residens in pago Purckaw [Burkau] penes
Elstram eine Art Schutzsteuer von den Bauern des Domstifts Budissin
zu Miltitz (Laus. Mag. 1860. 99.). — Hierher gehört vielleicht auch jener
Christoph von Haugwitz, der 1487 Bürgermeister zu Bischofswerda war
und 1488 mit einem Theile von Potschaplitz, den er von Oswald von der
Olßnitz, sowie mit 6 Mark Zins zu Kunewalde, die er von Friedrich von
Bolberitz erworben, belehnt ward, und dessen Söhne Melchior und Hans
„zu Bischofswerda" 1499 über Potschaplitz die Lehn erhielten.

[72] Arch. des Domstifts zu Budissin.

[73] Cod. Sax. II. 2. 364. 378.

großen Rittergute Wilthen belehnt [74]. Diese Brüder (Walther war 1459 gestorben) theilten sich so, daß Günther Wilthen erhielt und dadurch Stammvater der Wilthener Linie derer von Haugwitz wurde, während Heinrich und Christoph gemeinschaftlich auf Putzkau blieben. Günther erwarb noch das nördlich an Wilthen grenzende Dorf Irgersdorf, das 1488 Friedrich von Bolberitz gehabt, und die 5 Mark Zins zu Kunewalde hinzu, die einst ebenfalls Friedr. von Bolberitz besessen und 1488 an Christoph von Haugwitz auf Bischofs-werda verkauft hatte. Beide Dörfer blieben von da an Pertinenzstücke von Wilthen. Als daher 1493 die Söhne Günthers: Walther, Christoph und Caspar, gemeinschaftlich mit ihren Vatersbrüdern Heinrich und Christoph neu belehnt wurden, besaßen die ersteren Wilthen mit den dasigen zwei Vorwerken, Irgersdorf und die 5 Mark zu Kunewalde, sowie ein Vorwerk nebst Bauern zu Oberputzkau, letztere dage-gen den übrigen Theil von Oberputzkau, 4 Männer in Nieder-putzkau, die Hufe in der Hungerau, sowie in Ober-Gurig den Richter und 3 Bauern, sämmtlich mit Ober- und Niederge-richtsbarkeit. Walther auf Wilthen erwarb vor 1514 noch

---

[74] Nach Wilthen nannte sich früher ein bischöfliches Vasallenge-schlecht, von welchem ein Ritter Gunzelin de Willentin schon um 1276, dann 1290 u. 1293 als Zeuge theils zu Stolpen, theils zu Budissin genannt wird (Cod. Sax. II. 1. 186. Arch. zu Marienstern N. 59. Cod. Lus. I. 136.). Ein Thizo von Willintin nebst andern Vasallen hatte mit Bischof Albrecht Streit „um das Haus zum Stolpen" und wurde endlich 1305 b. 1. Mai von Markgraf Friedrich dem Kleinen von Dresden mit dem Bischofe unter anderm dahin verglichen, daß letzterer ihm und seinem Bruder [Hermann] auf dem Gute zu Willintin und zu Sinkwitz, die er vom Bischofe zu Lehn habe, die Obergerichte „über Leib und über Gut" leihen solle, daß aber diese Obergerichtsbarkeit, falls Thizo das Gut verkaufen würde, an den Bischof zurückfallen sollte (Cod. Sax. II. 1. 265.). Diese Brüder Thizo und Hermann von Wilntin kommen 1309—12 wiederholt als Zeugen bei Markgraf Friedrich von Dresden vor (Hauptst. Archiv). Es dürfte dies wohl derselbe Thizo Dresdensis sein, von dem 1324 das Domstift Budissin „den niederen Theil" von Wilthen erkaufte (Lauf. Magaz. 1860. 476).

das auf königlich böhmischem Gebiete gelegene Gut Eilowitz
bei Kunewalde. Es waren jedenfalls seine Söhne: Jakob,
Christoph und Peter zu Wilthen, die 1525 und 1538 mit den
väterlichen Gütern neu belehnt wurden, und von denen Jakob zu Wilthen, Christoph in dem östlich von Wilthen gelegenen königlich böhmischen Lehngute Rodewitz (Ratwitz),
Peter aber zu Kunewalde, wo er auch einen königlich böhmischen Antheil besaß, wohnte. Ein vierter Sohn Hans hatte
Eilowitz erhalten, welches 1535 bei seinem Tode an die Krone
Böhmen zurückfiel. Auch zwei bisher noch unmündige Söhne:
Jacob und Melchior, werden 1545 aufs neue mitbelehnt.
1559 huldigten dem neuen Landesherrn Christoph für halb
Wilthen, halb Irgersdorf und Ober-Gurig, Peter dagegen
für halb Wilthen, halb Irgersdorf und Kunewalde. — Von
den beiden auf Putzkau gebliebenen Brüdern hatte Heinrich
zwei Söhne: Caspar und Ulrich, Christoph drei: Friedrich,
Magnus und Hans hinterlassen, die 1507 gemeinsam mit
Ober- und Niederputzkau und Tröbichau und der Hungerau
belehnt wurden. Von diesen erkaufte Caspar, auf dem Nie-
derhofe zu Putzkau wohnhaft, 1512 von Wolfgang v. Bolberitz
das an Tröbichau stoßende, ebenfalls bischöfliche Gut Naundorf hinzu, verkaufte aber 1544 einen Theil der Hungerau
an Bischofswerda. 1538 ward er und sein Cousin Hans,
auf dem Oberhofe wohnhaft, nochmals mit den Erbgütern
gemeinschaftlich belehnt. Als 1557 seine Söhne: Caspar und
Heinrich, die Lehn erhielten, besaßen sie bereits auch die kurz
vorher von Friedrich von Bolberitz aus dem Hause Pietschwitz erkauften altbolberitzischen Güter Pietschwitz, Semichau
und Zockau, zu denen sie 1560 auch noch Großhähnichen von
dem Rathe zu Bischofswerda hinzu erwarben. 1559 that Caspar für Putzkau, sein Bruder Christoph für Pietschwitz dem Kurfürst August von Sachsen die Lehnspflicht. Christoph ward des
letzten Bischofs von Meißen Joh. v. Haugwitz aus dem Oberhofe zu Putzkau (Hansens Sohn?) Hauptmann zu Belgern und
verheirathete 1582 seine Tochter Agnes mit diesem seinem

Vetter, der bekanntlich 1581 die bischöfl. Würde niedergelegt hatte.

Von den Gütern Putzkau, Neukirch, Wilthen nur durch das königlich böhmische Schirgiswalde und Soland getrennt, lag noch eine meißnische Enclave bestehend aus den Dörfern Nieder-Friedersdorf, Spremberg, Beiersdorf, Antheil an Kunewalde und dem anstoßenden Dorfe Schönberg. In der Grenzurkunde von 1241 findet sich keine Andeutung, daß dieser Streifen schon damals dem Bisthume gehörte. Darum beanspruchten auch 1272 [75] die Markgrafen von Brandenburg, als die neuen Landesherren, über diese Ortschaften die Obergerichtsbarkeit, welche in der That von da an bei dem Amte Budissin verblieb.

Das bischöfliche Niederdorf von Friedersdorf befand sich seit Ende des 15. Jahrhunderts in ununterbrochenem Besitze der Familie von Rodewitz. 1489 wurden die Gebrüder Christoph und Heinrich, 1503 nach Christoph's Tode Heinrich allein damit belehnt. 1532 besaßen es Heinrich's Söhne: Bernhard, Heinrich, Caspar, Hans, Peter und Christoph, von denen Bernhard daselbst wohnte und es noch 1559 nebst seinen Brüdern Heinrich, Hans und Christoph inne hatte.

Ebenso war das Dorf Spremberg, zu welchem das Areal, auf welchem infolge kurfürstlicher Genehmigung v. 12. Jan. 1670 die Stadt Neusalza gegründet ward, gehörte, seit Anfang des 15. Jahrhunderts ununterbrochen bei der Familie von Rauschendorf verblieben. Schon 1414 wird ein Ritter Heinrich v. R. zu Spremberg erwähnt, der 1425 tapfer gegen die Hussiten focht, ebenso wie später 1429 die Brüder Siegmund und Nikel von Rauschendorf. 1488 wurden die Gebrüder Hans und Nikel, 1515 dieser Nikel und Hansens Söhne: Hans, Caspar, Christoph, Georg und Friedrich, 1528 aber diese Brüder allein damit belehnt. 1551 lebten von ihnen noch Christoph und Friedrich. Für Friedrich that 1559 sein

---

[75] Cod. Sax. II. 1. 174.

Sohn Hans die Lehnspflicht, während den andern Theil des Guts Henigke v. R. (vielleicht der Sohn Christoph's) besaß.

Beiersdorf gehörte 1409 dem Petrus Colowras, später dem in dem benachbarten Oppach wohnenden Zweige der Familie von Rechenberg. 1489 ward Hans v. R., 1515 auch sein Bruder Ernst damit belehnt. Hans erkaufte 1513 von dem Könige von Böhmen die Obergerichtsbarkeit über Oppach, Beiersdorf und noch einige umliegende Dörfer, welche bisher dem Oberamte zu Budissin zugestanden hatte. Infolge brüderlicher Theilung erhielt 1539 Ernst Beiersdorf allein, Hans dagegen Oppach und den zu Beiersdorf gehörigen Wald, den „Kopperitz". Nach 1551 besaß Ernst das Dorf, ließ aber seine Neffen, Hansens Söhne: Ernst, Hans, Asmus, Caspar, Haug mitbelehnen. 1559 thaten Hans und Balthasar (wohl Ernst's Söhne) dem neuen Lehnsherrn die Lehnspflicht.

Von dem großen Dorfe Kunewalde gehörte dem Bisthume Meißen vornehmlich das Oberdorf. Aber auch dies war in eine Menge Lehnstücke getheilt. Zunächst hatte Anfang des 14. Jahrhunderts Otto von Kamenz, Voigt des Markgrafen Friedrich des Gebißnen von Meißen, daselbst gewisse Güter mit einem Jahreszins von 52 solidi und ebenso das anstoßende Dörfchen Schönberg mit 2 Talent Zins vom Bisthume zu Lehn erhalten, diese Güter aber an den Ritter Hecelin von Kunewalde in Afterlehn gegeben. Dieser nun verkaufte dieselben 1317 mit Genehmigung Otto's von Kamenz und des Capitels zu Meißen an das Domstift Budissin [76]. — Einen anderen Antheil, bestehend in 5 Mark Zins auf 12 Bauern am Oberende des Oberdorfs und der Hälfte des Gerichts, besaßen 1430 Georg und Hartung v. Kopperitz. 1488 wurden damit Nikel, Peter, Georg und Paul, Vettern und Gebrüder von Kopperitz belehnt. Diese verkauften denselben an die Gebrüder Hartwig, Ulrich und Christoph von Nostitz auf Unwürde, welche 1492 und 1516 darüber die

---

[76] Cod. Lus. I. 213.

Lehn erhielten. Später (1519) übernahm Hartwig das Gut allein. Seine Söhne: Ulrich und Hans erwarben 1522 auch noch die andere Hälfte des Gerichts im Oberdorfe von Heinrich von Schlegel hinzu. — Ebenso erkauften dieselben 1528 einen dritten Antheil, bestehend in Sitz und Vorwerk und 8 Mark Zins auf 12 Bauern und dem Gerichte am Niederende des Dorfs, womit 1489 Johann Schaff, 1493 aber Hans v. Forst belehnt worden war, und den mindestens seit 1509 Heinrich Sley besaß, von dem ihn 1524 Fabian von Uechtritz erwarb, welcher ihn 1528 an die erwähnten Brüder Dr. Ulrich und Hans von Nostitz veräußerte. — Einen vierten Antheil, bestehend in 5 Mark Zins hatte Friedrich von Bolberitz gehabt und ihn an Christoph von Haugwitz zu Bischofswerda verkauft, der damit 1488 belehnt ward. Seit mindestens 1493 gehörte dieser Theil bleibend der Wilthener Linie derer von Haugwitz. — Mit einem fünften Lehnstücke endlich, bestehend „in etlichen Gütern", ward 1514 und 1519 Hans v. Gausk (Gaußig) zu Klein-Dehse und 1539 dessen Söhne: Wilrich und Hans belehnt.

Ebenso, wie meist die Klöster, hatte das Domstift Budissin den stets geldbedürftigen Adlichen der Umgegend unaufhörlich Geldvorschüsse gegen Verpfändung einer entsprechenden Zinsrente auf deren Gütern gemacht. Eine schon öfter von uns benutzte Urkunde vom St. Georgiustage 1430 [77] weist auch auf fast allen bischöflichen Lehngütern in der Oberlausitz solchen dem Domstifte zustehenden Zins nach, in welchen dasselbe daher die betreffenden Dorfantheile, wenn auch meist nur auf Wiederkauf, erworben hatte. Im 16. Jahrhunderte besaß es außer den noch später zu erwähnenden, 1281 von Rüdiger von Schluckenau erlangten 4 Hufen zu Bischdorf, und außer dem 1317 von Hecelin von Kunewalde erkauften Zins zu Kunewalde und Schönberg, auch 17 Mann im niederen Theile zu Wilthen, die 1324 ein gewisser Thizo

---

[77] Archiv des Domstifts zu Budissin.

von Dresden (vgl. S. 191 A.), desgleichen 5 Mark 8 gr. Zins
auf 13 Mann nebst einem Vorwerke zu Göba, das 1383 der
Domherr Johann v. Calbenburn zu dem Zwecke einer Altar-
stiftung in Budissin, ferner das Dorf Sinkwitz[78] bei Schwarz-
Naußlitz mit 10 Mann, das 1407 ein gewisser Friedberg
erkauft hatte, und endlich 4 Mann in Schwarz-Naußlitz.
Ueber diese Dorfantheile hatte das Domstift Budissin den
Bischöfen von Meißen, seit 1559 den Kurfürsten von Sachsen
Lehnspflicht zu thun.

Das Kloster Marienstern hatte von bischöflichen Gütern
außer den bereits erwähnten Dörfern Leutewitz und Prischwitz,
die es 1292 erkaufte und als Erbe empfing, in Schwarz-
Naußlitz 4 Talente und 5 solidi nebst 6½ Schock Hühnern
Jahreszins, desgleichen in Kubschitz 14 Scheffel Korn wie
Hafer von Georg von Kopperitz, der diese Güter vom Bisthume zu Lehn hatte, geschenkt erhalten. Bischof Witego
eignete diese Revenuen 1317 dem Kloster zu[79]. Später suchte
dasselbe das ganze Dorf Kubschitz käuflich zu erwerben. Die
damaligen Lehnsinhaber desselben, Nikel Kobirshayn auf dem
Burglehn zu Budissin und sein Vetter gleichen Namens überließen es 1456 um 120 Schock Groschen der Aebtissin Barbara, doch mit dem Vorbehalte, daß es Kobirshayn auf Lebenszeit noch nützen, und daß nach seinem Tode das Domstift
Meißen berechtigt sein solle, es gegen Erstattung jener Kaufsumme zurückzuerwerben. Unter gleicher Bedingung hatte
das Kloster auch das bischöfliche Gut Cossern (Kosseryn) bei
Gaußig von einem Hans Spittel um 92 Schock erkauft. Das
Domkapitel zu Meißen machte von diesem Vorbehalte 1465

---

[78] Nach Sinkwitz nannte sich einst ein bischöfliches Vasallengeschlecht.
1221 24. Juni waren Cunimannus et Hermannus fratres de Synke-
witz [nicht Scribewitz, wie Cod. Lus. I. 28. steht,] Zeugen bei Bisch.
Bruno von Meißen (Statuten des Collegiatstifts Budissin. 1858. S. 2).
1305 gehörte es zu Wilthen und zwar den Gebrüdern Thizo und Hermann
von Willentin. (S. oben S. 191 Anmerk.

[79] Archiv zu Marienstern N. 132.

Gebrauch. Seitdem blieben Kubschitz und Cossern unmittelbare Amtsdörfer.

Von den wechselnden Geschicken des seit 1006 dem Bisthume gehörigen Dorfes Göda, des Mittelpunktes der sogenannten „wendischen Pflege", haben wir bereits einmal in diesen Blättern berichtet (V. 77 fgg. „Geschichte der Pfarrei Göda). Wir beschränken uns daher darauf, hier nur daran zu erinnern, daß dasselbe im 12. und 13. Jahrhunderte zu Lehn ausgethan war an ein angesehenes Vasallengeschlecht, das sich danach von Godowe benannte, daß aber im [16. Jahrhunderte außer dem Domstifte Budissin auch der Ortspfarrer eine Anzahl Bauern als Pfarrdotalen (18 Mann) besaß, über welche er Erb-, Lehn- und Gerichtsherr war, 5 Mann aber zu dem von Haugwitzischen Rittergute Nebaschitz, und endlich 8 Mann unmittelbar unter das Amt Stolpen gehörten.

Die beiden Dörfer Arnsdorf und Schlunkwitz (Slonkewitz) südlich und südwestlich von Schwarz-Naußlitz gelegen, waren, soweit sich ihre Besitzer verfolgen lassen, stets mit einander vereinigt. Lange Zeit hatte sie die Familie Bor, zuletzt Hans Bor, dann dessen Witwe Katharina gehabt. Als nach deren Tode die Güter an den Lehnsherrn zurückfielen, gab sie dieser 1430 an den Budissiner Bürger Thomas Sommerfeld. 1489 und noch 1535 ward damit Wenzel Sommerfeld, „Mathisens Sohn" belehnt. Dieser verkaufte sie an Balthasar v. Schlieben auf Pulßnitz, dessen Söhne: Georg, Eustach, Dietrich, Hans und Balthasar 1552 die Lehn darüber empfingen und noch 1559 die Besitzer waren.

Ebenso befand sich das Dorf Doberschau (Dobrus 1241, Dobrisch), einst Mittelpunkt eines besonderen Burgwarbiats und einem darnach benannten Vasallengeschlechte gehörig (1250 Fridericus de Doberscowe, Cod. Lus. I. 81.), später stets im Besitze Budissiner Bürger. Ende des 15. Jahrhunderts gehörte es Hans Grimmeberg, 1496 Gregor Adam, 1514 dem Bürgermeister Hieronymus Ruprecht, der 1529 zugleich mit seinen Söhnen: Hans, Joachim und Anton damit neu belehnt ward, 1559 diesen Söhnen selbst.

Auch von Ober-Gurig (Gorck, Gurck) gehörte außer dem Richter und 3 Bauern, welche der Familie v. Haugwitz auf Putzkau unterthänig waren, der übrige Theil, bestehend in 7 Mann, meist verbunden mit dem Dörfchen Sora (Saher), Budissiner Bürgern, so 1477 dem Georg Reinhard und seinem Tochtersohne Pfol, 1488 Caspar Grüneberg, später Marx Weise und Marx Bogener, 1499 Andreas Probst, 1513 Procop Probst, 1516 Paul Neißner, 1536 Reißners Witwe und deren Kindern, 1552 Hans Neißner.

Das nordöstlich von Bischofswerda gelegene Potschaplitz (Poczschenplitz) zerfiel in mehrere Dorfantheile. Den einen, bestehend in 3½ Mark Zins, hatte einst Oswald v. der Olßnitz besessen, ihn aber vor 1488 an Christoph von Haugwitz zu Bischofswerda verkauft, dessen Söhne Melchior und Hans 1499 damit neu belehnt wurden. — Ein Drittel des Dorfs soll 1488 „Hans v. Mynnewitz zu Naußewitz" (?)[80] inne gehabt haben. 1490 gehörte dieses Drittel Alex v. Naußelitz (auf Weiß- oder Roth-Naußlitz). 1519 wurden damit Nikel, Hans, Melchior, Balthasar, Gebrüder von Tschirnhausen belehnt, „wie es ihr Vater Alex gehabt"[81]. Von diesen Brüdern besaß es später Nikel und 1551 dessen Sohn, gleichfalls Nikel genannt. 1554 und noch 1556 gehörte es Hansen v. Hermsdorf. 1559 that die Lehnspflicht dafür Hans von Maxen.

Zum Schlusse haben wir noch zwei von den übrigen bischöflichen Besitzungen in der Oberlausitz weit abliegende Enclaven zu erwähnen.

Von dem nördlich von Königsbrück, mitten in der ehemaligen Herrschaft Kamenz gelegenen Dorfe Schmorkau

---

[80] Gercken, Stolpen 503.

[81] In der That zeigt das Siegel des Alex v. Natwßelwitz an mehreren Urkunden im Archive des Domstifts Budissin ganz genau das alte Tschirnhausen'sche Wappen, nämlich in dem rechten Felde des senkrecht getheilten Schildes einen Querbalken.

(Smorko) gehörte der eine Theil dem Bisthume Meißen, während der andere sammt der Kirche bis 1440 Kamenz'sches Vasallengut war. Den bischöflichen Antheil hatte in der zweiten Hälfte des 15. Jahrhunderts Bosso von der Olßnitz zu Lehn, der mindestens seit 1449 unter der Hofdienerschaft der Bischöfe und 1459—72 als Hauptmann zu Stolpen genannt wird. Nach seinem Tode behielt seine Witwe Elisabeth Rittersitz und Vorwerk als Leibgedinge, während das Dorf mit seinen 5 Mark Jahreszins sammt dem Anfall des Rittersitzes an Bernhard von Nattewitz (Rodewitz) verliehen ward. Von diesem kaufte es Dietrich von Lüttichau auf Weißbach, der bereits die Kamenz'sche Hälfte des Dorfs besaß. Allein dessen Söhne: Georg, Seifert, Bernhard, Dietrich, Friedrich sammt ihren Schwestern verkauften 1481 schuldenhalber das ganze Dorf nebst jenem Anfalle, sowie andere Güter auf königlich böhmischem Gebiete, an die Gebrüder Hans, Nikel und Merten, Burggrafen von Dohna auf Königsbrück, welche 1489 zu Stolpen mit dem bischöflichen Antheile von Schmorkau belehnt wurden. Seitdem blieb das ganze Dorf im Besitze der Burggrafen von Dohna und ein Pertinenzstück der eben damals sich bildenden „Standesherrschaft" Königsbrück [82].

Oestlich von Löbau liegt das, wie schon der Name beweist, seit alter Zeit den Bischöfen von Meißen gehörige Dorf Bischdorf (Biscofisdorf, Pißdorf). In Betreff dieses Namens hat sich in einem Bischdorfer Erbregister von 1443 folgende, freilich mit der Geschichte nicht vereinbare Sage erhalten [83]. Bischof Bruno habe dies ursprünglich Mießen oder Meißlitz benannte Dorf dem von ihm selbst eben gegründeten Domstifte Budissin überwiesen. Aber weder König Ottokar von Böhmen (als Lehnherr), noch Markgraf Dietrich von Meißen (als Oberschutzherr des Bisthums) habe dies zulassen wollen.

---

[82] Vgl. „Die Burggrafen v. Dohna auf Königsbrück." Lauf. Magaz. 1864. 7 fgg.

[83] Grundmann, Collect. II. fol. 179. — Gercken, Stolp. 478.

Als aber später Ottokar „aus Boheim vertrungen" worden,
und der Markgraf den Bischof zum Taufpathen seines Sohnes
erkoren, da habe Bischof Bruno das Dorf „des Markgraffen
Buben zum Tauff-Schilling gegeben", und der Markgraf es
von da an „Bischofsdorf genannt. So sei der Streit 1223
beendet worden. — Das Dorf kam vielmehr erst 1559 unter
die Herrschaft der Landesherrn von Meißen und gehörte bis
dahin den Bischöfen. In der Grenzurkunde von 1241 scheint
es als Bischowe (major et minus) bezeichnet zu werden.
Das Kirchensiegel des Orts zeigt seit ältester Zeit einen Bischof im Ornate mit Krummstab. Schon 1227 hatte es eine
eigne Kirche, an welcher Arnoldus de Biscofisdorf Pfarrer
war [84]. Schon damals aber war es auch zu Lehn ausgethan
und zwar an Waltherus de Biscofisdorf [84]. Wohl aber
erkaufte das Domstift Budissin von dem Budissiner Bürger
Rüdiger von Schluckenan 4 Hufen zu Bischdorf nebst ansehn-
lichem Getreide- und Geldzins, die Rüdiger bisher von dem
Bisthume zu Lehn gehabt, für 46½ Mark, was Bischof Witego
d. 9. Jan. 1281 bestätigte [85]. Die Obergerichtsbarkeit stand
übrigens den Bischöfen über Bischdorf nicht zu. Seit 1317
gehörte es zu dem Weichbilde von Löbau und hatte in dieser
Stadt Recht zu nehmen (Cod. Lus. I. 217). — Der Haupttheil des Dorfs sammt Rittersitz, Vorwerk und Kirchlehn,
war mindestens seit Mitte des 15. Jahrhunderts in ununterbrochenem Besitze eines Zweiges der Familie v. Gersdorf
auf Herwigsdorf. Schon 1412 ward ein Heinrich v. G. damit belehnt. Ein Heinrich v. G., residens in Hertwigsdorf,
verkaufte 1468—72 wiederholt Zins in seinem Dorfe Bischdorf an einen Altar zu Stolpen. 1478 wurden die Brüder
Heinz und Hans damit belehnt, wie es ihr Vater besessen,
1488 dagegen Hentze, Albrecht und Lassel, die Söhne des
einen jener Brüder, und Hans, Heinrich, Barthel, die des

---

[84] Cod. Sax. II. 1. 95.
[85] Cod. Lus. I. 105.

anderen Bruders.   Hentze's Sohn war Merten, der sammt seinen Vatersbrüdern Albrecht und Lassel, jeder mit seinem Antheile, und ebenso seine Vettern: Heinrich, Hans, Barthel, jeder mit seinem Antheile, 1519 und wieder 1529 (mit Aus= nahme Lassels) belehnt wurden.   1539 waren die Besitzer: Heinrich, der Sitz und Vorwerk inne hatte, Merten und An= dres, letzterer zu „Hermsdorf" gesessen.   1556 ward Georg mit Sitz und Vorwerk und den Gerichten, „die sich über Blut= runst und gleichmäßige Fälle erstrecken", belehnt, seine Vettern Andres und Asmus aber mitbelehnt.   Die beiden ersteren, Georg auf Bischdorf und Andres zu Herbisdorf [Herbigsdorf], erscheinen noch 1559 als Collatoren.

Alle diese oberlausitzischen Gebietstheile nun gelangten 1559, infolge der Abtretung oder vielmehr Umtauschung des bischöflich meißnischen Amtes Stolpen gegen das kurfürstlich sächsische Amt Mühlberg, an Kursachsen und halfen Anfang des 30jährigen Kriegs jene active Politik Sachsens in der Oberlausitz bedingen, die 1623 zu der pfandweisen, 1635 zu der erblichen Erlangung dieses Landes führte.

––––––

Otto Gericke als sächsischer Lehnsmann.

Von Dr. Burkhardt,
Archivar in Weimar.

Seit Friedrich Dies[1] in seiner kleinen interessanten Schrift das Leben des berühmten Bürgermeisters abgehandelt, ist meines Wissens nur von Opel ein weiterer Beitrag[2] zu diesem gegeben worden und eine umfassendere Biographie steht nach dessen Aeußerung von Hoffman, dem verdienstvollen Forscher der Magdeburger Geschichte, zu erwarten.

Wir glauben dem künftigen Verfasser nicht vorzugreifen, wenn im Nachstehenden eines jedenfalls nicht bekannten Lehnstreites gedacht wird, zu dem die Materialien neuerdings im Geheimen Haupt= und Staats=Archive zu Weimar von dem Secretaire desselben Dr. Menzel aufgefunden worden sind. Wir stellen diese Differenz des bekannten Magdeburgers um so lieber dar, als sich mit Hülfe der neuaufgefundenen Briefe[3] und unter Benützung der obengenannten verdienstlichen Arbeiten manche interessante Beziehungen Gericke's ergeben, an-

---

[1] Otto von Guericke und sein Verdienst. Magdeburg 1862, 54 Seiten.

[2] Otto v. Guericke's Bericht an den Magistrat von Magdeburg über seine Sendung nach Osnabrück und Münster 1646/1647. in Neue Mittheilungen des Thüring. Sächs. Vereins, Bd. 11. p. 23. von Opel.

[3] Lehnsacten über das Rittergut zu Allstedt, Niclotischen Theils. Vol. I.

dere bisher bekanntere Daten aber urkundlich genauer sich
feststellen lassen.

Die Familie Gericke[4], deren einzelne Glieder sich bis in
das Zeitalter der Reformation als in Magdeburg ansässige
nachweisen lassen, hat stets eine hervorragende Stellung in
Magdeburg eingenommen. Sie begleitete als Patricierfamilie
die höchsten Ehrenstellen und befand sich jedenfalls bis zum
Eintritte des dreißigjährigen Kriegs auch materiell in den
günstigsten Verhältnissen. So steht urkundlich fest, daß Jacob
Gericke die Artikel des Schmalkaldischen Bundes unterzeichnete,
und seine Brüder Georg und Marcus die Bürgermeisterstellen
zu Magdeburg inne hatten. Bei diesen glücklichen Umständen
und den Vorzügen der altberühmten Stadt fehlten die wesentlichen Vorbedingungen nicht, daß der am 20. Nov. 1602 gebo-
rene Otto Gericke den Fußtapfen seiner Vorfahren in würdiger
Weise folgen konnte. Gebildet auf der Schule eines Georg
Rollenhagen, ging er kaum 15 Jahre alt auf die Universität
Leipzig, 1620 nach Helmstädt, nach dem Tode seines Vaters
Hans († 1620 4. Sept.[5]) nach Jena, wo er in dem Hause
des Jahrhunderte nach ihm folgenden berühmten Chemikers
Döbereiner gewohnt haben soll, studirte 1623 in Leyden und
kam in Sprachen, Mathematik und Mechanik gebildet 1625
nach Magdeburg zurück. Nachdem er sich 1626 daselbst verheirathet, widmete er vielleicht schon damals seine Dienste
der Vaterstadt als Raths- und Bauherr.

---

[4] Nur so schrieb sich Gericke, wenigstens in den uns bis 1651 vorliegenden Briefen. Ich halte Biebersee's Angabe (Dies S. 1. Anm. 1.)
nicht für genau, daß G. schon 1632 sich der französirenden Schreibart
„Guericke" bedient habe.

[5] Dies Datum gab der vom Rathe besichtigte Grabstein in der St.
Ulrichskirche, welcher die Inschrift trug: Anno 1620 den 4. Septembris
ist in Gott Sehlig entschlaffen der Ehrenveste Vorachtbare und Hochweise
Herr Hansz Gericke Schultheiß alhier zu Magdeburgk, Seines Alters
Sechs und Sechtzigk Jahr. Gott verleihe ihm eine fröhliche Auferstehung.
Ich führe diese Grabschrift wegen Fr. Dies' Bemerkung p. 53. an. Viel-
leicht trägt sie zur Feststellung der Verhältnisse wenigstens etwas bei.

Während Otto Gericke in Jena sich aufhielt, entwickelten sich für die Familie[6] ganz im Stillen Verhältnisse, die für ihn Decennien hindurch von großer materieller Bedeutung waren und eben den neuaufgefundenen Briefwechsel veranlaßten.

Der reiche Vetter Otto's, Namens Mathes, zweifelsohne mit Grund und Boden um Magdeburg reich gesegnet, hatte um die Mitte des Jahres 1620 die beiden, jetzt im Großherzogthume Weimar gelegenen Rittergüter Allstedt und Niederröblingen von dem Domherrn und Vicedom des Stiftes Halberstadt, Hieronymus Brandt von Arnstadt, käuflich an sich gebracht und suchte bei Herzog Johann Ernst v. Weimar um die Belehnung derselben nach. Auch der Bruder des Käufers, Hans, kam um die Mitbelehnung ein, war aber durch Krankheit verhindert, den auf den 24. August 1620 angesetzten Termin zu besuchen, da er wenige Jahre vorher vom Schlage gerührt, etwa zwei Monate vor dem Termine der Sprache ziemlich verlustig ging und am 4. September das

---

[6] Der Stammbaum der Familie, soweit er sich nach den neuen Materialien herstellen läßt, ist folgender:

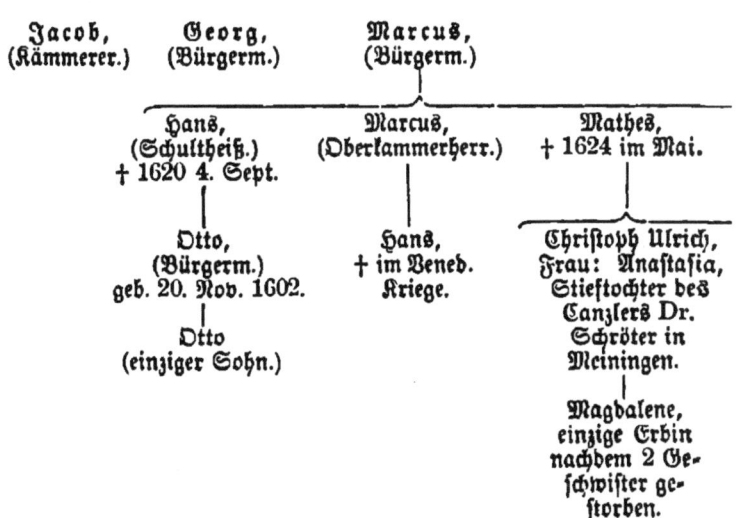

Zeitliche segnete. Wie es scheint, hatte der Vater die Mitbelehnung seines Sohnes Otto völlig außer Acht gelassen
und nur die Mutter Otto's nach dem Ableben des Gatten
mit dem Vetter Matthes das Abkommen getroffen, daß dieser
alles, was wegen der gesammten Hand nöthig sein möchte,
wohl beachten wolle. Indeß war man auch hierin nicht sorgfältig genug, sonst hätten wohl noch in demselben Jahre die
Lehen von dem bereits mündig gewordenen Otto Gericke gemuthet werden müssen. Erst am 12. Mai 1621 suchten die
Vettern Hans und Otto um die Lehen nach, wurden aber
gleichfalls nicht beliehen, weil die Citation [7] in Magdeburg
zu spät einlief, Hans Gericke unterdeß dem Kriegshandwerke,
Otto seinen Studien nachgegangen, Mathes endlich durch die
Erntezeit, wie er ausdrücklich betonte, zu erscheinen verhindert
war.

Wenige Jahre nachher, im Mai 1624, starb der Eigen-
thümer der beiden Güter, mit welchen er in Abwesenheit seiner Vettern beliehen war. Sofort suchte dessen Sohn Christoph Ulrich für sich und seine unmündigen Brüder um die
Lehen nach [8], und nach den eignen Angaben will auch Otto
Gericke neben seinem Vetter Johann die Lehen fast gleichzeitig
gemuthet haben [9]. Jedenfalls aber steht fest, daß die Söhne

---

[7] Der Termin war vom 28. Mai 1621. auf den 2. August verlegt.

[8] b. 25. März und 9. Dec. 1624.

[9] Die Recognition b. 5. April 1624 ist allerdings vorhanden.

| Georg, † | Johann Martin, † bei Danzig. | Johann Heinrich, † vor Christoph Ulrich. |

des verstorbenen Besitzers wirklich beliehen wurden[10], während Otto später noch selbst zugesteht, daß sein Bruder Johann in Italien im Kriege umgekommen und er erst 1630[11] aus Holland, England und Frankreich nach Magdeburg zurückgekehrt sei und bis dahin die Lehen nicht empfangen habe.

Einem Manne wie Otto Gericke, dessen Schicksal mit dem über Magdeburg nun hereinbrechenden Unglücke innig verflochten war, und der, wie er selbst schreibt[12], „kaum lebendig und im hembbe" aus der (1631) eroberten Stadt entkam, konnte man es kaum zumuthen, an die Belehnung zweier entfernt liegenden Güter zu denken. Ihm mußte vor allem daran liegen, aus den Trümmern Weib und Kind zu retten. Auch seine Papiere waren in Flammen und Rauch aufgegangen[13], er rettete sich, indem er noch leihweise 300 Thaler Ranzion aufbrachte, nach Schönebeck, wo ihn Fürst Ludwig von Anhalt mit Geldmitteln unterstützte, mittelst deren er sich wieder kleidete und dann nach Braunschweig[14] übersiedelte, um sich mit Festungsbauten zu beschäftigen.

Erst nachdem Gustav Adolf in der Schlacht von Leipzig und Breitenfeld den Zerstörer Magdeburgs besiegt (7. Sept. 1631), scheint sich Gericke's Lage verbessert zu haben. Denn gewiß ist, daß er noch im Jahre 1631 unter Herzog Wilhelm von Weimar in schwedischen Diensten als Ingenieur zu Erfurt lebte, von wo er aber vielleicht mittelst des uns vorliegenden Originalpasses schon am 17. Februar 1632 in gleicher Eigen

---

[10] Am 11. Dec. 1625 und am 19. Febr. 1626 und zwar in Weimar und Altenburg, weil jetzt beide Güter den zwei verschiedenen Linien zustanden.

[11] Sonach fällt diese Reise nach der Verheirathung Otto Gericke's also nach 1626. Nach Dies p. 8 fällt diese Reise vor die Verheirathung.

[12] Wiederholt in den neuaufgefundenen Briefen.

[13] So schreibt er wiederholt. Wie stimmt dies mit den Angaben seines Urenkels, der nach Dies p. 19 berichtet, daß Gericke's Haus unbeschädigt geblieben?

[14] Dies p. 20.

schaft nach Magdeburg übersiedelte[15]. Dort beschäftigte ihn der Wiederaufbau der Stadt, den er leitete und die Herstellung der Festungswerke. Und als endlich nach wechselvollem Glücke der kriegführenden Parteien am 30. Mai 1635 zwischen Kursachsen und dem Kaiser der Separatvertrag von Prag zu Stande kam, und Magdeburg eine nochmalige Belagerung durch sächsische und kaiserliche Truppen auszuhalten hatte, um endlich sich zu ergeben, da trat auch Otto Gericke am 24. Juli 1636 als Ingenieur in die Dienste des Kurfürsten über, der ihn mit der Beaufsichtigung und Instandhaltung der Festungswerke gegen ein monatliches Gehalt von 50 Thalern bis auf Widerruf betraute[16].

Die drückenden Lasten, welche Magdeburg theils durch Einquartierungen, theils durch die Belagerung zu tragen hatte, verwickelten den Ingenieur in massenhafte Geschäfte, steigerten aber auch sein Ansehen und seine Bedeutung, die sich bald in der Uebernahme anderer städtischer Aemter und diplomatischer Missionen documentirte. Fast hätte man glauben sollen, daß Gericke in diesem weit ausgedehnten Berufe aufging. Aber umsichtig und thatkräftig, wie er war, wandte er sich auch den entfernter liegenden Fragen zu. Ganz besonders gilt dies von seinen Verhältnissen als Lehnsmann.

---

[15] Der Paß lautet: An statt vnd von wegen der Königlichen Würde zu Schweden ꝛc. Von Gottes Gnaden Wilhelm, Hertzog zu Sachsen, Jülich, Cleve und Berlg. Lasset frey, sicher vnd vngehindert paßiren vnd repaßiren fürweisern dieses Otto Göricken, Ingeneurn, welcher in angelegenen sachen verschickt mit bei sich habenden Personen vnbt Pferden zu jederzeit, wie es sein Befehl vnbt gelegenheit erfordern wirbt. An deme geschicht von den vnsrigen vnser ernster Befehl, Andere aber thun vns zu günstigem vnb gnebigem gefallen. Geben Erffurt den 17. Februarii Anno 1632. Graff Ludwig von vnd zu Lowenstein.

[16] Urkunde bei den Lehnsacten, zugleich ein Beweis, daß Hofmann in seiner Geschichte Magdeburgs III. 332. Anm. 5 Recht hat. Das Gehalt, für die damalige Zeit bedeutend, war bis jetzt nicht bekannt.

Im Jahre 1638 nahm er die Verbindungen mit seinem
Lehnsvetter Christoph Ulrich wieder auf. Man sieht aus den
Briefen wohl, wie locker die Verbindung geworden; vielleicht
läßt sich sogar aus dem Umstande, daß Christoph Ulrich von
dem Aufenthalte Otto's nichts Sicheres wußte, ein Schluß
auf Gericke's damalige Unbedeutsamkeit machen. Otto er=
kundigte sich nach dem Stande der Lehnsangelegenheit und
wer überhaupt von den Lehnsvettern noch lebe [17]. Viel
Tröstliches erfuhr er leider nicht; die beiden Rittergüter
hatten unglaublich gelitten, der Krieg hatte sie vollständig
„enervirt" und so mußte er leider in Erfahrung brin=
gen, daß die Lehnsvettern am 28. Februar 1638 mit Fran=
çois de Niclot einen Wiederkaufsvertrag auf 12 Jahre ge=
gen 5000 fl. [18] abgeschlossen hatten. Nur so hofften sie den
traurigen Zustand bessern und ihren finanziellen Verhältnissen
wieder aufhelfen zu können; auch glaubten sie, daß Otto Ge=
ricke eingreifen, durch Vorstreckung von Geldmitteln den Wie=
derkauf rückgängig machen könnte [19]. „Weiß der Herr Vetter",
schrieb Christoph Ulrich, der bereits 1000 fl. von der Kauf=
summe verwendet [20], ein Mittel, so wollen wir sehen, wie
man es angreifen möchte, zu dem Unsrigen wiederzukommen,
allhier aber ist kein Mittel".

Aber Otto Gericke that nichts; vielleicht daß er mate=
riell „etwas zu leisten" nicht im Stande war. Er beruhigte
sich mit der Versicherung, daß seine beiden Lehnsvettern noch
am Leben seien und vernahm gleichzeitig die Trauerbotschaft,
daß Johann Martin Gericke bei Danzig geblieben war.

---

[17] Zum zweiten Male, als keine Antwort auf Otto's Schreiben ein=
lief, schrieb er am 31. Mai 1638.

[18] 4200 fl. waren abgetragen, 800 fl. sollten 1640 (deo dante!) be=
zahlt werden.

[19] François de Niclot war eben gestorben und man hoffte, mit der
Wittwe desselben fertig zu werden.

[20] Diese hatte er seinem Schwiegervater zurückerstattet, der ihm im
Kriege 1000 fl. vorgestreckt.

Jahre verstrichen, ehe Otto Gericke auf die Lehnsfrage zurückkam. Seit dem 20. Dec. 1643 kam er wiederholt um die Mitbelehnung ein und suchte unter Anziehung hervorragender Daten aus seinem Leben die Verspätung dieser Gesuche mit der Fülle amtlicher Geschäfte zu motiviren. Eine ganz besondere Thätigkeit entwickelte er aber seit 1645, als die Lehnsvettern gestorben waren. Es entspann sich ein Briefwechsel, dessen Inhalt, wenn auch sonst seinem Inhalte nach nicht bedeutend, jedenfalls bezeugt, in wie umfassender Weise Otto Gericke für das Wohl seiner Vaterstadt thätig war. Neun Mal hatte er um Aufschub des Lehnstermines gebeten, neun Mal hatte die Altenburger Lehnscanzlei ihm Prolongationen von einem bis zu sechs Monaten gewährt, ungerechnet der Zugeständnisse, die man ihm hie und da zur Beschaffung der nöthigen Urkunden gemacht hatte. Schon Friedrich Dies hat mit Recht auf die große diplomatische Thätigkeit Gericke's hingewiesen und sie wird in augenfälliger Weise auch durch die neuen Materialien bestätigt. Wir führen nur an, daß Gericke vom 8. October 1645 an nahezu 9 Wochen am Dresdener Hofe verkehrte, um den Kurfürsten von Sachsen zur Aufhebung der Belagerung Magdeburgs zu vermögen. Am 22. Januar 1646 befand er sich in Leipzig, nachdem er ein volles Vierteljahr den Kaiser wegen Abzugs der Garnison von Magdeburg bearbeitet hatte. Vom Januar bis in den October 1646 war er wieder mit zwei diplomatischen Vertretungen betraut, hatte dann die Direction des Consulates erhalten, reiste am 2. October 1646 zu den Verhandlungen von Münster und Osnabrück und blieb dort fast ein ganzes Jahr [21]. Im April, Mai und August 1650 finden wir ihn in Wien, ebenso im Januar und Februar 1651, bis er dann, wer weiß auf wie lange, im April dieses Jahres in Magdeburg wieder seinen Aufenthalt nahm.

[21] Vergl. auch den übereinstimmenden Bericht über seine Sendung nach Osnabrück und Münster in den neuen Mittheilungen d. thür. sächf. Vereins Bd. 11. p. 23 (von Opel).

Wäre der Altenburger Lehnshof minder nachsichtig ge=
wesen, so würde Gericke längst seines Anrechts auf beide Güter
verlustig erklärt worden sein. Aber mit Rücksicht auf die
ununterbrochenen Reisen und die öffentliche Thätigkeit Ge=
ricke's, die mehr und mehr die Aufmerksamkeit in den Spitzen
der Gesellschaft fesselte, sah man von der streng rechtlichen
Behandlung der Frage ab, ja die Altenburger Lehnscanzlei
ging sogar soweit, ihre eignen Präclusivtermine zu annulliren.

Aber allmählig spitzte sich die Frage zu. Hatten auch
Entschuldigungen für das Nichterscheinen bisher gefruchtet,
nachzuweisen vermochte Gericke nicht, daß er die Lehen nicht
verwirkt habe. Wiederholte Beweise, die stets dieselben waren,
fruchteten nichts. So versuchte er's auf andere Weise. Er
ordnete am 21. März 1649 den Rechtsverständigen Melchior
Gebhard ab, aber auch dessen Vorstellungen genügten nicht,
weil sie im Wesentlichen die frühern waren [21]. Nochmals er=
hielt Gericke eine dreimonatliche Frist, um seine Rechte in
besserer Gestalt nachzuweisen. Endlich am 20. Juli 1649
erschien Gericke in Altenburg, und da auch er abschläglich
beschieden wurde, erbot er sich nochmals, in einem neuen Ter=
mine seine Rechte weiter und besser zu begründen. Auch dies
gestand man ihm gern zu [22].

Da langte ein vor Jahren geforderter Bericht über den
Zustand der fraglichen Lehngüter bei der Altenburger Lehns=
canzlei ein. Es ergab sich aus demselben, daß Mathes Ge=
ricke die Güter für 14000 fl. an sich gebracht, von denen er
11000 fl. sofort bezahlt, 3000 fl. aber im Amte Allstedt de=
ponirt hatte, weil die Verkäufer wegen des zu hoch angerech=
neten Werthes der Geldsorten solche nicht annehmen wollten.

---

[21] Gebhard wies u. a. nach, daß außer den 5000 fl. Schulden, welche
auf den Lehngütern hafteten, der gegenwärtige Besitzer noch weitere Prä=
tensionen mache, und daß auch die Vormünder der einzigen Erbin Chri=
stoph Ulrich Gericke's 3000 fl. Muttertheil zum Voraus haben wollten.

[22] Er erhielt eine Frist von 6 Monaten mit Rücksicht darauf, daß er
nach Wien in Amtsgeschäften reisen müsse.

Das Amt hatte diese Gelder unterdeß im ausschließlichen Interesse des Herzogs von Sachsen verausgabt und der Proceß, den inzwischen die Erben des Verkäufers gegen die Familie Gericke anstrengten, war nicht zum Austrage gekommen; auch war bis 1649 Seitens der Erben, der Familie von Benigsen aus Naumburg, keinerlei Versuch gemacht worden, die noch rückständige Kaufsumme zu erhalten. Andrerseits stellte sich aber auch heraus, daß die Gericke'schen Erben von François de Niclot, resp. dessen Stiefsohne Friedrich von Oberweimar, von 1638 her noch 673 Gulden Wiederkaufsgelder zu fordern hatten.

Unter solchen Verhältnissen, characteristisch für das 17. Jahrhundert, nahte der Termin, bei dem es sich um die Wiedereinlösung der Güter handelte. Gericke faßte diese weniger als die Frage der Mitbelehnschaft ins Auge. Dagegen drangen die Erben des François de Niclot ernstlich darauf, daß Gericke sein Lehnsrecht unzweifelhaft nachweise[24]. Er versuchte es unter dem 20. Mai 1650, aber eben so ungenügend wie bisher, und es fiel dem derzeitigen Inhaber der Güter, Friedrich von Oberweimar, keineswegs schwer, die Angaben Gericke's theils als unrichtige, theils als ungewichtige zurückzuweisen[25]. So kam es endlich am 6. Mai 1651 vor dem Lehnhofe zu Altenburg zur persönlichen Verhandlung der Parteien. Gericke aber erschien nicht, sondern ordnete mittelst Originalvollmacht vom 28. April den Magdeburger Rechtsanwalt Melchior Gebhard dahin ab.

Leider giebt das Protocoll, welches einen solchen Namen kaum verdient, da es nicht mehr als kurze, kaum leserliche

---

[24] und zwar, daß er die prätenbirte investituram facto proprio acquiriret; daß die Vasalli possessores in solche consentiret, daß dieselben von Fällen zu Fällen und zwar intra legitimum tempus renoviret.

[25] Dahin gehört die Angabe, daß Gericke bei seines Vaters Tode unmündig gewesen. Als unwichtig bezeichnete er die Angabe Gericke's, daß Jacob Gericke die Schmalkaldischen Artikel unterschrieben habe. Eben so unrichtig war Gericke's Angabe, daß die fortwährend kriegerischen Verhältnisse ihn zur Belehnung nicht hätten kommen lassen. Er hatte bis zur Eroberung Magdeburgs hinlängliche Zeit.

Notizen enthält, ein vollständiges Bild der Verhandlungen nicht. Aber wenigstens so viel läßt sich aus diesen Notizen sehen, daß der Canzler die mangelhafte Beweisführung des Gericke'schen Anwaltes anfocht, den Antrag auf Wiedererwerbung der Güter im Interesse der jetzigen Besitzer energisch zurückwies, welche nachweislich das veröbete Gut einigermaßen in die Höhe gebracht hatten, und ihm den Rath ertheilte, bei so bewandten Umständen die Lehen gänzlich fahren zu lassen.

Das geschah denn auch; denn in der Folgezeit finden wir die Nachkommen Niclot's in ungestörtem Besitze des Lehns und nach Lage der Acten hat Gericke niemals wieder den Versuch gemacht, sein Anrecht zu begründen.

Urtheil eines Zeitgenossen über Kurfürst August.

Vom Rittergutsbesitzer Sahrer von Sahr
auf Dahlen.

Unter Roms Privatblibliotheken nimmt eine hervor=
ragende Stelle die Vallicelliana ein, welche von der Kirche
Santa Maria in Vallicella (gewöhnlich Chiesa nuova ge=
nannt) den Namen führt und über dem großen Oratorium
des zu dieser Kirche gehörigen Klostergebäudes aufgestellt ist.

Dr. B. Dudik erwähnt bei Besprechung der handschrift=
lichen Schätze dieser Sammlung [1] eine „copia di una lettera
del Sgre. Giovanni Cobenzel a Monsg. di Bertinoro dto.
Vormatia 14. Aprile 1586 con la occasione della morte
del Elettore di Sassonia", welche im ersten Bande der
Raccolta di Scritture, spettanti alla Germania (19.) unter
No. 10. enthalten und von dem in der Bibliothek eines Car=
dinals Spada befindlich gewesenen Originale abgenommen sei.

Durch die gefällige Vermittelung des Monsignor Lich=
nowsky erlangte ich eine Abschrift dieses in italienischer Sprache
abgefaßten Schriftstückes und gebe dasselbe, so weit es den
Kurfürsten August betrifft, nachstehend in deutscher Ueber=
setzung wieder, muß jedoch bemerken, daß es mir nicht ver=
gönnt war, die mir zu Theil gewordene, von mir im Königl.
Haupt=Staats=Archive niedergelegte Abschrift mit der in der
Vallicelliana befindlichen zu vergleichen, und daß daher einige
Differenzen mit dem Originalschreiben wohl Statt finden

---

[1] Iter Romanum, Wien, F. Manz u. Comp. 1855. S. 49.

könnten. Es bezeichnet das Schreiben des Kurfürsten Stellung
unter den Zeitgenossen und im Reiche, macht die Lage der verschiedenen Confessionen anschaulich und liefert zur Vervollstän-
digung von Gindely's neueren Forschungen [2] den Nachweis,
daß man schon lange vor dem Ausbruche der Krankheit Kaiser
Rudolf's II. die Wahl eines römischen Königs ins Auge gefaßt hatte.

Johann Cobenzl, welcher seine Ansichten über die Zeitverhältnisse ausspricht, des deutschen Ordens Ritter und
Comthur zu Laibach, dann zu Graz und Wienerisch-Neustadt,
b. 16. Juli 1564 in den Freiherrnstand erhoben, gehörte
unter die bedeutendsten Staatsmänner jener Epoche.

Von 1571 bis 1573 war er kaiserlicher Gesandter in
Rom, von 1576 bis 1581 Botschafter in Moskau bei Jwan II.,
später des Kaisers Rudolf und des Erzhauses bevollmächtigter
Minister bei verschiedenen Reichskreisen und Reichstagen, und
hat Namens des Erzhauses die Reichsabschiede von 1582 und
1594 unterzeichnet. Cobenzl findet sich auch als des Erzherzogs
Karl Hofkanzler und Kammerpräsident zu Graz, Hauptmann
zu Graz und Grabisca und Landeshauptmann in Krain erwähnt. Er lebte noch 1600. Monsignor, nämlich Bischof
von Bertinoro, einem kleinen Städtchen in der vormaligen
päpstlichen Legation Forli, war seit dem 15. Oct. 1579 Johannes Andreas Caligarius, welcher in dieser Würde am
19. Jan. 1613 gestorben ist und in der Cathedrale von Bertinoro begraben liegt. Aus seiner Biographie in der Italia
sacra [3] sehe ich, daß er Nuntius in Portugal, bei Stephan
Bathory und dem Erzherzoge Carl zu Graz gewesen. Cobenzl
schreibt ihm nun aus Worms vom 15. April 1586:

---

[2] Rudolf II. und seine Zeit, 1600 bis 1612. Von Dr. Gindely, k. k.
Professor an der Karl Ferdinands-Universität zu Prag, Prag. Karl Bell-
manns Verlag 1863. Bd. I. S. 45 flg.

[3] Italia sacra sive de Episcopis Italiae Auctore D. Ferdinando
Ughello. Venetiis apud Sebastianum Coleti. 1717. Fol. Bd. II. S.
615. flg.

„Der Tod des Kurfürsten von Sachsen wird uns ohne
Zweifel im Allgemeinen in geistlicher und weltlicher Beziehung
Schaden bringen, da er von Allen hochgeachtet wurde und er
allein sich immer den Absichten der Zwinglianer und Calvinisten entgegengestellt hat.   Ohne ihn hätten dieselben schon
den Lutheranismus ausgerottet und ihre teuflische Secte
überall verbreitet, welches sie nun, da er gestorben ist, durch-
zusetzen sich allen Fleißes bemühen werden.   Denn wie wir
hören, ist Casimir[4] bereits zum neuen Kurfürsten, seinem
Schwager, gegangen, in Begleitung seiner Gemahlin, dessen
Schwester und verschiedener calvinistischer Prädicanten, welche
sämmtlich manibus et pedibus das Ziel verfolgen werden,
den jungen Mann zu ihrer Secte hinüberzuziehen.   Dieses
Alles wird durch den Sohn des Kurfürsten von Brandenburg
jedenfalls eifrig befördert werden, den Schwager des Kurfürsten
von Sachsen, der Administrator von Magdeburg ist und unzweifelhaft Nachfolger des alten Kurfürsten von Brandenburg
wird[5]. Gelingt ihm dieses, so können Ew. überzeugt sein, daß
alle andern Lutheraner ihm folgen werden, wie in Frankreich
und Flandern ihre Mitbrüder uns Katholische zu Grunde zu
richten sich bestrebt haben und hätte deshalb Gott doch ge-
wollt, daß der verstorbene Kurfürst von Sachsen, dieser Haupt-
feind des Calvinismus, noch einige Jahre gelebt hätte, bis
sich der Eifer der Calvinisten Etwas gelegt hätte, und diejenigen, welche sich dieser Lehre zuwenden, enttäuscht und
von deren teuflischer Verderbtheit überzeugt würden.   Und
Ew. können mir ebenfalls ohne allen Zweifel glauben, daß
dem Kurfürsten sowohl im Geistlichen, als im Weltlichen alle
Neuerungen entgegen waren und daß er allein deren viele
verhindert hat, die in politischen Dingen gewünscht wurden

---

[4] Johann Casimir Pfalzgraf von Simmern † 1592, seit 1570 mit
Elisabeth (geb. 18. Oct. 1552, † 2 April 1590), einer Schwester Kurfürst
Christian I. von Sachsen, vermählt.

[5] Joachim Friedrich, geb. 27. Januar 1546, Bischof von Habelberg
1553, von Lebus 1556, Erzbischof von Magdeburg 1566, Kurfürst 1598.
† 18. Juli 1608.

und die eine große Verwirrung im Reiche nach sich gezogen
haben würden, und besonders kann man ihm das Zeugniß
geben, daß er stets herzlich und treu die Wünsche der Kaiser
Ferdinand und Maximilian erfüllt hat. Dieses war auch bei
dem neuen Kaiser in Betreff der Hülfe gegen die Türken der
Fall, von welcher ich besorge, daß sie von jetzt an verweigert
werden wird, denn einige Mitglieder des Reichstags haben
deutlich und mehr als einmal versichert, daß sie dem Kaiser gar
keine Hülfe mehr gegen den Türken geben könnten. Namentlich
solche, deren Besitzungen nach Flandern und den angrenzenden Ländern zu gelegen sind. Der Kaiser wird sich genöthigt
sehen, die nöthigen Vorkehrungen gegen jene gefährliche Nach-
barschaft allein zu treffen, so daß nur in dieser Rücksicht allein
Se. Kaiserl. Majestät viel hätte darum geben können, daß
jener Fürst wenigstens bis zum nächsten Reichstage gelebt
hätte. Von welchem Werthe die Verlängerung seines Lebens
für Se. Kaiserl. Majestät und die ganze Christenheit in dem
Falle gewesen wäre, daß man zur Wahl eines römischen
Königs hätte schreiten müssen, dieses beurtheilen Ew. danach,
daß er im vorigen Jahre mit eigener Hand einen langen
Brief an eine Person gerichtet hat[6], die ich Ew. nennen
könnte und die auch persönlich mit dem Kurfürsten verkehrt
hat. In jenem Briefe sagt er nun, er besorge einen großen
Sturm, falls im Reiche ein Interregnum eintreten sollte, die
Katholiken würden einen katholischen, die Confessionisten
einen Kaiser ihrer Religion wünschen, dieses könnte nach seiner Ansicht dazu führen, daß Se. Heiligkeit für die Kaiserwürde eine andere Nation ins Auge faßte und würde er
einen solchen Kaiser nicht ertragen. Deshalb ermahnte der
Kurfürst, ja er bat beinahe, man möge einwilligen, daß es
zur gesetzlichen Wahl eines römischen Königs käme, wobei
er heilig versprach, mit aller seiner Macht darauf hinzu-

---

[6] Im Haupt-Staats-Archive zu Dresden ist keine Spur dieses Briefes aufzufinden gewesen.

wirken, daß ein Fürst aus dem Hause Oesterreich gewählt werde „nominando il mio padrone, che chiama il suo figlio essere, l'Arciduca Ernesto"[7], indem er versicherte, daß diese Sache zwischen ihm und einem katholischen Kur= fürsten bereits beschlossen sei, daß man sich darin auf ihn ohne irgend ein Mistrauen verlassen könne. Er verpfändete seine kurfürstliche Ehre und sagte noch, daß er es selbst auf sich nehmen wollte, wenigstens Einen der geistlichen Kur= fürsten dazu zu überreden und vielleicht auch den dritten, und sollte dieser sich nicht dazu bewegen lassen, uns jenes Versprechen zu geben, so brauchte darauf durchaus keine Rücksicht genommen zu werden, denn nach den Bestimmungen der goldenen Bulle dürfte sich jener Dritte bei der Wahl nicht ausschließen. Wenn aber einer der früher Genannten sich bei der Wahl nicht betheiligen wollte, dann würde aus des Kurfürsten eigener Stimme, derjenigen von zwei geist= lichen Kurfürsten und endlich derjenigen Sr. Kaiserl. Ma= jestät als Königs von Böhmen die nöthige Zahl von 4 Stimmen hervorgehen und so könnten sie einen römischen König nach ihrem Gefallen wählen, ohne daß weder der dritte geistliche Kurfürst, noch die andern zwei weltlichen, als Kurpfalz und Brandenburg, sich widersetzen dürften. Alles dieses können mir Ew. auf Cavaliers=Ehre glauben und will es Gott, daß Dieselben noch in meinem Vaterlande sind, wenn ich zurückkehre, so werde ich Sie von Allem noch besser in Kenntniß setzen, auf Einzelnheiten mehr eingehen und Ihnen auch mittheilen, was dem Kurfürsten geant= wortet ward. Aus dieser einzigen Sache werden Ew. leicht ermessen, wie wichtig es gewesen wäre, wenn jener Fürst noch einige Jahre gelebt hätte."

---

[7] Aus dieser nicht ganz deutlichen Stelle ergiebt sich, daß der Kur= fürst für die römische Königswürde den Erzherzog Ernst, den ältesten nachgebornen Bruder des Kaisers, ins Auge gefaßt hatte. Geboren 1553 ward er frühzeitig nach Spanien geschickt und ist als Statt= halter der Niederlande nach kurzer Thätigkeit 20. Febr 1595 gestorben.

Miscellen.

1.

Ueber die Bemühungen der Erben Dr. Martin Luthers, dessen Bibliothek, aus der viele Bücher abhanden gekommen waren, wieder zu vervollständigen, sind bereits Band 4. Seite 118 flg. dieses Archivs einige Nachrichten mitgetheilt worden, denen wir noch nachfolgende damit in Verbindung stehende Notizen beifügen können. Ein Actenstück des Haupt=Staatsarchivs „die Bibliotheken derer Privatorum betr." Nr. 7208. enthält nämlich Bl. 15 flg. ein Schriftstück unter dem Titel „Dr. Paull Lutters Bericht, belangend etliche seines Herrn Vaters seligen Bücher, so Magister Aurifaber zu Erfurdt bei sich haben soll."

Dr. Paul Luther, der Sohn des Reformators, kurfürstl. Leibarzt, war im Mai 1575 nach Erfurt gesendet worden, um wegen verschiedener Manuscripte, Briefschaften 2c. seines Vaters, Melanchthons und anderer berühmter Männer jener Zeit Erkundigung einzuziehen bei dem ehemaligen Famulus Luthers, spätern Pfarrer zu Erfurt, Johann Aurifaber (eigentlich Goldschmied). Er berichtet über die Mittheilungen Aurifabers „wegen der angegebenen theologischen geschriebenen Bücher" Folgendes:

„Erstlich zeigte er an, daß er die Acta und Rathschläge in Religionssachen auf gehaltenen Reichstägen zusammt vielen Episteln Dr. Martin Luthers und Philippi Melanchthonis beieinander habe, die ohne einigen Zusatz, Einmischung und

Zuthun Anderer, an ihn selbst durchaus Lutheri und Melanchthonis seien, vom 29. Jahre anfangend und sich im 46. Jahre
endend, in welchem Dr. Martin Luther gestorben ist. Und
sind solche hiebevor niemals publicirt worden, auch bei keinem
Theologen noch in andern Landen zu finden.

Zum andern zeigt er an, daß er a. 37 gegen Wittenberg
kommen, 6 Jahr des Orts geblieben und vor Dr. Pommern,
Dr. Jonas, Dr. Creutziger, auch hernach aus vielerlei gelehrten Libereien, sonderlich Spalatini, Menii, Viti Theodorici,
Wenzeslai Lücken, Amsdorfii und Anderer mehr, mit denen
Dr. Martin Luther umgegangen und zu ihnen geschrieben,
diese Scripta mit großem Fleiß aus den Autographis ab-
geschrieben und colligirt, so hätte überdies Herzog Johann
Friedrich, von Carolo V. gefangener Kurfürst, nach seiner
Erledigung ihn, den Magister selbst, zu den Theologen in
oberländische und sächsische Städte, dergleichen Scripta mit
treuem Fleiß p. certitudinem majorem et complementum
zu colligiren, abgefertigt. Sonderlich aber haben S. F. G.
der Zeit Johann Luthern, Hofrath, mit etlichen Schreibern
in Fürst Georgs zu Anhalt Liberei, was zu bekommen und
vorhanden auszuschreiben dahin abgesandt. Und bekannt,
daß er dahero die Scripta alle bekommen habe.

Zum Dritten zeigt er an, daß er viel Scripta Lutheri
et Philippi concordantia contra sacramentarios, auch sonst
mehr als über 1000 Briefe de gravibus negotiis theologicis,
die niemals gedruckt, Dr. Lutheri und Philippi beihanden
habe."

Es folgt nun ein Verzeichniß einer Anzahl auf die Reformation bezüglicher Actenstücke, welche sich auch im Besitze
Aurifabers befanden und die Paul Luther „selbst gesehn und
überlesen." Es hatte sich auch Aurifaber „erboten, daß er
Alles in eine richtige, gute Ordnung bringen und S. Ch. G.
wollen solche abschreiben lassen, will S. Ch. G. er gern unterthänigst communiciren und das ganze Werk fleißig und treulich bestellen 2c. Und mögen S. Ch. G. solchen Schatz Selbst

in Ihrer Bibliothek behalten, auf den Fall der Noth in aller=
hand Religionssachen sich Raths und Richtigkeit daraus zu
erholen ꝛc. nicht zweifelnd S. Ch. G. werden und wollen von
wegen der Communication und seiner großen habenden Mühe
und Arbeit, die er darauf wenden müssen, wiederum in Gnaden
sich gegen ihn erzeigen."

An diesen Bericht schließt sich das Concept eines Schreibens
Dr. Paul Luthers, in welchem er Aurifaber mittheilt, daß Kur=
fürst August „solche Bücher zu haben nicht ungeneigt sei." Er
fordert ihn daher auf, „eines nach dem andern, sonderlich die
alten in re sacramentaria, in eine richtige Ordnung zu bringen
und sie förderlichst zu überschicken, so wollen S. Ch. G. also
eins nach dem andern rein mit Fleiß abschreiben lassen und
dieselben Gelegenheit und Nothdurft nach selbst lesen."

Vielleicht daß diese Notizen Veranlassung zu weitern
Nachforschungen geben, was mit diesem Schriftenschatz ge=
worden ist. Die K. Bibliothek zu Dresden enthält zwar eine
Anzahl eigenhändiger Briefe Luthers und Melanchthons, so
wie mehrere Manuscripte von Luthers Hand, allein wir ver=
mögen in denselben die Sammlung Aurifabers nicht wieder
zu erkennen.

2.

Eigenhändig entwarf Kurfürst August im Jahre 1570
einen Plan zur Organisation seiner Haustruppen, der in mehr=
facher Beziehung von Interesse ist. Die Niederschrift lautet[1]
(in neuerer Orthographie): „Auf nachfolgende Punkte bin ich
bedacht, forthin mit Gottes gnädiger Hülfe meine Sachen am
Hof anzustellen. Dieweil ein Jeder von Adel lieber sein eig=
ner Herr denn seines Herrn Diener jetziger Zeit befunden
wird und gleichwohl keinem Herrn der anders bei denen von

---

[1] Acten des Haupt=Staatsarchivs „Verzeichniß des bei Churfürst
Augusten und Churfürst Christianen hochlöblichen Regierungen gehaltenen
Hofstaats und wie derselbe nach fürfallender Gelegenheit vermehrt und
vermindert worden," 1554—89 Bl. 84. (Loc. 8679.)

Abel in einigem Vertrauen sein und bleiben will, zu rathen, sich derselbigen gänzlich zu entschlagen, so habe ich ungefähr auf nachfolgende Punkte gedacht.

Erstlich bin ich bedacht, an meinem Hof 40 einspännige Knechte zu halten, außerhalb des Hauptmanns, danach 6 Kammerjunker mit ihren Pferden, darnach 12 Junker lauter Zweirößer,[2] so mir auf meinen Tisch und mein Weib warten, danach die Pferde aus meinem Stall, soviel deren sind, danach der Räthe[3] Pferde, danach der Jägerei und andere dergleichen Pferde.

Ueber dies bin ich bedacht 60 von Abel zu bestellen und dieselben in vier Theile zu theilen, nämlich jedem Rittmeister 15 zu bestellen, den jährlich mit 300 fl. Dienst- oder Wartegeld zu geben und darüber dem Rittmeister 500 fl. auf 6, 7 oder 8 Pferde, wie es ihre Gelegenheit geben will, damit kann ich zufrieden sein. Dagegen sollen sie mir wiederum verpflichtet sein dergestalt: Jeder soll mit 5 Pferden, wenn ich ihn fordern werde, gefaßt sein, und da ich ihn fordern werde auf Futter und Mahl oder auf 12 fl. monatliche Besoldung zu dienen schuldig sein. Item alle dieselben sollen, wenn sie erfordert werden, in schwarzer Kleidung erscheinen. Jeder soll sich seines Rittmeisters Befehl gehorsamlich verhalten, es sei in der Bestallung zu Hof, im Feld oder sonst, sie sollen sich auch einzeln oder rottenweis zu verschicken in ehrlichen billigen Sachen nicht beschweren.

Da sich auch ein ehrlicher christlicher Zug zutrüge und ich derselben nicht selbst dazu gebrauchte, so soll ihnen mit meinem Vorwissen dergestalt erlaubt sein, nämlich daß ein Jeder einen andern guten redlichen Gesellen, der, solange der Krieg oder sein Außenbleiben währt, für ihn dasselbe, was der Andere zu thun verpflichtet, gehorsamlich leiste und denselben bei seinem

---

[2] Ein solcher hatte daneben noch einen Reiter zu stellen, daher „Zweirößer."

[3] Manche der Räthe mußten nach Ihrer Bestallung zugleich Ritterdienste leisten.

Rittmeister nahmhaft mache. Da sich auch Etliche, so vorhin
mit Ritterdiensten verhaftet, bestellen lassen, solches soll ihnen
zugelassen sein, doch dergestalt, daß sie ihren Ritterdienst
gleichwohl überdies bestellen, damit im Fall der Noth der
schuldige Ritterdienst nicht mangle."

3.

Daß sich Zwickau auf seinem „großen Teiche", dieser
Perle der Zwickauer Parkanlagen, gegenwärtig einer bedeuten=
den Schwanenzucht erfreut, ist bekannt. Diese Schwanenzucht
ist aber sehr alt, indem zu derselben mit Bezugnahme auf
der im Zwickauer Stadtwappen erscheinenden 3 Schwäne der
als Historiker bekannte Bürgermeister Dr. Erasmus Stella
(† 1521) die erste Anregung gegeben haben soll. Dabei ist
jedoch zu bemerken, daß bis ins 17. Jahrhundert die Schwäne
nicht auf dem Teiche, sondern auf dem die Stadt umgürtenden
Stadtgraben gehegt wurden, der damals mit Wasser gefüllt
war, weil bis zum dreißigjährigen Kriege Zwickau für eine
Festung galt. Das Schießen wilder Schwäne aber wurde als
Regale betrachtet und der Stadt Zwickau auf Ansuchen durch
ein besonderes kurfürstliches Rescript vom 30. März 1668 zu=
gestanden.

Daß aber Schwanenbraten im 17. Jahrhundert als eine
Delikatesse auf fürstlichen Tafeln galt und namentlich ein
Leibgericht des 1611 verstorbenen Kurfürsten von Sachsen
Christian II. war, weist ein vom 23. August 1604 datirtes
Schreiben des Zwickauer Stadtraths an genannten Kurfürsten
nach, welches wir nachstehend aus einem alten Conceptbuche
des Zwickauer Rathsarchivs mittheilen. In Erinnerung an
Zwickau's bekannte Schwanenzucht hatte nämlich Kurfürst
Christian vom Zwickauer Stadtrathe für seine Hofküche einige
Schwäne verlangt. Darauf erhielt er unter obigem Datum
folgende Antwort:

„Gnädigster Churfürst und Herr! Ew. Churf. Gnaden
Befehlich zum unterthänigsten Gehorsam erkannten wir uns

schulbig, für Deroselben Hofküche die begehrten Schwanen zu
überschicken. Wir sollen aber Ew. Churfürstl. Gnaden unter=
thänigst zu berichtigen nicht unterlassen, daß wir deren nicht
mehr denn nur noch einen, so ziemlich alt, bei gemeiner Stadt
izo haben, und ob wir nun wohl 2 Jahr her fast bemüht ge=
wesen und nach Erfurt und anderer Orte deshalb geschrieben,
so haben wir doch bisher keine bekommen können, wüßten
auch nicht, wo wir sie sonst iziger Zeit erlangen möchten.
Sind aber unterthänigst erbötig, den einzigen, so wir noch al=
hier haben, Ew. Churfürstl. Gnaden, wofern derselbe in Ew.
Gnaden Hofküche zu gebrauchen, zu schuldigem Gehorsam
folgen zu lassen, zuversichtig Ew. Churfürstl. Gnaden wer=
den uns, die wir ein Mehreres nicht thun können, gnädigst
entschuldigt halten. Denn Ew. Churf. Gnaden unterthänigste
und gehorsamste Dienste zu leisten, erkennen wir uns pflicht=
schuldig und ganz willig."

Zw.   Dr. Hzg.

4.

Ueber ein seltsames Thier, das sich im Jahre 1477 in
der Nähe von Senftenberg hat blicken lassen, berichtet der
dortige Hauptmann Kunz von Breitenbach an Kurfürst Ernst
und Herzog Albrecht wie folgt:

„Auch gnedigen Herren sal uwer gnaden vor warheit
wissen, das eyn thir vmbe Senftenberg komen ist vilnach als
eyn ebinmessig drabende pfert vnde ist swartzir haren vnde an
den beynen fall vnde hat bie den ohern zwey breite horner
mit zangken vnde mitten an der stirne eyn spitz horn eyner
elle lang vnde hat eyn kop als ein ochse vnde kan nicht louffen
denne drabens weg, vnde Hans Grislaw ist das ankomen
obendig uwer gnadin wynbergen, nicht vff zwene spisse lang
vnde ist so harthe dorvor irschrogken, gedocht is wer eyn be=
trigniß vnde hat das armbrust zu em geworffen. Als ist iß
durch die wynberge glouffen vnde furbir vmmer von eynem
holz zu dem andern vnde bleibt an keyner stat, alleyne gleich=

sam sichs vorlouffen habe vnde sulle sich nach aldo vmbe beweisen; ich mag das abir nicht, so eigintlich vorbottin. So
ich das gthun kan, wil ich vorsuchin habin, ab ich das zu
handen konb brengen. Is habin aldo fast vil lute gsehn. Ich
was die zeit zu Ortranb, do sichs beweiset hat; als vil als ich
irkunden kan, das is eyn eltenstyr sien sulle 2c.‟

Ob die Beschreibung des hart erschrockenen Hans Gris-
lau, die derjenigen Cäsars vom Elennthiere in mancher Hinsicht ähnelt, mit der Naturgeschichte übereinstimmt, dies zu
bestimmen, mag den Herren Naturforschern überlassen bleiben.
                                                    Fr.

Heinrich von Könneritz und seine sechs Söhne.

Aus dem Nachlasse des Staatsministers
Julius Traugott Jacob von Könneritz.

(Vergl. S. 201 b. fünften Bandes.)

Erasmus von Könneritz.
1537 bis 1563.

Das Jahr seiner Geburt ist bei ihm, wie bei seinen Brüdern, unbekannt, mag aber nach dem, was oben über seinen Vater Heinrich bemerkt worden ist, etwa in die Zeit zwischen 1510 bis 1517 fallen. Eine Familiennotiz bezeichnet ihn als den dritten Sohn des Berghauptmanns zu Joachimsthal.

Waren über die Lebenswege der übrigen Brüder, da sie in reiferen Jahren dem Hause Oesterreich gedient, in den sächsischen Archiven nur sparsam Nachrichten aufzufinden, so liefern sie dagegen über die Laufbahn des Erasmus, der sich unausgesetzt dem Dienste der drei aufeinander folgenden Kurfürsten von Sachsen, Johann Friedrich, Moritz und August gewidmet hat, sehr zahlreiche Notizen.

Nach beendigten Studien auf der Universität Freiburg war Erasmus mit seinem Bruder Volkmar im Jahre 1537 mit den Böhmen und zwar unter den Schlickischen Fahnen gegen die Türken in's Feld gezogen, wie dieser nach der Niederlage bei Esseck gefangen und auf die Galeere geschmiedet worden.

Volkmar wurde, wie schon im ersten Abschnitte erwähnt, bei der Ueberfahrt unter den Augen des Bruders niedergemetzelt, Erasmus aber gefangen nach Constantinopel geführt. Die Kenntniß der lateinischen Sprache verschaffte ihm die Bekanntschaft eines dortigen Mönchs und durch ihn die Gelegenheit, den Seinigen Kunde zukommen zu lassen, so daß er im Jahre 1538 gegen ein bedeutendes Lösegeld ranzionirt werden konnte, Graf Hieronymus Schlick trug hierzu allein 300 Thlr. bei. [1]

Alle Schriftsteller, welche diese Tatsachen erwähnen, fügen hinzu, daß er nach seiner Rückkunft vom Kaiser Karl zum Ritter geschlagen und, um die Erinnerung an die getragenen Sclavenketten zu verwischen, mit einer goldenen Gnadenkette beschenkt worden sei. Allein mindestens die Ertheilung der Ritterwürde muß bezweifelt werden. Nicht leicht versäumte man zu jener Zeit bei Titulaturen und Unterschriften der Ritterwürde zu gedenken. Nirgends aber wird Erasmus in den Acten als Ritter aufgeführt. Möglich, daß der angebliche Ritterschlag nur eine symbolische Handlung gewesen, ihn nach erlittener Knechtschaft wieder wehrhaft und turnierfähig zu machen, was in alten Zeiten wohl auch durch einen Schwertschlag und Ueberreichung von Waffen geschah. [2]

Kaum zurückgekehrt, gelangte er auf des Vaters Verwendung im Jahre 1539 als wesentlicher [3] Rath in die Dienste Johann Friedrich's von Sachsen. Wir finden ihn in Urkunden von 1539, 1540 u. 1541, namentlich bei Handlungen der Lehnscurie unter den am Hoflager fungirenden Räthen aufgeführt. Eine Jugendsünde, die er sich während des Hoflagers zu Torgau „aus Blödigkeit der Natur" wie der Kurfürst schreibt, oder „durch Verführung des Teufels und aus

---

[1] Matthesius, Chronik von Joachimsthal bei dem Jahre 1538.

[2] Grimms Rechtsalterthümer S. 332 u. 342.

[3] Die stehend im Hoflager sind und demselben folgen. Sie bildeten, einen Kanzler an der Spitze, ein Collegium für Justiz, Lehns und Verwaltungssachen.

fleischlicher Gebrechlichkeit" wie Könneriz selbst sich entschuldigt, zu Schulden kommen ließ, hätte ihn im Jahre 1541 bald wieder um die erst begonnene Laufbahn gebracht. Der Kurfürst behandelte aber „den jungen Mann, der," wie er selbst hinzugefügt, „von Gott Geschicklichkeit genug habe, so daß er ihn je länger je mehr gebrauchen könne," mit Schonung. Er begnügte sich, ihn „damit er nicht wieder in den vorigen Unfall gerathe" auf einige Zeit, „bis das Hoflager sich verändert, oder Erasmus sich verheirathet haben werde" von dem Hoflager entfernt zu halten. Er nahm sogar die schonende Rücksicht, dies Alles unter dem 29. Juni 1541 dem Vater selbst nach Joachimsthal zu schreiben, seine Entfernung vom Hoflager in der Form eines Urlaubs auszusprechen und hierbei „Schwachheit und Nothdurft" als die Ursachen aufführen zu lassen. Dagegen wurde des Erasmus Bitte, daß er auch während dieser Zeit zwei Pferde am Hofe im Futter behalten dürfe, abgeschlagen, da es sonst für keine „sträfige" Erlaubniß zu achten wäre. [4]

Wie sich diese unfreiwillige „Beurlaubung vom Hofe" erledigt habe, ist nicht aufzufinden. Jedenfalls hat sie nicht lange gedauert. Schon nach zwei Monaten, am 4. September 1541, finden wir ihn wieder am Hoflager zu Torgau an den regelmäßigen Geschäften des Hofrathscollegium Theil nehmen. Auch der um jene Zeit gehaltenen wichtigen Rathssizung, in welcher die gegen den Bischof zu Meißen wegen verweigerten Beitrags zur Türkenhülfe zu ergreifenden Maßregeln berathen und beschlossen wurden, wohnte er bei. Könneriz, an dem Grundsaze der Landsäßigkeit der sächsischen Stifter festhaltend, stimmte hierbei, wie Melchior von der Ossa in seinem Tagebuche erzählt, für die militärische Execution gegen den Bischof durch Besezung des Amtes und der

---

[4] Acta Specialia im Gesammtarchive zu Weimar vom Jahr 1541. Sie enthalten das Schreiben des Kurfürsten an den Vater, dessen Antwort hierauf, ein Gesuch des Erasmus und zwei Schreiben vom Kanzler Türk und dem Kammerrath Hanns von Ponikau.

Stadt Wurzen. Nachdem die hieraus zwischen Johann Friedrich und dem Herzog Moritz entstandenen Irrungen und Feindseligkeiten, die in der sächsischen Geschichte unter dem Namen
der Flabenkrieg bekannt sind, unter Vermittelung Philipp's
von Hessen durch das Abkommen vom 10. April 1542 beseitigt waren, wurde Könneritz zu einem der Commissarien bestimmt, welche das Verhältniß des Stiftes Meißen zu beiden
fürstlichen Linien genau regeln sollten.[5] Wir haben aber
keine Spur, daß er an dieser Commission auch wirklich Theil
genommen. Wahrscheinlich wurde dies dadurch verhindert,
daß er bei dem um dieselbe Zeit beschlossenen Kriegszuge gegen
die Türken verwendet wurde, worüber wir uns eine besondere
Mittheilung vorbehalten.

Nach seiner Rückkehr vom Türkenzuge im Nov. 1542 wurde
Könneritz von Johann Friedrich zum Hauptmann (vielmehr
Berghauptmann) zum Schneeberg, bestellt, ein Amt, das er
von 1542—1547 bekleidet hat.[6] Als solcher hatte er nebst Frau
und Kind seinen wesentlichen Wohnsitz in Schneeberg selbst und
zwar in des Kurfürsten eigenem Hause. Wenigstens fand der
Hauptmann Wolf von Keller, als er im Jahre 1547 nach
Uebergang der Lande an Kurfürst Moritz auf des Letzteren
Befehl das Inventarium in des Kurfürsten Haus zu Schneeberg und in der fürstlichen Mühle zu Oberschlema aufzunehmen
hatte, dort auch viele Gegenstände vor, die er ausdrücklich als
Eigenthum des Hauptmann Könneritz bezeichnet und welche
auf einen bleibenden und wesentlichen Aufenthalt desselben in

---

[5] Melchior von der Offa v. Langenn. Desselben Kurfürst Moritz
Th. V. S. 134. Weiße's sächs. Geschichte Bd. 3. S. 139 flg. Arndt's
neues Archiv der sächs. Geschichte S. 121. nota 2.

[6] Melzer's Chronik der Stadt Schneeberg. Die Bergnutzungen selbst
waren zwar beiden fürstlichen Linien gemeinschaftlich, allein das Berg-
regiment und die Landeshoheit über Schneeberg der kurfürstlichen Linie
zugewiesen. Der Hauptmann erhielt von des Kurfürsten Antheil an den
gemeinschaftlichen Nutzungen jährlich 400 fl. Neben ihm war, wahrscheinlich wegen der öfteren Abwesenheiten desselben, auf Sendungen ein
Amtsverweser angestellt.

Schneeberg schließen lassen. Haus- und Küchengeräthe, Teppiche, Kleider, Wäsche und Betten, ihm, seinem Eheweibe, Kindern und Gesinde gehörig, Futtervorräthe, Jagd- und Fischzeug, Waffen- und Ausrüstungsgegenstände für ihn, seine Knechte und Rosse, Renn- und Stechzeug u. s. w.

Des stehenden Berufes als Berghauptmann ungeachtet, wurde er zugleich zu vielfachen weiteren Aufträgen selbst im Auslande verwendet. Im Jahre 1544 mußte er im Gefolge seines Herrn dem Reichstage zu Speyer beiwohnen. Mit zahlreicher und stattlicher Begleitung an Grafen und Edlen, 300 Pferde stark, ritt Johann Friedrich am 18. Februar 1544 in Speyer ein, wo er bald besonders glänzenden Hof hielt. An Räthen begleiteten ihn Hans Dolzig und Erasmus Könneritz. Auf den Gang dieses Reichstages selbst, sowie der folgenden von 1545, 1550, 1555 und 15$\frac{5}{7}$, auf welchen Könneritz ebenfalls die Stimme Kursachsens vertrat, kommen wir später im Zusammenhange zurück. Hier sei nur kurz erwähnt, daß das Resultat den Protestanten verhältnißmäßig sehr günstig war,[7] die Bestimmungen des Reichsabschiedes d. d. Speyer den 10. Juni 1544 daher auch bei den Verhandlungen über den Religionsfrieden im Jahre 1555 von den Protestanten als Grundlage festgehalten wurden, und daß das zu Speyer erlangte günstige Ergebniß von seinen Zeitgenossen, Melchior von Ossa, namentlich den beiden Räthen Johann Friedrich's, Dolzig und Könneritz, zugeschrieben wird.[8]

Die Verhandlungen zu Speyer gaben zu einem weiteren Auftrage an Könneritz Anlaß.

Durch Vermittelung des Kaisers, dem damals viel an der Gewinnung der protestantischen Fürsten lag, war auf dem

---

[7] Ranke's deutsche Geschichte. Bd. 4. S. 230 flg.

[8] Melchior von Ossa von Langenn. S. 55 und 60. Ossa, der strenge Rechtsgelehrte, klagt zwar hierbei, daß der Abschied etwas dunkel und nicht bestimmt genug gefaßt sei, entschuldigt dies aber gleich selbst mit der Schwierigkeit, die es gehabt, beide, so weit von einander getrennte Religions-Parteien hierin zufrieden zu stellen.

Reichstage unter dem 10. Mai 1544 zugleich ein Abkommen zwischen dem Könige Ferdinand und dem Kurfürsten über Beilegung der schon seit mehren Jahren unter ihnen bestandenen Irrungen verabredet worden. [9] Hiernach gab Johann Friedrich seinen bis dahin festgehaltenen Widerspruch gegen die Wahl Ferdinand's zum römischen Könige auf. König Ferdinand versprach dagegen, ihm die Lehnsreichung der böhmischen Hauptlehne nicht länger vorzuenthalten. Eine Geldforderung, welche Johann Friedrich noch von dem Kaiser Maximilian her beanspruchte, wurde anerkannt. Der Werth der sogenannten Grünhaynischen Dörfer sollte durch beiderseitige Commissarien ermittelt und der Forderung des Kurfürsten hinzugeschlagen, der Betrag derselben nach Abzug der vom Kurfürsten immittelst von Dobrilugk gezogenen Nutzungen, durch Baarzahlung oder durch Ueberlassung von Gütern in der Nähe von Dobrilugk berichtigt werden. [10]

Kaum von Speyer zurück, wurde daher Könneritz mit ausführlicher Instruction vom 24. Juli 1544 an den Hof des Königs nach Prag gesendet, um wegen Ausführung jenes Abkommens und zugleich wegen Beleihung mit der böhmischen Lehnsherrschaft Sonnenwalde nähere Rücksprache zu nehmen.

Ueber den Erfolg seiner Werbung liegt ein ausführlicher Bericht in den Acten vor. [11]

---

[9] Siehe in Lünig's Reichsarchiv. V. Spec. sax. p. 45 u. add. p. 919.

[10] Das sächsische Kloster Grünhayn besaß von Alters her mehrere Güter und Dörfer in Böhmen. Der Abt des Klosters hatte sich frühzeitig der evangelischen Lehre zugewendet, das Ordenskleid abgelegt, sich ein Weib genommen, bürgerliches Gewerbe ergriffen, und das Kloster selbst dem Kurfürsten übergeben, König Ferdinand aber hierauf die Güter des Klosters in Böhmen eingezogen. Andererseits hatte Johann Friedrich als Repressalie im Jahre 1540 das zu Böhmen gehörige Kloster Dobrilugk eingenommen. Den Vertrag wegen Abtretung des Klosters Grünhayn Seiten des Abts an den Kurfürsten vom Jahre 1536 siehe in Horn's Denkwürdigkeiten S. 317.

[11] Instruction und Relation Könneritzens in den Acten Loc. 10,674 des Haupt-Staatsarchivs.

Wegen Abschätzung der Grünhaynischen Dörfer wurde namentlich verabredet, daß die Commissarien hierzu den 24. September in der Stadt Kaban zusammentreten sollten. Ueber andere Puncte behielt sich der König die Antwort bis nach erfolgter Vernehmung mit den Ständen der Krone Böhmens oder bis zu seiner Rückkunft nach Wien vor. Der Bericht belehrt uns nebenbei, wie die Fürsten schon damals gegen fremde Gesandte besonderer Höflichkeit sich befleißigten. Seine Antwort auf Könneritzens feierliche Anrede leitete der König mit Worten des Dankes für den Kurfürsten ein: „er habe es gern gesehen, daß der Kurfürst ihm, Könneritz, diese Sache anvertrauet.“ Möglich aber auch, daß dieß mehr als eine höfliche Redensart war, da Könneritz dem Könige allerdings nicht bloß von dem Feldlager vor Wien und dem Reichstage zu Speyer her, sondern auch durch zwei seiner Brüder bekannt sein konnte, die in des Königs Diensten standen, und Könneritz überdieß mit des Königs Kanzler, dem Baron Hofmann, schon früher auf freundlichem Fuße verkehrt hatte.

Dieselbe Angelegenheit, — um dieß gleich hier einzuschalten, — führte Könneritz zwei Jahre darauf ein zweites Mal an den Hof des Königs Ferdinand, und zwar nach Breslau.

Das zu Speyer zwischen beiden Höfen verabredete Abkommen war zwar in mehreren Puncten bereits ausgeführt. Schon im August 1544 hatte Johann Friedrich die böhmische Lehn empfangen. Der zu Prag getroffenen Abrede gemäß war auf dem Tage zu Kaban der Werth der Grünhaynischen Dörfer festgestellt worden. Dagegen wurde die Taxation der bei Dobrilugk gelegenen Güter, welche dem Kurfürsten auf seine Forderung überlassen werden sollten, sowie der vom Kloster gezogenen Nutzungen, von den Commissarien des Hauses Oestreich immer und immer wieder verzögert. Um die Beschleunigung auszuwirken und die Angelegenheit zu einem endlichen Abschlusse zu bringen, wurde Könneritz im Sommer 1546 in einer

zweiten Mission an den Hof Ferdinand's nach Breslau abge=
fertigt. Könneritz konnte jedoch nichts erreichen, weil der
König baar Geld nicht aufbringen konnte und ebensowenig
auf die vorgeschlagene käufliche Ueberlassung von Dobrilugk
eingehen wollte, in der Wahrheit aber wohl vielmehr, weil
die Reichsacht und Kriegserklärung gegen Johann Friedrich
schon nicht mehr in Zweifel stand und der König sonach hoffen
durfte, des ganzen Ausspruchs ohne jedes Opfer entledigt zu
werden.[12]

Auch auf dem Reichstage zu Worms im Jahre 1545,
von dem sich Johann Friedrich fern hielt, vertrat Könneritz
in Gemeinschaft mit Eberhard von der Tann und Dr. Franz
Burkhard die Stimme Kursachsens. Die Protestanten hatten
hierbei einen schweren Stand. Der Kaiser verlangte, daß sie
sich unbedingt dem Ausspruche des zu Trient wieder zu er=
öffnenden Concils unterwerfen sollten, verhandelte hierbei so=
gar persönlich mit ihnen „zu Hauf" in corpore in seinem
Gemache, ließ auch die Gesandten Kursachsens durch seine
Commissarien und Granvella noch besonders bearbeiten.
Hierbei soll es zu sehr heftigen Erörterungen gekommen
sein.[13] Allein Alles war vergeblich, die Gesandten blieben
fest, der Reichstag mußte ohne Abschied auseinander gehen.

Ein eignes Spiel des Zufalls wollte es, daß, während
der ältere Bruder, Christoph Könneritz, auf dem Reichstage
1559 für die Bischöffe in den Meißner Landen Session ge=
nommen und deren Recht hierzu tapfer vertheidigt hatte, im

---

[12] Kreißig's diplomatische Beiträge IV. S. 114, ferner Hortleber
S. 285. S. 290 flg. u. 763. Beide erwähnen auch die Mission Könneritzens
nach Breslau. Die Angelegenheit um Dobrilugk und um die Grün=
hahnischen Dörfer wurde übrigens so hoch genommen, daß sie in den
gegenseitigen Manifesten der kriegführenden Partheien eine besondere
Rolle spielte und König Ferdinand hauptsächlich hiermit die bald darauf
erlassene Kriegserklärung gegen den Kurfürsten zu rechtfertigen suchte.

[13] Seckendorf, commentarius historicus et apolog. de Luthera-
nismo, Lib. III. Sect. 31. §. 121. nota. c.

Gegensatze hiervon der jüngere Bruder, Erasmus, zu Worms
in Verbindung mit den beiden Gesandten des Herzogs Moritz,
Christoph von Carlowitz und Dr. Schwamburger, in einer
Gesammtschrift vom 29. April 1545 gegen das Sessionsrecht
der Bischöffe protestiren mußte. [14]

Gleichzeitig hatte Könneritz den besonderen Auftrag, zu
Worms mit den Gesandten des Herzogs Moritz wegen einer
Münzvergleichung zu unterhandeln. Hierzu war ihm der
Waradein Hans Fuchs beigegeben. Auch während seiner Ab=
wesenheit im Auslande hörten besondere Commissionen an
ihn nicht auf.

So war während seines Aufenthalts in Worms der Be=
fehl an ihn ergangen, eine Grenzirrung zwischen dem Amte
Grünhayn und dem unter böhmischer Lehnshoheit stehenden
Gute Vielau zu erörtern und zu erledigen. In einem Be=
richte vom 28. August 1545 entschuldigt er sich daher bei dem
Kurfürsten, daß er dieß, weil er nur erst vor zwei Tagen
vom Reichstage zurückgekehrt sei, und überdieß die Mit=
wirkung verschiedener Lehnsherrn nothwendig werde, noch
nicht vornehmen können.

Daß er während des Schmalkaldischen Krieges zu irgend
einer Waffenthat oder kriegerischen Operation verwendet
worden sei, ergiebt sich nirgends. Wohl aber geht aus einer
Rechtfertigungsschrift Georg's von der Planitz und des
Kammersecretairs Pestel vom Jahre 1551 hervor, daß Kön=
neritz zu Anfang des Jahres 1547 auf Befehl Johann Fried=
rich's sich dessen in den Festungen Wendelstein und Heldrungen
aufbewahrtes Silbergeräthe und Schmuck aushändigen lassen
mußte, um aus demselben in Halle Münzen und Klipper
prägen zu lassen.

Am 3. Februar 1547 war er mit seinem Herrn in Halle,
wo er die wichtigsten Documente, Papiere und Kleinobien des

---

[14] Seckendorf a. a. O.

Kurfürsten in sicheren Gewölben in Verwahrung brachte und das Briefgewölbe versiegelte. [15]

Der für Joh. Friedrich unglückliche Ausgang des Schmal-kaldischen Krieges und die Wittenberger Capitulation konnte auch auf die Dienstverhältnisse des Erasmus Könneritz nicht ohne Einfluß bleiben. Hiermit war nicht nur seine Function als Hauptmann zu Schneeberg erledigt, sondern auch Kön-neritz selbst wegen des Guts Lobstedt, das er mit seinem Vater und seinen Brüdern in Gesammtlehn besaß, nunmehr Lehns-mann des Kurfürsten Moritz geworden.

Macht aber Dr. Beck in seinem Leben Johann Friedrich's des Mittleren mehrern Räthen und Dienern des unglücklichen Kurfürsten den Vorwurf, daß sie ihren Herrn alsbald nach der Kapitulation verlassen und sich der neuen Sonne zuge-wendet hätten, so kann dieser Tadel wenigstens Könneritz nicht treffen. Jener veränderten Sachlage ungeachtet, blieb er noch über 15 Monate im Dienst und im Hoflager der Söhne Johann Friedrich's und nur erst nach besonderer Ver-handlung und mit dessen Genehmigung trat er im September . 1548 aus dessen Diensten in die des Kurfürsten Moritz, seines neuen Landes- und Lehnsherrn. Ein Actenstück im Gesammt-archive zu Weimar giebt hierüber Auskunft. [16]

Nach dem Verluste des größten Theils seiner Lande ließ Johann Friedrich, der übrigens die Regierung über den ihm verbliebenen Theil auch während der Gefangenschaft fortführte, durch seinen Kanzler von Haye mit seinen zeitherigen Dienern Abrechnung halten und wegen Aufhebung oder Erneuerung der Bestallung Verhandlung pflegen. Könneritz erbot sich und wünschte das Dienstverhältniß fortzusetzen, war auch mit den vom Kanzler gemachten Vorschlägen zufrieden. Der Kurfürst verordnete jedoch aus seiner Gefangenschaft d. d. Augsburg

---

[15] Einleitung in die Geschichte des Gesammtarchivs zu Weimar. Handschrift vom dasigen Archivar, Herrn Dr. Burkhardt.

[16] Reg. K. pag. 478 no. 6.

den 1. Mai 1548, es möge mit ihm zuvor annoch über das in Wendelstein und Heldrungen in Empfang genommene Silbergeräthe und dessen Verwendung Abrechnung gehalten werden und seine Resolution bis dahin und bis nach seiner Heimkehr ins Land „ausgesetzt bleiben" — zugleich ein Beleg, wie zuversichtlich er damals auf baldige Entledigung hoffte. Als aber Könneritz im Sommer und bevor noch die Ver- handlungen mit dem Kanzler von Haye zum Abschlusse ge- kommen waren, nach Dresden reisen mußte, die Lehn an Lob- stedt nach stattgefundenem Regierungswechsel zu erneuern, hatten die Räthe Moritzens durch einen aus ihrer Mitte, den jüngeren von Carlowitz, den bekannten Christoph von Carlowitz, heftig in ihn gedrängt, sich dem Herzoge Moritz als seinem nunmehrigen Landes- und Lehnsherrn dienstbar zu machen und die Bestallung als Hauptmann zu Leipzig anzu- nehmen. „Thäte er dieß nicht," sagten die Räthe, „so müsse Herzog Moritz glauben, daß er ihm zu einem Herrn nicht genug sei, er wisse auch, daß er zu Johann Friedrich gehalten habe."

Könneritz wich dem Anlangen mit dem Anführen aus, daß er seiner Dienstpflicht noch nicht ledig sei und wegen Er- neuerung seiner Bestallung eben Johann Friedrich's Ent- schließung zu erwarten habe. Er fügte zugleich hinzu, „daß er mit Leipzig nichts schaffen werde, da sein Vater, er selbst und seine Brüder mit ihnen Gebrechen habe," auch daß er seiner Privatverhältnisse wegen die Bestallung in keinem Falle auf länger als auf 1 Jahr annehmen und sich außerhalb Landes nicht gebrauchen lassen könne. Carlowitz ließ nicht ab und ver- sicherte, Kurfürst Moritz werde diese Bedingungen wohl zuge- stehen. Moritz selbst war auf Jagden abwesend, und so ritt Könneritz, ohne sich in weitere Verhandlungen einzulassen, nach Weimar zurück, wo er dem Kanzler die ihm gemachten Anerbietungen mittheilte und sich wiederholt zum Verbleiben erbot. Auf den vom Kanzler hiervon am 27. Juli 1548 nach Augsburg erstatteten ausführlichen Bericht muß ihn jedoch

Johann Friedrich freigegeben haben, denn wenig Wochen darauf finden wir ihn als Rath und Oberhauptmann des Leipziger Kreises in Moritzens Diensten. Die Bedingung einer Pflichtbarmachung auf kürzere Zeit hatte Moritz zugestanden. Die im Jahre 1548 auf ihn als Oberhauptmann ausgefüllte Bestallung lautet: „auf so lange, als es Uns und ihm gefällt." Allein schon unter dem 29. April 1549 ließ er ihm eine neue Bestallung „auf länger" und ohne Beschränkung auf eine bestimmte Zeit ausfertigen. [17]

Die Anstellung von Oberhauptleuten für die einzelnen Kreise, wie die Eintheilung in Kreise selbst, war eine neue Schöpfung des Kurfürsten Moritz. Bis dahin hatten die einzelnen Aemter und Herrschaften, welche das Gebiet der sächsischen Fürsten bildeten, in keinem organischen Verbande gestanden. Sie wurden alle einzeln von Amtleuten, Schössern, Voigten verwaltet und unmittelbar von dem fürstlichen Hofe aus regiert. Die Amtleute, — wenn sie zugleich fürstliche Schlösser verwalten, auch Hauptleute genannt — hatten als landesfürstliche Beamte für Sicherheit des Landesfriedens, für Polizei und Rechtspflege in ihrem Amtsbezirke zu sorgen, auch die Kriegslasten der Amtsassen herbeizuschaffen und diese im Kriege selbst anzuführen. Ueber die schriftsässigen Städte und Vasallen dagegen und deren Unterthanen stand den Amtleuten, Schössern, Vögten gar keine Gewalt zu. Die Zersplitterung in so viele kleine abgesonderte Gebiete machte die Staatsverwaltung in allen ihren verschiedenen Richtungen offenbar sehr schwerfällig. Um durch Centralisa-

---

[17] Die Bestallung, wie sie im Jahre 1548 auf ihn ausgefüllt wurde, siehe in Actis Bestallungen und Expectanzen de 1511 bis 1600 Vol. I. Bl. 218 bis 220. Die Bestallung vom Jahre 1549 in Act. Loc. 7358. Amts- u. Vorwerksbestallungen betr. Bl. 115 flg. In diesen letzteren wurde die Zahl der Pferde, mit denen er zu dienen hatte, von Zehn auf Sechs herabgesetzt, wahrscheinlich weil die Gefahren, wegen welcher die Landschaft im Jahre 1547 darauf angetragen hatte, die Zahl der in den Aemtern zu haltenden Pferde auf einige Zeit zu erhöhen, inmittelst verschwunden waren.

tion größere Einheit und Ordnung herzustellen und die fürstliche Gewalt zu stärken und insbesondere um sich gegen
äußere und innere Feinde zu schützen, schlug daher Kurfürst
Moritz bald nach dem erlangten bedeutenden Zuwachse an
Ländern, die verschiedenen einzelnen Aemter und Herrschaften
in fünf Kreise — den Meißnischen, den Erzgebirgischen, den
Leipziger, den Thüringer und den Kurkreis zusammen und
setzte jedem Kreise einen besonderen Oberhauptmann vor, [18]
eine Organisation, die in ihren wesentlichen Grundzügen in
dem Institute der Kreishauptleute bis in das gegenwärtige
Jahrhundert fortgedauert hat.

Die Oberhauptleute hatten hauptsächlich für Aufrechthaltung der fürstlichen Gerechtsame, für Wahrung des Land-
friedens, für Sicherheit der Straßen im ganzen Kreise zu
sorgen, die Schriftsassen zu Leistung der Lehndienste aufzu-
fordern und zu versammeln. Sie wurden zugleich als Commissarien für Verwaltungsangelegenheiten und selbst für die
Rechtspflege benutzt, sobald Schriftsassen betheiligt waren. [19]

Mit der ihnen zugetheilten Anzahl gerüsteter Pferde
hatten die Oberhauptleute gleich anderen höheren Beamten und
gleich den Vasallen im Falle eines Aufgebots Lehndienste, —

---

[18] Von Langenn, Kurfürst Moritz Thl. 7. S. 48 flg. Nur für
einzelne Zweige der Verwaltung waren bis dahin die Lande in Kreise
eingetheilt, wohl auch zuweilen Oberhauptleute angestellt gewesen.
Weiße, sächs. Geschichte Bd. 3. S. 292 flg.

[19] So erhielt Könneritz zu B. in inneren Landesangelegenheiten
vielfach Aufträge, Geleitsgerechtigkeiten zu untersuchen und zu ordnen,
das Brau- und Schänkwesen in ganzen Amtsbezirken zu reguliren,
Streitigkeiten unter Mitbelehnten zu schlichten, in Vormundschaftssachen
Rechnung abzunehmen, Vergleiche in Civilsachen zu vermitteln, Local-
besichtigungen zu Vorbereitung von Vergleichen oder zu Vorbereitung der
dem Hofrathscollegium unmittelbar zugewiesenen Entscheidungen vorzunehmen, Erkenntnisse zur Execution zu bringen u. s. w. Zu dem Leipziger Kreise gehörten damals nach der Instruction für Könneritz auch
die Aemter Altenburg und Petersberg, die erst später, ersteres an die
Ernestinische Linie, letzteres an Kurbrandenburg abgetreten wurden.

Kriegs- und Gefolgsdienste — zu leisten, für gewöhnlich aber im Innern des Landes die Sicherheitspolizei auszuüben. Durch die Landesordnungen jener Zeit waren die Haupt- und Oberhauptleute angewiesen, durch ihre Diener — Knechte und Buben — [20] die Straßen, besonders zu Zeiten der Messen fleißig abreiten und von Plackern und Herrenlosen, sogenannten „vergabberten Knechten" reinigen zu lassen. Alle Obrigkeiten und Gemeinden hatten Befehl, ihnen auf ihre Aufforderung hierbei Assistenz zu leisten. Sie versahen daher zugleich den Dienst einer Gensbarmerie und einer Landes- defension. [21]

Die verschiedenen Aufträge, welche Könneritz auch außerhalb des eigentlichen Wirkungskreises eines Oberhauptmanns erhielt, beweisen, daß er sich zu jener Zeit auch sehr bald das Vertrauen des Kurfürsten Moritz, seines neuen Herrn, erworben hatte.

Im Jahre 1549 war er nebst Dr. Joachim von Kneutlingen, „einem Tapferen vom Adel," Rath Kurfürst Moritzens und zugleich Domherr zu Merseburg [22] zum Commissar be-

---

[20] Nach der angezogenen Bestallung von 1549 erhielt Könneritz für jedes Pferd 110 Meißnische Gulden auf das Jahr und nächst einem bedeutenden Deputate an Wein, Wildpret, Hafer, Heu, Korn, Gerste, Holz, auch Kleidung für sich und seine Knechte und Buben aus der Hofgewand- kammer, außerhalb Landes auf jedes Pferd einen halben Gulden täglich Auslösung, wogegen jedoch der Monatssold verhältnißmäßig gekürzt wurde.

[21] Aus den Archivsacten ergiebt sich, daß das Institut im Jahre 1547 mit Genehmigung und auf Antrag der Landschaft beschlossen und in diesem und dem folgenden Jahre ausgeführt wurde.

[22] Siehe Arnold: Beschreibung des Lebens und Thaten des Herrn Moritzens S. 93. Kneutlingen war im Jahre 1545 in einer Mission des Capitels in Regensburg, die Bestätigung Herzog August's zum Administrator des Stifts auszuwirken, im Winter 1546 hatte er mit andern Räthen Moritzens das Unglück, bei Wittenberg von einer Streifparthey Johann Friedrich's aufgehoben und nach Wittenberg eingebracht zu werden. Die ihm hierbei widerfahrene Schmach rächte Moritz durch Wegbrennen mehrerer um Wittenberg gelegener Dörfer.

stellt, die Verhandlungen auf einem abzuhaltenden Kreistage des obersächsischen Kreises zu leiten. Es galt einer Revision der Reichsmatrikel, die vielfachen gegen die Matrikularansätze erhobenen Zweifel und Einwendungen zu erörtern und zu erledigen. Nach Reichsbeschluß sollte dieß von den Ständen der einzelnen Reichskreise auf besonderen Kreistagen ausgeführt werden. Die Form für die Kreistage war damals der für Reichstage nachgebildet. Der vorsitzende Reichsstand, später Kreisobrister genannt, lud seine Mitstände durch Ausschreiben zum Kreistage ein, eröffnete ihn, in Person oder durch Commissarien mit einer förmlichen Proposition, leitete die Verhandlungen und schloß ihn eben so mit einem förmlichen Abschiede, der das gewonnene Resultat der Verhandlungen enthalten mußte.

Kurfürst Moritz schrieb seine Mitstände des obersächsischen Kreises[23] zum 25. Februar 1549 nach Jüterbogk aus.

Könneritz und Kneutlingen eröffneten den Kreistag durch Vorlegung der Propositionsschrift. Da aber in Ermangelung der erforderlichen Unterlagen zu einer Erledigung der Beschwerden im Materiellen nicht zu gelangen war, so verständigte Man sich nur über den weiter in der Sache zu nehmenden Gang und es wurde der Kreistag von den Commissarien unter Hinweisung auf eine Wiederaufnahme schon am 27. durch Ertheilung eines Kreisabschiedes wieder geschlossen.

Auch für diesen prorogirten Kreistag wurden Beide unter dem 15. April mit Vollmacht und Instruction versehen.

Noch vor dem wirklichen Beginnen erhielt jedoch Könneritz Befehl, den Kurfürsten außer Landes zu begleiten,[24]

---

[23] Danzig und Elbingen gehörten zum obersächsischen Kreise.

[24] Wohin die Reise ging, ist nicht genau zu ermitteln. Nach Ranke Bd. 4. S. 95. Anm. V. wahrscheinlich an den Hof in Brüssel, in Begleitung Philipp's von Spanien, oder zu dessen Begrüßung.

als weshalb er von dem Besuche des Kreistags entbunden
wurde. Könneritz bat zwar, unter Berufung auf das einmal be=
gonnene Geschäft, ihn mit der angesonnenen Begleitung zu
verschonen, allein Kurfürst Moritz verordnete unter dem
16. Mai 1549: „Wären wohl geneigt gewesen dir diese
Handlung, den Kreistag, abwarten zu lassen und mit dem
Ritte zu verschonen, wo wir nicht deiner Person sonderlich
hierzu bedürftig," er solle daher an dem festgesetzten Tage in
Torgau einkommen und folgends mit ihm verreiten, Eustachius
von Schlieben sei angewiesen, den Kreistag inmittelst auszu=
setzen.

Am 14. März 1550 wird er abermals als Commissar
in den Jüterbogk'schen Kreishändeln aufgeführt und in dem=
selben Jahre erhielt er nebst dem Rathe zu Leipzig Auftrag,
die nach dem alten Reichsanschlage gefälligen Reichssteuern
in Gemäßheit des Jüterbogker Abschieds von den Kreis=
ständen beizutreiben.

Das gute Verhältniß, in welchem Könneritz zu Johann
Friedrich und seinen Söhnen während seiner früheren Dienst=
zeit gestanden hatte, mag Veranlassung gegeben haben, daß
Kurfürst Moritz gerade ihn im Jahre 1550 dazu benutzte,
um bei seinen fürstlichen Vettern die Erneuerung der zwischen
den Häusern Sachsen, Brandenburg und Hessen bestehenden
Erbverbrüderung beantragen zu lassen, „damit dadurch die
Herzen und Gemüther zu Liebe und Freundschaft gegen ein=
ander gerichtet werden möchten".[25] Allein Johann Friedrich
der Mittlere, wie sein Vater der gefangene Kurfürst, lehnte
den Antrag ab. Der Zeitpunkt, die Bande der Freundschaft
und Liebe wieder anzuknüpfen, war noch nicht gekommen.
Er trat erst nach Moritzens Ableben und bei einer persön=
lichen Zusammenkunft der Fürsten zu Naumburg ein.

Einen noch größeren Beweis seines Vertrauens gab der
Kurfürst Könneritz, indem er ihn im Jahre 1550 nach Augs=

---

[25] Dr. Beck, Leben Johann Friedrich's des Mittleren.

burg abordnete, in Gemeinschaft Dr. Joachim von Kneut=
lingen auf dem Reichstage die Stimme Kursachsens zu führen.
Zwar hatte der Kaiser in dem Ausschreiben die Fürsten alles
Ernstes anermahnt, in Person zu erscheinen, damit das, was
auf dem vorigen Reichstage beschlossen und begonnen, nun
auch vollendet werde, auch den Kurfürsten Moritz noch überdieß
durch eigenhändige Schreiben und durch einen eigenen Ab=
gesandten, Lazarus von Schwendi, besonders hierzu aufge=
fordert, allein Kurfürst Moritz war durch das despotische
Benehmen Karl's des Fünften, durch seine harte Behandlung
Philipp's von Hessen, durch das immer mehr an den Tag ge=
legte Streben, die Nachfolge auf dem Kaiserthron seinem
Sohne Philipp zu sichern und Deutschland zu Gunsten seines
eigenen Hauses in eine Erbmonarchie umzuwandeln, der
Politik des Kaisers entfremdet. Noch waren die Pläne
Moritzens, jenen herrschsüchtigen Absichten selbst mit der Ge=
walt der Waffen entgegen zu treten, nicht reif, die Vor=
bereitungen zu einem so kühnen Unternehmen noch nicht ge=
troffen und beendigt. Jedenfalls mußte er sich aber, um
nicht durchschauet, in seinen Vorbereitungen nicht gestört zu
werden, von dem Kaiser fern halten. Er beschloß daher, den
Reichstag nicht in Person zu besuchen, sondern durch Bevoll=
mächtigte zu beschicken. Die in den Acten befindliche Vollmacht
ist der Sitte gemäß, damit es im Falle der Behinderung nicht
erst wieder der Ausfertigung besonderer Credenzbriefe be=
dürfe, auf fünf Personen „sammt und besonders“ aus=
gestellt, [26] die Instruction aber d. d. 18. Juli 1550 nur auf
Könneritz und Kneutlingen ausgefertigt, und wirklich ritten
zunächst nur diese Beide nach Augsburg ab, wo sie am

---

[26] Daß die Kurfürsten stets mehrere Gesandte zum Reichstage ab=
fertigten, war gleich durch die Einrichtung geboten, wonach alle im Kur=
fürstenrathe vorzutragenden Angelegenheiten durch besondere Deputa=
tionen vorbereitet wurden, wozu jeder Kurfürst seinen Rath deputirte,
und sonach zu Bestellung der verschiedenen Deputationen eine Mehrzahl
von Abgesandten erforderlich war.

5. Juli eintrafen. Magister Kramm, der zugleich für die Fürsten Georg und Joachim von Anhalt bevollmächtigt war und in dieser Eigenschaft an den Sitzungen des Fürstenraths Theil nahm, nebenbei aber unter seiner alleinigen Unterschrift die gewöhnlichen Zeitungsberichte an den Kurfürsten lieferte, trat erst mehrere Wochen später ein, Melchior von Ossa erst gegen Ende October, als die eigentlichen Reichstagsgeschäfte bereits beendigt waren. Von dem falschen Spiele, welches Kurfürst Moritz damals mit dem Kaiser trieb, giebt auch die Correspondenz mit seinen Gesandten vielfach Zeugniß. Könneritz und Kneutlingen nahmen den Befehl mit nach Augsburg, sein baldiges Erscheinen daselbst anzukündigen und unter Vernehmung mit dem Erbmarschall Pappenheim Herberge für ihn zu bestellen. Sein augenblickliches Außenbleiben sollten sie theils mit der gleichzeitigen Convocation seiner Landschaft, theils mit der Besorgniß, welche die begonnenen Kriegshändel des Herzogs Heinrich von Braunschweig, sowie der Einzug der Grafen von Mannsfeld, Christoph von Oldenburg und von Oettingen in die widerspenstige Stadt Magdeburg erregen müßten, theils endlich mit der erfolgten Einmahnung seiner Person durch die Söhne Philipp's von Hessen entschuldigen. Von Zeit zu Zeit wiederholte sich die Anweisung an die Gesandten, sein baldiges Erscheinen anzukündigen. Als die Einmahnungen des Kaisers immer dringender wurden, ließ er sein Hofgesinde nach Augsburg abgehen und zu seiner und des Gefolges Versorgung daselbst bedeutende Vorräthe an Bier, Futter u. s. w. anschaffen. Endlich kündigte er im Monate September seinen Gesandten, wie den Räthen daheim, seine bevorstehende Abreise nach Augsburg an. Melchior von der Ossa und Christoph von Carlowitz sollten ihn begleiten und bis Nürnberg vorausgehen, wo er mit ihnen zusammentreffen werde. Allein Kurfürst Moritz blieb abermals aus. Gegen das Gutachten seiner Landschaft und gegen den Rath der Mehrzahl seiner Räthe hatte er sich gegen Magdeburg gewendet, in die Belagerung

der Stadt einzutreten. Ossa und Carlowitz trafen den 2. Oct. allein in Augsburg ein und mußten es dort haupt=sächlich betreiben, daß mit der Execution gegen Magdeburg allen Ernstes und auf Kosten des ganzen Reiches vorge=schritten und ihm selbst die Ausführung nebst dem Oberbefehle übergeben werde.

Als an das Erscheinen des Kurfürsten in Augsburg nicht mehr zu denken war, riethen Könneritz und Ossa in einem Schreiben vom 20. October, es möge das Hofgesinde zu Er=sparung von Kosten zurückgerufen werden.

Ueber die Stellung, welche Kurfürst Moritz in den beiden auf dem Reichstage von 1550 verhandelten Hauptpuncten selbst einnahm — das abzuhaltende Concilium und die Durchführung des Augsburger Interims — sei noch Einiges aus der Correspondenz mit seinen Räthen angeführt, was feste Anhänglichkeit an die evangelische Lehre beweist, zugleich aber auch sehr charakteristisch seine Vorsicht, Zurückhaltung und das Bestreben bezeichnet, sich eine selbstständige Stellung oder, um die Redeweise neuer Staatskünstler zu gebrauchen, sich nach allen Seiten hin freie Hand zu bewahren.

Könneritz und Kneutlingen nahmen die Instruction mit, nochmals für ein allgemeines freies christliches Concilium zu stimmen, jedoch unter Bedingungen, welche im Hauptwerke darauf hinausliefen, jeden überwiegenden Einfluß der Bischöfe abzuwenden, auch den evangelischen Theologen volles freies Gehör zu sichern, die Leitung desselben dem Papste zu entziehen und vielmehr als Ausfluß des Schutzrechtes über die Kirche dem kaiserlichen Amte zuzuweisen; Bedingungen, wie sie Moritz schon auf dem Reichstage 1548 vorgeschlagen hatte und die damals, bei dem Zerwürfnisse zwischen dem Kaiser und dem Papste, selbst den Ansichten Karl's des Fünften nicht widersprachen.

In Ansehung des Interims nahmen sie die Weisung mit, „über dasselbe nicht zu disputiren, wohl aber die strenge Durchführung desselben zu widerrathen."

16*

Aber bald sollten sie die Erfahrung machen, daß von den einzelnen Bedingungen wenig durchzubringen sei. Sofort nach Verlesung der Proposition zeigten sie unter dem 27. Juli an: „Es werde heftiger zugehn, als man sich bei Entwerfung der Instruction gedacht; mit der Wahl eines neuen Papstes habe sich auch das Gemüth des Kaisers geändert und im Kur= fürstenrathe würden sie über beide Puncte, wie sie merkten, wenig Beistand finden."

In Ansehung des Interims hatte der Fürstenrath an= fänglich auf strenge Durchführung desselben bestehen wollen, sich jedoch bald mit dem Kurfürstenrathe über einen Antrag verständigt, der sich insoweit mit der Ansicht des Kurfürsten Moritz vereinigen ließ, daß dessen Gesandte, „obschon sie vor= gezogen hätten, es möge in Voraussicht des Concilium des Interims gar keine Erwähnung geschehen, doch zu einem Protest keinen weiteren Anlaß fanden."

Bei der Berathung über die wegen des Concils zu gebende Antwort suchten die Gesandten Kursachsens die von Moritz gestellten Bedingungen durchzubringen, die Majorität des Kurfürstenraths aber verständigte sich mit dem Fürsten= Rathe, ohne alle weitere Bedingung in die Wiederaufnahme des Conciliums zu Trient einzuwilligen. Könneritz und Kneutlingen beschlossen daher nunmehr, die Erklärung ihres Herrn bei Verlesung der Antwort vor den versammelten Ständen in Form einer Protestation zu wiederholen und schriftlich zu übergeben, zeigten dies auch dem Kurfürsten unter Beifügung der diesfalls aufgesetzten Notel am 7. Aug. an, indem sie zugleich jeden einzelnen Punct noch besonders zu rechtfertigen sich bemühten.[27]

Als sie aber diese Erklärung, und zwar, da sie auf ihren Bericht ohne Antwort geblieben waren, auf ihre eigene Ver= antwortung bei der Verlesung übergaben, fand man sie so stark, daß Kur=Mainz sie gar nicht annehmen wollte, und

---

[27] Bericht vom 7. August 1550.

ihnen überließ, ihre Bedenken dem Kaiser selbst anzu-
zeigen. [28]

Erst lange nach diesem Vorgange [29], am 7. September,
traf die Antwort des Kurfürsten d. d. 27. August 1550 ein.

Moritz hatte die Lage der Sache für so ernst gehalten,
daß er sie zuvor einem versammelten Rathe von zwanzig
Land= und Hofräthen zur Begutachtung vorlegte. Das von
diesen ausgearbeitete, sehr ausführliche „Bedenken" — es
umfaßt zwanzig Blatt — fertigte er seinen Gesandten zu, jedoch
mit der ausdrücklichen Bemerkung: „daß es nur zu ihrer
Information dienen solle, und mit der Weisung, nur das
Nothdürftige daraus mitzutheilen, da nicht Alles bei dem
Fürstenrathe Eingang finden werde, auch manches dahin ge=
stellt bleiben möge. Sie sollten übrigens keine weitläufige
Disputation veranlassen, da es nicht des Kurfürsten Absicht

---

[28] Bericht vom 17. August 1550. Mit Unmuth äußerten sie sich
hierbei über die Gesandten von Kurpfalz und Kurbrandenburg. In Ansehung zweier Puncte, die Beiziehung protestantischer Theologen und die
Wiederaufnahme der vom Concil bereits entschiedenen Punkte, wären
die Gesandten Beider Anfangs ihrer Ansicht gewesen, ja Dr. Timotheus
Jung habe sie aufgefordert, fest dabei zu bleiben und sich erboten, bei der
Vorlesung Namens Kurbrandenburgs eine gleiche Erklärung abzugeben,
habe aber bei der Vorlesung still geschwiegen, „woraus wohl abzunehmen,
daß auf ihre Unterstützung nicht zu rechnen".

Bei dieser Gelegenheit war es auch, wo Könneritz in die kräftige
Aeußerung ausbricht: „Wollte Gott, es wären ein wenig mehr Stände,
die des Gemüths in beiden Artikeln wie Kurfürst Moritz, aber weil der
meiste Theil im Reichsrathe und in des Kaisers Rathe Pfaffen sind, so
heulet ein Wolf wie der andere. Ich habe vorher nicht gewußt, daß die
Pfaffen so große Pracht treiben. Wer ein Pfaffenhütlein hat, vor dem
beugt man sich männiglich und thut ihm Reverenz". Zugleich klagt er
über den Stolz der Spanier, „die ihren Herrn gern noch mehr erhöht
sähen, was aber hoffentlich und so Gott wolle, über ihren Hals hinaus-
gehe und nicht geschehen werde." v. Langenn, Kurfürst Moritz I. 447.
und Spieker S. 163. Letzterer versetzt diese Aeußerung irriger Weise in die
Zeit des Reichstags von 1548, auf dem Könneritz gar nicht anwesend war.

[29] Unter dem 28. Aug. erinnerten die Gesandten in ihrem Berichte, sie
hätten nun schon neunmal Relationen eingesendet, ohne Antwort zu erhalten.

sei, andere auf seine Seite zu ziehen und sich einen Anhang zu verschaffen. Etwaige Separatverhandlungen mit dem Kaiser über einzelne Puncte behalte er sich bis zu seiner persönlichen Anwesenheit in Augsburg vor, doch möchten sie die Räthe des Kaisers wie des Königs an seine 1548 einge= reichten Erklärungen und namentlich an das Gesuch erinnern, ihn wegen des Interims mit Gewalt oder in anderer Weise nicht zu drängen". Die von den Gesandten im Entwurfe ein= gesendete Notel zu der Schlußerklärung wurde dem Inhalte nach von Moritz genehmigt, jedoch etwas gelinder gefaßt. Die „Linderung" traf hauptsächlich nur die Fassung, indem die einzelnen Puncte weniger in der Form von Bedingungen, als vielmehr von Wünschen oder sich von selbstverstehenden Voraussetzungen hingestellt wurden.

Bei den Verhandlungen in Augsburg war auch unter offenbarer Hindeutung auf Kurfürst Moritz von Particular= verhandlungen gesprochen worden, welche der Kaiser auf dem vorigen Reichstage mit einzelnen Reichsfürsten gepflogen und abgeschlossen haben solle, der Kaiser hatte sie in der Antwort als leeres Gerücht bezeichnet. Die Gesandten baten, „um unebenen Gerüchten entgegentreten zu können, da sie mit den Vorgängen von 1548 nicht so genau bekannt seien, ihnen Einen der damals anwesend gewesenen Räthe beizuordnen oder um genauen Bescheid, den sie übrigens beschweigen wollten". Der Kurfürst hielt jedoch die Absendung eines weiteren Raths nicht für nothwendig, verwies die Gesandten auf die ausführliche Relation in dem Bedenken, verwahrte sich gegen den Verdacht früherer Particularverhandlungen und fügte schließlich bedeutungsvoll hinzu, „käme er selbst an, so werde er noch mehr vorzubringen wissen". [30]

Könneritz selbst reiste im October 1550 von Augsburg ab, zunächst auf Urlaub nach Joachimsthal, wohin ihn die

---

[30] Bericht der Räthe vom 9. September Loc. LXXXVIII. Bl. 88 und Antwort des Kurfürsten vom 16. September Bl. 114.

Fortstellung der in Gemeinschaft mit seinen Brüdern begonnenen Berggebäude trieb.

Schon im Monate September hatte er gebeten, den
Leipziger Michaelismarkt besuchen zu dürfen, um seine Geld-
angelegenheiten zu ordnen, in welche er wegen des Bergbaues
verwickelt sei, der Kurfürst jedoch „die Erlaubniß bis auf
Bescheid der nächstfolgenden Post eingestellt." Da nun aber
dieser Bescheid noch immer ausblieb, und übrigens die Verhandlung über die zum Reichstage ausgesetzten Puncte — bis
auf den vom Kaiser erwarteten Abschied — bereits geschlossen,
inmittelst auch Ossa, auf den die Credenzbriefe für den Reichstag gleich Anfangs mit gestellt worden, angekommen war, so
unternahm es Könneritz, unerwartet weiteren Bescheids abzureisen. Er zeigte dieß dem Kurfürsten in einer ausführlichen Vorstellung vom 19. October an und erbot sich zugleich,
nach Beendigung seiner Angelegenheiten, sobald es der Kurfürst befehle, nach Augsburg zurückzukehren, obschon die
Reichssachen soweit gediehen, daß er daselbst nur überflüssig
sei und nach einer Abwesenheit von mehr als fünf Monaten
er „wohl auch schuldig sei, sein liebes Weib und Kindlein
einmal zu besuchen". Den etwaigen Befehl zur Rückkehr nach
Augsburg bat er nach Joachimsthal zu senden, wo er ihn in
zehn bis zwölf Tagen treffen werde. [31] Er beklagt zugleich
— allerdings mehr im Interesse der Personen als der Geschäfte, — daß Moritz nicht, wie dieß die übrigen Fürsten thäten,
seine Gesandten wechseln lasse und ihnen so Zeit gönne,
auch nach Ihren Sachen zu sehn.

---

[31] Nach seiner Abreise sind die Berichte der Gesandten nicht mehr
namentlich, sondern mit der Collectivbezeichnung „die zu Augsburg anwesenden Räthe" unterzeichnet. In der Zeit vom 5. Juli bis zum 20. Oct.
hatten sie 18 ausführliche Relationen erstattet. Einen Theil seiner Diener
und Pferde hatte Könneritz übrigens schon früher zurückgehen lassen.
Schon unter dem 5. August hatte Kurfürst Moritz verordnet, es möge der
Ersparniß wegen Könneritz nur Drei, die übrigen zusammen nur Vier
behalten.

Kurfürst Moritz scheint diese Eigenmächtigkeit nicht eben gnädig bemerkt zu haben. Auf eine Anzeige Christoph's v. Carlowitz vom 11. October, daß auch Kneutlingen und Kramm abzureisen wünschten [32], verordnete er, in einem Inserate an die zurückgebliebenen Räthe: „Es wolle sich Keiner, ohne unsere Beweligt, wie von dem von Könneritz beschehen, darob wir denn nicht wenig ungnädig gefallen getragen, inmaßen er solches von uns verstanden, von Augsburg begeben."

Doch erhielt Könneritz damals keinen Befehl, zum Reichstage zurückzukehren, vielmehr sofort eine anderweite Verwendung im eigenen Lande. Nach einer von Kurfürst Moritz bei dem Schlusse des Torgauer Landtags im November 1549 getroffenen Bestimmung sollten Deputirte der sächsischen Landschaft und Deputirte der Stadt Magdeburg zu einer Conferenz zusammentreten und unter einander berathen und verhandeln, ob und durch welche Mittel und Wege die Stadt zum Gehorsam zurückzubringen und die weitere Vollstreckung der Acht abzuwenden sei? Die Conferenz sollte den 21. November in Bitterfeld beginnen. Könneritz und der Ordinarius Dr. Fachs waren zu Commissarien ernannt, sie zu eröffnen und zu leiten. Die Commissarien trafen auch in Bitterfeld ein, allein die erwarteten Deputirten von Magdeburg blieben aus und die Wenigen, welche von der sächsischen Landschaft erschienen waren, erklärten, sie müßten Bedenken tragen, im Namen ihrer Landschaft zu unterhandeln, da diese auseinandergegangen sei, ohne ihnen eine Vollmacht oder eine Instruction auszufertigen. Die Commissarien mußten daher unverrichteter Sache zurückreiten.

Bis dahin hatte Könneritz sich der vollen Zufriedenheit und des Vertrauens Seiten des Kurfürsten Moritz zu erfreuen

---

[32] Carlowitz, der übrigens zum Reichstage keine Vollmacht hatte, trat nach Anleitung der Acten Könneritzens und Kneutlingens Wunsch entgegen, „da wenn auch der Reichstag schier zu Ende und noch vor Martini geschlossen werden würde, auch Ossa inmittelst angekommen sei, dieser doch die Verhandlung nicht so genau kenne."

gehabt.[33] Allein bald sollte er den Wechsel der Gunst erfahren. Mit dem Beginnen des Jahres 1551 zog er sich seine Ungnade zu. Nach einem Befehle vom 24. Decbr. 1550 sollte er als Oberhauptmann des Leipziger Kreises die dasige Ritterschaft von Zörbig aus zur Vollstreckung der Reichsacht gegen die widerspenstige Stadt Magdeburg vorführen. Die Ritterschaft weigerte sich, gegen Magdeburg zu ziehen. Dieß hatte das in Band 4, S. 123 dieses Archivs bereits geschilderte Verfahren nicht nur gegen die Ritterschaft, sondern auch gegen Könneritz zur Folge. Hier sei nur, um den Faden nicht zu verlieren, der endliche Ausgang des Verfahrens gegen Könneritz nochmals kurz erwähnt. Nachdem Könneritz über drei Monate theils in dem festen Hause zu Pirna, theils in dem väterlichen Hause zu Lobschütz bestrickt gewesen war[34], ließ Kurfürst Moritz schließlich durch Verordnung an Statthalter und Räthe vom 22. Juni 1551 alles Verfahren gegen ihn einstellen. Unter Hinweisung auf das schon früher schriftlich geleistete Angelöbniß wurde ihm gestattet, seinen Aufenthalt auf dem Familiengute Lobschütz zu nehmen, auch von dort aus bei vorfallenden Geschäften unbehindert in des Kurfürsten Landen frei umher zu reisen. Zu Reisen in das Ausland hingegen sollte er jedesmal die besondere Erlaubniß des Kurfürsten einholen.

Schon vorher und noch während der Haft in Pirna war ihm übrigens, ohne Anführung eines Grundes, unter dem 26. März aufgegeben worden, das Amt Leipzig, das er in Verwaltung gehabt, bis zu Walpurgis abzutreten.[35]

---

[33] Auch während des Reichstags hatte er in einer Verordnung vom 5. August Könneritz und Kneutlingen sein besonderes Gefallen zu erkennen gegeben.

[34] Innerhalb dieser Zeit muß er jedoch noch einmal nach Augsburg zurückgeritten sein, da der dasige Reichsabschied von 1551 auch seine Unterschrift trägt.

[35] Ja in einem Actenstücke des Dresdener Archivs, Bestallungen von 1515—1600 Vol. I., finden wir sogar das seinem Nachfolger, dem be-

Nach der Enthebung seines Postens als Oberhauptmann lebte Könneritz die letzten Regierungsjahre des Kurfürsten Moritz hindurch anscheinend in ziemlicher Muße, nur mit seinen Privatangelegenheiten beschäftigt, auf dem Rittergute Lobstedt, das nach des Vaters Tode im Jahre 1551 auf ihn und seinen ältern Bruder Christoph übergegangen war. Selbst an dem Feldzuge von 1553 gegen Markgraf Albrecht von Brandenburg, obgleich die ganze Ritterschaft hierzu aufgeboten war, nahm er keinen Theil, da er um diese Zeit vom Kurfürsten Moritz gerade Urlaub nach Oesterreich erhalten hatte, um die Verlassenschaft eines daselbst verstorbenen Bruders (jedenfalls des ältesten Dr. Andreas) zu ordnen. Wegen der von ihm zu stellenden Pferde ließ er sich durch einen andern tüchtigen von Abel vertreten. [36]

Von dem Nachfolger Moritzens, dem Kurfürsten August, wurde Könneritz sehr bald wieder zu den öffentlichen Geschäften herangezogen und nach und nach zu immer wichtigeren Aufträgen und Aemtern verwendet.

So war er z. B. schon im Jahre 1554 zum Commissar ernannt, in Gemeinschaft mit Andreas von Erdmannsdorf die Irrungen Wolf's von Werthern und seiner Brüder mit Valentin von Lichtenhayn zu Breitingen zu schlichten; so war er ferner im December gedachten Jahres zu dem Oberhofgerichte nach Leipzig deputirt, an Stelle des erkrankten Raths Georg von Schleinitz an der Quartalsitzung und den Entscheidungen des Gerichts Theil zu nehmen.

Ein bei weitem wichtigerer und ehrenvollerer Auftrag

---

kannten Freiherrn von Heydeck, als Oberhauptmann des Leipziger Kreises bestimmte Bestallungsdecret schon unter dem 24. Februar zu Torgau ausgefertigt, worin Moritz zugleich dessen etwaigen Erben noch besonders seinen Schutz zusichert, wahrscheinlich, weil Heydeck kein Landeskind war und damals noch in Reichsacht stand.

[36] In einem spätern Schreiben vom Jahre 1553 vertheidigt er sich gegen den Vorwurf, als habe er bei dieser Gelegenheit der Lehnspflicht nicht vollständig Genüge geleistet.

wurde ihm jedoch, als ihn Kurfürst August in demselben
Jahre zu seinem „fürnehmsten Gesandten" bei dem bevor=
stehenden Reichstage bestimmte, auf welchem zu Ausführung
des Passauer Vertrags der Friedensstand zwischen beiden
Religionsparteien auf immerwährende Zeiten geschlossen und
die übrigen Artikel jenes Vertrags zur Ausführung gebracht
werden sollten, und der nach vielfältigen Prorogationen auf
den 10. November 1554 nach Augsburg ausgeschrieben war.
Als Könneritz erfuhr, daß ihm diese Sendung zugedacht sei,
bat er zwar den Kurfürsten, ihn damit zu verschonen, weil er
wegen des Ablebens eines Bruders in Oesterreich noch zu viel
mit Familienangelegenheiten beschäftigt sei. Allein der Kur=
fürst, der gerade in den kirchlichen Angelegenheiten vorzugs=
weise auf Könneritz sein Vertrauen gesetzt haben soll [37], ließ
es in einer anderweiten Verordnung dabei bewenden, mit
dem beruhigenden Zusatze:

„und wollen denn deiner Bitt gedenk sein, ob wir dich um
Mitfasten, da sich der Reichstag so lange verziehen würde,
wieder anheim urlauben können."

So nahm denn Könneritz, zwei kurze Unterbrechungen
in der Charwoche und um das Trinitatisquartal abgerechnet,
wo er in seinen Bergwerksangelegenheiten auf Urlaub in
Joachimsthal war, an den Geschäften des Reichstags von dessen
Beginn am 5. Februar bis zu dessen Schluß am 26. Septbr.
1555 den thätigsten Antheil.

Unter allen Reichstagen jener Zeit war der von 1555
für die Gestaltung der öffentlichen Angelegenheiten Deutsch=
lands einer der wichtigsten und erfolgreichsten. Auf diesem
Reichstage wurde endlich, was so oft schon, stets aber ver=
geblich, versucht worden war, ein dauernder und gesicherter
Friedensstand zwischen beiden Religionsparteien abgeschlossen,

---

[37] Christoph von Carlowitz von Dr. von Langenn, Leipzig 1854
S. 251. Allerdings hatte Könneritz schon auf den Reichstagen 1544, 1545
und 1550 Gelegenheit gehabt, Geschicklichkeit und Festigkeit der Gesinnung
an den Tag zu legen.

der protestantischen Confession, ohne weitere Rücksicht auf den
Papst, die Stellung einer vom Reiche anerkannten Kirche zugestanden, durch Reformen in dem Kammergerichte für un-
parteiisches Recht nach beiden Religionsparteien hin gesorgt
und zugleich, durch eine ausführliche Executionsordnung, auch
für ein ordentliches Reichsregiment und für den Friedensstand
in Profansachen Vorsehung getroffen.   Selten hat aber auch
ein Reichstag an Haupt und Gliedern eine gleiche Thätigkeit
entwickelt. [38]

Wie viel Vorfragen zu erledigen waren, bevor nur die
Verhandlungen über den Frieden wirklich beginnen konnten,
welche Kämpfe, des von beiden Seiten unverkennbar bestehenden guten Willens, dem Hader in Deutschland ein Ende zu
machen, ungeachtet, durchgefochten werden mußten, bevor es
wirklich zum Abschlusse kam, zugleich aber auch, welcher be-
deutender Antheil an dem ganzen Friedenswerke wie an einzelnen Bestimmungen gerade den Gesandten Kursachsens, ihrer
Einsicht, Festigkeit und zugleich Mäßigung und Besonnenheit
zuzuschreiben ist, endlich aber auch — keine Partei wird dieß
verkennen — welches große Verdienst hierbei dem Könige
Ferdinand, seinem milden und gerechten Sinne und seinen
wahrhaft aufopfernden Bemühungen gebührt: davon geben
die über die Geschichte des Religionsfriedens von Zeit zu
Zeit erschienenen Monographien und in gedrängter, aber sehr
klarer Uebersicht besonders Ranke in seiner Geschichte Deutschlands im Zeitalter der Reformation, Buch 10, Kapitel 5 und
im Anfange zum 6. Bande lautes Zeugniß. [39]

[38] Die Correspondenz zwischen Kurfürst August und seinen Räthen
füllt im Haupt-Staatsarchive vier sehr starke Volumina und enthält allein
47 sehr eingehende Berichte.   Mit Ausnahme des ersten Berichtes,
der von Könneritz und Lindemann namentlich unterschrieben ist, sind alle
übrigen abweichend von der im Jahre 1550 beliebten Form nur mit der
Collectivbenennung „Räthe zu Augsburg" unterzeichnet.

[39] Von den Aelteren: Lehmann, de pace religionis, Frankfurt 1640. Von den Neueren: Spieker's Geschichte des Religionsfriedens,
Schleiz 1854.

Um nicht bereits Bekanntes zu wiederholen, gehen wir daher über den Gang dieser Verhandlungen hinweg, glauben aber dagegen aus den Acten Einiges über die persönlichen Beziehungen der Gesandten auf jenem Reichstage und über die Geschäftsführung mittheilen zu dürfen.

Die Gesandtschaft bestand außer Könneritz annoch aus dem Dr. Franz Kramm [40], Dr. Laurentius Lindemann, Ordinarius der Juristenfacultät zu Wittenberg und Erich Volkmar von Berlepsch. Kramm und Berlepsch trafen jedoch erst nachträglich in Augsburg ein, Berlepsch gar erst auf eine Verordnung vom 13. Juni. Bis dahin hatte ihn der Kurfürst im eigenen Lande gebraucht. Könneritz und Lindemann wohnten

[40] Kramm erstattete von dort zugleich seine gewöhnlichen Zeitungsberichte. Daß er diese allein unterschrieb, scheint Ranke zu der Ansicht verleitet zu haben, als sei Kramm das hervorragendste Glied der Gesandtschaft gewesen. Dem ist nicht so. Principalgesandter war zweifelsohne Könneritz. Uebrigens stand Kramm bei seinen Zeitgenossen in dem Rufe, daß er seiner Person gern ein besonderes Gewicht beilege. Wenigstens schließt der Kanzler Mordeisen einen Bericht an den Kurfürsten, in welchem er seine eigene gute Aufnahme bei dem Könige erwähnt, mit der Bitte, dieß zu entschuldigen, „damit es ihm nicht etwa ergehe, wie dem Dr. Kramm, der darüber zu Zeiten ein Gelächter unter den Hofleuten angerichtet". Dergleichen Zeitungsberichte fielen natürlich wie jetzt die Zeitungen sehr bunt aus. Mitten unter den wichtigsten Welthändeln berichtet Kramm wohl auch in unverhüllter Weise und mit allen Einzelnheiten die heimliche Krankheit des Kaisers; oder wie die ihm überschickten Austern zubereitet werden müßten, welche, merkwürdig genug, mitten im Sommer von Venedig über die Berge nach Augsburg gekommen waren, welcher Wein dazu zu trinken sei; oder meldet ihm, daß er die gewünschten Gemsen für den auf dem Felsen bei Hohnstein anzulegenden Gemsengarten in Hohenschwangau zu erlangen hoffe. Auch an Zuverlässigkeit mögen jene Zeitungsberichte die jetzigen Zeitungen nicht immer übertroffen haben. Auf die in einem Zeitungsberichte von Kramm gegebene Nachricht, daß der Religionsfrieden wohl schwerlich zu Stande kommen werde, rectificirt ihn der Kurfürst in einer Verordnung vom 29. April 1555, daß er dies auf das Ungewisse hin und ohne alle nähere Motivirung berichte, indem er seinerseits die vielfachen Gründe hervorhebt, welche gerade das Gegentheil hoffen ließen.

daher der Eröffnung allein bei. Auf der Reise nach Augsburg
erfuhren sie, wie sie berichten, daß der König, der daselbst
schon seit dem 29. December auf die Ankunft der Reichsstände
wartete, definitiv den 5. Februar zur Eröffnung des Reichs=
tags bestimmt habe. Sie eilten nun, wie sie berichten, um
so mehr, noch vorher hinzukommen, als sie aus dem Inhalte
der anzubringenden Werbung abnehmen müssen, daß sie der
Eröffnung der Reichsproposition vorausgehen sollte. Es ge=
lang ihnen auch, und zwar, „ohne mit Ungestüm zu drängen
oder ihre Absicht erkennen zu lassen", noch vorher am 4. Febr.
zur Audienz zu gelangen. Sie hatten, da, wie früher der
Kaiser, so auch jetzt König Ferdinand, den Kurfürsten durch
besondere Gesandte, Pflugk und Dr. Brißmann, zum persön=
lichen Erscheinen hatten auffordern lassen, Auftrag, ihren
Herrn nochmals zu entschuldigen, daß er wegen seiner Ge=
schäfte im Lande und des gerade stattfindenden Landtags
nicht gleich Anfangs selbst erscheine.

Ueber die Audienz bei dem Könige, die in Beisein des
Hofmarschalls von Trautson und der königlichen Räthe Dr.
Genger und Dr. Jonas, des Vicekanzlers, stattfand, sowie
über die Eröffnung des Reichstags berichten sie, „die Wer=
bung haben wir an Ew. Mjt. nicht allein in der Meinung,
wie sie in der Instruction begriffen, sondern auch von Puncten
zu Puncten, fast mit den Worten anbracht, also, daß wir
genzlich hoffen, es sol auch kein fürnemes Wort vermittelst
göttlicher Hülf geändert oder von uns im Reden ausgelassen
sein."[41]

Nach der feierlichen Rede ließ der König zunächst durch
den anwesenden Vicekanzler Jonas mündlich antworten, auch
von der Werbung, „weil sie nach der Länge mit allerhand statt=
licher Ausführung anbracht, und wegen Wichtigkeit der Sachen,
damit sie besser ersehen und erwogen werden könnten, sich eine

---

[41] Bericht vom 5. Februar. Die Rede kann hiernach nicht kurz ge=
wesen sein, denn die Instruction füllt im Concepte 23 Blatt.

Abschrift ausbitten, darauf wolle sich Jhre Mjt. mit der Ant=
wort gnediglich und freundlich und also erzeigen, das Jro
Mjt. veterlich und gnedigst gemuet zu friede, ruhe und aller
wolfahrt deutscher Nation geneigt, der Kurfürst zu vermerken
hätte."

Hierauf nahmen die Gesandten nochmals das Wort und
wiederholten kurz des Kurfürsten Wunsch und Absicht, recht
bald persönlich auf dem Reichstage zu erscheinen.

„Nach solchem allem — fuhren sie fort — ist der König
selbst hart nahe an uns getreten und uns sonderlich befolen
Ew. K. Gn. einzubringen, es begehre der König gnediglich,
der Kurfürst wollte selbst persönlich auf diesen Reichstag
kommen, darnach angefangen, Er, der König, hätte in seinen
Erblanden auch viel zu thun gehabt und mit großer Be=
schwerung abkommen mögen, doch hätte der König den ge=
meinen Nutz fürgesetzt; der Kurfürst wäre noch ein junger
Herre, könnte von hinnen, da nott für fiele, bald in seine
Lande kommen und könnte hier (in Augsburg) als ein für=
nembster Kurfürst viel guts schaffen und was allhier in gemein
beschlossen würde, das binde, das andre wäre eitel flickwerk
und käme nimmermer zu einem leichten einhelligen Schluß;
Und haben — fügen sie hinzu — Jhre Mjt. unsers merkens
etwas bewegts gemüths geredt, wie wir uns denn sonderlichen
auch in der werbung (während unserer Rede) dünken lassen,
Jro Mjt. wären etwas darüber bewegt worden, Jmmassen
den Jro Mjt. Sich etliche mahl umbgesecen."

Am Tage der Eröffnung holten alle anwesenden Reichs=
stände oder deren Gesandte, früh sieben Uhr, den König ab,
ihn zu der zuvor zu celebrirenden Messe in den Dom zu geleiten.
Rönneritz nahm hierbei den Platz des Kurfürsten ein, indem
er zwischen Kurpfalz und Kurbrandenburg, unmittelbar vor
dem Erbmarschall (Pappenheim) und dem Könige ritt.

Ueber die Art, wie die protestantischen Stände bei der
gottesdienstlichen Feier ihre Pflicht gegen das Reichsoberhaupt
mit ihrer religiösen Ansicht zu vereinigen suchten, sagt der

Bericht: „Der Herzog (Christoph) von Würtemberg (ein eifriger Protestant) hat den König bis an den Chor geleitet, darauf umgekert in der Meß nicht blieben, Desgleichen, ob woll ich, Könneritz, Ewr. K. G. Statt im Chor gehalten, so bin ich doch zum Opfer nit gangen noch das Pacem geküßt, und die andern alle vor mir überpassiren lassen und wiewohl ich damit einen hohen Zorn verdienet haben magk, so hoffe ich doch, Ewr. werden nach gestalt gnebigst damit zufrieden sein."

Es war nur eine natürliche Folge von der wichtigen Stellung des Kurfürsten von Sachsen unter den übrigen Reichsfürsten, wie unter den Protestanten insbesondere, daß die Reichsstände und deren Gesandte mit den Abgeordneten Kursachsens sehr bald nach ihrem Eintreffen Verbindungen anzuknüpfen und zu unterhalten suchten. [42]

Die Pfälzischen und die Hessischen Räthe traten sofort nach dem Eintreffen mit ihnen in Conferenzen zusammen, um sich mit ihnen über den zu nehmenden Gang zu besprechen. [43] Herzog Christoph von Würtemberg, der Hauptführer der Protestanten im Fürstenrathe, lud sie gleich am Tage nach der Eröffnung zur Tafel, hielt nach der Mahlzeit eine längere Besprechung mit ihnen und wiederholte dies auch im ferneren Verlaufe. [44] Aber auch von Seiten der Gegenparthei, den Katholiken, kam man ihnen mit Zuvorkommenheit entgegen. Der Kardinal und Bischof von Augsburg, der kaiserliche Commissar,

---

[42] Zum Theil geschah es wohl auch nur, um von ihnen zu erfahren, welchen Standpunkt Kurfürst August, der zum ersten Mal einen Reichstag beschickte, in der Religionsfrage einnehmen werde. Dr. Lindemann erfuhr von den Gesandten des Herzogs Otto Heinrich, daß ihnen das Gerücht vorangegangen sei, der neue Kurfürst wolle sich auf diesem Reichstage der Religion nicht sonderlich annehmen, hiervon sollten sie jedoch sehr bald eines Anderen überzeugt werden.

[43] Inserate zu dem Bericht vom 5. Februar 1555.

[44] An Reichsfürsten waren damals überhaupt nur noch Herzog Albrecht von Baiern und der Bischof von Eichstedt anwesend. Die Kurfürsten hielten sich für ihre Person inszesammt vom Reichstage entfernt.

beeilte sich, sie zu Gaste zu laden. Sie trafen dort zugleich den zweiten kaiserlichen Commissar Dr. Hornung. Beide belobten die vom K. August gethane Werbung, die sie mit dem Könige wegen der zu ertheilenden Antwort eben geprüft und berathen hätten.

Im Kurfürstencollegium wurde trotz der Verschiedenheit der religiösen Ansichten — drei Geistliche und daher katholische gegen drei weltliche evangelische Stimmen — die Einigkeit schon durch politische Rücksichten herbeigeführt und erhalten. Alle fühlten, daß nur durch die vollständigste Einmüthigkeit dem Kurfürstencollegium ein vorwiegender Einfluß gewährt werden könne. Bis auf den einzigen Punkt wegen der sogenannten Freistellung der Geistlichen wurden denn auch, wenn gleich Anfangs die Ansichten weit auseinander gingen, doch schließlich alle Beschlüsse im Kurfürstenrathe mit Stimmeneinhelligkeit gefaßt. Rühmend erwähnen die sächsischen Gesandten, daß Mainz ihnen fast immer zustimme, und sie beklagten umsomehr das während des Reichstags erfolgte Ableben des Erzbischofs von Mainz, Sebastian (von Heissenstein), als sie nicht wüßten, ob ein Nachfolger dieselben versöhnlichen Gesinnungen haben werde. [45] Andererseits wurden die Gesandten Kursachsens von den geistlichen Fürsten gerühmt, daß sie, wo ihrem Glauben kein Eintrag geschehe, nicht hartnäckig auf ihrer Meinung beständen. [46]

Daß die Gesandten Kursachsens mit den Räthen der übrigen evangelischen Stände ein gutes Einvernehmen suchten, war durch ihre gemeinsamen religiösen Interessen geboten, wurde aber vorzugsweise durch die von den Fürsten selbst geschlossene innige Vereinigung veranlaßt und unterstützt. Bei einer persönlichen Zusammenkunft zu Naumburg im Anfange des Monats März hatten die Fürsten der Häuser Sachsen, Brandenburg und Hessen sich nicht nur über die Erneuerung

---

[45] Berichte vom 26. u. 29. Mai 1555.
[46] Ranke, Bd. 5. S. 369. Anm. 1.

der unter ihnen bestehenden Erbverbrüderung geeinigt, sondern
bei dieser Gelegenheit auch zugleich eine gemeinschaftliche De=
claration über Festhaltung an dem protestantischen Bekenntnisse
und über mehrere bei den Verhandlungen über den Religions=
frieden aufzustellende Gesichtspuncte aufgesetzt und unter=
schrieben, die sie während des Reichstags durch ein Collectiv=
schreiben dem Könige nach Augsburg einsendeten. [47]

Mit dieser Vereinigung war zugleich ein Mittelpunct für
die Interessen der Protestanten wieder gewonnen, der durch
den schmalkaldischen Krieg verloren gegangen war. [48] Und
so finden wir denn in den Acten, daß die Gesandten Kur=
sachsens mit denen der übrigen evangelischen Fürsten und den
protestantischen Reichsstädten sehr häufig „zu Haufe“ gingen
oder von Kurfürst August ausdrücklich auf die Vernehmung
mit anderen hingewiesen wurden. Ebenso erfolgte die Ab=
lehnung des vom Könige im Monate August durch besondere
Gesandte an mehrere Fürsten gebrachten Vorschlags auf Pro=
rogation des Reichstages nur erst, nachdem sich Kurfürst
August hierüber direkt mit denen von Pfalz und Branden=
burg, mit Markgraf Hans von Brandenburg, dem Herzoge
von Württemberg und Landgraf von Hessen vernommen
hatte.

Mit besonderer Freude erkennt man aber auch, welches
freundliche Verhältniß damals zwischen dem Kurfürsten August
und den Vettern der fürstlichen Linie bestand. Bei der per=
sönlichen Zusammenkunft zu Naumburg war der zeitherige

---

[47] Declaration und das gemeinschaftliche Schreiben an den König
d. d. reminiscere siehe bei Lehmann a. a. O. S. 119 flg. Es wurde
von Kurfürst August durch Rantzau übersendet.

[48] Wohl nicht mit Unrecht schreibt ihr Ranke Bd. 5. S. 286 einen
wesentlichen Einfluß auf den Abschluß des Friedens zu. Die Nachricht
hiervon stimmte bei ihrem Eintreffen in Augsburg die Ansprüche der
Katholiken bedeutend herab. Bei den Protestanten dagegen erregte sie
solche Freude, daß nach Kramm's Bericht deren Prädicanten sie sofort von
der Kanzel verkündigten.

Groll und Hader geschwunden. Beide Linien des sächsischen Fürstenhauses gingen auf jenem Reichstage Hand in Hand. Oft erwähnen die Gesandten des Kurfürsten ganz besonders, daß der Gesandte der fürstlichen Vettern mit ihnen einverstanden sei, und nicht selten werden sie von ihrem Herrn zur Vernehmung mit den Räthen der Vettern angewiesen. Als Kurfürst August in Augsburg mit den Reichslehnen, wie mit den böhmischen Lehnen beliehen werden sollte, erhielten seine Räthe Befehl, das von den ernestinischen Vettern an den König gebrachte Gesuch, ihnen gleichzeitig die Gesammtlehn zu ertheilen, auf das lebhafteste zu unterstützen. [49]

Auf der anderen Seite stand der fürstliche Gesandte Eberhard von der Tann dem Kurfürsten mit seinem Rathe bei, als der Zweifel entstand, ob Kursachsen bei dem Ableben des Erzbischofs von Mainz die Umfrage im Kurfürstenrathe gebühre, [50] und mit Bereitwilligkeit gaben die Fürsten über das, was hierüber dort bekannt sei, Auskunft, als Kurfürst August sich deshalb an sie wendete.

Unterstützt wurde das gute Einvernehmen zwischen beiden Gesandtschaften unstreitig schon durch die genauen Beziehungen, in welchen Könneritz und Eberhard von der Tann schon früher zu einander gestanden hatten. Sie waren Beide zu gleicher Zeit in Johann Friedrich's Diensten gewesen. Sie

---

[49] Die zum Reichstage abgesendeten Räthe hatten nur die Lehnsreichung nachzusuchen und vorzubereiten, mit dem Vicekanzler des Königs, Dr. Jonas, die Fassung der Lehnsbriefe in Ordnung zu bringen, wofür sie, beiläufig gesagt, ihm 100 Goldgulden verehren sollten. Das feierliche Ansuchen um Beleihung und die Empfangnahme der Lehn selbst erfolgte durch eine besondere glänzende Gesandtschaft, an deren Spitze Albrecht Graf Stollberg und Graf Christoph zu Mannsfeld standen. Bei der Beleihung mit den Reichslehnen wurden die Vettern zur gesammten Hand zugelassen, indem ihr Bevollmächtigter zugleich den Knopf des Schwertes berührte. Zur gesammten Hand an den böhmischen Lehnen wollte sie aber König Ferdinand durchaus nicht zulassen, bevor er mit den Ständen der böhmischen Krone Rücksprache genommen.

[50] Berichte vom 26. und 29. März.

hatten Beide als dessen Bevollmächtigte den Reichstag in Worms abgewartet.

So wurde durch die Offenheit, mit der Kurfürst August seinen protestantischen Mitständen entgegenkam, durch den Eifer, mit dem er diesen Angelegenheiten sich hingab, und zugleich durch das kluge, versöhnliche und feste Benehmen, welches seine Gesandten in vollster Uebereinstimmung mit ihrem Herrn beobachteten, auf diesem Reichstage der überwiegende Einfluß, den Kursachsen von dem Beginn der Reformation an in den Angelegenheiten der evangelischen Confession ausgeübt hatte, nicht nur wieder erlangt, sondern, wie sich aus den Verhandlungen allenthalben ergiebt, immer mehr zu einer formellen Anerkennung gebracht und so zu einem wirklichen Directorium der evangelischen Körperschaft in Deutschland herangebildet, was Sachsen sodann bis zur Auflösung des Reichs zu bewahren wußte.

Daß man, indem man der evangelischen Confession die Rechte einer anerkannten Kirche zugestehen, zwischen beiden Religionsparteien hierüber verhandeln wollte, die evangelischen Stände, wenn auch nicht ausdrücklich, doch implicite als eine Genossenschaft betrachten mußte, lag in der Sache, und es hatte daher eine ganz andere Bedeutung, wenn König Ferdinand auf dem Reichstage 1555, wie dies so oft geschah, mit den Protestanten „zu Haufe" oder selbst mit einem Ausschusse aus demselben verhandelte, als wenn Carl der Fünfte auf früheren mit ihnen privatim in seinem Gemache sprach, sie irgend für seine Absicht zu gewinnen. Aus dem Begriffe einer Genossenschaft oder Gesammtheit ging aber von selbst hervor, daß irgend ein Stand für sie das Wort nehmen mußte, und diese Stellung fiel, fast ohne ihr Zuthun, nach der Natur der Verhältnisse jedesmal den Gesandten Kursachsens zu.

Bei den mündlichen Verhandlungen des Königs mit der Gesammtheit der evangelischen Stände überließ Kurpfalz, obgleich es den Rang vor Sachsen hatte, ausdrücklich dem Gesandten Kursachsens, das Wort vor dem Könige zu

nehmen.⁵¹ Als ferner bei einem Zwiespalte der Meinungen
zwischen den drei weltlichen und den drei geistlichen Kurstimmen
ein getheiltes Votum an den König zu bringen war, wurde
den Gesandten Kursachsens die Aufgabe, die Schrift für die
drei weltlichen (und evangelischen) Stimmen abzufassen.⁵²
Auch der König erkannte diese hervorragende Stellung an,
indem er das endliche Resultat der Verhandlungen den protestantischen Frei- und Reichsstädten vor dem Kurfürstenrathe
zu eröffnen, dem Deputirten Kursachsens Dr. Lindemann über-
trug,⁵³ und die von ihm zur Sicherung der unter geistlicher
Botmäßigkeit stehenden Städte, Ritterschaft und Communen
ausgestellte Declaration, welche den Inhalt des sogenannten
Nebenabschiedes bildet, im Original an Kursachsen aushändigte.

Der Geschäftsgang der Verhandlungen, um zu einem
Resultate zu gelangen, war allerdings ein sehr mühevoller.
Der vom Könige sofort in der Propositionsschrift gemachte
Vorschlag, die Gegenstände für diesmal ausnahmsweise durch
einen gemeinschaftlichen, aus beiden Räthen, dem Kurfürstenrathe und dem Fürstenrathe, zusammengesetzten Ausschuß
berathen zu lassen, war vom Kurfürstenrathe einmüthig und
mit großer Bestimmtheit zurückgewiesen worden. Alle be-
fürchteten, es könne bei einer solchen Vermischung der Kur-
fürstenrath an Gewicht und Autorität verlieren; der weltliche
Theil der Kurfürsten noch insbesondere, es möchte die
katholische Partei, welche im Fürstenrathe wegen der überwiegenden Mehrzahl der geistlichen Fürsten die Oberhand
hatte, einen zu großen Einfluß erlangen.⁵⁴ Hat dieser Beschluß, wie auch Ranke⁵⁵ anerkennt, gewiß viel zu dem end-

⁵¹ Bericht der Räthe vom 9. September.
⁵² Ranke a. a. O. Bd. 5. S. 525.
⁵³ Lehmann a. a. O. S. 117.
⁵⁴ Bericht der Räthe vom 21. Februar.
⁵⁵ Bd. 5. S. 305. u. 419 flg. Er bezeichnet das auf dem Reichstage
von 1555 erlangte Resultat vorzugsweise als das Werk des Kurfürsten-
rathes.

lichen Gelingen des Friedenswerkes beigetragen und daher
materiell viel genützt, so ist doch unverkennbar, daß er das
Geschäft formell sehr erschwerte. Denn es mußte hiernach in
jeder der beiden Curien abgesondert verhandelt und sodann
durch Communication zwischen beiden ein Einverständniß ge=
sucht werden. Selbst zu einem Beschlusse im Kurfürstenrathe
wurde in der Regel Einstimmigkeit erfordert. Sobald jedoch
nur erst die Vorfragen erledigt waren, ging es schnell vor=
wärts. Im Kurfürstenrathe wurden täglich zwei Sitzungen
gehalten.

Jede im Kurfürstenrathe zur Berathung zu bringende
Sache wurde zuvor durch eine Deputation besonders vorbe=
reitet, wozu jede Gesandtschaft ein Mitglied deputirte. Zur
Deputation über den Religionsfrieden, dessen Entwerfung,
nachdem man sich im Collegium über die Hauptgrundlagen
vereinigt, Kurmainz übernahm, wurde von der sächsischen
Gesandtschaft Dr. Lindemann deputirt.[56] Da die Zahl der
kursächsischen Bevollmächtigten nicht immer zu Besetzung aller
Deputationen ausreichte, so hatte sie zu einer derselben, zu
dem sogenannten Supplicationsrathe, den ihr zur Protocoll=
führung beigegebenen Secretair Hieronymus Kommerstädt und
zwar mit Stimmrecht beigeordnet.[57]

Nach vielen Schwierigkeiten konnten endlich die Räthe
unter dem 25. September den Abschluß anzeigen. Am 26.
wurde, wie sie „mit Dank gegen Gott" melden, der Abschied
verlesen. Zum Schlusse hatten die sächsischen Gesandten,

[56] Ranke, Bd. 5. S. 361.

[57] Ueber die Sitzungen im Kurfürstenrathe wurden, und zwar, wie es
scheint, von jeder Gesandtschaft für sich, Protocolle geführt, die kurz, fast
in der Form wie noch jetzt die Bundestagsprotocolle, die gestellte Frage
und die hierauf von den einzelnen Stimmen abgegebenen vota enthalten,
ohne die Namen der Gesandten zu nennen. Die Protocolle von dem Reichs=
tage 1555 im sächsischen Archive füllen mit Inbegriff der zu Protocoll
gegebenen Beilagen einen Band von über 1200 Blatt. Während einer
Behinderung Kommerstädt's hatten die Gesandten einen Notar zu Augs=
burg, Lorenz Utmann, zum Protocolliren requirirt.

„nicht ohne Ursache," wie der Bericht hinzufügt, alle Prädicanten (die protestantischen Prediger) zu Gaste, „die mit Ew. K. Gn. und dem Abschiede wohl zufrieden."[58]

Und gewiß, mag man auch in den getroffenen Bestimmungen, von dem Standpuncte der Protestanten aus, noch Manches vermissen, Manches anders wünschen, mag man es bedauern, daß nicht jedem Unterthan, wie die protestantischen Stände verlangten, volle Religionsfreiheit zugesichert wurde; immerhin war dadurch, daß nach so vielen Kämpfen der evangelischen Confession das Recht und die Stellung einer im Reiche anerkannten Kirche zugestanden war, ein Großes erreicht worden.

Auch Kurfürst August war mit dem Benehmen und den Leistungen seiner Gesandten zufrieden. Er zeigte dies durch vielfach schon während der Verhandlungen ausgesprochene Belobung ihres Fleißes und ihrer Thätigkeit; er zeigte es noch bezeichnender, indem er sich stets mit ihren Ansichten und ihren Vorschlägen einverstanden erklärte; er zeigte es auf eine besonders ehrende Weise, indem er am Schlusse der Verhandlung das Schicksal eines von ihm annoch vorgeschlagenen Zusatzes schließlich mit vollem Vertrauen in ihre Hände legte.[59]

Gegen Könneritz gab er seine Zufriedenheit auch noch besonders durch thatsächliche Beweise zu erkennen. Sofort nach Schluß des Reichstags unter dem 3. October verschrieb er ihm ein Gnadengeschenk von 2000 Mfl., was bis zur Auszahlung aus der Rentkammer verzinst wurde. Gleichzeitig ernannte er ihn laut Bestallung vom 1. October 1555 zum Landrathe.

Was die eigentliche Bedeutung der Landräthe war? ist,

---

[58] Kramm's Bericht vom 26. September 1555.

[59] Verordnung vom 14. September. Es ist derselbe Zusatz, der den Inhalt des sogenannten Nebenabschieds bildet. Es gelang den Gesandten, den König zu dessen Annahme zu bewegen, worauf sie in Gemeinschaft mit dem Vicekanzler des Königs Dr. Jenas die Fassung fixirten.

wie überhaupt das Verhältniß, in welchem die einzelnen
Arten von Räthen, wie sie mit so verschiedenartigen Bezeich=
nungen vorkommen: als „Rath, Landrath, heimlicher Rath,
geheimer Rath, alter Rath" zu einander standen, schwer zu
bestimmen. Im Allgemeinen deuten diese verschiedenen Be=
zeichnungen den Gegensatz von den Hofräthen oder den
wesentlichen Räthen an, welche eine stehende Justiz=, Lehns=
und Regierungsbehörde am Hofe des Fürsten bildeten.

Daß die Landräthe, obschon einen stehenden Rathsgehalt
und gleich „den anderen Hofräthen" bestimmte stehende Emo=
lumente für sich, ihre Diener und Pferde, doch keinen stehenden
Wirkungskreis hatten und ebenfalls nur Diener von Haus
aus waren, geht unzweifelhaft aus der dem Könneritz er=
theilten Bestallung hervor. Sie bezeichnet ihn ausdrücklich
„als Landrath und Diener von Haus aus", enthält durchaus
keine Verpflichtung auf ein bestimmtes Amt oder stehende
Geschäfte, sondern legt ihm nur ganz allgemein die Pflicht
auf, „so oft der Kurfürst es verlange, am Hofe zu erscheinen,
seinen Rath zu ertheilen, Befehle anzuhören und auszurichten,
und sich in Commissionssachen oder Verhandlungen und
Sendungen innerhalb oder außerhalb Landes gebrauchen zu
lassen."[60]

Namentlich dienten die Landräthe auch dazu, das am
Hofe bestehende ständige Collegium der Hofräthe für besonders
wichtige Sachen zu verstärken.[61] Vielleicht nicht mit Unrecht

---

[60] Das in der Bestallung vom 1. October 1555 enthaltene Anführen
des Kurfürsten, daß er sich mit Könneritz über die Bestallung verglichen
habe, beweist zugleich, daß man schon damals das Dienstverhältniß aus
dem Gesichtspuncte eines zweiseitigen Vertrags betrachtete.

[61] So wurde bei dem commissarischen Gutachten über das staats=
rechtliche Verhältniß der einbezirkten Grafen und Herrn von 1557 vor=
geschlagen, dasselbe mit Hof= und Landräthen zu prüfen, zu etwaigen
mündlichen Verhandlungen mit ihnen dagegen vorzugsweise die Zu=
ordnung von Landräthen beantragt. Weißen's neues Museum Bd. 2.
S. 39. So wurde ferner das stehende Rathscollegium durch Landräthe
verstärkt, wenn es sich in den unmittelbar am Hofe anhängigen Rechts=

erblicken Publicisten in dem Institute der Landräthe den ersten
Anfang zu einem schon von Kurfürst Moritz beabsichtigten
Staatsrathe. [62] Auf dieser besonders wichtigen Stellung der
Landräthe mag es denn auch beruhen, daß Könneritz sowohl
in genealogischen Handbüchern, als in einem auf zwei Jahrhunderte fortgeführten chronologischen Verzeichnisse der höheren
kurfürstlichen Diener seiner Zeit als Geheimerrath aufgeführt
wird. [63]

Nur zu einzelnen Aufträgen blieb sonach Könneritz auch
als Landrath bestimmt. Hierzu fehlte es jedoch nie an Gelegenheit. Der Plan, die Religionsspaltungen auszugleichen,
beide Religionsparteien .wieder zu vereinigen, und somit
eine einheitliche Kirche wieder zu gewinnen, war zwar auf
dem Reichstage zu Augsburg, um zunächst nur das Nothwen-
digste, einen Friedensstand zu erlangen, einstweilen bei Seite gelegt, keineswegs aber aufgegeben worden. Vielmehr war man
bei dem Abschlusse des Friedens und in dem Reichsabschiede
von 1555 (§. 139—141) selbst schon übereingekommen, daß
zu Verhandlung der Frage, auf welchem Wege die Wiedervereinigung am sichersten zu erreichen sei, sowie zu Endigung
einiger anderer noch offener Puncte am 1. März 1556 ein
anderweiter Reichstag zu Regensburg zusammentreten sollte.
Auch diesen Reichstag, der sonach als eine Fortsetzung des
eben zu Augsburg geschlossenen betrachtet werden kann, sollten
Könneritz und die Doctoren Kramm und Lindemann als Ge-

---

sachen um den Verspruch in der Leuterungs- oder Oberleuterungsinstanz
handelte. Auch im Königreiche Böhmen gab es schon unter Podiebrad
neben den Hofräthen auch Landesräthe.

[62] Kurfürst Moritz von Langenn Bb. 2. S. 38. Fast scheint es, als
habe man von den Landräthen, weil sie nicht im steten stehenden Dienste
des Fürsten und nicht im Hoflager waren, sondern im Volke lebten, ein
unbefangeneres Urtheil und eine gleiche Berücksichtigung der Interessen
des Landes, nicht der Fürsten allein, erwartet.

[63] Das Collegium der Geheimen Räthe als eine stehende Behörde
wurde erst im Jahre 1586 errichtet.

sandte Kursachsens abwarten. Vor dem Beginnen wurde jedoch den beiden ersteren noch ein anderes Geschäft übertragen,
das als Vorbereitung hierzu erscheint.

Auf dem Reichstage von 1555 hatte sich unverkennbar
gezeigt, welchen günstigen Einfluß die Erneuerung der zwischen
den Häusern Sachsen, Brandenburg und Hessen bestehenden Erbverbrüderung auf den wirklichen Abschluß des Religionsfriedens
gehabt, welches Gewicht die Stimmen der hieran Theilnehmen-
den auch für andere Angelegenheiten des Reichs erlangt hatten.
Diesen Einfluß zu bewahren und zu stärken, wollten sie nun auch
dem Bündnisse die rechtliche Anerkennung verschaffen. Noch
fehlte es aber an dem Beitritte des Markgrafen Albrecht von
Brandenburg-Culmbach, dem, als in Reichsacht verfallen, bei
der Zusammenkunft in Naumburg der nachträgliche Beitritt
nur hatte vorbehalten werden können. Im Winter 1556
traten daher Räthe der verschiedenen verbrüderten Fürsten
abermals in Naumburg zusammen, um in einer Conferenz zu
berathen, wie dem Mangel abzuhelfen, und hierauf zur
kaiserlichen Bestätigung zu gelangen sei? Für Kursachsen
waren laut Instruction vom 21. Februar Könneritz und
Dr. Kramm hierzu abgeordnet. Die Conferenz schlug Inhalts
des Berichts vom 10. März 1556 vor, bei den fränkischen
Einigungsverwandten, welche den Ausspruch der Reichsacht
ausgewirkt hatten, wegen Wiederaufhebung derselben die
nöthigen Schritte zu thun.

In Folge dessen wurde denn auch Kramm in besonderer
Mission an den Bischof von Bamberg, als das Haupt der
fränkischen Einigungsverwandten, abgefertigt, den Gesandten
Kursachsens zum Reichstage aber Instruction ertheilt, diese
Angelegenheit von Regensburg aus zu betreiben. Der ausgeschriebene Reichstag konnte zwar weder am 1. März, noch
am 1. April, noch am 1. Juli beginnen, da König Ferdinand
mit dem Kriege gegen die Türken und mit Unruhen in seinen
eigenen Staaten beschäftigt war, wurde aber doch endlich in
Auftrag und Vollmacht des Königs durch dessen Schwiegersohn

Herzog Albrecht von Baiern im Monate August eröffnet. Der König traf selbst erst gegen Ende des Monats December bei dem Reichstage ein.

Wie schon auf dem Reichstage 1555, so erschien auch auf dem im Jahre 1556 keiner der Kurfürsten in Person. Sie waren Alle nur durch Bevollmächtigte vertreten.

Die Gesandten Kurfürst August's, Könneritz und Linde= mann, langten in der Mitte des Monats August in Regens= burg an, während Kramm noch durch die Mission an den Bischof zu Bamberg zurückgehalten wurde.

Die Verhandlungen auf dem Reichstage zu Regensburg, der hinwiederum die lange Zeit vom 15. August 1556 bis Mitte März 1557 in Anspruch nahm,[64] führten nicht zu so wichtigen Erfolgen wie der zu Augsburg, waren aber kaum minder mühsam und stürmisch. Auch sie füllen im sächsischen Haupt=Staatsarchive vier starke Bände.

Ueber die Mittel und Wege, welche einzuschlagen seien, um womöglich eine Wiedervereinigung beider Religionspar= teien zu erreichen, wurde leicht ein Einverständniß erreicht. Man ließ den Plan, ein Concilium von irgend einer Art zu veranlassen, fallen und entschied sich — wie auch Kurfürst August gerathen hatte — vielmehr dafür, daß unter Vorsitz des Königs und im Beisein von vier Reichsfürsten zwischen Theologen beider Parteien ein Colloquium abgehalten und das Resultat den Reichsständen zur Entscheidung vorgelegt werden sollte. Die hierbei zu beobachtenden Formen wurden auf das Genaueste festgesetzt, Worms als der Ort, wo das Colloquium abzuhalten sei, gewählt und Kurfürst August nebst dem Herzoge von Würtemberg zu Beisitzern für die Pro= testanten bestimmt.

Dagegen wurde über andere Puncte lange und heftig

---

[64] Könneritz hat ihn, zwei kurze Unterbrechungen gegen Michaelis 1556 und Januar 1557 abgerechnet, wo er abermals wegen seines Berg= baues auf Urlaub war, abgewartet.

gestritten. Weder in der Mitte des Kurfürstenraths, noch
in der Mitte der evangelischen Stände war die Einigkeit
wieder zu finden, die auf dem Reichstage 1555 so glücklich
gewaltet hatte.

Besonders wurde die im 18. Artikel des eben erst ab=
geschlossenen Religionsfriedens getroffene Bestimmung — über
den geistlichen Vorbehalt — und die vom Könige in dem so=
genannten Nebenabschiede den Protestanten ausgestellte De=
claration Gegenstand eines erbitterten Kampfes.

Das Kammergericht hatte jenem 18. Artikel eine falsche
Auslegung gegeben und der in einem Nebenabschiede ertheilten
Declaration gesetzliche Kraft nicht zugestehen wollen, weil sie
in den Reichsabschied selbst nicht aufgenommen sei. Die
katholischen Stände gingen sogar soweit, daß sie leugneten,
den König zu Ertheilung jener Declaration ermächtigt zu
haben. Die evangelischen Stände hatten schon auf dem
früheren Reichstage die Aufnahme des 18. Artikels lange
und hartnäckig bekämpft, weil er eine Verunglimpfung ihres
Glaubens zu enthalten und einer weiteren Verbreitung des=
selben wenigstens in den geistlichen Ländern Grenzen zu setzen
schien. Sie, die sich nur nothgedrungen in die Entscheidung
des Königs gefügt, begannen nun ihrerseits von Neuem gegen
den 18. Artikel anzukämpfen. Sie behaupteten, daß das
Reichsoberhaupt, selbst mit Einverständniß der geistlichen
Fürsten, über die kirchlichen Angelegenheiten eine Ordnung
nicht treffen könne. Kurfürst August war über diesen von
Neuem drohenden Streit äußerst bekümmert. Auch er hatte
bei den Verhandlungen über den Religionsfrieden mächtig
gegen diesen Artikel angekämpft, und auch jetzt hätte er ihn
lieber in Wegfall gebracht gesehen. Er hielt jedoch eine
Wiederanregung für höchst bedenklich, weil hierdurch leicht
der Bestand des ganzen Religionsfriedens in Frage gestellt
werden könne, auch der Anschein gegeben werde, als hätten
die evangelischen Stände früher in diesen Artikel einge=
willigt, während dies doch nie geschehen, sondern nur soviel

zugestanden worden sei, daß der König den streitigen Punct aus kaiserlicher Machtvollkommenheit entscheide. Er rieth daher, lediglich in ganz allgemeinen Worten darauf zu bringen, daß der Religionsfrieden mit der vom Könige ge= gebenen Declaration redlich und offen gehalten werde. Die Gesandten Kursachsens gaben sich alle erdenkliche Mühe, die Gesandten der übrigen protestantischen Stände von weiter gehenden Anträgen und namentlich von dem Verlangen auf Aufhebung jenes Artikels abzuhalten. Allein vergeblich. Sie wurden überstimmt. Viele drohten sogar, vor Erledigung dieses Punctes die geforderte Türkenhülfe zu verweigern, und so verlangten denn die protestantischen Stände, die als ein geschlossenes Corpus auftraten,[65] nach der heftigern Meinung der Majorität vom Könige die Beseitigung des 18. Artikels. Der König lehnte dies ab. So war nun der alte Streit wieder aufgerührt, ohne daß man ein Mittel finden konnte, ihn zu erledigen. Die Evangelischen begnügten sich endlich, da sie es wegen der vom Könige im Jahre 1555 ausgegan= genen Entscheidung lediglich mit diesen persönlich, nicht aber mit den Reichsräthen zu thun hätten, auch eine an die Stände zu bringende Protestation leicht eine Gegenprotestation des katholischen Theils hervorrufen könne, damit, bei dem Könige selbst eine Protestation einzureichen, auch, damit diese von den katholischen Ständen nicht ignorirt werden könne, bei Stellung des Abschiedes den ganzen Hergang vor den Commissarien und den übrigen Ständen zu referiren, und sich auf die bei der Mainzischen Canzlei befindlichen Schriften zu beziehen. „Dieses Alles" — so schließen die sächsischen Gesandten ihren Bericht — „haben die geistlichen und alle und zwar still= schweigend übergangen und hat niemand kein einziges Wort darauf gesagt. Es ist aber die Protestation auf dem Tische

---

[65] Bericht der sächsischen Räthe vom 24. August und Verordnung vom 9. October 1556. Die evangelischen Stände hatten unter sich den Grundsatz förmlich adoptirt, daß die Minderzahl der Mehrzahl sich unter= werfen müsse.

bei dem mainzischen Secretario liegen blieben, welcher sie
folgends an sich genommen. Und achten wir darauf, daß
berührte Protestation nach Gelegenheit des Falles stattlich
geschehen und wiederholt. Und wenn auch in Druck sollten
geben werden, so würde sich unseres Erachtens die erst über-
gebene Schrift und die letzte Protestation gar wohl auf einander reimen."

Die Gesandten Kursachsens erfuhren übrigens schließlich
die Genugthuung, daß ihre Abmahnung bei dem unzeitig hervorgerufenen Streite annoch nachträglich bei anderen Mitständen volle Anerkennung fand. Die Gesandten Johann's
von Brandenburg und ganz besonders die von Hessen hoben
bei der letzten Abstimmung über diesen Punct noch besonders
hervor, wie bedauerlich es sei, daß man den „sächsischen Gesandten nicht gleich Anfangs gefolgt, die diese Dinge gesehen
und diesen Ausgang verwarnet," durch den gestellten Antrag
sei „man allein tiefer hineingeführt und habe nichts als
Schimpf erlangt, und die Sachen auch im Gewissen mehr
verwirrt gemacht als vor Jemals."

Sehr charakteristisch ist es übrigens, daß ebenso, wie
schon auf dem Reichstage zu Augsburg, so auch jetzt noch, die
Evangelischen weniger dagegen, daß der König die Streitfrage
aus Machtvollkommenheit entschieden habe, ja selbst weniger
gegen den Inhalt der Entscheidung selbst, als vielmehr dagegen sich verwahrten, daß sie dem Inhalte der Entscheidung
auch ihrerseits zugestimmt hätten. Wie sie früher, „um ihre
Conscienz zu retten," und um auch nur den Schein zu ver-
meiden, als hätten sie eine Pflicht gegen ihren Glauben verletzt, auf das Bestimmteste darauf bestanden hatten, daß dieser
Artikel im Reichsabschiede ausdrücklich als ein nicht ver-
glichener, sondern als eine Entscheidung des Reichsober-
hauptes bezeichnet werde, so fühlte sich auch Kurfürst August
gegenwärtig durch nichts so verletzt, als durch die Behauptung des Königs in seiner Resolution, daß der Kurfürst in
den Artikel gewilligt habe. In der Instruction, wie in allen

späteren Verordnungen verwahrt sich Kurfürst August gegen eine solche Auffassung, mit der allergrößten Entschiedenheit. Der Kanzler Mordeisen, der im Februar 1557 in besonderer Sendung bei dem Könige Ferdinand in Regensburg war, mußte ihm vorstellen, der Kurfürst sei bewegt, daß ihm oft aufgelegt worden, daß er hierin zu weit gegangen sei und sonderlich durch die letzte Resolution des Königs: der Kurfürst könnte es seines Gewissens halber dabei nicht bleiben lassen, daß ihm aufgelegt werde, er habe in diesen Artikel gewilligt.

Bezeichnend ist aber auch die Antwort, die König Ferdinand im Gespräche mit Mordeisen gab.

Der vielen Mühen und Verdienste sich bewußt, die er um den Abschluß des Religionsfriedens sich offenbar erworben hatte, war König Ferdinand durch den erneueten Streit nicht weniger bewegt. Mordeisen fährt in seiner Relation hierüber fort: „Darauf sind J. Königl. Mjt. etwas bewegt worden, mich nicht recht ausreden lassen und gesagt: Sie hätten auch ein Gewissen, des müßten Ihro Mjt. nicht weniger als andern das Ihre bedenken, und hätten Ihro Mjt. in der Resolution die Handlung erzählt, wie sie an ihr selbst ergangen, denn sie hätten eine gute Memorie, daß sie wüßten, was sich allenthalben zugetragen und hätten Ihro K. Mjt. mit Wissen der Stände gehandelt. Als ich nun darauf wiederum gesagt, Unsere Religionsverwandte hätten es wohlgewußt, daß J. K. Mjt. den Artikel dermaßen gesetzt, sie hätten aber darin nicht gewilligt, sondern geschehen lassen müssen, daß es Ihro Mjt. von sich selbst ex plenitudine potestatis gethan; haben Ihro Mjt. wiederum gesagt: Es hat ein jeder Theil, unsere Religion sowohl, als die der anderen, an dem Artikel geflickt, dazu und davon gesetzt, und hätten also die Suppen gekocht, die hätten alsdann Ihro Mjt. austrinken müssen, das ist, in Ihrem Namen den Artikel setzen lassen. Und wenn es also sollte zugehen, daß man das wieder wollte streitig machen, was auf einem Reichstage verabschiebet, so würde man sich auf nichts gewisses verlassen können, sondern einem Jeden nach seinen Begierden und Gelegenheit die Abschiede ändern müssen, wie denn wir in unserer Religion gute Gewohnheit hätten — Und wüßte Ihro Mjt. wohl, wer dieser Dinge dränge und wem die Bisthümer in die Augen stechen. Und haben Ihro Mjt. mit vielen weitläuftigen Ausführungen ganz bewegt von dieser Sache geredet."

Bei einem anderen Gegenstande, der verlangten Türkenhülfe, wurde eine Principfrage aufgeworfen und sehr lebhaft debattirt: ob im Kurfürstenrathe die Minorität sich der Majorität unterwerfen müsse? Kurpfalz und Kurmainz wollten die Hülfe zu einem Kriege gegen die Türken nicht bis zu der Höhe und nicht auf so lange Zeit bewilligen, als gewünscht worden war. Sie hatten bei dieser Frage nicht nur die vier übrigen Stimmen im Kurfürstenrathe, sondern auch den vollständig einstimmigen Fürstenrath gegen sich. Die Gesandten Kursachsens und der übrigen Stände verfochten den Satz, daß die Minorität sich der Majorität unterwerfen müsse. Pfalz und Mainz bestanden darauf, ihre Ansicht in der Schrift an den König mit aufzunehmen. Der König billigte in seiner Antwort zwar die Ansicht der Majorität, „denn es wäre nicht allein im Reiche, sondern in der ganzen Welt Brauch, daß zwei oder drei sich von 30 oder 40 Ständen nicht absondern könnten, sondern das thun und lassen sollten, was andere gemeinschaftlich geschlossen," doch gab er keine directe Entscheidung der angeregten Frage, sondern die Resolution nur dahin, die beiden Separatisten möchten sich mit den übrigen Ständen vergleichen. Mainz fügte sich hierauf der Majorität.

Auch Pfalz entschloß sich endlich, 8 einfache Monate zu bewilligen, machte aber die Fortsetzung der Hülfe über diese Zeit hinaus von einem seiner Zeit weiter einzuholenden Rathe der Kurfürsten und daß der König sich zuvor nach der Hülfe anderer Potentaten umsehe, abhängig. Ueber diese Bedingung entstand ein neuer heftiger Streit. Der Fürstenrath

hatte diese Bedingung sehr übel aufgenommen. Die Mehr=
heit der Kurstimmen war ebenfalls für Weglassung derselben.
Hierauf sind, heißt es im Berichte, die Abgeordneten von Kur=
pfalz, Eberhard von der Tann und seine Collegen, stracks vom
Rathhause gelaufen, obschon nun die Commissarien des
Königs zweimal nach ihnen geschickt, sind doch endlich nur die
andern, außer Tann, erschienen und haben protestirt, auch
Einreichung einer schriftlichen Protestation zur Canzlei sich
vorbehalten.⁶⁶ Die Fassung des Reichsabschiedes vom
16. März 1557 Art. 59. 67. u. 68 beweist übrigens, daß
der König die Protestation von Kurpfalz allerdings beachtete.
Er begnügte sich mit der beschränkteren Hülfe, weil nicht alle
Gesandten mit Vollmacht zu einer längeren Bewilligung versehen
seien und verschob das Weitere auf einen nächsten Reichstag.⁶⁷

Die vom Könige dem Kurfürsten von Sachsen zugedachte
Hauptvollmacht zu Beilegung der liefländischen Unruhen
wendeten die Gesandten auf ihre eigene Hand ab, da der Kur=
fürst das Land wenig kenne. Sie lenkten die Wahl vielmehr
auf Herzog Heinrich von Braunschweig und den Landgraf
von Hessen. Der Kurfürst erklärte sich hiermit einverstanden.

Ein weiterer Gegenstand der Verhandlung war die vom
Könige Ferdinand dringend gewünschte Anberaumung eines
Kurfürstentags. Der eigentliche Grund der Zusammenbe=
rufung wurde zwar wohl geahnet, aber noch geheim gehalten,
und vom Könige Ferdinand, selbst gegen den in besonderer
Mission an ihn gesendeten Kanzler Mordeisen nur still=
schweigend zugestanden.⁶⁸

Kaiser Karl wollte die kaiserliche Gewalt, deren er seit
Jahren müde war, niederlegen. Schon der Form nach konnte

---

⁶⁶ Schreiben der Räthe vom 7. März und 17. März 1557. Eberhard
von der Tann war damals als Großhofmeister in dem Dienste von Kur=
pfalz.

⁶⁷ Siehe bei Lünig, deutsches Reichsarchiv. Fortsetzung der Conti=
nuation des partis generalis Bd. 31. S. 8 flg.

⁶⁸ Bericht vom 13. Februar 1557.

18

sie schicklicher Weise nur in die Hände des Kurfürstencolle-
giums zurückgegeben werden.   Hiernächst sollte, nachdem des
Kaisers Plan, sie in seiner Descendenz erblich zu machen,
mißlungen war, die Nachfolge mindestens dem Bruder, dem
König Ferdinand, gesichert werden, Resignation und Kaiser-
wahl daher zusammenfallen.   Daran mußte vor Allem Ferdinand selbst gelegen sein.   Er betrieb daher angelegentlichst
einen Kurfürstentag. Viele Orte, Worms, Regensburg, Eger,
Ulm waren nach einander als Versammlungsorte vorgeschlagen; gegen jeden wurden bald von diesem bald von jenem
Kurfürsten Bedenken erhoben.   König Ferdinand selbst hatte
sich mit August von Sachsen zu Leitmeriz über die Wahl von
Eger verständigt.   Die rheinischen Kurfürsten widersprachen.
Dr. Kramm wurde von Regensburg aus in besonderem Auftrage abgesendet, sie zur Annahme von Eger zu bewegen.
Doch vergeblich. Sie bestanden auf Frankfurt, wo denn auch
schließlich im Jahre 1558 der Kurfürstentag abgehalten wurde.

Der Reichstag von 15⅚⁷ war der letzte, welchen Rön-
neriz abzuwarten hatte. [69]

---

[69] Zwei Wahrnehmungen drängen sich bei dem Eingehen in die Geschichte der geschilderten drei Reichstage von 1550—1557 von selbst auf:
Einmal: daß die Reichsfürsten sich immer mehr und mehr von dem persönlichen Besuche der Reichsversammlungen entfernt hielten und dann
weiter die Langsamkeit, mit welcher die Geschäfte abgewickelt wurden,
beides Uebelstände, über welche auch König Ferdinand auf dem Reichstage
von 1556 wiederholt bitter klagt.   Sie beruhten zum Theil auf sehr verschiedenen Ursachen, standen aber auch zum Theil unter sich in einem gewissen Causalzusammenhange.

Das Reichsoberhaupt begnügte sich zwar nicht, die Reichsversamm-
lung durch gedruckte Patente auszuschreiben, vielmehr wurden mindestens
die hervorragenden Fürsten überdieß noch durch besondere Gesandte, zugleich unter Mittheilung der zu proponirenden Verhandlungen, zum persönlichen Erscheinen aufgefordert, dergleichen Sendungen wohl auch
während der Verhandlungen selbst wiederholt.   Allein selten mit Erfolg.
Das Mißtrauen gegen die Politik Karl's des Fünften, der Umstand,
daß der zur Eröffnung bestimmte Termin so oft und wiederholt prorogirt
wurde, die nach so vielen vergeblichen Versuchen nach und nach sich immer

Alsbald nach Beendigung des Regensburger Reichstages von 1556 zu 1557 wurde Könneritz das Amt als Oberhofrichter zu Leipzig übertragen, eine Function, die bis

mehr festsetzende Ueberzeugung, daß die Religionsspaltung, welche seit
langer Zeit schon den hauptsächlichsten Gegenstand bildete, durch Verhandlungen nicht auszugleichen sei; die lange Dauer der Reichsversammlungen; die Besorgniß, ihre eigenen Lande in den Zeiten solcher Zerrissen-
heit auf länger zu verlassen, zum Theil wohl auch Scheu vor dem Aufwande, der bei dem eingerissenen Streben der Fürsten, ihre Machtstellung
im Reiche durch zahlreiches Gefolge und glänzendes Auftreten zu be-
thätigen, und bei der überhandnehmenden Ueppigkeit nicht unbedeutend
war, mochten im Hauptwerke mehr oder weniger die verschiedenen Ursachen sein, welche die Fürsten vom persönlichen Erscheinen abhielten.

Auch Kurfürst August wurde durch wichtige Rücksichten auf die
inneren Angelegenheiten seiner Lande behindert, den Reichstag von 1555
und selbst noch den von 1556 zu besuchen. Es galt ihm, nach den von
Moritz geführten Kriegen die Ordnung allenthalben wiederherzustellen,
die neuerworbenen Lande gegen etwaige Angriffe zu sichern, seine Autorität in denselben zu befestigen, sie mit den eigenen immer mehr zu verschmelzen. Sein Sinn für geregelte Administration fand bei wiederher-
gestellter Ruhe viel zu ordnen und zu schaffen. Als die Gesandten dem
Könige bei der Audienz Ende December 1556 die Entschuldigung vor-
brachten, drang der König mündlich nichts destoweniger darauf, daß der
Kurfürst kommen möge und entwickelte sehr eingehend seine Gründe; „wenn
die Kurfürsten und Fürsten nicht selbst kämen und zu Hause" blieben, so
würden, besonders die Kurfürsten, an ihrer Hoheit, Dignität und Freiheit
einbüßen, sich selbst ihrer Gerechtigkeit begeben; er wolle sie auch nicht
über drei bis vier Wochen aufhalten; sie könnten ja mit wenig Pferden
kommen, wie er in Passau. „Wir haben — fahren die Gesandten fort —
die Dinge vor Ihro Mjt. wiederholt und repetirt, mit der Anzeige, daß
wir es unsers Einfals also verstanden und es Ew. Gn. auf's schleunigste
bei der Post einbringen wollen. Hierauf hat Ihro Majt. geantwortet,
wir hätten es wohl behalten und sollten es dermaßen schreiben. Und
haben uns Ihro Mjt. drei mal als wir im Gehen gewesen wieder geruft
und die Dinge mit hohen Ernst befohlen." (Bericht der Räthe vom
30. December 1556.) Einige Wochen später wiederholte der König
bringend die Ermahnung. (Bericht vom 5. Februar 1557.) Die beabsichtigte Resignation Karls und der gerechte Wunsch, sich die Wahl für
jeden Fall zu sichern, mochte Ferdinand bestimmen, ganz besonders auf
das persönliche Erscheinen der Kurfürsten zu bringen.

18*

dahin der bekannte gelehrte sächsische Jurist Melchior von der
Offa bekleidet hatte. [70]　Zugleich wurde ihm der unmittelbare
Befehl über das Amt Delitzsch zugetheilt.　Beide Functionen
machten es „nothwendig, daß er, so viel möglich, stets
wesentlich in Leipzig anwesend sei, um die fürfallenden
Sachen abzuwarten." Wir entnehmen diese Worte aus einer
Verordnung vom 13. April 1560, worin der Kurfürst sich
bei dem Rathe zu Leipzig dafür verwendet, Könneritzen, der
seine bisherige Wohnung verlassen müsse, das vom Rathe
eben erkaufte Räuscher'sche Haus um einen „träglichen und
leidlichen Miethzins" zu überlassen, oder ihm „sonst zu Erlangung einer anderen gelegenen Herberge förderlich zu sein,
als womit der Rath dem Kurfürsten ein angenehmes gutes
Gefallen erzeigen werde, was der Kurfürst auch gegen den
Rath in Gnaden zu bedenken geneigt sei." [71]

Das Amt eines Oberhofrichters, wenngleich derselbe nach
der Oberhofgerichtsordnung von 1548 nicht blos die Quartal-
sitzungen des Gerichts zu leiten, sondern auch die in der

Daß die Geschäfte so langsam erledigt wurden, lag allerdings zum
großen Theil in der Verfassung. War es einmal anerkannt, daß nur das
als verabschiedet betrachtet werden konnte, worüber das Reichsoberhaupt
mit den Ständen des Reichs, sowohl dem materiellen Inhalt als der
Faffung nach, sich vollständig vereinigt hatte, und konnte der Regel nach
selbst von Seiten der Stände an das Reichsoberhaupt nichts gelangen,
als was mit Einstimmigkeit von den Curien (Bänken) beschlossen und genehmigt war, so ist es erklärlich, daß so viel Zeit nöthig war.　Jedoch be-
kennen die sächsischen Räthe, daß dies zum Theil auch Schuld der einzelnen Stände gewesen sei, „weil einer der kurfürstlichen Räthe nach dem
andern sich mit Mangel an Instruction entschuldigt, die sie erst einholen
müßten."　Mit gerechter Befriedigung für sich selbst, wie zur Genugthuung für den Kurfürsten, setzen sie jedoch hinzu: „Wir haben uns allewege genugsam gefaßt vernehmen lassen." (Bericht vom 5. Februar 1557.)

[70] Kretzschmar's Geschichte des Oberhofgerichts Leipzig 1803. S. 341.
Könneritz wird bald Oberhofrichter, bald blos Hofrichter benannt.

[71] Könneritz erhielt dafür 40 fl. jährlich zu Hauszins.　Als er später
ein eigenes Haus erkaufte, schenkte ihm der Kurfürst hierzu 1000 fl., wogegen der Hauszins wegfiel.

Zwischenzeit von einem Quartal zum andern vorfallenden laufenden Geschäfte allwöchentlich mit dem Protonotar zu erledigen hatte,[72] füllte weder die Arbeitszeit eines Geschäftsmannes aus, noch gewährte es ein hinreichendes Einkommen. Es war vielmehr ein Ehren= und Nebenamt.[73] Könneritz behielt daher, der überkommenen neuen Function ohnerachtet, seine bisherige Stellung als Landrath und zugleich den mit dieser verbundenen viel bedeutenderen Dienstgenuß bei.[74]

Wurde er, da er der neuen Function wegen so weit möglich sich wesentlich in Leipzig aufhalten mußte, auch nicht mehr zu so lange andauernden Sendungen, wie zu den Reichstagen benutzt, so finden wir ihn doch auch als Oberhofrichter noch mit vielen besondern Aufträgen beschäftigt. Wir über=

---

[72] Bei Kretzschmar a. a. O. S. 30.

[73] Kretzschmar S. 346.

[74] Als Beispiel, wie die Diener damals bezahlt wurden, sei hier der für Könneritz auf das Jahr 1563 als sein letztes Dienstjahr ausgesetzte Dienstgenuß zugleich mit den nach damaliger Kammertage ausgeworfenen Preisen angeführt:

	fl.	gr.	pf.
Vom Hofrichteramte	100	—	—
Raths= und Dienstgeld	200	—	—
Für überhaupt 27 Ellen Tuch und 22 Ellen Barchent zu Kleidung für ihn u. drei Knechte	28	1	6
Vor das Eingeschneite (an Naturalien):			
20 Eimer Thüring'schen Wein à 2 fl. . . . =	40	—	—
60 Schfl. Korn . . . . =	42	18	—
60 Schfl. Gerste . . . . =	40	—	—
200 Schfl. Hafer . . . . =	66	14	—
4 Fuder Heu zu 2 fl. 18 gr. . . . =	11	9	—
20 Klaftern Holz zu 1 fl. . . . . . =	20	—	—
20 Schock Bundholz zu 6 gr. . . . . . =	5	15	—
3 Fäßlein eingesalzenes Wildpret . . . =	9	—	—

Macht Sa. 563 fl. 13 gr. 6 pf.

Dafür sollte er das Oberhofgericht zu Leipzig auf seine Kosten besuchen, „sich daselbst und innerhalb 3 Meilen weges an Leipzig selbst verzehren, auch das Amt Delitzsch mit in Befehlich haben." Ob er vom Amte Delitzsch noch einen Genuß an Sporteln oder Accidentien bezog, ist nicht zu ersehen.

gehen diejenigen, wo er in Parteisachen entweder auf ein
Commissoriale des Hofrathscollegiums zu Dresden oder ver=
möge der richterlichen Competenz des Oberhofgerichts aus=
wärts an Ort und Stelle mit den Betheiligten verhandelte,[75]
und heben nur einige hervor, welche ein weiter gehendes
Interesse bieten.

Einen für die Aus= und Fortbildung des sächsischen
Staatsrechts besonders wichtigen Auftrag erhielt Könneritz im
Jahre 1557. Das Unterthanenverhältniß der in den säch=
sischen Landen angesessenen Grafen und Herren zu den Ter=
ritorialherren war im Laufe der Zeit, besonders durch die viel=
fachen Landestheilungen und zuletzt durch Johann Friedrich's
Acht und Entsetzung, locker und schwankend geworden. Es
handelte sich um nichts weniger, als um die Hoheit der säch=
sischen Fürsten über die in ihren Landen ansässigen Grafen
und Herren; über die Grafen Schwarzburg, Barby, Manns=
feld, Gleichen, Stolberg, Hohnstein, Kirchberg und Beich=
lingen, sowie über die Herren von Wildenfels, Schönburg,
Reuß und die Schenken von Tautenburg. Namentlich hatte
auch Graf Mannsfeld durch eine an das Reichskammergericht
gerichtete Appellation sich der obersten Gerichtsbarkeit des
Hauses Sachsen zu entziehen gesucht.

Bei dem gemeinschaftlichen Interesse, was beide fürstliche
Linien des Hauses Sachsen hieran hatten, setzten sie eine aus
beiderseitigen Räthen bestehende Commission nieder, welche
nicht nur das Rechtsverhältniß dieser in ihren Landen an=
gesessenen Grafen und Herren, sondern auch das Privilegium
des Hauses Sachsen, daß von seinen Gerichten an Kaiser und
Reich nicht appellirt werden dürfe, genau erörtern und con=
statiren sollte.[76]

---

[75] So schloß er 1560 einen Receß zwischen denen von Werthern auf
Wiehe und dem Stadtrathe daselbst ab.

[76] Dr. Beck's Johann Friedrich der Mittlere S. 157 folgende und die
Seite 158 in der Note angeführten Schriften

Die Commissarien Seiten des Kurfürsten waren Erasmus von Könneritz und Dr. Lindemann; von Seiten Joh. Friedrich's des Mittleren Friedrich v. Wangenheim, der Canzler Christian Brück und Heinrich Münch von Bernsdorf. Die Conferenz trat den 1. August 1557 zu Merseburg zusammen. Die Commissarien gingen mit großer Genauigkeit zu Werke. Nachdem sie sich gegenseitig aus den Archiven die Präcedenzfälle und sonstigen historischen Nachrichten mitgetheilt und geprüft, schritten sie zu einer eingehenden und gründlichen Beurtheilung und kamen Inhalts ihres ausführlichen Berichts d. d. Merseburg 24. August 1557 zu dem Resultate:

I. Daß jene Grafen und Herren wirkliche Unterthanen und Landsässer der sächsischen Fürsten und nicht nur ihrer Schutz- und Botmäßigkeit, sondern in specie auch ihrer gesetzgebenden Kirchen-, Lehns- und Steuergewalt, ihrer ausschließlichen Jurisdiction und Militairhoheit unterworfen sei.

II. Daß das privilegium de non appellando erwiesen und erneuerte Bestätigung von Kaiser und Reich zu suchen sei.

So entschieden übrigens die Commissarien in dieser ihrer Ansicht über das Rechtsverhältniß zu den Grafen und Herren auch waren, so wenig wollten sie doch mit Gewalt gegen sie vorgeschritten wissen, sie schlugen vielmehr „als den gelindesten Weg" vor, ihnen das gefundene Resultat vorzulegen, sie dagegen zu hören und sodann mit ihnen zu verhandeln, um ein Anerkenntniß zu erlangen.

Weiße, ein Lehrer des sächsischen Staatsrechts aus dem gegenwärtigen Jahrhundert, hat das Gutachten so gründlich und so bedeutend gefunden, daß er es hat abdrucken lassen [77] und fällt dabei das Urtheil: die Commissarien hätten die verschiedenen Rechtsgründe auf eine Art aufgefaßt, welche selbst einem Publicisten unseres Zeitalters Ehre machen würde, „und in der That sind es dieselben, welche seitdem unausgesetzt und bis in die neueste Zeit von der sächsischen Regierung

---

[77] Im neuen Museum Bd. 1. S. 5—39.

festgehalten worden sind und allen Verhandlungen und Rechts-
ausführungen zur Grundlage gedient haben." Das Gutachten
über den zweiten Punct wegen der versuchten Appellation an
die Reichsgerichte gab übrigens Veranlassung zu Erneuerung
des Privilegii de non appellando Seiten des Reichs 1559[78]
und zugleich zu einer Ordnung der Appellationsinstanz in
Immediatsachen. [79]

In demselben Jahre, unter dem 27. Juli 1557, benannte
ihn Kurfürst August gegen seine Vettern, die Herzöge, als
einen der Commissarien, welche in Gemäßheit des Naum-
burger Vertrags in Gemeinschaft mit den jenseitigen Räthen
die streitige Grenze zwischen dem Amte Altenburg und Zwickau
feststellen sollten.   Da Könneritz wegen des Ablebens seines
Bruders Christoph nach Oesterreich verreist und der Zeitpunct
seiner Rückkunft unsicher war, so ernannte zwar der Kurfürst
unter dem 13. November in der Person Wolf's von Schönberg einen Substituten, Könneritz muß aber doch noch rechtzeitig und vor Abschluß des Vertrags zurückgekehrt sein, da
er denselben, den sogenannten Zeitzer Vertrag vom 6. August
1558, mit unterzeichnet hat.

In Gemeinschaft mit Hanns von Ponikau erledigte er
ferner die zwischen Kursachsen und dem Erzstifte Magdeburg
seit langer Zeit schwebenden Grenzirrungen durch einen Vertrag vom 13. Juli 1559.   In demselben Jahre bestellte ihn
Kurfürst August zu seinem Commissar bei Einweisung des

---

[78] Cod. Aug. I. 1215.   Kramm war deshalb in Frankfurt.

[79] Nach Müller's Annalen p. 131 bestand sie Inhalts einer Anordnung von 1559 aus zwei adeligen Hof- und Justizräthen, welche der
Kanzler hierzu deputirte, und eilf auswärtigen, als sechs Gelehrten und
fünf vom Adel (aus den Landräthen), von den letzteren einer das praesi-
dium führte.   Sie wurden anfangs bei Hofe gespeiset.   Da man aber
hierbei die Wahrnehmung machen müssen, daß zuviel darauf gegangen,
hat schon Kurfürst August wahrscheinlich bei der von Gretschel, Geschichte
des sächs. Volkes und Staates Bd. 2. S. 75., angeführten Gelegenheit im
Jahre 1576 sonderliche Appellationsräthe geordnet und ihnen eine feste
Besoldung angewiesen.

neuen Schultheißen zu Halle, wobei der Kurfürst als Burg=
graf zu Magdeburg zu concurriren hatte. [80]

Auch zu Ausgleichung der schon lange schwebenden Erb=
schaftsdifferenz mit dem heſſiſchen Fürſtenhauſe wurde Kön=
neritz benutzt. Als die Wittwe des bereits 1537 verstorbenen
Sohnes Herzog Georg's, Eliſabeth von Heſſen, die ſogenannte
Herzogin von Rochlitz, mit Tode abgegangen war, verlangte
Landgraf Philipp von Heſſen als deren Bruder die Heraus=
gabe von 25000 fl. Heirathsgut u. 5000 fl. Morgengabe, ein
Anspruch, den Kurfürst Auguſt beſtritt. Nachdem von den drei
Facultäten zu Heidelberg, Tübingen und Ingolſtadt Rechts=
gutachten eingeholt worden waren, traten zu endlicher Er=
ledigung Commiſſarien beider Höfe am 26. Januar 1560 zu
Langenſalza zu einer Tagefahrt zuſammen. Einer der ſäch=
ſiſchen Commiſſarien war Erasmus von Könneritz. Der Streit=
punct wurde in dieſer Tagefahrt in der Weiſe entſchieden, daß
der Kurfürſt von Herausgabe des Heirathsgutes entbunden
wurde, die Morgengabe aber an Heſſen herauszahlte.

Nicht blos zu Staatsgeſchäften aber, auch zur Dienſt=
wartung bei Hoffeſtlichkeiten und zu Ehrendienſten wurde
Könneritz, damaliger Sitte gemäß, verwendet. Sofort nach
ſeiner Ernennung zum Oberhauptmann verſchrieb ihn Kurfürſt
Moritz zur Vermählungsfeier des Herzogs Auguſt mit Anna
von Dänemark auf den letzten September 1548 nach Torgau. [81]
Erasmus ſollte als Oberhauptmann erſcheinen in ſchwarzer
Sammtkleidung „mit zehn Pferden, Spieß und Harniſch, auch
ſich mit einem Küraß zu Roß und zu Fuß gefaßt halten, ein
Ritterſpiel zu üben.“ In Gemeinſchaft mit den Grafen Manns=
feld, Stolberg und Barby, den Oberhauptleuten und Haupt=
leuten des thüringer= und Kurkreiſes war ihm der Auftrag,
die Königin von Dänemark nebſt der Braut an der Grenze

---

[80] Laut Inſtruction vom 14. December 1559.

[81] Gleichzeitig waren ſein Eheweib, ſowie ſeine Eltern hierzu ein=
geladen.

des Landes einzuholen und in vier Tagereisen über Belzig, Wittenberg, Schmiedeberg nach Torgau zu geleiten.

Während der Festlichkeiten selbst hatte er nebst vier Jüngeren vom Adel „die Aufwartung im Gemache der Königin" und bei den Mahlzeiten die Function eines Marschalls an der vierten langen Tafel zu versehen.[82]

Nicht zur Dienstwartung, sondern wohl mehr als Gast wohnte er im Jahre 1549 einem zu Chemnitz stattfindenden Hoffeste bei, als Kurfürst Moritz die Hochzeit einer Tochter Melchior's von der Ossa, Hofjungfer der Kurfürstin Agnes, mit Georg von Teutleben ausrichtete; Verwandtschaft mit der Braut gab unstreitig den Anlaß hierzu. Melchior von der Ossa nannte ihn seinen Ohm.[83]

Im Jahre 1558 erhielt Könneritz, damals schon Hofrichter, Auftrag, den Erzbischof Siegismund von Magdeburg, Markgrafen zu Brandenburg, der sich bei dem Hofe zu Dresden als Taufzeuge angemeldet hatte, an der Landesgrenze zwischen

---

[82] Acta Herzog August's Beilager No. 9. A. Loc. 11037. Fol. 83. 89. 94. 103. An der vierten Tafel fungirten zugleich drei Truchsesse. Auch die Tischdiener waren Adelige, wahrscheinlich Edelknaben. Ueber das Ceremoniell sei aus den Acten Folgendes erwähnt. Während des feierlichen öffentlichen Beilagers nach vollzogener Trauung wurden der Braut und dem Bräutigam durch Vasallen und Diener Confect und Wein gereicht. Bei diesem Ehrendienste hatten die Darreichenden Tücher, je nach der Farbe des Bräutigams oder der Braut, die von der Schulter bis über die Schüssel hinabreichten. Die erste Schüssel Confect an die Braut reichte Herzog Philipp von Braunschweig, die zweite Schüssel an den Bräutigam Könneritz, wobei ihm zwei Edelknaben assistirten. In der Begleitung der Königin war eine Herzogin von Mellenburg, eine Prinzessin zu Holstein, eine Prinzessin von Braunschweig-Lüneburg. Die Königin brachte nicht weniger als zwei Hofmeisterinnen, vierzehn Hofjungfrauen, fünf Landfrauen, sechs Landjungfern mit. Das Gefolge wurde von Kurfürst Moritz freigebig beschenkt. Die Räthe mit Silbergeräthschaften, die Frauen mit Schmuckgegenständen, goldenen Ketten, Spangen, Ringen mit oder ohne edle Gesteine. Sie sind mit den Preisen einzeln in den Acten verzeichnet.

[83] Melchior von der Ossa von Langenn.

Leipzig und Halle zu empfangen, bis Dresden zu begleiten und auf der Reise für gute Verpflegung Sorge zu tragen. Seine Knechte sollten Pickelhauben und Schützengeräthe führen. Da die Grenze nach Halle zu noch streitig war, so wurde er zugleich angewiesen, „soweit als möglich gegen Halle zu vor= zureiten [84].“

Im Jahre 1560 hatte er die Königin von Dänemark ein zweites Mal einzuholen. Der Befehl an ihn d. d. Grüllen= burg 31. Juli zeichnet in einfacher und herzlicher Weise das freundliche und trauliche Verhältniß, in welchem August zu der Schwiegermutter stand. „Seine besonders liebe Frau Mutter und Gevatter,[85] die Königliche Würde und Witwe zu Däne= mark, heißt es darin, habe auf sein vielfältiges und freund= liches Anhalten und Bitten und weil sie seit seinem Beilager nicht wieder in Sachsen gewesen, zugesagt, ihn und seine freundliche liebe Gemahlin freundlich zu besuchen.“ Er sollte nebst anderen ihm beigegebenen Räthen, Unterthanen (Vasallen) und Dienern sie daher am 30. August an der Grenze jenseits Belzig empfangen und freundlich begrüßen, „mit ferner ge= bührlichen Anhängen, sonderlichen aber, daß wir Ihrer König= lichen Würde glückseligen Ankunft und Gesundheit zum Höchsten erfreut, dieselbe willkommen heißen und daneben freundlichst bitten, mit Demjenigen, so Gott der Allmächtige bescheeren und vorhanden sein werde, freundlich vorlieb zu nehmen und selbst zu schaffen und zu gebieten.“

Bei dem Empfange sollte Er die Rede halten, was er „oberwähnter Gestalt und sonst, mit nothdürftiger Anführung wohl zu thun wissen werde“ und sie sodann von Nachtlager zu Nachtlager, von Schloß zu Schloß bis an den Hof geleiten, auch allenthalben für gute Ausrichtung sorgen und Alles der= maßen bestellen und ordnen, daß „die Königin im Werk ver= spüre, daß sie uns ein gar lieber freundlicher Gast seind.“

---

[84] Acta im Haupt=Staatsarchive.

[85] Das Verhältniß als Gevatter wurde bei Titulaturen und An= reden jener Zeit nie übergangen.

Siegismund von Miltitz war zugeordnet, auf der Reise das Marschallamt zu versehen. Kammerschreiber, Küchenschreiber und Köche waren an den verschiedenen Orten aufgestellt.

Er selbst war angewiesen, hierzu mit guten tüchtigen Knechten und sechs Pferden, inclusive ein Troßpferd, aufs Beste staffiret und gerüstet, in der Hoffarbe als schwarzer Kleidung zu kommen und die Knechte Rücken, Krebß, Pickel= hauben und Schützengeräthe führen zu lassen. [66]

Noch weit glänzender als die Hochzeit des Kurfürsten August wurde von Letzteren selbst im Jahre 1561 die Ver= mählung Wilhelm's von Oranien mit Anna, der hinterlassenen Tochter Kurfürst Moritzens, zu Leipzig gefeiert. [87]

Nach allen Richtungen hin wurden an die Fürsten, Per= sonen von Adel, sogenannte Einspännige, als besondere Send= boten mit Einladungsschreiben abgefertigt. Mit zahlreichem Gefolge fanden sich die Gäste ein. Wilhelm von Oranien selbst, der Bräutigam, mit einer Begleitung, die an Zahl einer Truppenmacht glich. Außer den Grafen und Herren waren Ein Hundert und Vierzig Vasallen zur Dienstwartung aufgeboten. Könneritz hatte insbesondere den Auftrag, die fürstlichen Vettern, die Herzöge von Sachsen, „seine früheren jungen Herren" an der Grenze zu empfangen und zum Hoflager zu geleiten. In der Zugordnung war ihm der Rang unter den Hofmeistern und „alten Räthen" angewiesen. Auch bei dem Tanze — wahrscheinlich dem Ehrentanze — wurde ihm ein be=

---

[66] Befehl in actis. Cop. 280. fol. 109 a. b. und c.

[87] Acta im Finanzarchive Rep. XLVI. No. 65., aus denen die ein= zelnen vorstehenden und nachfolgenden Angaben über dieses Beilager ent= nommen sind.

Auch an den Landgraf Philipp von Hessen, den Großvater der Braut, erging ein Einladungsschreiben, doch bemerkte der Kurfürst, „ihm solle die Einsendung eines Fourierzeddels nicht angesonnen werden, weil er sich noch sogar unwillig vernehmen lassen." (Philipp hatte die Verbindung nicht zugeben wollen, angeblich, weil Oranien nur ein Graf sei, in der Wahrheit wohl aber mehr, weil er ihm seine eigene Tochter zugedacht hatte.)

stimmter Platz in der Reihenfolge zu Theil. Auch der Mark=
graf von Brandenburg, Erzbischof von Magdeburg, ist in der
Reihenfolge der Tänzer aufgeführt.

Die Festlichkeiten dauerten acht Tage[88] und wurden auf
dem Rathhause abgehalten.

Nach einer Dienstzeit von 24 Jahren starb Erasmus von
Könneritz am 29. Novbr. 1563 als Oberhofrichter zu Leipzig.
Diesen Tag bezeichnet die Grabschrift in der Kirche zu Lobstädt,
welche sein Altersjahr nicht mit angiebt: doch kann er nach
dem, was oben über seinen Vater gesagt worden, kaum die
erste Hälfte der Funfziger überschritten haben. So waren

---

[88] Die zur Dienstwartung verschriebenen Vasallen waren aufge=
fordert, zu den Festen auch Frauen und Jungfrauen mitzubringen, zu=
gleich aber auch, „sich zu befleißigen, Federwildpret, namentlich Rephühner,
einzuliefern", was Kurfürst August nach der eigenhändigen Randbe=
merkung, „obschon es etwas schimpflich, auch gastiren läßt."

Von der Zahl der geladenen Gäste kann man sich einen Begriff
machen, wenn man erwähnt findet, daß täglich 7000 Personen gespeiset
wurden und daß an Victualien c., welche die Amtsschösser zusammen=
bringen mußten, verabreicht oder doch veranschlagt wurden:

1400 Schffl. Weizen,	200 Stück geräucherte Zungen,
2400 Schffl. Korn,	200 Stück Hirsche,
12000 Schffl. Hafer,	300 Rehe,
1800 Klaftern Holz,	1200 Hasen,
200 Fuder Kohlen,	200 Fäßlein Pöckelwildpret,
400 Stück Salz,	200 Schock grüne Fohren,
200 Ochsen,	(Forellen)
3000 Schöpse,	100 Schock geräucherte,
1000 Kälber,	60 Centner Hechte,
200 zahme Schweine,	300 Schock Karpfen,
300 Spanferkel,	680 Eimer Rheinwein,
3000 Gänse,	800 Eimer Rothwein,
1200 Kapaunen,	2160 Eimer Tischwein,
9000 alte Hühner,	240 Faß torgauisch Hofbier,
6000 junge Hühner,	240 Faß freiberger Hofbier,
2000 Schock Eier,	640 Faß Speisebier.

Vergleiche Bl. 37 b. 38 b. 63 b. bis 65 b. Bl. 87. 89. und 131 b. der
angezogenen Acten.

denn in einem Zeitraume von 12 Jahren nach des Vaters, des Hauptmanns zu Joachimsthal, Tode auch seine sechs Söhne insgesammt bereits verstorben. Ein Beweis, daß die damaligen bewegten Zeiten die Lebenskräfte schnell aufrieben.

Das Wort, das im Anfange seiner Laufbahn Johann Friedrich über ihn ausgesprochen: „der junge Mann habe Geschicklichkeit genug, daß er ihn nur je länger je mehr brauchen könne," es war schon unter dessen Regierung wahr geworden, wurde aber in noch umfassenderer Weise von seinen beiden Nachfolgern, Moritz und August, eingelöst.

Um ein vollständiges Charakterbild von ihm zu geben, würden uns noch andere Quellen als die öffentlichen Archive zu Gebote stehen müssen. Sollen wir aber nach dem, was wir über die vielfachen ihm anvertrauten Aemter und Aufträge kurz angeführt haben, rückwärts schließend, uns wenigstens in Ansehung seines dienstlichen Wirkens ein Urtheil über ihn bilden; so scheint er ein gründlich und vielseitig gebildeter Geschäftsmann gewesen zu sein; in den verschiedenen Zweigen der Rechtswissenschaft, dem Privatrechte, dem Bergrechte und ganz besonders auch im Staatsrechte wohl bewandert.

Durch Takt, Besonnenheit, Ruhe und Mäßigung neben Festigkeit der Gesinnung und Consequenz war er zu persönlichen Verhandlungen vorzugsweise befähigt. Spangenberg in seinem Adelsspiegel bezeichnet ihn daher als einen verständigen, nützlichen und weisen Mann.[89] Neben der ernsten Geschäftsbildung scheint es ihm an allgemeiner Welt- und geselliger Bildung nicht gefehlt zu haben, wie wir aus den öfteren Aufgeboten zu Ehrendiensten, aus den Sendungen an fremde Höfe und zu Reichstägen entnehmen können.

Daß er in ritterlichen Künsten, zum Ernst, geschickt war, versteht sich bei seiner Verwendung in Kriegszügen von selbst. Aber auch zum Vergnügen scheint er sie geübt zu haben.

---

[89] Vom Jahre 1591. Tom. II. S. 198.

Wir finden ihn, wenigstens in jüngeren Jahren, zu eigner Lust bei einem Turniere in die Schranken reiten, einen Wettkampf zu Roß und zu Fuß zu bestehen.[90] Als Johann Friedrich im Jahre 1540 zu Torgau Hof hielt, der durch die Anwesenheit der beiden neunzehnjährigen Fürsten, des Herzogs Johann Ernst (seines Bruders) und des Herzogs Moritz besonders glänzend und lebhaft war, schlug Dienstag nach Martini ein fremder fahrender Ritter sein Zelt vor dem Thore der Stadt auf und stellte sein Wappenschild daneben aus zum Zeichen seiner Bereitschaft mit einem Jeden, dem es beliebe, einen Wettkampf zu bestehen.

Zwölf Kampflustige von dem Hofe des Kurfürsten pochten an das aufgesteckte Schild, zum Zeichen, daß sie die Aufforderung annahmen; unter ihnen die Herzöge Moritz und Johann Ernst von Sachsen selbst, Graf Christoph von Mannsfeld und neben andern auch Erasmus von Könneritz, damals Rath im Hofrathscollegium. Mit allen zwölf Gegnern hatte daher der fahrende Ritter in dem hierauf gehaltenen Turniere den Einzelkampf zu bestehen. Aus allen ging er unbesiegt hervor. In dem Kampfe mit Könneritz zersplitterte des fremden Ritters Lanze. Könneritz hielt den Stoß ab ohne im Sattel zu wanken. Bei dem Kampfe mit dem Schwerte aber wurde ihm der Helm aufgeschlagen. Nach den Kampfregeln galt er für besiegt und mußte sich daher ausloosen. Schlimmer erging es einem Jungen von Horstall, einem Bräutigam. Er wollte bei dieser Gelegenheit den Dank seiner Braut verdienen, wurde aber zu großer Ergötzung des Hofs bei dem ersten Anrennen aus dem Sattel gehoben und in den Sand gesetzt.

Der Name des fahrenden Ritters ist nicht angeführt. Nach dem Wappen — ein goldnes Rad in schwarzem Felde — könnte es ein Eroltsheim gewesen sein.

Noch besonders wird hervorgehoben, daß er sich von der damals auch in dem Stande der Ritterschaft annoch herrschen-

---

[90] Ausführlich beschrieben in den Curiositäten. Bd. 8. S. 251.

den Unsitte des übermäßigen Trinkens fern gehalten habe.
Als einen Feind der Völlerei hat ihm daher auch Matthäus
Friedrich, Pfarrer zu Görnitz bei Borna, seine damals „wider
den Saufteufel" in den Druck gegebene Schrift besonders
gewidmet.[91]

Eine Familiennotiz über alle sechs Brüder aus dem
Ende des sechzehnten Jahrhunderts rühmt den Erasmus noch
als trefflichen Orator, guten Schreiber und Musikus.

Die Bezeichnung als Orator mag sich auf seine vielfachen
Verwendungen zu Gesandtschaften beziehen. Das Lob als guter
Schreiber findet in seinen vielen, in den Archiven noch vor=
handenen zum Theil eigenhändigen Berichten und Schriften,
wenigstens insoweit Bestätigung, als sie sich in Darstellungs=
weise, Styl, selbst Sprachbildung mindestens vor denen seiner
Zeitgenossen, die ihre Bildung ein Menschenalter früher er=
halten hatten, vortheilhaft auszeichnen. Der wohlthätige Ein=
fluß, den Luther auf die Ausbildung der deutschen Sprache
gehabt hat, scheint sich schon bei ihm bemerkbar zu machen.
Für sein Talent zur Musik ist freilich ein Beleg nicht beizu=
bringen. Doch klingt das ihm ertheilte Lob auch in dieser
Beziehung nicht unwahrscheinlich, da er seine Jugendzeit in
Joachimsthal zugebracht hatte und, wie die Böhmen über=
haupt, so namentlich die Bergleute jener Gegend damals, wie
noch jetzt die Musik ganz besonders liebten und trieben, auch
Luther, dieses gewaltige Vorbild jener Zeit in allen Richtungen
der Civilisation, die Musik auf das wärmste anempfohlen und
durch ein eigenes Schriftchen verherrlicht hatte.[92]

[91] Unter verschiedenen Titeln mehrfach zu Frankfurt in den Jahren
1551, 1555 und 1561 gedruckt und in den catalogus diabolorum Frank=
furt 1569 wieder aufgenommen.

[92] Von der löblichen Musik 1523. Matthesius erzählt, daß sich Luther
an dem Gesange einer aus Joachimsthal bei ihm zu Wittenberg er=
schienenen Deputation, die ihm zugleich schöne Erzstufen überbrachte,
wahrhaft ergötzt habe. Auch jetzt noch kommen bekanntlich die herum=
ziehenden böhmischen Musikanten und Harfenmädchen größtentheils aus
jener Gegend, namentlich aus Gottesgabe, Gräßlitz, Platten, Preßnitz u. s. w.

Erasmus Könneritz war zweimal verheirathet; das erste Mal mit Emerentia von Gablenz, einer Tochter Bastian's von Gablenz auf Wendisch=Leuba, und der Ursula von Ein= siedel aus Gnandstein. Die Zeit seiner ersten Verehelichung ist unbekannt, muß aber nach dem, was aus seinem Jugend= leben im Jahre 1541 und von seiner Einrichtung in Schnee= berg oben angeführt worden, in die Zeit fallen, wo er Berg= hauptmann zu Schneeberg war. Nachdem die erste Ehefrau und zwar in einem Lebensalter von 34. Jahren verstorben war,[93] verehelichte er sich im Anfange des Jahres 1562, kaum anderthalb Jahre vor seinem Tode, zum zweiten Male mit Elisabeth, Tochter Wolf's von Breitenbach auf Zössen. Der Sitte gemäß ließ der Kurfürst dem Beilager durch einen eigens hierzu abgesendeten Commissar, Haubold Pflugk, beiwohnen, auch zu dem üblichen Ehrenbraten ein Stück Wild abschießen.[94]

Für das Familienleben waren allerdings die vielen aus= wärtigen Sendungen und besonders die langen Abwesenheiten auf fünf Reichstagen höchst störend, und so finden wir denn auch in seinen Berichten wiederholt Klagen über die langen Trennungen von seiner Familie. Vom Reichstage zu Augs= burg aus klagt er in einer Vorstellung an Kurfürst Moritz vom 19. October 1550, daß er „nach einer Abwesenheit von nahe an fünf ganzer Monate wohl auch schuldig sei, sein liebes Weib und Kindlein einmal zu besuchen" und bedauert,

---

[93] Nach dem zertrümmerten Leichensteine in Lobstedt. Die Jahrzahl ihres Ablebens ist nicht mehr zu entziffern. Da sie mit einem Kinde im Arme ausgehauen ist, so scheint sie im Wochenbette verstorben zu sein.

[94] Schreiben des Kammerraths Hans von Ponickau d.d. 29. Jan. 1562. Zur Ausstattung der Braut ließ der Kurfürst dem Schwiegervater 100 Schfl. Hafer bis zur nächsten Erndte vom Rentboden Grimma verabreichen. Eine andere Tochter Breitenbach's war in zweiter Ehe an Christoph von Carlowitz verheirathet. Siehe dessen Leben von Langenn S. 340. Die Familie von Breitenbach lieferte zu jener Zeit kurz hinter einander zwei Ordinarien der Juristenfacultät zu Leipzig.

daß der Kurfürst nicht, wie andere Reichsfürsten, die zu den Reichstagen verordneten Räthe abwechseln lasse.[95]

Ebenso stellt er, als er während des Reichstages von 1555 einen kurzen Aufenthalt in Joachimsthal, der durch seinen Bergbau nothwendig bedingt war, abbrechen mußte, mit Wehmuth vor, „er habe sein Weib in großer Betrübniß mit einem sehr kranken Sohn, den er schwerlich wieder lebendig finden möchte“ zurücklassen müssen.

Bei seinem Ableben hinterließ Erasmus zwei unmündige Söhne, Michael und Bernhard, und aus Acten nachweislich zwei Töchter, Anna und Magdalena;[96] ob insgesammt aus erster Ehe oder ob eins der Kinder aus zweiter Ehe war, ist ungewiß. Den Unmündigen wurden Thumbshirn zu Frankenhausen, ein Vetter derselben, und von Hirschfeld zu Pöhlen, zu Vormündern bestellt. Ihr Lebensalter zur Zeit des Ablebens des Vaters ist nicht bekannt. Bernhard stand jedoch nach Ausweis der Vormundschaftsacten noch im Jahre 1571 unter Vormundschaft.

Die Vermögensverhältnisse des Erasmus stellen sich bei dessen Ableben nach den Acten keineswegs als günstig dar.

In Gemeinschaft mit seinen Brüdern hatte er auf dem sogenannten heiligen Geiſtzuge bei Joachimsthal bedeutenden

---

[95] Relation d. d. Augsburg den 7. Mai 1555.

[96] Die Genealogen erwähnen nur einen Sohn Bernhard. Aus den Acten des alten sächsischen Lehnsarchivs Lobstedt betr. ist jedoch die Existenz noch eines anderen Sohnes Michael zu constatiren. In der Vorstellung vom 11. September 1564, worin nach des Erasmus Tode der Gesammthänder Helfreich von Mockau auf der Herrschaft Creuzen, Kaiserl. Rath, um Erneuerung der Eventualbeleihung an Lobstedt nachsucht, ist ausdrücklich erwähnt, daß Erasmus zwei Söhne, Michael und Bernhard, hinterlassen habe. Geschieht des Ersteren später und namentlich bei der Veräußerung von Lobstedt im Jahre 1566 keine weitere Erwähnung, so wird man annehmen müssen, daß er schon vorher bald nach dem Vater gestorben sei. Anna vermählte sich mit Abraham von Einsiedel auf Syhra; Magdalena war 1566 noch ledig und war später an Georg Heinrich von Draschwitz auf Neukirchen und Oderwitz verheirathet.

Bergbau auf Silber betrieben und noch im Jahre 1558 rühmt
Mathesius in seiner 10. Bergpredigt den reichen Gewinn, den
sie davon zögen und den er als Segen für die Verdienste
ihres Vaters um Joachimsthal darstellt. Allein in seiner
Vorliebe für Joachimsthal mag doch der ehrliche Pfarrer sich
ein zu glänzendes Bild davon gemacht haben. Der Bergbau
war zu jener Zeit nicht mehr so leicht zu betreiben, das ge=
wonnene Erz nicht mehr so reich, als bei dem ersten Aufthun,
im Verfolg der Kriege das Bergwerk zum Theil entvölkert,
der Absatz erschwert, die Erlangung des nöthigen Capitals
vertheuert.

Die Last der Aufsicht und Verwaltung und hiermit zu=
gleich die Mühe, rechtzeitig Deckung herbeizuschaffen, fiel, da
die übrigen Brüder entfernt im Auslande wohnten, vielleicht
auch, weil Er gerade bergverständig war, dem Erasmus an=
heim.[97] Daher die öfteren Gesuche von ihm, selbst von den
Reichstägen aus, um Urlaub nach Joachimsthal, die Berg=
quartale abzuwarten oder Berggebäude aufzuführen, aber auch
zu den Märkten von Leipzig schuldige Zahlungen zu leisten.

So führt er in einem Berichte aus Augsburg vom 19.
October 1550 an, daß er und seine Brüder schon mehrere
Tausend Gulden in jene Gruben gewendet, jetzt sei nun der
Zeitpunct gekommen, wo man Wiedererstattung hoffen könne,
werde aber der Bau, zu dem man seinen Rath wünsche, nicht
bald und mit Geschick weiter geführt, so würde auch das schon
verwendete Geld verloren sein.

---

[97] Die Besorgung der Familienangelegenheiten scheint überhaupt
vorzugsweise dem Erasmus zugefallen zu sein. So hatte er im Jahre 1553
vom Kurfürsten Moritz Urlaub nach Oestreich, den Nachlaß eines daselbst
verstorbenen Bruders zu reguliren. Auch bat er während des Reichstags
1555 um Urlaub nach Joachimsthal, sich mit seinen Brüdern und der
hinterlassenen Tochter eines verstorbenen Bruders auseinanderzusetzen.
Nach dem Ableben seines Bruders Christoph 1557 reiste er nach Oestreich,
den bedeutenden Güternachlaß zu reguliren und wurde dabei Vormund
für dessen unmündige Söhne.

Ebenso hat er, da er den Leipziger Michaelismarkt 1550 bei dem Ausbleiben des Urlaubs hatte versäumen müssen, sogar von Zörbig aus, wo er eben die Leipziger Ritterschaft zum Vorrücken nach Salza in Empfang nahm, unter dem 29. December 1550, von Salza aus den Neujahrsmarkt besuchen zu dürfen, da er von den Gläubigern nur bis dahin Nachsicht erhalten.

Jedenfalls hatte Könneritz, wie z. B. sein Zeitgenosse Christoph Carlowitz, durch den Bergbau keine Schätze er= worben, viel wahrscheinlicher die Ordnung in seinen Ver= mögensverhältnissen gestört.

Das Stammgut Lobstedt besaß Erasmus nebst seinem älteren Bruder gemeinschaftlich. Nach des Vaters Ableben waren unter dem 1. August 1554 die beiden Brüder als Hauptbelehnte, ein Breitenbach und Helfreich von Mockau, als eventuelle Mitbelehnte hiermit beliehen worden.[98]

Allein Lobstedt war, zum Theil schon vom Vater her, nicht unbedeutend belastet.[99] Nach des Erasmus Ableben verlangten mehrere Gläubiger Zahlung, besonders drängte eine Verpflichtung aus einer Bürgschaft. Nebst dem von Wolfersdorf auf Entschütz und dem Dr. Lindemann zu Leip= zig hatte sich Könneritz für den Grafen Christoph von Manns= feld im Jahre 1561 gegen den Kanzler Dr. Mordeisen, wegen einer Forderung von 7000 fl., in solidum verbürgt, und Mordeisen wegen des auf Könneritz fallenden Antheils Exe= cutorialien auf Lobstedt ausgebracht. Die zum Nachlasse ge= hörigen Bergkuxe waren zwar bedeutend, jedoch wegen des da= mals gerade gesunkenen Werthes schwer verkäuflich. Die Vor=

---

[98] Christoph sagt in seinem Lehnsgesuche, daß nach seines Vaters Tode alles dessen Hab und Gut auf ihn und seinen Bruder Erasmus ver= fallen sei, wahrscheinlich waren die übrigen Brüder abgefunden.

[99] Nach den Lehnsacten hatte Heinrich von Könneritz im Jahre 1547 mit Einwilligung seiner 4 Söhne, Christoph, Andreas, Erasmus und Nicolaus, Lobstedt seinem Schwiegersohne Th. Thumbshirn um 11600 fl. verpfändet.

münder mußten daher an einen Verkauf von Lobstedt denken, und nachdem von dem Hofrathscollegium zu Dresden bereits in zwei Vorbescheiden eine Gestundung der Gläubiger erlangt worden war, wurde endlich in einem dritten Vorbescheide am 3. April 1566 das alte Familiengut Lobstedt um 24,500 fl. an Wolf von Breitenbach von Großzössen, den Schwiegervater des verstorbenen Erasmus, verkauft, das Vorwerk Witznitz aber, „eines der besten Stücke von Lobstedt," in Folge eines schon früher eingeräumten Vorkaufsrechts um 2180 fl. an den Rath zu Borna überlassen, und mit diesem Erlöse zugleich das Schuldenwesen regulirt.

Was an Schulden durch die Kaufgelder nicht gedeckt wurde, „das hoffte man, wenn Gott Gedeihen gebe, aus den zum Nachlasse gehörigen Bergkuxen nachzuzahlen." [100]

Erasmus von Könneritz war der Letzte von Heinrich's Söhnen und ist der einzige, der seine männliche Nachkommen= schaft bis in die Jetztzeit fortgepflanzt hat.

---

[100] Die Wittwe des Verstorbenen blieb an ihrer Forderung von 1000 fl. Leibzucht und 400 fl. Wohnung, ingleichen die Töchter, Anna von Einsiedel mit 1000 fl. Ehegeld und Jungfrau Magdalena mit 1000 fl., zur Ausstattung unverbürgt. Der Neffe des Verstorbenen, Heinrich, Be= sitzer der Herrschaft Hackenberg in Nieder=Oestreich, der mit in der Haupt= lehn stand, willigte in die Veräußerung von Lobstedt ein, erhielt aber dagegen später die gesammte Hand an dem von Bernhard erkauften Rittergute Wiederau. Der Gesammtbetrag der Schulden belief sich auf 28,834 Gulden excl. der Schuld aus der Verbürgung für Graf Manns= feld, die auf Könneritzens Antheil schließlich zu 2672 Gulden berechnet wurde. Sie wurde später von dem Vormunde der Unmündigen bei dem Mannsfeldischen Creditwesen liquidirt.

Eine fürstliche Reise 1652.

Nach archivalischen Quellen von Prof. Dr. K. G. Helbig.

Der dreißigjährige Krieg war zu Ende. Ein Reichstag
zu Regensburg sollte die im Reiche noch vorhandenen Streit=
fragen lösen und die Verhältnisse unter den Reichsständen,
sowie zwischen den Reichsständen und dem Kaiser ordnen.
Erst im Jahre 1652 dachte der Kaiser Ferdinand III. ernst=
lich daran, diesen Reichstag zu berufen und wollte ihn selbst
eröffnen. Zuvor aber wollte er sich in Prag mit den Kur=
fürsten berathen, um sie für die seinen Wünschen entsprechende
Ordnung der Angelegenheiten des Reichs und daneben für die
baldige Wahl seines ältesten Sohnes Ferdinand zum römischen
König zu gewinnen. Demnach kam schon im Mai 1652 eine
kaiserliche Einladung an den dem Kaiser aufrichtig ergebenen
alten Johann Georg I. nach Dresden, welcher seinen Besuch
in Aussicht stellte, wenn es seine Gesundheit erlaubte, denn er
litt damals an Rheumatismen. Im Juli wiederholte der
Kaiser, der bereits in Prag eingetroffen war, seine Einladung
mit der Bemerkung, daß der Kurfürst Ende Septembers auch
die anderen Kurfürsten in Prag treffen würde. Auch dieses
Mal erfolgte von Seite Johann Georg's eine nur bedingte
Zusage, bis er im August auf wiederholte Einladungen des
Kaisers durch den Herzog Julius Heinrich von Sachsen=Lauen=
burg und durch einen besonderen Gesandten, den Grafen von
Stahremberg, den Entschluß faßte, die Reise zu unternehmen.

Allerdings waren es nicht die Rheumatismen, welche den
Kurfürsten bedenklich gemacht hatten, da er in seiner loyalen
Gesinnung für Kaiser und Reich diese Reise gar sehr wünschte,
sondern die Geldverlegenheit, in der er sich befand, machte
ihm Sorge. Das Land war während des Krieges vollständig
ausgesaugt worden, viele Steuern blieben rückständig, manche
Besoldungen waren seit Jahren nicht bezahlt, Handwerker und
Lieferanten drängten mit Bezahlung alter Rechnungen. Dazu hatte der Kurfürst noch im Laufe des Jahres die Hochzeit
seiner Tochter Magdalene Sibylle, der Wittwe des Prinzen
Christian von Dänemark, mit dem Herzog Friedrich Wilhelm II.
von Sachsen-Altenburg auszurichten. Gerade um diese Zeit
hatte man anfangen müssen, ernstlich an das Zusammenbringen
der sogen. „Beilagergelder" zu denken. Die Kammerräthe
und Rentmeister, Dietrich von Werthern, Karl von Friesen,
Dr. Pincker und Braun richteten deshalb Anfang August ein
bewegliches Schreiben an den etwas indolenten Kurfürsten,
worin sie rechtzeitige Vorkehrungen damit motivirten, daß
man bei der bevorstehenden Hochzeit „den Mangel und den
daraus entstehenden Schimpf abwehren" müsse, welcher 1650
bei der Verheirathung des Prinzen Christian stattgefunden
habe. „Da hätten Wirthe und Bürger die bei ihnen ver-
dingten Gäste aus Unvermögen nicht weiter speisen und sie,
die Kammerräthe, nicht helfen können, weil kein Geld vorhanden gewesen sei, Aufwärter und Spielleute seien nicht ge-
bührend abgefertigt, Lieferungen bis jetzt noch nicht bezahlt
worden, so daß der Hofmarschall und der Kurfürst selber deshalb fortwährend angelaufen worden wären." Auf dieses
Schreiben war der Steuerbuchhalter Klengel beauftragt worden, von den allmählig eingehenden Steuern fortwährend
gegen Quittungen zu zahlen, was zur Vorbereitung der Hochzeit gezahlt werden mußte. Es war viel anzuschaffen und es
ging dabei seltsam zu. Der Hofschlosser verlangte für eine
neue Bratenleier (Bratenwender) mit 11 Spießen und 2 Spieß-
böcken, sowie für Reparatur der alten 150 Thlr. und zunächst

60 Thl. Vorschuß zum Ankaufe des Eisens. Der Hofkupferschmied
konnte erst durch 50 fl. abschlägliche Zahlung auf frühere Forderungen und durch Empfang von 10 Ctr. Kupfer bewogen
werden, das kupferne Küchenmaterial zu ergänzen und zu re-
pariren. Die Handwerkerarbeit in der Hofküche für Noth-
gießer, Schmiede, Klempner, Drechsler, Töpfer, Bürstenbinder
wurde auf 600 fl. veranschlagt, keiner wollte ohne Vorschuß
arbeiten. In den Rechnungen finden sich verzeichnet 1700 fl.
für Fleisch und Fische, 1140 fl. für Butter, 600 fl. für Un-
schlitt- und Wachslichte, 2240 fl. für Confitüren (Rechnung
des Hofapothekers für Waaren aus Leipzig, Nürnberg, Hamburg, Danzig und Dresden), 570 fl. Kellerausgaben (besonders
für böhmische Gläser), 1140 fl. für Verbindung von Gästen
in der Stadt. Getreide wurde auf Befehl des Hofmarschalls
aufgespeichert. 800 Thlr. für 100 Faß Zerbster Bier sollten aus
den Forstnutzungen des Amtes Gommern gedeckt werden. Das
sind natürlich nur vereinzelte Notizen, die sich in den Acten
zerstreut finden. Charakteristisch ist bei einer Bestellung von
Spezereien für 5900 Thlr. bei einem Lieferanten aus Hamburg, daß derselbe zunächst auf eine ältere Forderung von
3200 Thlrn. eine Abschlagszahlung verlangt. Daneben aber
machte die Hochzeit noch viele andere Unterstützungen nöthig.
Die Hofmeisterin und die sechs abligen Hofdamen der Kurfürstin, von denen jene jährlich 100 fl., von diesen jede noch
nicht 14 fl. Besoldung hatten, verlangten Festkleider, welche
720 Thlr. kosteten. Die beiden Hofprediger Laurentius und
Heerbrand wurden für 150 fl. neu gekleidet. Sämmtliche
Kammerjunker verlangten neue Ausstattung. Viele Cavaliere
baten um Vorschüsse, um Geschenke zur Anschaffung von
Pferden, theilweise um ihre rückständige Besoldung, damit sie
bei Hofe mit Ehren erscheinen könnten. Sogar des Kurfürsten
Sohn, Christian, ging den Kurfürsten an, daß er ihm „zum
Besuch der Hochzeit seiner lieben Schwester für sich, die herz-
liebste Gemahlin und die Junker" etwas schenken möge. Zur
selben Zeit bedrängte der Hofmarschall Taube den Kurfürsten,

dafür zu sorgen, daß zur Michaelismesse die Gläubiger des
Kurfürsten, namentlich die fremden Juweliere, theilweise be=
friedigt würden, „damit der Kurfürst nicht um seine Reputa=
tion käme." Der Steuerbuchhalter Klengel hat bis in den
Anfang des Jahres 1653 52000 Thlr. eingenommene Steuer=
gelder für Hochzeitskosten gezahlt, und da der Aufwand nicht
allein aus diesen Mitteln gedeckt wurde, so kann man sich von
der Finanznoth des Kurfürsten einen Begriff machen. Er
blieb übrigens dabei ziemlich ruhig, und hätten der Hofmar=
schall und die Kammerräthe nicht gedrängt und gehandelt,
so würde dem Mangel schwerlich abgeholfen worden sein.

Als der Kurfürst troz dieser Bedrängnisse sich entschieden
hatte, der Einladung des Kaisers Folge zu leisten, schrieb er
Mitte August an die Geheimen Räthe, Heinrich von Friesen,
Abraham von Sebottendorf, Friedrich Metzsch und Johann
Georg Oppel, daß „seine Mitkurfürsten dem Kaiser in Prag
aufwarten würden und daß die Reise dahin auf wiederholte
Einladung des Kaisers kaum umgangen werden könne. Er
verlange ihren Beirath und da, wenn auch keine sonderbare
Pracht nothwendig sei, die Unkosten doch nicht gering sein
würden, sollten sie mit Zuziehung der Kammerräthe, des
Rentmeisters und Buchhalters ihm ein Stück Geld verschaffen,
weil in solchen Fällen das Aeußerste zu versuchen und auch
wohl die Beilagergelder nicht zu verschonen wären." Die
Räthe erklärten sich zwar mit der Reise einverstanden, meinten
jedoch, zunächst nichts thun zu können, da ein Kammerrath,
der Rentmeister und der Buchhalter krank wären. Vor etlichen
Wochen sei ein Termin ausgeschrieben für Befriedigung der
Truppen und andere Militaria. Was davon eingekommen
und wozu es verwendet worden, wüßten sie nicht. Die An=
ticipation des Termins Bartholomäi und der vorige Rest der
Land= und Tranksteuer sei zum Beilager bestimmt, doch könne
der Kurfürst nach Belieben darüber verfügen. Aus den
weiteren fragmentarischen Notizen ergiebt sich, daß der Kur=
fürst die Kreissteuereinnehmer des Meißnischen und Erz=

gebirgischen Kreises zur beschleunigten Eintreibung der Land-
steuerreste anwies und den Kammeräthen, dem Rentmeister
und Buchhalter zu begutachten anheimgab, wie die von den
Beilagergeldern zu entnehmenden Reisespesen auf andere Weise,
vielleicht durch die für Militaria ausgeschriebene Anlage, gedeckt werden könne.

Die Abreise des Kurfürsten verzog sich aber noch einige
Zeit. Der Kaiser, bei dem angefragt wurde, war damit einverstanden, da auch die übrigen Kurfürsten erst im October
in Prag eintreffen wollten. Die seit Kurzem verwittwete
Kurfürstin von Baiern blieb nur die ersten 14 Tage des Oc-
tobers in Prag. Der Pfalzgraf Karl Ludwig von Heidelberg
war bereits abgereist, als Johann Georg nach Prag kam.
Da der Kurfürst von Cöln krank geworden, traf Johann
Georg nur mit Mainz, Trier und Brandenburg in Prag zusammen. Es wurde noch vor der Abreise die Hochzeit der
Prinzessin Magdalene Sibylle am 11. Octbr. in Dresden gefeiert. Unterdessen wurde alles zur Reise gerüstet. Die Fürsten
pflegten damals mit großem Gefolge zu reisen. Dennoch hätte
sich der Kurfürst unter den damaligen Verhältnissen schon im Interesse des gastfreien Kaisers mehr beschränken können. Während
den Kurfürsten von Brandenburg 276 Personen geleiteten,
nahm der Kurfürst 621 Personen und 590 Pferde mit nach
Prag. Allerdings waren von jener Zahl 103 Personen im
Gefolge des Kurprinzen, welcher seinen Vater begleitete. Im
Gefolge des Kurfürsten waren außer dem Hofmarschall Taube
und Reuß, Herrn v. Plauen, eine große Anzahl höhere Hof-,
Militär- und Civilbeamte, unter ihnen drei geheime Räthe,
viele Kammerjunker, Cavaliere und Pagen, der Oberhofprediger
Dr. Weller, der Leibmedicus, Geheimsecretär, Kammerdiener,
das gewöhnliche niedere Dienstpersonal und 115 Reiter der
Leibgarde. Auch den Kurprinzen begleiteten der Stallmeister
und 10 Kammerjunker. Die Reiter trugen die Galauniform:
rothe Mäntel und graue Hüte mit rothen und weißen Federn,
die Pagen und die Dienerschaft nahmen die neue Livrée mit:

grau mit Silber. Eine Unzahl von Rüstwagen wurde im Zwingerhofe gepackt. Was für Summen mußte es dem Kaiser kosten, alles dieses zahlreiche Gefolge der Kurfürsten in seinem Lande viele Wochen hindurch stattlich zu unterhalten. Und dies alles nach einem des Landes Wohlstand vernichtenden Kriege. Es war kein Wunder, wenn bei solcher Wirthschaft das Reich allmählich zu Grunde ging.

Den 21. October 1 Uhr reiste der Kurfürst von Dresden ab, in geordnetem Zuge, die Reiterei an der Spitze. Um 5 Uhr kam der Zug nach Gießhübel, wo übernachtet wurde. Den Tag drauf ging es von 9 Uhr früh bis 4 Uhr Nachmittags 4 Meilen weiter bis Außig. An der Grenze wurde der Kurfürst von Christoph Poppl von Lobkowitz und anderen Cavalieren im Namen des Kaisers begrüßt. Am 23. October wieder 4 Meilen (bis Lowositz, auf gefährlichen Wegen, wie es heißt,) von früh 9 Uhr bis spät Abends nach Budin. In Lowositz war der Kurfürst vom Grafen von Waldstein mit einem Frühstück tractirt worden. Abends im Schlosse von Budin erregte ein „neuer großer Ofen aus lauter weißen Kacheln" die größte Aufmerksamkeit der hohen Herrschaften. Sonntag den 24. Octbr. hielt früh Dr. Weller Gottesdienst: man brach erst um 1 Uhr Mittag auf und gelangte Abends 9 Uhr nach Minkwitz. Hier traf der Herzog Julius Heinrich von Sachsen-Lauenburg zur Begrüßung des Kurfürsten ein. Den 25. October wurde nach Prag aufgebrochen, das noch 3 Meilen entfernt war. Die Dienerschaft mußte die Galalivrée anziehn. Als der Kurfürst 1 Stunde vor Prag nach dem Vorwerke Subbol kam, brachte der nach Prag vorausgeschickte Taube die Nachricht, daß der Kaiser dem Kurfürsten dahin entgegen kommen werde, er werde gleich eintreffen. Man machte Halt, der Kurfürst stieg aus, — doch der Kaiser traf nicht ein. Bald darauf kam nochmals vertröstende Botschaft, daß die kaiserliche Reiterei noch nicht beisammen wäre. So vergingen 2 Stunden. Endlich kam der Kaiser, nahm den Kurfürsten und Kurprinzen in seinem von 6 Rappen gezoge-

nen roth=goldenen Galawagen auf und zog mit ihm in der
Stadt ein.   160 kaiserliche Reiter ritten voraus.   Dann die
sächsischen Reiter, der ganze Zug von Wagen mit den höheren
Beamten und Cavalieren des Kurfürsten in Begleitung kaiser=
licher Cavaliere, endlich hinter den kaiserlichen Trompetern
und Heerpaukern der kaiserliche Wagen, die kaiserliche Garde
und das übrige Gefolge des Kurfürsten.   Dabei wurden 85
Kanonenschüsse gelöst und die Infanterie gab eine Salve.
Der Kurfürst erhielt Wohnung im Hause der Gemahlin des
Herzogs Julius auf dem Radschin und die anderen Herren
sowie das Dienstpersonal wurden in verschiedenen Stadttheilen
bei Privatleuten und in Gasthöfen untergebracht.

Die nun folgenden Tage wurden die Herrschaften mit
Besuchen und Festgelagen bis zur Erschöpfung genügend in
Anspruch genommen.   Den 26. October speisten einige kaiser=
liche Cavaliere beim Kurfürsten.   Der spanische Gesandte und
die beiden geistlichen Kurfürsten ließen dem Kurfürsten zur
Ankunft Glück wünschen und Taube mußte beim Kaiser und
der Kaiserin um Audienz bitten.   Diese erfolgte den 27. Oct.
früh: Nachmittags besuchte der Kurfürst von Mainz den
Kurfürsten. Am 28. October hatte früh der Kurprinz Audienz
beim Kaiser und der Kurfürst von Trier besuchte den Kur=
fürsten von Sachsen.   Nachmittags beehrte der Kaiser den
Kurfürsten mit seinem Besuche.   Am 29. October war der
Kurprinz zu Besuch beim Sohne des Kaisers und beim Kur=
fürsten von Trier.   Mittags Bankett bei Johann Georg zu
Ehren des Kurfürsten von Mainz.   Am 30. October besuchte
Johann Georg die Kurfürsten von Mainz, Trier und den
Sohn des Kaisers.   Am 31. October Sonntags hielt Dr.
Weller Gottesdienst, während der Prager Klerus zur Er=
innerung an die Schlacht am weißen Berge eine große Pro=
cession vom Schlosse nach Strahof abhielt. Welche Gedanken
mögen im Kurfürsten, in Dr. Weller aufgestiegen sein, als sie
bei dieser Festlichkeit an die jenem Siege folgende kirchliche
Reaction in Böhmen lebendig erinnert wurden.   An dem=

selben Tage Besuche des dänischen und brandenburgischen Gesandten beim Kurfürsten. Am 1. November besuchten die Kurfürsten von Mainz und Trier Johann Georg. Bei diesem war Bankett zu Ehren des Kurfürsten von Trier. Dabei bemerkt der Berichterstatter, daß letzterer „sich sehr fröhlich und vertraulich erwiesen und auch ziemlich getrunken habe." Am 2. November speisten einige östreichische Cavaliere mit ihren Frauen beim Kurfürsten. Am 3. November besuchte der Sohn des Kaisers den Kurprinzen. Am 4. November Freitags ritt der Kurprinz früh in Prag spazieren, während sein Vater Dr. Weller predigen ließ. Mittags speiste der Kurprinz beim Herzoge Julius. Nachmittags erhielt der Kurfürst einen feierlichen Besuch vom Kaiser, den der Kurfürst und Kurprinz unten am Wagen erwarteten. Abends war beim Kurfürsten Bankett zu Ehren des Markgrafen von Baden .Am 5. Nov. besuchte der spanische Gesandte den Kurfürsten Johann Georg. An diesem Tage kam der Kurfürst von Brandenburg nach Prag und wurde vom Kaiser und seinem Sohne mit denselben Feierlichkeiten eingeholt, wie früher der Kurfürst von Sachsen. Friedrich Wilhelm hatte sich allerdings früher beim Kaiser entschuldigt: er wollte nicht nach Prag kommen. Der Kaiser hatte diese Entschuldigung annehmen müssen, aber dabei auf das verbindlichste aussprechen lassen, wie viel ihm am Besuche des Kurfürsten gelegen gewesen wäre. Da hatte sich Friedrich Wilhelm doch noch zur Reise entschlossen und seinem selbstständigen Charakter gemäß den 19. October in anderem Stile, als in dergleichen Schreiben Sitte war, geschrieben und seine Befriedigung darüber ausgedrückt, daß der Kaiser seine Entschuldigung so wohl aufgenommen habe; „da aber der Kaiser auch jetzt wieder kund gegeben, daß er des Kurfürsten Reise nach Prag mit besonderem Contentement aufnehmen werde, so hielt er es für seine Schuldigkeit, mit Beseitigung aller Hindernisse dahin zu sehn, wie er mit und neben Beförderung des heiligen Reiches allgemeiner Wohlfart Se. Kaiserl. Maj. gnädigstem Begehren

vermittelst seiner Erscheinung ein gehorsames Genügen thun
möchte." Acht Tage darauf war er nach Prag abgereist.
Bereits am 6. November machte der sächsische Kurprinz dem
Brandenburger einen Besuch. Sonntags am 7. November
früh Gottesdienst und Nachmittags Besuch Johann Georg's
bei Friedrich Wilhelm. Am 8. November fuhr der Kurprinz
zum Besuch beim spanischen Gesandten, der ihm auf halbem
Wege entgegen kam. Von 12 Uhr bis 5 Uhr war glänzendes
Bankett beim Kaiser, wozu alle Kurfürsten eingeladen waren.
Den 9. November waren der Kaiser und sein Sohn — der
Kaiser hatte sich selbst eingeladen — mit sämmtlichen Kurfürsten bei Johann Georg zu Tische. Die Kurfürsten standen
unten an der Thüre, als der Kaiser ausstieg; neben dem
Sessel, in dem er hinaufgetragen wurde, gingen die beiden
geistlichen Kurfürsten, dahinter schritt der Sohn des Kaisers
zwischen den Kurfürsten von Sachsen und Brandenburg.
Ebenso ging nach der Mahlzeit der Zug zurück herunter an
den Wagen. Vor dem Einsteigen küßten die Kurfürsten dem
Kaiser die Hand: nur bei dem Wirthe, Johann Georg, wies
es der Kaiser freundlich zurück. Am 10. November machte
Friedrich Wilhelm beim Kurfürsten den Gegenbesuch. Nun
kamen noch die 3 letzten Tage der ärgsten Strapatzen für den
alten, aber noch lebensfrischen Herrn. Am 11. November, an
welchem Tage der Kurfürst den spanischen Gesandten besucht
hatte, waren zwei Bankette, das eine beim Kurfürsten von
Brandenburg, bei dem der Kaiser, sein Sohn und die Kurfürsten speisten, und Abends von 8—12 waren sämmtliche
Kurfürsten bei der Kaiserin, wo lauter junge Gräfinnen die
Dienste verrichteten, unter denen der Berichterstatter die
Gräfin von Thun als die schönste rühmt. Ebenso fanden am
12. November Freitags (früh Predigt des Dr. Weller) zwei
Bankette statt, ein großartiges Festmahl des spanischen Gesandten für alle Kurfürsten und Abends noch ein Abschieds-
essen beim Herzoge Julius. Das Bankett beim spanischen Gesandten dauerte von 1—8 Uhr, und dann fuhr der Kurfürst

sogleich zum Herzoge Julius, wo er bis 2 Uhr Nachts verweilte
— unmittelbar vor der vom Kurfürsten für den 13. Nov.
festgesetzten Abreise. Nach den hierbei sehr ausführlichen
Mittheilungen des Berichterstatters muß das spanische Bankett
besonders großartig gewesen sein. Im Vorgemache zum
Tafelzimmer stand ein „hochaufgerichtetes Tresur" mit kost-
baren venetianischen Gläsern, darunter zwei von 1½ Ellen
Länge. Im Speisesaale fanden sich an 3 Seiten Tafeln mit
Silberschalen, worin Confect und Früchte waren, und an der
vierten Seite auf einem Schenktische 4 große schwere silberne
Gießbecken und Gießfüßen (z. B. ein Löwe, der einen Greif
in den Hals beißt), mit künstlicher Arbeit, zum Waschen für
die 4 Kurfürsten. Auf der Tafel standen allerhand mytholo-
gische Figuren, wie der Referent sagt, aus Butter und künstlich
aufgeputzte Salate. Kurz, der spanische Gesandte hatte in
luxuriöser Ausstattung seines Festes selbst den Kaiser weit
übertroffen. — Endlich am 13. November nach eingenommenem
Frühstück verabschiedete sich der Kurfürst Mittags 12 Uhr
vom Kaiser, der ihm eine halbe Stunde das Geleit gab. Auf
der Rückreise übernachtete der Kurfürst in Mölbern, Budin,
Außig, wohin er des bösen Weges halber dieses Mal mit
geringer Begleitung von Lowositz auf der Elbe gefahren war,
Königstein und war am 17. November Abends wieder in
Dresden. Drei Schüsse meldeten seine Ankunft. —

War auch der Kurfürst mit seinem ganzen Gefolge in
Böhmen freigehalten worden, so mußte er doch, abgesehen
von dem trotzdem nothwendigen Aufwande der Ausrüstung,
eine bedeutende Summe auf Geschenke und Trinkgelder verwenden, welche nach den vorhandenen Rechnungen gegen
14000 Thlr. betrug. Die höheren und mittleren Hofbeamten
erhielten meistens mit Diamanten besetzte Contrefactbüchsen,
d. h. Etuis mit dem Bildnisse des Kurfürsten, oder Becher,
Ketten und Ringe — die viel billigeren Decorationen unserer
Zeit waren damals noch nicht Mode. Das Bild des Kurfürsten war dabei Nebensache: es wurde Stück für Stück für

6 Thaler geliefert. Aber die Diamanten der Etuis machten
das Geschenk werthvoll. So erhielt der kaiserliche Obersthof=
meister Fürst von Dietrichstein das Bild in einem Etui mit
63 Diamanten = 700 Thlr., und außerdem eine Kanne von
93½ Kronen = 187 Thlr., — der Oberstkämmerer Graf
von Waldstein ein Etui mit 35 Diamanten = 300 Thlr. und
eine Kette von 106 Kronen = 212 Thlr., der Geh. Rath
Vollmar ein Etui mit 92 Diamanten = 600 Thlr. und eine
Kette mit 160 Kronen = 320 Thlr., die beim Abendessen der
Kaiserin als Mundschenk und Vorschneider dienstthuenden
Damen v. Trautmannsdorf und Khevenhiller Diamanten=
etuis von 265 u. 160 Thaler Werth, der kaiserliche Ober=
kammerdiener, welcher das Schwert und das Evangelienbuch
des Kurfürsten in Verwahrung gehabt hatte, einen Pokal von
5 Mark 12 Loth Gewicht = 70 Thlr. Die oben erwähnten
Trinkgelder für die niedere Dienerschaft betrugen 4000 Thlr.

Während der Reise hatte die getreue Kurfürstin Magda=
lene Sibylle ihrem „freundlichen herzvielgeliebten Gemahl"
ein ganzes halbes Dutzend lange Briefe geschrieben, höchst
gemüthlich und herzlich, aber mit ziemlich seltsam geformten,
oft schwer leserlichen Buchstaben und sehr naiver Ortho=
graphie, über alles Mögliche, was während der Zeit zu
Hause vorkam. Sie berichtet bald, daß „der liebe kleine
Hans Gergel — des Kurfürsten Enkel, der spätere Türken=
besieger — Gott sei Lob, wieder wohl auf sei von seinem
Blätterlein und fröhlich seine Heerpauken schlage," bald, daß
der hessische Eidam aus Darmstadt ein weißes Lamm mit 4
Hörnern, ein Schweinlein und einen Hund zum Geschenk nach
Dresden geschickt, das Lamm habe sie zum Zwingergärtner,
die andern Thiere zum Hofjäger gegeben, den hessischen Boten,
einen gebrechlichen Menschen, der mit Weib und Kind ge=
kommen, und sich wieder heimgesehnt, habe sie mit 18 Thalern
abgelohnt. Ein anderes Mal schreibt sie von der Aufnahme
des Brandenburgischen Kurfürsten in Sachsen und in jedem
Briefe viele fromme Wünsche für das Wohl der Abwesenden,

welche sie dem Schutze der heiligen Dreieinigkeit empfiehlt, und für das Gedeihen der evangelischen Kirche. Auch solche Briefe wurden damals sorgfältig in den Archiven aufbewahrt! Die Antworten des Kurfürsten sind kurz und trocken, doch nach dem damaligen Standpuncte wohl stilisirt: sie sind in der Kanzlei des Kurfürsten abgefaßt und von demselben bloß unterzeichnet. —

Der Kurfürst war gewiß von seiner Reise sehr erbaut. Die kaiserlichen Gnadenerweise, die Artigkeiten der Mitkurfürsten hatten ihm wohlgethan. Von Cöln und Heidelberg kamen Briefe nach Dresden mit dem Ausdrucke des Bedauerns, daß die Kurfürsten den alten sächsischen Herrn in Prag nicht hatten sehen können. Namentlich bedauerte der Pfalzgraf Karl Ludwig, des ältesten und erfahrensten Kurfürsten Rath in Einem und Anderm, was des Reiches Nothdurft betrifft, nicht vernommen zu haben. Von des Reiches Nothdurft war aber sicherlich in Prag nicht viel geredet, wenigstens nichts Ersprießliches gewonnen worden, wenn auch die sächsischen Geheimräthe dann und wann mit den kaiserlichen und kurfürstlichen Räthen conferirt hatten. Dem sich allmählich auflösenden Reiche war ja überhaupt nicht mehr zu helfen. Dazu hatten die anderen Reichsstände die vorläufige besondere Berathung mit den Kurfürsten kurz vor Eröffnung des Reichstages übel genommen; dies war den Verhandlungen des Reichstags auch nicht förderlich. Doch mag die im Mai 1653 erfolgte Wahl Ferdinand's, des Sohnes des Kaisers, zum römischen König wohl in Prag vorbereitet worden sein. Da der junge Ferdinand bald darauf starb, so ging dem Kaiser dieser Vortheil wieder verloren.

———————

Die Namen des Erzgebirges und ihre Geschichte.

Vom Advocat Gautsch in Dresden.

Die ersten griechischen und römischen Schriftsteller, welche uns von Deutschland Kunde geben, berichten von einem hercynischen Waldgebirge im Innern desselben, welches ganz Germanien quer durchschneidet und alle Wälder und Gebirge von den Donauquellen bis zur Weichsel in sich faßt. Ihre dürftigen Nachrichten geben keinen sichern Anhalt. Ausführlicher behandelt Germanien der spätere Geograph Ptolemäus. Unter den sechs Hauptgebirgen, welche er im Innern Deutschlands aufführt, befindet sich sicherlich auch das Erzgebirge, und es wird von allen Forschern und Geographen ziemlich übereinstimmend angenommen, daß es unter dem von ihm zuerst genannten Sudeta-Gebirge zu verstehen sei.

Sie sind nämlich der Ansicht,[1] daß der ganze von Westen nach Osten sich fortziehende und jetzt unter mehreren Namen bekannte mitteldeutsche Gebirgszug, welcher am östlichen Ufer der Werra als Thüringer Wald beginnt, sich im Frankenwalde mit dem Schneekopfe von da in dem anstoßenden Erzgebirge bis zur Elbe, dann rechts der Elbe in der sogenannten sächsischen Schweiz und den oberlausitzischen Gebirgen fortsetzt und so im Zusammenhange mit dem Riesengebirge steht, das Sudetengebirge des Ptolemäus sei.

---

[1] Zeuß, die Deutschen 2c. Einleitung S. 8. Wilhelm, Germanien, S. 37 flg. Schelz, Waren germanische oder slawische Völker 2c. S. 34.

Ueber die Bedeutung dieses Namens dagegen herrschen unter Geographen wie Historikern verschiedene Ansichten. Man weiß nicht genau, welchem Sprachstamme das Wort seinen Ursprung verdankt. Autoritäten, wie Grimm, Zeuß, Kunsberg, halten es wegen seiner Endsilbe „eta" für keltischen Ursprungs, wissen es aber nicht genügend zu deuten.

Die Erklärung des Wortes, welche Moller[2] bringt, und von vielen vaterländischen Geschichtsschreibern nachgebetet ward, nämlich Süd-oede nach der Lage, ist nicht stichhaltig, weil das Wort Oede in der Urzeit weder in dieser Form vorkommt, noch für Waldgegenden gebräuchlich war, haupt-sächlich aber das Erzgebirge nebst angegebenem Anhange nur den nördlich davon wohnenden deutschen Stämmen gegen Süden lag. Bekanntlich aber schöpften Römer und Griechen ihre geo-graphischen Kenntnisse vom Innern Deutschlands damals aus dem Munde der längs der Donau wohnenden Germanen, denen dieser Gebirgszug im Osten oder Norden lag, mithin konnten diese denselben doch nicht als einen südlichen be-zeichnen. Man hätte also die Bezeichnung Nord-oede er-warten sollen; anderer Gründe zu geschweigen.

Nach Ptolemäus vergehen Jahrhunderte, ehe uns hi-storische Schriftsteller wieder Beiträge zur Geographie und Geschichte unseres engern Vaterlandes liefern. Und diese fallen erst in diejenige Zeit, wo die Deutschen begannen, die slawischen Völkerschaften, welche Jahrhunderte zuvor einge-wandert waren und sich bis an die Elbe und Saale ausge-breitet hatten, wieder unter ihre Botmäßigkeit zu bringen.

Karl der Große war der erste, welcher seines Reiches Grenzen bis zur Elbe im Meißnischen auszudehnen versuchte, dessen Kriegszüge daher unser Meißnerland berührten. Wichtig für unsere vaterländische Geschichte ist der Feldzug vom Jahre 805.[3] In diesem Jahre schickte er seinen Sohn, den

---

[2] Theatrum Friberg.

[3] Chronicon Moissac. in Pertz, Monumenta german. Tom. I. p. 307. Knochenhauer, Geschichte Thüringens S. 31. Gotha 1863.

König Karl, mit einem großen Heere in drei Abtheilungen
gegen das von den Czechen, einem Hauptstamme der Slawen,
bewohnte Böhmen. Eins dieser Heere zog von Bayern aus,
eins durch unser Vaterland dahin. Letzteres sammelte sich,
so meldet der Chronist, im heutigen Anhaltischen und zog
über Hwerenofelda nach Demelchion. Hier stritt es mit dem
slawischen Könige Semela und besiegte denselben. Dann ging
das Heer über Fergunna, gelangte an den Egerfluß und von
da nach Canburg. Hier vereinigten sich alle drei Heere, belagerten Canburg und verwüsteten Böhmen bis zur Elbe.

Es steht nun ungeachtet der Verschiedenheit der Erklärung der in dieser kurzen, aber wichtigen Erzählung vorkommenden geographischen Namen soviel fest, daß der Feldzug
der Deutschen in jenem Jahre in Böhmen endete, ferner daß
eines dieser Heere, das aus Sachsen bestand, über Werinafeld nach Demelchion zog, daß unter letzterem jedenfalls der
etwas verstümmelte Name des Gaues Dalemince, also ein
Haupttheil unseres heutigen Sachsens zu verstehen ist, und daß
endlich diese Heeresabtheilung von hier aus gar nicht anders,
als durch Ueberschreitung des Erzgebirges nach Böhmen hinein
gelangen konnte, wo Canburg, das heutige Kadan, lag, welches belagert wurde, und wo die Eger fließt.

Bei der Erklärung des Namens Fergunna kommt viel
darauf an, ob ein Gau, oder ein Ort, oder was sonst wohl
darunter zu verstehen sei, und es haben berühmte Forscher,
wie Pertz, von Ledebur, Dombrowski und Schafarik, welche
sich an die Erklärung dieses Namens gemacht haben, dabei
sehr abweichende Ansichten aufgestellt. Pertz erklärt es für
den Ort Fünfhunden in Böhmen, v. Ledebur für Würgau
bei Scheßlitz in Bayern, Dombrowski für einen slawischen
Gau. Letzterer Ansicht neigt sich Schafarik zu, indem er darunter das Fraganeo des bayerischen Geographen sucht. Die
Unhaltbarkeit aller dieser Ansichten ergiebt sich aber sofort,
wenn man das Wort aus der deutschen Sprache zu erklären
unternimmt. Schon früher hat Wachter in seiner Geschichte

Sachsens[4] bei Berührung dieser Begebenheiten darauf hinge=
wiesen, daß wir in des Ulfilas gothischer Bibelübersetzung
das Wort „Berg" durch fairguni übersetzt finden, und schließt
daraus, daß der Chronist mit seinen Worten: „super Fergunna" nichts Anderes habe sagen wollen, als über das
Gebirge. Zeuß in seinem Werke (die Deutschen und die
Nachbarstämme) hat beigepflichtet und darunter schon unser
Erzgebirge erkannt. Schafarik kennt zwar diesen sprachlichen
Schlüssel, denn er führt richtig an, daß das gothische Wort
fairguni, im Skandinavischen fiörgen, im Angelsächsischen
firgen soviel als mons, Berg, oder regio montana, gebir=
gige Gegend, bedeute, und beruft sich dabei auch auf die Au=
torität Grimm's,[5] allein er hat nur immer slawische Gaue
und Völkerschaften im Auge und geht nicht noch einen Schritt
weiter und erkennt, daß hier von keinem Gaue oder Völker=
stamme, sondern vom geographischen Namen einer Gegend,
eines Gebirges, die Rede sei.

Man hat also an der Deutung des Wortes Fergunna
aus germanischen Sprachen festzuhalten. Denn in der ersten
Sylbe zeigt sich sogleich das althochdeutsche fior, die Föhre,
Tanne, was im Gothischen als fair, im Nordischen als fiör
und im Angelsächsischen als fir vorkommt. Die letztere be=
deutet vermuthlich soviel wie regio, Gegend.

Noch mehr; jenen Forschern ist entgangen und entgegen=
zuhalten, daß das Wort Fergunna nicht blos an jener Stelle,
sondern auch noch in andern historischen Denkmalen vor=
kommt. Bis jetzt sind folgende ermittelt.

In einer Urkunde des Kaisers Karl des Gr. vom Jahre
786[6] für ein Kloster im Gaue Rangow wird dessen Lage be=
schrieben, und es heißt darin: daß es innerhalb des Waldes,
der Vircunnia genannt werde, gelegen sei.

---

[4] Geschichte Sachsens, Th. III. S. 272.

[5] Grimm, Deutsche Grammatik, III. S. 175. u. Mythologie XV.
116. 370.

[6] Strebel, Franconia illustr. I. S. 132.

In einer andern vom Jahre 1024[7] ſagt Kaiſer Heinrich,
daß der Wald Virgunda zum Kloſter Ellwach gehöre. Dieſelbe Gegend wird auch in (Crusius dodec. I. 103.) Schriftſtellern tractus virgunensis geheißen und iſt vielleicht auch
vom altdeutſchen Dichter Wolfram gemeint, wenn er in ſeinem Wilhelm v. 1759 ſingt:

der swarzwalt und din vergunt.

Den in jener Urkunde genannten Wald bei Elwangen
an der Jart findet man noch heut zu Tage unter dem Namen der ſchwäbiſche und der fränkiſche Virngrund;
letzterer liegt in der Gegend von Schwäbiſch Hall.

Wenn Palacky (in ſeiner Geſchichte von Böhmen, Bd. I.
S. 100. Note 54.) ſagt, daß ſich über den Namen Fergunna
nicht einmal eine Vermuthung geben ließe, ſo hat man ihm
dieſe Anſicht zu gute gehalten, weil er wahrſcheinlich die oben
angeführten Werke nicht gekannt oder eingeſehen haben mag
und als Czeche in germaniſchen Sprachen nicht bewandert war.

Wir haben daher ohne Zweifel unter jener Bezeichnung
des Chroniſten ein Waldgebirge zu verſtehen, und finden,
daß dieß eine für unſer Erzgebirge ganz paſſende Bezeichnung
geweſen ſei.

Noch iſt zu erwähnen, daß Pertz, v. Ledebur u. A. annehmen, daß der Uebergang jenes aus Sachſen beſtehenden
Heeres nach Böhmen weiter weſtlicher, von Thüringen aus,
erfolgt ſei, und es würde dann der Frankenwald oder das
Fichtelgebirge unter Fergunna zu verſtehen ſein, auch dafür
paſſen, allein die Anſicht jener Forſcher beruht darauf, daß
ſie das Werinafeld, welches jenes Heer vorher berührte, an
der Werra ſuchen. Wenn man aber unter Demelchion, wohin das Heer von Werinafeld ging, Dalemincien verſteht,
und eine beſſere Erklärung dafür dürfte kaum gefunden werden, ſo liegt es doch viel näher, anzunehmen, daß das Heer
von hier aus gleich über das Erzgebirge nach Böhmen hin-

---

[7] Ussermann, Episcopatus Wirceburg.

eingegangen sei, als daß es von der Werra her in Dalemincien eingebrochen und nach Besiegung des Semela auf demselben Wege zurückgegangen sei, um mit Umgehung des Erzgebirges erst von Franken aus nach Böhmen einzubringen.

Wir halten also daran fest, daß unter jenem Fergunna
unser Erzgebirge gemeint und dieß der erste urkundlich
nachweisbare Name desselben sei. Schwierig ist aber zu entscheiden, ob er dem Gebirgswalde als solchem, oder besonders
beigelegt worden sei. Für das Erstere scheint die Anwend-
barkeit der Bezeichnung auf alle mit Schwarzholz bedeckte
Gebirge und das Vorkommen desselben Namens in anderen
Gegenden unter ähnlichen Verhältnissen zu sprechen. Nur dürfte
daraus, daß der Chronist denselben als Eigennamen wiedergiebt
und ihn nicht übersetzt, zu folgern sein, daß der Name durch
langen Gebrauch die Natur eines Eigennamens angenommen
habe, wie z. B. der Schwarzwald, das Fichtelgebirge u. a. m.

Der Umstand noch, daß das Wort den nordgermanischen
Dialecten entsprungen zu sein scheint, läßt auf das hohe Al-
terthum dieser Bezeichnung und die Urheber desselben einen
Schluß machen.

Ferner ist darauf hinzuweisen, daß damals (im J. 805)
unser Meißnerland schon ein Paar Jahrhunderte lang von
den Slawen besetzt war. Weil nun der Name unbestreitbar
kein slawischer, sondern ein rein germanischer ist, so ergiebt
sich daraus auch, daß sich der alte deutsche Name noch unter
den Sachsen oder Franken, denn diesen verdankte doch der
Chronist seinen Bericht, erhalten hatte.

Obwohl wir nun bei unsern weiteren Forschungen auf
die Zeit kommen, wo Geschichtsschreiber und Urkunden häu-
figer werden, so erscheint doch in keiner der historischen Quellen des 9. Jahrh. das Erzgebirge mit einem besonderen Namen. Sodann sollte man einen solchen später in der Urkunde
v. J. 967 erwarten, worin die Grenzen des neubegründeten
Bisthums Meißen festgestellt werden, weil diese gegen Süden
von den alten Grenzen zwischen Böhmen und der Mark Mei-

ßen gebildet wurden, allein in dieſer Urkunde wird nur ge-
ſagt, daß die Grenze des Bisthums Meißen (gegen Süden)
auf der Grenze der beiden Gaue „Behem und Niſinen" über
die Elbe hinweg durch den Wald nach Weſten bis zum Ur-
ſprunge der Mulde reiche. Die päpſtliche Beſtätigungsur-
kunde vom J. 968, ebenſo wie die des Kaiſers Otto III. vom
J. 996 wiederholt nur dieſelben Worte.

    Dennoch gab es im 10. und 11. Jahrhunderte einen
beſonderen Namen für das Erzgebirge. Denn im J. 974[8]
ſchenkte Kaiſer Otto dem Stifte Merſeburg einen Wald im
Gaue Chutizi zwiſchen Mulde und Saale und geſtattete ihm
die Jagd auf alle jagdbaren Thiere darin, mögen ſie, ſetzt er
hinzu, aus dieſem Walde oder aus dem großen Walde,
welcher Miriquido genannt wird, hervorgekommen ſein. Obwohl nun der Geſchichtsſchreiber, Biſchof Thietmar, in ſeiner
Chronik dieſer Schenkung an zwei Stellen gedenkt, ſo berührt
er doch dabei nicht jenen Umſtand. Nur bei einer andern
Gelegenheit, als er den Kriegszug des Kaiſers Heinrich II.
im Jahre 1004 (Thietmar, Chronicon, Lib. VI.) gegen den
Herzog Boleslav von Böhmen erzählt, berichtet er, daß letzterer im Walde, welcher Miriquibui genannt werde, einen
Berg mit Bogenſchützen beſetzt habe. Letzterer lag daher in
Böhmen oder auf der Grenze an der Heerſtraße.

    Daß an dieſen beiden Stellen mit dem Namen Miriquibi
der Gebirgswald gegen Süden, das heutige Erzgebirge gemeint ſei, bedarf wohl keines weiteren Beweiſes.

    Außer an obigen Stellen begegnet man dieſem Namen
weder bei Schriftſtellern, noch in Urkunden, obwohl dazu bei
Erzählung von Ereigniſſen, welche das Erzgebirge berühren,
Gelegenheit genug vorhanden geweſen wäre. So z. B. im
Jahre 1040, als Kaiſer Heinrich III. mit zwei Heeren Böhmen bekriegte, von denen das eine unter Markgraf Eckard
von Meißen von der Burg Dohna aus über das Gebirge ging.

---

[8] Urkunde in Wideburg, Specimen rer. misn. I. 85.

Im Jahre 1041 zogen wieder zwei Heere, davon eins auf dem=
selben Wege, nach Böhmen. Im Jahre 1075 u. 1076 ging Kaiser
Heinrich nach Böhmen und zog von da aus über das Gebirge
nach Meißen, und der Geschichtsschreiber erzählt, daß er auf
geheimen und schwierigen Pfaden nach Meißen gelangt sei;
er wählte also vielleicht nicht die gewöhnliche Heerstraße, son=
dern Gebirgspässe. Der Einfall der Böhmen in die Mark
Meißen als Verbündete Wiprecht's von Groitzsch, im J. 1080,
worauf die Schlacht an der Elster erfolgte, geschah auch über
das Gebirge. Auch im Jahre 1087 machte Herzog Wratis-
lav von Böhmen Einfälle in das Meißnische. In der um
diese Zeit ausgefertigten Bestätigungsurkunde des Kaisers
Heinrich III. für das neugestiftete Bisthum Prag könnte man
in der Grenzbeschreibung einen Namen für das Erzgebirge
zu finden hoffen, allein leider ist darin nichts weiter gesagt,
als daß sich die Grenze gegen Norden bis mitten in den
Wald erstrecke, welcher die Grenze von Böhmen mache. Ebenso
wird als Grenze des Bisthums gegen die heutige Oberlausitz
hin ein namenloser Wald genannt. [9]

In den Jahren 1105, 1107, 1114, 1127 und später
berichten uns die Chronisten von Heerzügen von Böhmen
nach Meißen und umgekehrt, allein an den betreffenden Stel=
len ist nur die Rede von einem Walde, aber ein Name dazu
nicht angegeben. Wahrscheinlich unterblieb dieß deshalb,
weil gar nicht in Zweifel kommen konnte, welcher Wald bei
den Ereignissen gemeint sei.

Sehr nahe lag es ferner, in der Stiftungsurkunde für
das Kloster Altenzelle vom Jahre 1162 den Wald, worin es
gegründet wurde, mit seinem Namen zu bezeichnen, allein es
wird darin blos von dem Walde (nemus) zwischen Dalemin=
cien und Böhmen, ebenso in der Urkunde des Bischofs Martin von Meißen vom Jahre 1183 für dasselbe Kloster nur
von dem Walde neben der Mulde, und endlich in der so

---

[9] usque ad mediam silvam, qua Bohemia limitatur, sagt die
Urkunde.

wichtigen Urkunde über die Grenzen des Kloſtergebiets vom
Jahre 1185 gleichfalls nur von dem Walde am mittäglichen
Striche der Mulde geſprochen.

Ebenſo vergeblich endlich iſt das Suchen nach einem
Namen in ſpäteren Urkunden. Im Jahre 1173 wurde das
Kloſter Zella bei Aue (Kloſterlein) an der Zwickauer Mulde
gegründet, und im Jahre 1212 das Schloß Schwarzenberg
vom Kaiſer Friedrich an den König Ottokar in Böhmen ver-
ſchenkt, aber in keiner der beiden Urkunden hierüber, obwohl
ſie Orte betreffen, die im hohen Gebirge und mitten im Walde
liegen, wird dem letzteren ein Name beigelegt.

Wir kehren jetzt zu dem zweiten gefundenen Namen un-
ſeres Erzgebirges, Miriquidi, zurück, und fragen nach deſſen
Bedeutung. Er iſt ebenfalls, wie der erſte, rein deutſchen
Urſprungs, nicht ſlawiſch,[10] und aus zwei Worten zuſammen-
geſetzt, nämlich aus mirk, myrkr, was in ſkandinaviſcher wie
niederſächſiſcher Mundart, dunkel, finſter, und aus widr
(altnord.), widu (angelſächſiſch), witu (altdeutſch), was Holz,
Wald bedeutet. Dies ergiebt alſo den Namen, Schwarzwald, ein Name, der ſich für unſern Gebirgswald, in welchem als Waldbäume Fichten und Tannen vorherrſchen, recht
wohl eignet. Aber auch dieſe Bezeichnung ſteht, wie die
erſte, Fergunna, nicht vereinzelt da, und iſt nicht blos für
unſern Gebirgswald gebräuchlich, denn man findet z. B. in
der Edda erwähnt, daß Muspells Söhne über Myrkwyth
reiten; ferner in der Wolundarſage fliegen die Schwanen-
jungfrauen durch Myrkwid hin, und in der Atlaquidaſage
gebißkauende Roſſe über den unbekannten Myrkwid. Nach
der Hervaraſage endlich lag zwiſchen Reidgotaland und Huna-
land (d. i. dem nordöſtlichen Deutſchland und dem Rheine)
Myrevidr, was an den beim Geſchichtſchreiber Thietmar erwähnten Wald Mirwidu in der Nähe von Dortrecht erinnert.[11]

---

[10] Dies behauptet z. B. Schreiter in ſeinen Beiträgen zur Geſchichte
der Wenden, S. 10.

[11] Wachter, im angef. Werke, S. 197.— Thietmar, Chron. Lib. VIII.

Das öftere Vorkommen derselben Bezeichnung an verschiedenen Orten kann ihrer Bedeutung halber nicht befremden, weil sich dieselbe für jeden Nadelholzwald ebenso eignete, wie die noch ältere Fergunna. Es dürfte daher auch schwerlich zu rechtfertigen sein, wollte man annehmen, die Dichter jener nordischen Sagen hätten unter Myrkwidr unser Erzgebirge gemeint, war ja doch dieser Name für jeden andern Schwarzwald in ihrer Nähe gleichfalls passend.

Daß die Benennung nicht aus dem Slawischen stammt, ist hiernach außer allem Zweifel, ebenso auch, daß sie bei den Deutschen im Meißnischen im Gebrauche war, sonst hätte sie in den angeführten Beweisstücken aus den Jahren 974 und 1004 nicht vorkommen können.

Jedenfalls hatten die slawischen Bewohner der Mark Meißen auch einen Namen in ihrer Sprache für unser Erzgebirge, entweder einen eigenen, oder umgewandelten, allein derselbe ist uns durch keine Ueberlieferung erhalten worden.

Möglich auch, daß die Czechen in Böhmen das Gebirge, was sich ihnen gegen Norden so jäh aufthürmt, mit einem besonderen Namen bezeichneten, bis jetzt ist aber kein Nachweis dafür aufzubringen gewesen.

In den darauf folgenden Jahrhunderten findet man des Erzgebirges nicht besonders gedacht; sein Anbau schritt sehr langsam vorwärts, und besondere historische Ereignisse hatten nicht vorzugsweise ihren Schauplatz daselbst.

Nun meinen vielleicht Viele, daß sofort nach Auffindung der reichen Schätze im Schooße des Gebirges dasselbe seinen heutigen Namen empfangen habe und die alten Namen außer Gebrauch gekommen seien, allein dies ist nicht der Fall, sondern es war, wie aus mühsam gesammelten Belegen nachgewiesen werden soll, ein dritter Name gebräuchlich.

Ein vaterländischer Schriftsteller des 15. Jahrhunderts, Paul Schneevogel (nach damaliger Sitte latinisirt in Niavis), erzählt in einem kleinen, im Jahre 1490 geschriebenen Aufsatze[12] eine Fabel oder Vision von einem Einsiedler, welcher in dem Theile des Waldes, der von Böhmen seinen Namen erhält, gelebt hat. Damit ist aber keineswegs der heute vorzugsweise so genannte Böhmerwald, der Wald zwischen Böhmen und Bayern, sondern unser Erzgebirge gemeint, wie der Zusatz „bei der Stadt Lichtenstadt" lehrt, ein böhmisches Städtchen, welches bei Schlackenwerth liegt. Ferner finden wir, daß der Wagenführer des Herzogs Albrecht des Beherzten laut seiner Bestallung dann Verpflegung zu beanspruchen hatte, wenn er über den böhmischen Wald komme.[13] Auch hier ist nicht an den heutigen Böhmerwald zu denken, den man auf der Reise von Meißen nach Böhmen nicht berührte.

Sonach hieß denn das Erzgebirge zu damaliger Zeit der böhmische Wald, und dieser Name war auch im 16. Jahrhunderte noch gebräuchlich, wie dies fernere Belegstellen bestätigen. Nach Thomas Murner's Ulenspiegel (1519) liegt Dresden „vor dem Behemerwald an der Elbe". (Hist. 62. der Ausgabe von Lappenberg.)

Der Pfarrer Matthesius zu Joachimsthal kennt in seiner Sarepta, die er im Jahre 1562 geschrieben, ebenfalls keinen anderen Namen. Denn obwohl ihn sein Stoff dazu veranlaßte, die damals übliche Benennung des Gebirges zu bringen, so lesen wir doch bei Erzählung der Entdeckung des Freiberger Bergwerks S. 17. die Worte: „da es nu Silber hält, wenden sich etliche Sachsen herauf an das Behemische gebirg"; sobann ein Stück weiter: „von Freiberg sind die Bergwerk vor dem Walde mit der Zeit nach einander aufkommen"; dann spricht er S. 17 b. von andern Bergwerken „vorm Walde, Geyer, Buchholz, St. Annaberg". Auch im Inhaltsverzeichnisse findet man im Buchstaben B unter: „Berg-

---

[12] Judicium Jovis, abgebr. in Klotzsch u. Grunbig, Sammlungen zur sächs. Gesch., Bd. I. S. 43.
[13] v. Langenn, Herzog Albrecht, S. 452.

werk vor dem Behmischen Walde" die im Sächsischen gelegenen Gruben aufgeführt. Auch in den Geographien des
16. Jahrhunderts wird das Gebirge, welches Böhmen ringsum umgiebt, der böhmische Wald genannt, folglich begriff
man auch das Erzgebirge darunter.[14]

In des Albinus Meißnischer Land- und Bergchronik,
worin er sich hauptsächlich mit dem Erzgebirge beschäftigt,[15]
begegnen wir diesem letzteren Namen nirgends, sondern ebenfalls der Benennung das böhmische Gebirge. Schon auf
dem Titelblatte bei Angabe der Lage Meißens gebraucht er
diesen Ausdruck, und aus den im Werke selbst vorkommenden zahllosen Belegstellen dafür, daß unser heutiger Name
keineswegs zu seiner Zeit schon im Volksmunde gebräuchlich
war, obwohl die Bergwerke um Freiberg schon seit vierhun-
dert Jahren, und die höher gelegenen über 100 Jahre im
Gange waren und blühten, will man nur die schlagendsten
vorführen.

Derselbe sagt z. B.: „das Meißnerland liege zwischen
den Flüssen Elbe und Saale und dem behmischen Gebirge"
(S. 6). Bei Berührung von Chemnitz: „so sind sonsten noch
zwei Kemnitz an den „behmischen Gebirgen" (S. 50); „die
Chamani haben die Gelegenheit um Chemnitz zwischen der
Mulde und behmischen Walde inne gehabt" (S. 51); „zwischen der Elbe und Saale bis über den behmischen Wald
mit seinem Gebirge" (S. 173); „von dem Winkel an, da die
Elbe aus dem behmischen Gebirge fleust" (S. 173); „diese-
nigen so an dem andern Winkel bei der Sala und behmischen Gebirge wohnen, sind keine rechte Voigtländer" (S. 173).
Ferner: „die Freibergische Mulde hat ihren Ursprung beim
Mückenberg, nicht fern von Graupen, der Bergstadt auf dem
behmischen Gebirge. Die Schneebergische oder Zwickische

---

[14] Bilibald Pirkheimer, Germaniae descriptio, Norimb. 1530.
Guver, Germania, Lib. III. S. 223.

[15] Geschrieben nach der Vorrede im Jahre 1588 und das erstemal
erschienen 1589.

Mulde hat ihren Urſprung auch am behmiſchen Gebirg, welches ans Voigtland ſtößt" (S. 328).

In ſeiner Bergchronik[16] kommen folgende Angaben vor: „an die Grenzen des behmiſchen Gebirges gleich umb die Gegend, da jetzo Freyberg ſtehet" (S. 11). „Die Bergwerk haben ſich von Freiberg aus zu beiden Seiten gegen dem behmiſchen Gebirge ausgebreitet" (S. 27). „Eibenſtock, ſo auch am ſelben Ort des Behmerwaldes und nicht fern von Schneeberg gelegen" (S. 48).

Nur ganz vereinzelt taucht bei dieſem Schriftſteller, neben dem angeführten, der heute gebräuchliche, vom Metallreich= thume herrührende Name[17] in folgenden Stellen auf. In der Landchronik ſagt er: „uff dem orientiſchen Ufer der Sala nicht fern von dem jetzigen Erzgebirge" (S. 173); „der vierte Theil des Landes zu Meyßen iſt derjenige Ort, ſo man gemeiniglich die Meyßniſchen Bergſtädte oder die Erzge= birge pfleget zu nennen" (S. 184); „So ſind nun hin und wieder viel Walde und Förſte in dieſem Lande, fürnemlich gegen den Erzgebirgen und Grenzen des Landes zu Beh= men" (S. 310). In der Bergchronik treffen wir dieſe Be= zeichnung S. 72: „Geyer, welches Bergwerk in den Meyßni= ſchen Erzgebirgen gelegen". S. 123: „die meyßniſchen Erzgebirge".

Aus dem weit häufigeren Gebrauche des Wortes in der Mehrzahl als in der Einzahl ergiebt ſich, daß man mit dem=

---

[16] Der zweite Theil des Werkes geſchrieben 1589, erſchienen 1590.

[17] Man kann allerdings den Zweifel aufſtellen, ob der Name Erz= gebirge von dem Metallreichthume herrühre, der doch nicht allen Theilen des Gebirges gemein iſt, oder ob man nicht vielmehr denken müſſe an das Vorwort „Erz", ein (Grimm, deutſches Wörterbuch, III. 1076) „dem griech. ἀρχι, lat. archi, unmittelbar aber dem ital. arci entnommenes Präfix, das die Bedeutung ſteigert", ſo daß der Name die Bedeutung großes oder Hauptgebirge haben würde. Wir erinnern hier nur an Erzamt, Erzengel, Erzherzog, Erzväter ꝛc., der von Grimm angeführten Erzeſel und Erzſlegel nicht zu gedenken.

Anmerkung der Redaction.

selben noch nicht den ganzen Gebirgszug, sondern mehr die einzelnen Stellen, Berge, Gegenden, wo Erzgruben angelegt waren, bezeichnete; ganz so wie man in lateinisch geschriebenen Urkunden des 14. und 15. Jahrhunderts die Bezeichnung Bergwerk oder Gruben durch montes (Berge) wiedergegeben findet.

In geographischen Werken nach der Zeit des Albinus kehrt die Beziehung auf Ptolemäus zurück, und man weiß dem ganzen Gebirgszuge keinen andern Gesammtnamen zu geben, als den der Sudeten, welches man dem aufgekommenen Studium der Classiker und griechischen wie römischen Geographen beizumessen hat.

So bezeichnet der Geograph Dresser in seiner Isagoges [18] Dresden als am Fuße des Sudetengebirges, und Freiberg, eine metall- und volkreiche Stadt am Fuße des Sudetengebirges, wo gegen Osten Böhmen und Meißen scheidet, gelegen. [19]

Erst in Martin Zeiller's Topographie von Ober-Sachsen [20] findet man die von Albinus zuerst gebrauchte Bezeichnung auf das Gebirge angewendet. Es heißt darin S. 11: „Meißen eine Markgrafschaft, bei und zum Theil am Gebirge, so ein Theil des Harzgebirges und vom Ptolemaeo und andern Montes Sudetes genannt wird. Es wird in 4 vornehme Ort oder Creyße getheilt, nämlich 2c. 2. Der Erzgebürgische Creis von den Grenzen des Voigtlands herum gegen Meißen auf und an den Bergen 2c." Bei der Aufführung von Gebirgsstädten erwähnt er auch sie als „im erzgebürgischen Creise" gelegen. Die Gesammtbenennung, das Erzgebirge, kommt bei ihm jedoch nicht vor.

Daß selbst noch in der zweiten Hälfte des 17. Jahrhunderts der heutige Name bei Schriftstellern und auch im

---

[18] Im Jahre 1606 erschienen.
[19] „In radicibus Sudetorum Montium" sagt er.
[20] Erschienen 1650.

Volke noch nicht völlig gäng und gebe war, beweiſt das Werk Moller's.[21] Dieſem lag es doch ganz nahe, dieſen Namen z. B. bei Beſchreibung des Meißnerlandes und der Lage Frei= bergs anzuwenden, aber da leſen wir S. 2: „Der Oberkreis hält in ſich die meißniſchen Bergſtädte, welche jenſeit der Mulden an und auff den Gebirgen liegen, die Ptolemäus Sudetes nennt", und S. 3. ſpricht er von dieſen „Sudetiſchen Gebirgen, welche Böhmen und Meyßen ſcheiden."

In dem Werke Lehmann's, Schauplatz des Obererzge= birges, geſchrieben zu Scheibenberg in der letzten Hälfte des 17. Jahrhunderts und erſchienen 1699, kommt der heute übliche Geſammtname des Landſtriches auf dem Titel ſowohl als im Terte zum Vorſchein, dennoch unterſcheidet derſelbe immer noch zwiſchen Wald und Bezirk, indem er dem Walde, der ſich nach ſeiner Angabe an der Meißniſchen Grenze bis 20 Meilen lang erſtreckt, ebenfalls noch den Namen des Böh= miſchen beilegt.

In Juncker's Geographie endlich, im Jahre 1714 er= ſchienen, findet man (S. 151) bei Erwähnung des bayeriſchen Fichtelberges die Stelle: „Von ihm und ſeinen Armen und Schenkeln hat noch bis dato ein großes Stück in specie des Markgrafthums Meißen, ſo an Böhmen gränzet und trefflich metallreich iſt, den Namen des „Gebirgskreiſes" oder „des Erzgebirges".

Nach jener Zeit iſt dieſer Name in geographiſchen Wer= ken völlig eingebürgert.

Obwohl man hierdurch zu der Annahme veranlaßt wer= den könnte, daß die heutige Benennung „Erzgebirge" durch die Schriftſteller des 16. und 17. Jahrhunderts gebräuchlich geworden ſei, ſo wird dies doch durch die vaterländiſche Ge= ſetzgebung aus jener Zeit widerlegt, in welcher ſich Spuren von viel früherem Gebrauche des heutigen Namens als in jenen vorfinden.

---

[21] Theatrum Friberg., geſchrieben im Jahre 1653.

In den ältesten, das Erzgebirge betreffenden Gesetzen stößt man anfänglich auch, wie bei den angeführten Schriftstellern, auf die beiden Ausdrücke „die Gebirge und die Erzgebirge", und zwar in folgenden: [22]

Die Bergordnung des Herzogs Georg für Annaberg und umliegende Orte vom Jahre 1536 ertheilt in Art. V. den Bergmeistern „auf den Gebirgen, so ihnen befohlen," gewisse Machtbefugnisse; ferner redet die vom Kurfürsten August verbesserte und vermehrte Bergordnung v. 23. April 1571 im Eingange von dem Hauptmanne „der Erzgebirge" und andern, „so auf unsern Erzgebirgen sich unserer Bergwerke gebrauchen", ein Ausdruck, der in desselben Kurfürsten Bergordnung vom 4. Nov. 1573 und 12. Juli 1589 wiederkehrt und auch noch in dem Patente des Kurfürsten Johann Georg I. vom 3. Juli 1609, betreffend den Grünthaler „Saygerhütten" Erzkauf, und in dem Decisivbefehle desselben Kurfürsten wegen der Ober= und Erbgerichte in Bergsachen vom 23. Sept. 1622 bei der Benennung „Ober=Hauptmann der Erzgebirge" vorkommt. Ein solcher Hauptmann der Erzgebirge war schon im Jahre 1561 vom Kurfürsten August bestellt, und zwar in der Person des Wolf von Schönberg auf Neusorge, dem unterm 1. Aug. 1561 der Befehl ertheilt ward, Streitigkeiten zwischen den Bergämtern Schneeberg, Schwarzenberg, Eibenstock ꝛc. zu schlichten. [23]

Die Verbindung, in welcher an obigen Stellen der Ausdruck erscheint, und der Gebrauch des Wortes in der Mehrzahl dürfte dafür sprechen, daß man nicht an das Gebirge als ein Ganzes, sondern ebenfalls, wie oben schon berührt ist und die Schriftsteller beweisen, an die Bergwerke und Gruben auf dem Gebirge dachte.

Ferner, als in Folge der regelmäßiger erfolgenden Steuerbewilligungen die Kreiseintheilung in Aufnahme kam, wovon

---

[22] Sie sind sämmtlich im Codex August. Vol. I. et II. zu finden.
[23] Dettel, Chronik von Eibenstock, S. 220.

die erſten Spuren unter Kurfürſt Moritz bemerkbar ſind, und Einnahmeſtellen für gewiſſe Landestheile erforderlich wurden, erſcheint die Bezeichnung „gebirgiſcher Kreis" in den Geſetzen, zuerſt in des Kurfürſten Moritz Münzordnung vom 1. Juli 1542, in welcher an der Stelle, wo Executoren des Gebotes angeordnet und benannt werden, auch ein ſolcher im „Erzgebirger Kreiſe" ernannt wird, dann in der überſehenen (d. i. durchgeſehenen) Bergordnung des Kurfürſten Moritz vom 6. November 1548, worin dem Hauptmanne des gebirgiſchen Kreiſes, und ferner in der Forſt= und Holzordnung des Kurfürſten Auguſt vom 8. Septbr. 1560, worin dem Jägermeiſter des gebirgiſchen Kreiſes Anordnungen ertheilt werden. Auch noch zu Anfang des 17. Jahrhunderts ſcheint die Bezeichnung gebirgiſcher Kreis üblicher als der jetzige. Im Land= und Trankſteuer=Ausſchreiben v. J. 1601, in der Erledigung der Landesgebrechen vom 23. April 1612 und noch in dem Mandate Johann Georg des I. v. J. 1631, die Einbringung der Defenſioner=Contribution betreffend, wird der Kreis der gebirgiſche genannt, ein Beweis, daß die Benennung „Erzgebirge" für den Landſtrich, der den Kreis bildete, noch keineswegs ſo feſt ſtand. Dies ergiebt ſich auch noch daraus, daß man zwar in der Aufſchrift des Patents des Kurfürſten Auguſt vom 7. Mai 1583 die Aufrichtung eines freien Erzkaufs in den Oberbergſtädten oder Ober=Erzgebirge betreffend, dem heutigen Namen begegnet, dies aber ein ganz vereinzelt daſtehender Fall iſt, weil darauf noch in den ſchon angeführten Geſetzen vom Jahre 1609 u. 1622 immer wieder von den Erzgebirgen und nur erſt in dem Bergwerksdecrete des Kurfürſten Johann Georg II. vom 6. Auguſt 1659 im Titel ſowohl, als im Texte von dem Bergwerksbaue im Erzgebirge geſprochen wird; in demſelben Jahre aber noch in einem anderen Geſetze die Bezeichnung „Obergebirge" für dieſen Landſtrich vorkommt.

Erſt von der Mitte des 17. Jahrhunderts ab wird der Ausdruck erzgebirgiſcher Kreis ꝛc. ein feſtſtehender. Denn während nach dem oben erwähnten Falle aus dem Jahre 1542 zuerst wieder in der Zinnbergwerksordnung zum Eibenstock des Kurfürsten Johann Georg I. vom 24. August 1615 dem obersten Bergbeamten des erzgebirgischen Kreises Anordnungen ertheilt werden und darin dem Münzmandate desselben Kurfürsten vom 31. Juli 1623 unter den Kreisen auch der erzgebirgische genannt wird, so kommt von dem angegebenen Zeitpuncte ab kein Schwanken in der Benennung mehr vor. Denn erzgebirgischer Kreis heißt er in der Gesinde-, Tagelöhner- und Handwerksordnung v. 24. Mai 1651, in dem Mandate vom 3. März 1652 über die Unsicherheit im erzgebirgischen und voigtländischen Kreise, in Gesetzen vom Jahre 1675, 1697 u. a. m., endlich wird in der Erledigung der Landesgebrechen v. Jahre 1661 auf die Ritterschaft im erzgebirgischen Kreise, in der Floßordnung vom Jahre 1665 auf die erzgebirgischen Flöße Bezug genommen.

Ob der Name „das Erzgebirge" aus dem Volksmunde in das Gesetz überging oder umgekehrt, bleibt noch zu fragen übrig. Zwar spricht Albinus in den oben angeführten Stellen zu einer Zeit, wo die amtlichen Quellen, wie wir eben gesehen haben, in ihrer Benennung noch sehr schwankend sind, von der Benennung das Erzgebirge als einer gewöhnlichen; „man pfleget", fügt er hinzu, allein, wenn man wieder erwägt, daß zu der Zeit, wo sie in den Gesetzen eine ganz feststehende ist, noch vaterländische Schriftsteller und Geographen sich ihrer nicht bedienen, die doch die Volksgebräuche kennen mußten, so gewinnt es den Anschein, als habe der Gesetzgeber aus Bedürfniß nach einer festen Unterscheidung der Landeseintheilung dem Ausdrucke Bestand verliehen, und man kann den Zusatz (man pfleget) des Albinus auch so verstehen, daß er damit auf die bei den Behörden sich zu bilden anfangende Gewohnheit anspiele.

Ein achtungswerther Forscher [24] hat vor langer Zeit die

---

[24] Preußler in seinen Blicken in die Vorzeit, Theil II. S. 21.

Frage aufgeworfen, ob auch der Name wirklich vom Erzgehalte herrühre, weil doch der Bergbau nicht überall und nicht gleich= zeitig ſtattgefunden hätte, und ein ſolch' locales Ereigniß, wie der Bergbau, kaum einen ſolch' allgemeinen Begriff hervorgebracht haben könne. Derſelbe ſpricht daher die Vermuthung aus, daß das althochdeutſche Wort Hart, Harz, was nachmals in Erz übergegangen, die Grundlage des Namens bilde, und be= ruft ſich darauf, daß die älteſten griechiſchen wie römiſchen Geographen unter dem hercyniſchen oder herkyniſchen Walde nicht blos den Harz, ſondern die ganze Gebirgskette vom Harz bis nach Mähren hinein, die ſie ſich zuſammenhängend dachten, verſtanden hätten. Allein die voranſtehende Unter= ſuchung liefert den Nachweis, daß unſer Erzgebirge den Namen Harz= oder Hartgebirge niemals geführt hat und ſein jetziger Name nicht zu derjenigen Zeit ſchon aufgekommen iſt, wo der Bergbau vereinzelt getrieben wurde, ſondern wo alle die gro= ßen und reichen Fundgruben des oberen Gebirges bereits aufgeſchloſſen waren und der Erzbergbau die vorherrſchende Beſchäftigung der Bewohner des Landſtriches geworden war.

Miscellen.

1.

Im Jahre 1575 beabsichtigte Simon Huber, Bürger zu Zwickau, eine Buchdruckerei daselbst zu errichten. Der Stadt=rath bevorwortete das Gesuch, allein Kurfürst August wies es in einem Rescripte vom 24. Juni 1575 zurück mit den Wor=ten: „dieweil in dem zu Speier des vergangenen 70sten Jah=res aufgerichteten und publicirten Reichsabschied ausdrücklich verordnet, daß im ganzen Römischen Reich die Druckereien an keinem andern Ort, denn in den Städten da Churfürsten und Fürsten ihre gewöhnliche Hofhaltung haben oder da Universitäten gehalten oder in ansehnlichen Reichsstädten ver=stattet und sonst alle Druckereien abgeschafft werden sollen, so habt ihr zu erachten, daß uns solches des heiligen Reichs ge=meinen Schluß und anderer mehr Ursachen halber, euerer Bitte statt zu geben bedenklich.“[1]

2.

Es sind in der neuern Zeit vielfach Klagen laut geworden über die schädlichen Wirkungen der von den Hüttenwerken aufsteigenden Dämpfe auf die Vegetation der umliegenden Grundstücke, Klagen, die auch mehrfach als Beschwerden bei der Ständeversammlung angebracht worden. Die zu Ver=hütung dieser Nachtheile angewendeten Mittel scheinen nicht zu genügen, dem Uebelstande vollständig abzuhelfen. Schon

---

[1] Copial des Hauptstaatsarchivs zu Dresden no. 405 Bl. 445.

vor 300 Jahren beschäftigte man sich mit der Sache und Hironymus Zurich in Annaberg erhielt zuerst ein Privilegium über eine, die Beseitigung jener Nachtheile bezweckende Erfindung, die aber nicht von ihm, sondern von einem gewissen Kreier ausgegangen war. Wir ersehen dies aus einem Rescripte des Kurfürsten August an Hans von Bernstein vom 8. August 1578, das aber über die Vorrichtungen, deren sich Zurich bediente, keine nähere Auskunft gibt. Es lautet: [2]

„Inliegend übersenden wir dir was bei uns unser Kammerschreiber Joachim Kreier für sich und wegen seines Schwagers Caspar Schneider sel. nachgelaßnen Erben eines Privilegii halben über den Hüttenrauch und Arsenicum, immaßen Hieronymus Zurich auf S. Annaberg daßelbe gehabt, in Unterthänigkeit gesucht. Darauf haben wir ihnen zu Gnaden bewilligt, weil ihr Vater und Schwager die Kunst wie der Hüttenrauch zu Verhütung vieler Menschen Vergiftung aufgefangen und zu gut gemacht werden könne, am ersten erfunden und auf die Bahn gebracht haben soll, ihnen nach Endung gedachten Zurichs darüber habenden Freiheit ein Privilegium wie er daßelbe gehabt auf 10 Jahr mitzutheilen. Ist derhalben unser gnädigster Befehl du wollest ihnen nach Endung bemeldeten Zurichs Befreiung, das gebetene Privilegium auf 10 Jahr verfertigen und vollzogen zustellen. Doch daß sie zu Verhütung besorglicher großer Gefahr den Arsenic zu Dresden, wie bisher geschehen, nicht ablegen noch liegen lassen."

3.

In früheren Zeiten betrachtete man den Luxus — wenn er nicht von den Fürsten oder sonstigen hochgestellten Personen ausging — als eine Landescalamität, als ein Hinderniß der Nationalwohlfahrt, die Gesetzgebung suchte ihm daher durch Polizei- und Kleiderordnungen entgegenzutreten. Man beab-

---

[2] Hauptstaatsarchivs-Copial no. 440 Bl. 180 b.

sichtigte aber dabei nicht bloß, die Staatsbürger zur Sparsam=
keit zu zwingen und vor Verschwendung zu bewahren, sondern
man wollte zugleich auch dem Streben der unteren Klassen,
es in der „Kleiderpracht" den bevorzugten Ständen gleichzu=
thun, durch beschränkende Bestimmungen und Strafandrohun=
gen begegnen. Die Gliederung der verschiedenen Staffeln der
Staatsbürger sollte auch in der äußern Erscheinung des Ein=
zelnen festgehalten und gekennzeichnet werden. Auf diesen
Grundsätzen beruht eine ganze Reihe älterer sächsischer Gesetze
und auch die Kleiberordnung v. 21. Febr. 1750 (C. A. C. I.
749), welche genaue Vorschriften insbesondere auch darüber
enthält, welcher Stoffe die Frauen der verschiedenen Klassen
zu ihrer Bekleidung sich bedienen sollten. Wenige Jahre nach
dem Erscheinen dieses Gesetzes brach der siebenjährige Krieg
aus und mit ihm kamen so schwere Drangsale aller Art über
unser armes Vaterland, daß man wohl hätte meinen sollen,
die Neigung, übertriebenen Luxus zu treiben, ja die Möglich=
keit dazu, habe damals völlig erlöschen und ausgeschlossen
werden müssen. Dem war aber in Dresden nicht so, wenig=
stens nach der Ansicht des Kammerfiscals Johann Gottlieb
Clodius, eines gestrengen Herrn, dem die Aufrechthaltung der
kleiderpolizeilichen Bestimmungen um so mehr am Herzen lag,
als er einen Antheil an den bei Contraventionen eintretenden
Geldstrafen zu beziehen hatte.

Im Jahre 1759 denuncirte er den Bürger und Schneider
zu Dresden Johann Georg Dehlschlägel, weil dessen Frau und
Tochter, der Kleiderordnung vom J. 1750 §. 5 zuwider, „sich
mit Andriennen, Umhängepelzen und anderen ausländischen
seidenen Zeugen kleideten". Der Stadtrath zu Dresden citirte
die Dehlschlägel und verlangte von ihr eine eidliche Bestärkung
ihrer Angabe, „daß sie die denuncirten Kleidungsstücke bereits
lange vor Publication der Kleiberordnung gehabt habe".
Gegen diese Zumuthung erhob Dehlschlägel Widerspruch, in=
dem er versicherte, „seine Frau und Tochter kleideten sich
nicht anders als vorhin und der Erstern Ehrenkleider seien

wohl seit 16 Jahren von ihm angeschafft und durch gute Menage von ihr conservirt worden". Er fügte hinzu, die Zeiten seien so traurig gewesen, „daß dabei die Pracht und Anschaffung neuer Kleider sich von selbst verboten habe". Dagegen bezog sich der Kammerfiscal darauf: „daß bei jetzigen Zeitläuften die Kleiderpracht bei denjenigen Personen, welche durch Uebertheuerung, auch Bevortheilung in Maß und Gewicht der Victualien guten Theils von den hiesigen Einwohnern, besonders dem Armuth, übermäßig profitirten, sehr überhand nehme, daß diese die in königlichem Dienst stehenden Räthe, Secretairs, Canzlisten und deren Weiber dergestalt bravirten, daß man von der höchst strafbaren Kleiderpracht der Traiteurs, Bier-, Wein- und Branntweinschenken, Bäcker, Fleischer, Schneider und anderer Handwerksweibern und Töchtern vor den Distinguirten und unter §. 2 und 3 der Kleiderordnung vom 21. Februar 1750 gehörigen Frauenspersonen [3] keinen Unterschied ihrer Kleidung nach wahrnehmen könne". Den Beweis, daß ein Schneider durch sein Gewerbe in die Lage komme, „durch Uebertheuerung und Bevortheilung in Maß und Gewicht der Victualien" sich auf Kosten der Armen zu bereichern, blieb der Kammerfiscal allerdings schuldig.

Gleichzeitig brachte derselbe aber noch eine Anklage vor gegen den Bankier Johann Derling, weil er „in der Livree und der Tracht seiner Töchter bei Betrauerung ihrer verstorbenen Mutter das Trauerreglement vom 21. Februar 1750 überschritten". Auch gegen diesen Delinquenten ward daher eine Untersuchung eingeleitet.

---

[3] §. 2 erwähnt die Staatsdiener vom Ober-Berg-Amts-Assessor bis zu den Geheimen Registratoren, ferner grabuirte Personen und Professoren auf den Universitäten, Bürgermeister und Rathspersonen in den Städten, §. 3 die untern Staatsdiener abwärts von den Geheimen Registratoren, ferner „practici, notarii und andere literati, ansehnliche Handelsleute, Cramer und Fabrikanten in großen Städten, Kammerdiener und andere distinguirte Haus-Officianten bei Grafen, Herren und denen von Adel."

Beide Fälle gelangten durch Beschwerdeführung gleichzeitig an das Geheime Cabinet. Zu Folge eines Protokolls
vom 14. Januar 1760 aus Warschau, wo der König sich
damals aufhielt, ward aber Einstellung des Verfahrens angeordnet. In Beziehung auf Oehlschlägel ward zur Begründung dieser Entschließung gesagt: „weil Se. Majestät die in
gegenwärtigen beklemmten Zeitläuften ohnedies so sehr bedrängten Bürger und Einwohner zu Dresden· nicht annoch
mit strengster Befolgung der Kleiderordnung belästigt, vielmehr wenn auch einige Contravention gegen das bekannte
Mandat mit einschlüge, solche gänzlich übersehn wissen
wollten.“

Diese Fälle scheinen denn auch die letzten gewesen zu
sein, welche in der Residenz zur Anzeige kamen, man war
hier unter den Augen des Landesherrn nachsichtiger als im
Erzgebirge, in welchem, wie v. Weber, Aus vier Jahrhunderten I. 429, erzählt, noch später polizeiliches Einschreiten
wegen Umgehungen der Vorschriften der Kleiderordnungen
stattfand.

4.

Die unglückseligen Religionshändel, welche zu Kurfürst
Augusts Regierungszeit auch in Sachsen den innern Frieden
der Kirche störten, und der Geist des Zwiespaltes unter den
sächsischen Theologen, den August trotz aller seiner Bemühungen
nicht zu bekämpfen vermochte, mögen in ihm den Gedanken
erweckt haben, eine theologische Vorbereitungsschule für die
Universitätsstudien zu gründen, um in dieser eine Pflanzstätte
für den ächt lutherischen Glauben, den er aufrecht zu halten
sich bestrebte, zu gewinnen. Ueber diesen Plan, dessen gedruckte historische Werke, soviel uns bekannt, nicht gedenken,
giebt eine im Haupt-Staatsarchive zu Dresden befindliche
Niederschrift, die zwar weder Jahreszahl noch Unterschrift
trägt, aber nach der Handschrift unverkennbar aus Kurfürst
Augusts Zeit herrührt, ausführliche Nachricht. Das Acten-

ſtück trägt die Ueberſchrift „Funbation der Churf. Schule bey
der Auguſtusburg".

Auf dieſem ſeinem in den Jahren 1567—72 mit großem
Aufwande erbauten Lieblingsſchloſſe, oder in der Nähe deſ=
ſelben, „bey der Auguſtusburgk ſo etwan der Schellenbergk
genannt worden, da wier Gott eynen Tempell, unſern Erben
eyn fürſtlich hauß erbawet haben" — wollte Auguſt eine
Schule gründen, „die der Kirchen des Orts beywohnen" und
gereichen ſollte „zu Erhalttung und Außbreytung der reinen
unverfälſchten alleinſeligmachenden Lehre der Warheyt, aller=
maßen inn der Form und Weyſe, wie dieſelbe aus den
Prophetiſchen und Apoſtoliſchen Schriefften inn unſer corpus
doctrinae verfaſſet und inn unſern Kirchenn von Anfang biß
anher, durch eynen eynhelligen beſtendigen Conſens wider
die Papiſten, Flacianer und alle andern Schwermer und
Rottengeyſter, in viellfeltigen langwirigen Streytten iſt er=
halten worden".   Es ſollten in dieſer Schule unterhalten
und unterrichtet werden zwanzig Knaben, „die alle ſein ſollen
der Pfarrherrn oder Profeſſoren in Univerſitäten oder Schul=
meiſter Söhne, in unſerm Land und Univerſitäten geboren
und erzogen und keine Fremblinge oder Einkommlinge und
ſoll keiner unter ſechzehn Jahren ſein, wenn ſie hinein ge=
nommen werden ſollen".   Die ſich Anmeldenden ſollen einem
Examen bei dem Conſiſtorium zu Leipzig oder Wittenberg
unterworfen werden und ſoll ein Jeder in den 2 Sprachen
Latein Griechiſch „praeceptis et usu scribendi et loquendi
zuvor geübt ſein und die elementa catechetica doctrinae
pietatis Christianae etc. mit ſich hineinbringen." Die Knaben
ſollen vier Jahre in der Anſtalt verweilen und ſobann „an
die Univerſitäten, an die verordneten und geſtifteten Stipen=
dia befördert und vertheilet, und ganz und gar der Kirche
Gottes und dem Predigtamt deſtinirt und zugeeignet werden,
darum von Anfang in dieſer Schule und hernachmals in den
Univerſitäten ihr vornehmſtes Studium ſein ſoll, studium
theologiae". Dieſer Abſicht entſprachen denn auch die weiter

olgenden speciellen Vorschriften über die Einrichtungen der
Schule, die Eintheilung der Stunden, die Lehrgegenstände.
Früh 5 Uhr sollte der Tag mit einem gemeinsamen Gebete
begonnen und um 8 Uhr Abends das Tagewerk ebenso geschlossen, auch vor und nach dem Mittag- und dem Abendessen gebetet werden. Jeden Tag sollte ein Capitel aus dem
alten Testamente und eines aus dem neuen Testamente vor-
gelesen werden. Täglich früh um 7 Uhr und um 2 Uhr
Nachmittag ward der Besuch der Kirche angeordnet, „um
allda einen Psalm, zwei oder drei, und daneben etwas von
Responsoriis oder andern Gesängen, so in den Kirchen verordnet zu singen, item das Te deum laudamus oder die
Lithanei oder das Symbolum Athanasii". Für jede Tages-
stunde ist Bestimmung der Verwendung und des Unterrichts-
gegenstandes getroffen. „Von 10—11 sollen die Knaben
essen, von 11—12 ihre Betten zurichten, das Schlafgemach,
Kleider und was sonst mehr von Nöthen, täglich säubern und
reinigen und alles in guter Ordnung halten und verrichten.
Nach gehaltener Mahlzeit soll ihnen eine Stunde freigelassen
werden mit einander zu colloquiren, des Sommers sich auch
ein wenig zu ergötzen, den Freitag nach der Vesper mag man
ihnen die 2 Stunden von 3—5 eine Woche um die andere
zur Reinigung des Hauses und zum Bad vergönnen". Außer
der griechischen, lateinischen und hebräischen Sprache sollen
„nach Gelegenheit der Zeit auch die letzten Jahre Arithmetica
und astronomica principia tractirt werden und die doctrina
ethica". Mittwoch und Sonnabend von 12—1 soll man
„die figuralem musicam exerciren". Drei Lehrer werden
für die Schule bestimmt, „deren Einer soll zugleich in der
Kirche auf der Augustusburg das ganze Predigtamt und
ministerium ecclesiasticum verrichten, der Andere soll anstatt eines Rectoris sein, dem die Regierung der Schule und
die Institution vornehmlich soll auferlegt und befohlen sein,
der Dritte soll neben dem Rector als ein Collega und neben
dem Schuldienst zugleich in der Kirche auf der Augustusburg,

den Gesang und die musicam täglich bestellen und versorgen, auch die Knaben in die Kirche ab und zuführen". In dem Schul= gebäude sollten je zwei Knaben eine Kammer, jeder Lehrer eine Stube und eine Kammer erhalten. Für jeden Knaben setzte der Kurfürst zum „Unterhalt in Speise, Trank, Klei= dung, Bücher, Holzung, Waschen, Reinigung des Leibes" 50 fl. jährlich aus, dem Prädicanten 150 fl. Besoldung, dem Rector und dem Collegen jedem 100 fl., ein Holzdeputat und freien Tisch. Die zwei Mahlzeiten und der „Vespertrunk und Schlaftrunk sollten an einen gewissen Ort um ein gewisses Geld angedinget werden, ebenso die Wäsche, das Bad und die Reinigung, damit es keiner sonderlichen Haushaltung bedürfe". Von den Schülern sollte einer um den andern wöchentlich famulus communis sein, der die andern mit der Glocke zur rechten Zeit aufwecke, das Gemach, so zu gemeiner Wohnung und Lectionibus erbauet, sauber und rein halte, den Winter dasselbe heize; während die Andern zu Tisch sitzen und essen, soll er die ganze Zeit über, Morgens und Abends das Chronicon Curionis des Philippi [4] lesen und soll ihm sein Theil hernach gegeben werden".

Daß die Stiftung wirklich zur Ausführung gekommen, belegen die Acten nicht.

5.

Wenn auch die Zeit und Thätigkeit des Kurfürsten Moritz wesentlich der auswärtigen Politik gewidmet war, so suchte er doch in den Friedenspausen wenigstens den Grund zur innern Verwaltung zu legen, auf dem dann Kurfürst August weiter

---

[4] Jac. Curio, Prof. der Medicin und Mathematik zu Ingolstadt und Heidelberg († 1 Juli 1572), schrieb ein Chronicon vom Anfang der Welt bis auf das Jahr Christi 1542, ein Werk, das Kurfürst August sehr hoch schätzte und dessen Fortsetzung er dem Dr. Peucer aufgab, der auch in Gemeinschaft mit Dr. Phil. Melanchthon (d. J.) dem Auftrage durch Her= ausgabe des fortgesetzten Werkes nachkam. v. Weber, Anna Churfürstin zu Sachsen S. 380. Calinich, Kampf und Untergang des Melanchthonis= mus in Kursachsen S. 280.

baute. Der Staatsorganismus und der Geschäftsgang bei den Behörden war allerdings damals noch ein sehr einfacher. Eine geringe Zahl von Räthen genügte für die obere Instanz, diese waren nicht einmal alle in unausgesetzter amtlicher Thätigkeit, sondern manche dienten nur „von Haus aus", d. h. sie waren nicht verpflichtet, sich im Sitze der Behörde aufzuhalten, sondern wurden von ihren Wohnsitzen nur einberufen, wenn man gerade ihrer bedurfte.

Um den Geschäftsgang bei den Hofräthen — der Landesregierung[5] — zu regeln, erließ Moritz unter dem 5. August 1547 eine Kanzleiordnung[6], deren wesentliche Bestimmungen folgende sind:

„Es soll in der Kanzlei eine Person verordnet werden, welche alle einkommenden Briefe (eine Bezeichnung, unter der alle Berichte und Schreiben zu verstehen sind) annimmt und nach den fünf geordneten Kreisen, dem Churkreis, thüringischen, leipziger, gebirgischen („Auf dem Gebirge") und meißner in fünf Theile theilt" — also ein Registrator. Hierauf folgt die Bezeichnung der Aemter, welche zu jedem Kreise gehören.[7] „Ferner soll zu jedem Kreise ein Secretarius verordnet werden, der die Sachen dieses Kreises in der Kanzlei unter sich habe, darin schreibe, Copial halte[8] und Briefe und Händel

---

[5] Die Bezeichnung der Hofräthe als „Regierung" haben wir zuerst im Jahre 1557 gefunden. Copial des K. Haupt-Staatsarchivs Nr. 277. Bl. 184. 196 b.

[6] S. auch von Langenn, Moritz Herzog und Churfürst zu Sachsen. II. 32.

[7] Die locale Abgrenzung und Abtheilung der Kreise ward auch später durch die Kanzleiordnungen festgesetzt, wobei denn im Laufe der Zeiten mehrfache Veränderungen vorgenommen wurden. Zu den fünf Kreisen kam bekanntlich durch den Assecuranzschein vom 8. Januar 1567, den Abschied d. d. Weimar, den 19. März 1571 (f. Hellfeld, Beiträge zum Staatsrecht und der Geschichte von Sachsen, Th. III. 160 fl. 176 fl.) und den Vertrag vom 9. August 1660 noch der Neustädter, und nachdem Kurfürst August das Voigtland erworben, noch der Voigtländische hinzu.

[8] Kanzleiacten für die gewöhnlichen currenten Geschäfte wurden damals nicht gehalten. Die Concepte der ergehenden Rescripte wurden in

verwahre. Die Räthe sollen im Sommer früh um 6 Uhr, im Winter um 7 Uhr zusammenkommen und eines jeden Kreises Briefe im Beisein des Secretairs vorlesen, berath= schlagen und dem Secretair befehlen, was auf jeden zu schrei= ben ist. Was vor 9 Uhr Vormittags gefertigt und dem Kurfürsten vorzutragen von Nöthen ist, soll ihm zwischen 8 und 9 Uhr durch den Kanzler und ein oder zwei Räthe vor= getragen werden. Des Vormittags einkommende Briefe sollen die verordneten Personen gleichergestalt nach den Kreisen zu= sammenlegen. Die Räthe sollen Nachmittags um 1 Uhr wieder zusammenkommen und gleichergestalt, wie oben, die Briefe be= rathschlagen, befehlen und fertigen und um 4 Uhr dem Kur= fürsten Relation thun. Verhöre sollen nach Beendigung der Vorlesung der Supplicationen oder nach der Mahlzeit, ehe man wieder mit Vorlesung der Supplicationen beginnt, gehal= ten werden. Sind die Räthe alle beisammen, so sollen sie sich theilen, ein Theil zu den Supplicationen, der andere zum Verhör, damit die Leute abgefertigt werden.

Die Copisten und Secretaire sollen alle Tage im Som= mer früh 6 Uhr, im Winter um 7 Uhr, in der Kanzlei sein, zu derselben Zeit soll auch der Kanzler sich daselbst einfinden, bei dringenden Geschäften soll er aber nach Gelegenheit der= selben in die Kanzlei kommen. Nachmittags sollen der Kanzler und die Schreiber bis 4 Uhr in der Kanzlei bleiben, bei drin= genden Geschäften noch länger, würden sie aber bisweilen zeitiger fortgehn, so sollen sie sich bald wieder einfinden und von 4 Uhr bis zum Nachtmahl warten. Nach der Abendmahlzeit soll ein Schreiber bis um 8 Uhr einen Tag um den andern in der Kanzlei warten, ob etwas zu schreiben vorfiele.

Wenn die Concipisten und Copisten nicht beschäftigt sind, sollen sie die Säcke und Kasten mit den Briefen in den Ge=

fortlaufenden „Copialen" gesammelt, die Berichte scheinen, nachdem die Resolution gefaßt worden, nicht weiter aufbewahrt worden zu sein, wenig= stens findet sich nur eine sehr geringe Zahl derselben aus älterer Zeit, die wichtigere Angelegenheiten betreffen.

wölben vor sich nehmen und mit Fleiß inventiren, die wich=
tigern bezeichnen und an Orte legen, wo sie wiederzufinden
sind.

In der Kanzlei soll man des Tags still sein, einander
in den Geschäften nicht stören, Singen, Saitenspiel u. dgl. soll
vor dem Abendmahl nicht gebraucht werden. Der Kurfürst
will seinem Marschall auf Ansuchen des Kanzlers befehlen, wie
es mit den Uebertretern dieses Befehls gehalten werden soll.

Die Kanzlei soll stets zugehalten und Niemand der Ein=
tritt gestattet werden, der nicht hineingehört, will aber Jemand
mit dem Kanzler sprechen, den soll er im Rathsstüblein an=
hören."

Hiermit stimmt die Kanzleiordnung des Kurfürsten August
vom 30. Novbr. 1553 völlig überein. Ausführlicher ist dessen
Kanzleiordnung vom 21. März 1556. Sie enthält viele Be=
stimmungen materieller Art über die Geschäftsbehandlung,
auch über das Kammer=Secretairamt. Die Sitzungen sollen
von Ostern bis Michaelis von 6—9¼ früh, von Michael von
7—9¼, Nachmittags von 1—4¾ stattfinden. Ueber die
Abstimmungen wird vorgeschrieben, daß der Kanzler zuletzt
stimmt, „wenn die Stimmen gleich sind oder ein Rath Be=
denken hat", soll die Sache dem Kurfürsten durch den Kanzler
vorgetragen werden. Die Abstimmenden sollen sich kurz fassen
und wer „nichts Neues weiß, das der Sache dienstlich, soll
sich der Andern Meinung mit kurzen Worten gefallen lassen."

Eine Kanzleiordnung vom 17. April 1577 wiederholt
die Bestimmungen der Kanzleiordnung vom Jahre 1556.
Nachträglich dazu verordnete Kurfürst August noch unter dem
25. Juli 1578, „die Secretaire und Schreiber sollten keine
Briefe annehmen und in die Rathsstube überantworten, sie
hätten denn alsbald darauf verzeichnet, an welchem Tage sie
eingekommen, nach Ablesung dieselben registriren und das
Argument jeden Briefes und an welchem Tag derselbe datirt
summarie ausziehn". Diese Auszüge sollten monatlich dem
Kurfürsten zugestellt werden, eine Anordnung, welche durch

Rescript vom 2. August 1578 dahin abgeändert ward, daß die Auszüge dem Kurfürsten wöchentlich zugestellt werden sollten.⁹

Die Rescripte, welche der Entschließung des Kurfürsten selbst unterbreitet worden, pflegte dieser eigenhändig zu unterzeichnen. Ergingen bei Abwesenheit oder Behinderung des Kurfürsten Seiten der Räthe Rescripte in Angelegenheiten, welche dem Kurfürsten sonst vorzulegen gewesen wären, so bedienten sich die Räthe, um dies zu bezeichnen, der Formeln „wegen des Kurfürsten zu Sachsen unsers gnädigsten Herrn" oder „Abwesens des Kurfürsten", oder „im Namen" oder „anstatt" desselben. Diese letztere Formel („anstatt") war später, als alle oberen Behörden im Namen des Landesherrn rescribirten, die allein bei den Consistorien gebräuchliche, während der Kirchenrath ebenfalls im Namen des Landesherrn rescribirte.

---

⁹ Cop. no. 439, Bl. 121. no. 440, Bl. 171. Cop. 446, Bl. 11.

Dr. Joachim von Beust.

Von Dr. Karl von Weber.

Das Brüderpaar, die Kurfürsten Moritz und August von Sachsen, hatte das Glück eine große Anzahl ausgezeichneter Männer zu finden, die Treue und Ergebenheit mit gründlichem Wissen und umfassender Intelligenz verbindend, ihnen hülfreich bei der Ausführung ihrer Ideen und Pläne zur Seite standen. Beide Fürsten besaßen aber auch ein großes Geschick und eine hohe Befähigung, die besten Köpfe auszuwählen, sie sich zu erhalten und sie dazu zu verwenden, wozu sie ihrer Persönlichkeit und Qualification nach sich am besten eigneten. Wir erinnern hier nur an Männer wie Christoph von Carlowitz, Kiesenwetter, Könneritz, Kommerstädt, Melchior von Ossa, Mordeisen, Peifer, Pistoris, Ponikau, Sebottendorf, Thumbshirn. Diesen Namen beigesellt zu werden, verdient aber vorzugsweise auch Dr. Joachim von Beust, zu dessen Lebensgeschichte wir hier einen Beitrag liefern, dessen Material wir wesentlich aus noch wenig oder gar nicht benutzten Quellen des Haupt-Staatsarchivs haben schöpfen können.

Die Familie, welcher Joachim entsprossen, gehört dem Uradel der Mark Brandenburg an. Der ursprünglich dem Stammgut im Kreise Stendal entlehnte Name war „Büste", doch kommt schon in einer Urkunde des Haupt-Staatsarchivs vom J. 1418 ein Hans Beust zu Großenhain vor. Johann von Beust ward 1427 Bischof von Hafelberg. In dem von dem kurmainzischen General-Salinendirector Karl Leopold

von Beust vom Kaiser erlangten Grafendiplom, d. d. 4. Jan.
1777 wird dieser Thatsache, sowie der Abstammung des Ge=
schlechts aus der Mark Brandenburg gedacht.

Der Vater Joachims war Achim von Beust, der das
Rittergut Möckern bei Leipzig besaß und mit Elisabeth von
Randow vermählt war. Joachim ward am Osterabend den
19. April 1522 geboren. Er hatte noch vier Brüder und drei
Schwestern, die er alle überlebte. Der ältere Bruder Heinrich
theilte in der Schlacht bei Sievershausen das Schicksal seines
Kriegsherrn, des Kurfürsten Moritz, er ward schwer verwundet
und starb bald darauf zu Braunschweig. Melchior war schön=
burgischer Hauptmann zu Glaucha, ging später nach Bremen
und starb in Mollen. Caspar diente mehreren Fürsten, er=
hielt die Hauptmannschaft zu Grüningen im St. Halberstadt
und starb in Wollhausen. Balthasar lebte als Privatmann
in Burg im Erzstift Magdeburg, wo er begraben liegt. Die
3 Schwestern, Kunigunde, Anna und Amalie blieben unver=
mählt, die letzten beiden lebten in dem Benedictiner Kloster
Arendsee in der Altmark, blieben auch daselbst nachdem die
Reformation dort eingeführt worden; da liegen sie auch
begraben.[1]

Mit einer tüchtigen classischen Vorbildung ausgerüstet,
bezog Joachim von Beust im Jahre 1539 die Universität zu
Leipzig. Es war damals üblich, daß die Studirenden Wohn=
ung und Kost in dem Hause einer der Professoren nahmen,

---

[1] Pet. Willichii concio in funere Joachim a Beust Lips. 1597
p. 46 flg. Der Verfasser dieser Schrift war Pfarrer zu Planitz und
schöpfte aus den eigenen Mittheilungen Beusts. Wir werden auf diese
Quelle noch öfter zurückzukommen haben. Ein Exemplar der Schrift, vielleicht das einzige das sich erhalten hat, befindet sich im Besitz der Frau
Baronin v. Welck, geb. v. Beust, und ist dem Verfasser mit sehr dankens-
werther Bereitwilligkeit zur Benutzung mitgetheilt worden.—Willich haben
benutzt M. Balth. Crusius: in beatum obitum nobilis etc. D. Joachim
a Beust etc. parentatio habita in ludo literar. Nivimontii. Islebiae
1598. — Freher, theat. viror. eruditione clarorum II. p. 941 flg.—
König, geneal. Abelshistorie II. S. 133.

der zugleich ihren Fleiß und ihre Lebensweise überwachte.
Beust wohnte beim Professor der Theologie Dr. Ziegler. Er
hörte insbesondere Collegia bei den Professoren Joachim
Camerarius, Dr. Modestin Pistoris und Joh. Rivius. Neben
seinen juristischen Studien, die er mit Eifer betrieb, huldigte
er aber auch den Musen und schrieb lateinische — denn wer
hätte damals deutsche Verse zu machen, sich nicht geschämt! —
Gedichte, wobei er bei Camerarius und Rivius Aufmunterung
fand, die ihn, wie er in der Vorrede zu einem seiner spätern
poetischen Werke (Christiadum libellus) erzählt, ermahnten,
„ut exercitia Musarum non omnino abjicerem.“ In Leip=
zig machte er auch die persönliche Bekanntschaft Dr. Martin
Luthers, als dieser dort nach Herzog Georgs Tode predigte.
Luthers gewaltige Redegabe und seine ganze Persönlichkeit
machte einen tiefen Eindruck auf den jungen Mann, der sich
lebhaft zu dem Reformator, zu dessen Lehre er sich bereits be=
kannte, hingezogen fühlte. Er erzählte, er habe Luther nicht
genugsam ansehen können, denn aus seinen Augen, Worten
und Geberden habe ein rechter Löwenmuth, ein rechtes Helden=
herz geleuchtet.[2]

Nachdem Joachim seine Studien in Leipzig beendet, ging
er nach der Sitte der damaligen Zeit, zu welcher man meinte,
daß man das römische Recht nur in dessen Vaterland aus
ganz reiner, unverfälschter und reicher Quelle schöpfen könne,
nach Italien. In Bologna setzte er seine Studien fort, und
erlangte 1548 die Doctorwürde. Er reiste dann nach Rom,
wo er seine Dichterbefähigung durch eine lateinische Grab=
schrift in Distichen auf den ihm befreundeten Arzt Valerius
Cordus, der während seiner Anwesenheit in Rom starb, be=
währte.[3] Nach Sachsen zurückgekehrt, ward er vom Kurfürst
Moritz im Jahre 1550 auf dem Schlosse zu Chemnitz zum
Rath ernannt und erlangte in demselben Jahre mit 140 fl.

[2] Willich a. a. O. S. 56.
[3] Willich a. a. O., Crusius a. a. O. S. 11.

Befolbung⁴ eine Profeffur der Rechte an der Univerfität zu
Wittenberg, an welcher er nun eine lange Reihe von Jahren
als Lehrer mit großem Erfolg wirkte und wiederholt (u. a.
1569, 1578) das Amt eines rector magnificus bekleidete.
Er ward auch Beifitzer des Schöppenftuhls.⁵

Es ift uns nun allerdings nicht möglich gewefen Joachim
von Beuft allenthalben in feiner vielfeitigen Wirkfamkeit und
den Einzelheiten feiner amtlichen Thätigkeit zu verfolgen, voll-
ftändig jede Angelegenheit, bei der er felbftftändig oder mit-
wirkend befchäftigt gewefen, zu ermitteln, indeffen haben unfere
Forfchungen doch eine Reihe von Amtsgefchäften und fpeciellen
Aufträgen feftgeftellt, welche Joachim von Beuft neben feinem
Amt als Profeffor übertragen wurden. Wir wollen die Er-
gebniffe unferer Ermittelungen hierüber in chronologifcher
Reihenfolge wiedergeben und werden dabei das, was wir über
Beufts fonftiges Leben gefunden, gleichzeitig mit einfchalten.

Zunächft beftätigte ihn Kurfürft Auguft 1553 in feiner
Stellung als Rath von Haus aus. Diefe Räthe waren nicht
verpflichtet fich am Hoflager aufzuhalten oder ihm zu folgen,
fondern ertheilten ihren Rath fchriftlich — vom Haus aus,
daher der Name — oder wurden für einzelne Fälle befonders
einberufen. Obwohl die Landftände diefe Winkel- oder Landräthe, wie fie fie nannten, abgefchafft wiffen wollten und auf
dem Landtage 1553 einen ausdrücklichen Antrag darauf ftell-
ten,⁶ fo behielt doch Kurfürft Auguft die Einrichtung bei.
Unter dem 16. Juli 1554 erging ein Refcript in welchem es
heißt:⁷ „Herr Joachim von Peuft (fo wird fein Name öfter

<hr/>

⁴ Acta Ergangene Schriften der neuen Beftallungen und Revers
halben 1575, Bl. 109. Loc. 4519.

⁵ Finanzarchiv Rep. LII. Gen. no. 1918 s, Bl. 20. u. Gen. no. 1929.
Bl. 339.

⁶ Weiße, Lehrbuch des fächf. Staatsrechts I. S. 158. Anmerk. 3.

⁷ Acta Beftallung vor Dr. Joachim von Beuft, Loc. 10542 und Acta
Ergangene Schriften der neuen Beftallungen und Revers halben 1575,
Bl. 109 b. Loc. 4519.

in den Acten geschrieben), der Rechte Doctor, soll über vorige
seine Besoldung, so er wegen etlicher Lecturen zu Wittenberg
hat, noch 60 fl. Münz, auch auf 2 Pferde 250 Sch. Hafer
und auf zwei Personen gewöhnliche Hofkleidung jährlich bis
auf weitere Verordnung erhalten, sich dagegen in unsern
Sachen, so ihm befohlen werden, gebrauchen lassen und die
nach seinem besten Vermögen und Verstand verrichten helfen."
Die Naturalleistung an Hafer und Hofkleidung ward später
in Geld (67 fl. 2 Gr. 9 Pf.) verwandelt.

Die erste Veranlassung von diesem Vorbehalt Gebrauch
zu machen, bot dem Kurfürsten im Jahre 1555 eine Differenz
zwischen den Landgrafen zu Hessen und den Grafen Heinrich
und Wilhelm Grafen von Nassau, als Erben ihrer Mutter,
Elisabeth geb. Landgräfin zu Hessen, wegen des Nachlasses
des Landgrafen Wilhelm des Jüngern (III.) zu Marburg,
der am 17. Febr. 1560 ohne Descendenz, mit Hinterlassung
von zwei Schwestern, der gedachten Elisabeth, vermählt mit
Johann Grafen von Nassau-Dillenburg und Mechtild, verheirathet mit Johann II. Herzog von Jülich und Cleve, gestorben war. Die der Herzogin Mechtild zugefallene Hälfte
des Nachlasses hatten die Grafen Heinrich und Wilhelm durch
Cession erlangt, allein es war ihnen nicht gelungen, von den
Landgrafen von Hessen Befriedigung ihrer Ansprüche zu erhalten. Eine Vermittelungscommission, zu der die Kurfürsten
von Trier, Sachsen, Pfalz, sowie die Herzöge von Würtemberg und Cleve zusammengetreten waren, sollte den lang-
jährigen Streit wo möglich schlichten. Sachsen war dabei
wegen der Erbverbrüderung mit Hessen indirect betheiligt.
Eine Tagefahrt ward für den October 1555 zu Bacherach anberaumt und Kurfürst August beauftragte Joachim von Beust
und Hans (von) Wurmb zu deren Abwartung.[8] Die Beust
ertheilte Instruction vom 30. September 1555 ging dahin,
er solle sich sofort nach Cassel begeben und dem Landgrafen

[8] Acta Nassauische Sache 1555, 1556. Loc. 8660, Bl. 11 flg.

Philipp vermelden, daß er bei der Tagsetzung in Bacharach
mit seinem besten Verstand und Vermögen ihm Beistand leisten
solle.

Aus Cassel meldete hierauf Beust unter dem 8. October
1555, er habe das kurfürstliche Schreiben noch am Michaelis-
tage erhalten, sich alsbald erhoben und sei am 5. October
früh 7 Uhr in Cassel angelangt, er habe dort zwar seine —
ihm dahin gesendete — Instruction, aber nicht den Landgrafen Philipp angetroffen und daher seinen Auftrag dem
Statthalter und Räthen mitgetheilt. In einem ferneren
Schreiben d. d. Worms den 21. October 1555 zeigte Beust
an, er habe den Landgrafen Wilhelm von Hessen am 12. October in St. Goar erreicht, sei mit ihm einige Tage später
nach Bacharach gegangen, wo sich der Graf von Nassau und
die trier'schen, pfälzischen, jülich'schen und würtembergischen
Räthe eingefunden. Da der Kurfürst Friedrich von der Pfalz
wegen Leibesunvermögenheit nicht nach Bacharach kommen
können, sei die Handlung nach Worms verlegt worden, wo
der Herzog von Würtemberg ebenfalls eingetroffen sei.[9]

Statt Hans Wurmb, der behindert war, sendete Kurfürst
August als zweiten sächsischen Commissar Erich Volkmar von
Berlepsch ab, einen Mann von großer Befähigung, der von
Kurfürst August vielfach benutzt ward und eine hervorragende
Stellung einnahm. Der Kurfürst sprach in einem Briefe vom
27. October 1555 dem Landgrafen Philipp von Hessen [10] seine
Befriedigung darüber aus, „daß Dr. Joachim von Beust, welchen wir auf den Tag nach Bacharach abgefertigt, bei Ew. L.
angekommen und demselben unser Bedenken und Instruction
in der nassauischen Sache wohlgefallen rc." und fügte hinzu:
„daß sie nun Beide Ew. L. von unsertwegen in der Handlung
nützlich und dienstlich sein könnten, erführen wir desto lieber."

---

[9] Acta Wormbsische Handlung zwischen Landgrafen zu Hessen und
Grafen zu Nassau 1555 flg., Loc. 8660. Bl. 67. 71. 123. 139.
[10] Copial no. 271. Bl. 48.

Die Verhandlungen, bei denen man die Differenz durch
eine Geldentschädigung zu vergleichen suchte, dauerten den
October und November 1555 hindurch, führten aber trotz
aller Bemühungen der sächsischen Commissare zu keinem Abschluß.

Im Jahre 1556 wurden die Verhandlungen wieder aufgenommen, ohne daß wir Joachim von Beust dabei betheiligt
finden. Schließlich ward eine Tagefahrt zu Frankfurt a. M.
auf den 13. Juni 1557 anberaumt und Kurfürst August eingeladen, persönlich dabei zu erscheinen, indem der Kurfürst
von der Pfalz und der Herzog von Würtemberg erklärt
hatten, daß sie nur in diesem Falle sich auch persönlich einfinden würden. Dr. Mordeisen, der unter Kurfürst August
besonders die auswärtigen Angelegenheiten zu besorgen hatte,
schrieb deshalb unter dem 17. Mai 1557 an den Letztern:

„Nachdem ich mich erinnere, daß Ew. Ch. Gn. hocher-
meldeten Chur und Fürsten zugeschrieben und dieselben ver-
mahnt, daß sie ungeachtet Ew. Ch. Gn. persönlichen Nichterscheinens, mit Besuchung des Tages zu Frankfurt verfahren
sollten, so will sich nicht wohl leiden, daß man sich öffentlich
sollte merken lassen, als sehe man es nicht gern, aber heimlich
ein Podagra oder die Phantasai zu wünschen, die der Herzog
zu Jülich im jülich'schen Kriege hatte, da S. F. G. im Homer
so emsig studirte, daß er zum Kriegsvolk nicht kommen konnte,
ging auf diesmal wohl hin, damit der Tag zu Frankfurt
diesmal nachbliebe, kann auch gleichwohl sonst aus allerlei
Gelegenheit nicht wohl glauben, daß Jülich in eigner Person
zu Frankfurt kommen werde rc." Mordeisen schlug schließlich
vor, „Dr. Beust, der zuvor auch bei dieser Handlung gewesen,
könnte abermals dazu gebraucht und doch wohl also instruirt
und abgefertigt werden, daß er keine Ketzerei mache, sondern
allein hörte, was andere Leute vorgeben."[11]

---

[11] Acta Dr. Ulrich Mordeisens Schriften, Buch I. Bl. 1 flg.,
Loc. 8521. Acta Nassauische Handlung zu Frankfurt 1557, Loc. 8660.

Allein Beust erhielt den Auftrag nicht, sondern Mord=
eisen selbst ward mit zwei andern Räthen abgesendet und es
glückte auch diesmal, vorzüglich durch die Bemühungen der
kursächsischen Räthe, den Streit durch einen Vergleich zu be=
enden.

Jedenfalls war es Beust nur erwünscht, daß er damals
seiner Häuslichkeit nicht wieder entzogen ward, denn er hatte
sich am 2. August 1556 mit Barbara Brand von Lindau ver=
mählt. Das Beilager fand mit der der Zeitsitte entsprechenden
Pracht zu Wiesenburg (im Amte Belzig) statt, welches Gut
seit dem Jahre 1416 im Besitz der Familie Brand von Lindau
sich befand. Aus der sehr glücklichen Ehe entsproß nur ein
Sohn, Heinrich Friedrich, geb. am 13. Juli 1559,[12] durch den
Joachim von Beust der Stammvater der gesammten im Königs=
reiche Sachsen, in Sachsen=Altenburg, Preußen und Baden
blühenden gräflichen, freiherrlichen und abligen Linien des
Beustschen Geschlechts,[13] mithin auch der Ahnherr des berühm=
testen Trägers dieses Namens, des österreichischen Reichs=
kanzlers Friedrich Ferdinand Freiherrn von Beust, geworden
ist.

Durch ein Rescript vom 11. Juli 1557 ward Beust eine
Zulage von 40 fl. vom Kurfürsten bewilligt, „da wir seinen
Fleiß in den Sachen, so wir ihm bisher befohlen haben, ver=
merkt."[14] Seine Verheirathung veranlaßte Beust zu einem
Bau in einem Hause zu Wittenberg, das er erkauft hatte.
Er bat daher im Jahre 1561 den Kurfürsten um Kalk und
Mauersteine zu seinem bevorstehenden Bau von den kurfürst=

---

[12] Willich a. a. O. S. 86.

[13] König, geneal. Adelshistorie II. S. 141 flg.; Kneschke, allge=
meines deutsches Adelslexicon, Theil I. S. 397.; Siebmachers großes
und allgemeines Wappenbuch ed. von Heffner, Band 2. Abth. 3. S. 1.
Es ist nur ein Druckfehler, wenn bei König a. a. O. 136. zu lesen ist, Beust
habe sich am 2. August 1559 vermählt.

[14] Acta ergangene Schriften der neuen Bestallungen und Revers
halben 1575, Loc. 4519.

lichen Bauvorräthen in Wittenberg, ein Geſuch, das aber durch ein Reſcript d. d. Torgau den 10. Auguſt 1561 zurück= gewieſen ward, weil die Vorräthe zu ganz nothwendigen Bauen in Wittenberg beſtimmt ſeien.[15]

Auch ein in demſelben Jahre an den Kurfürſten ge= richtetes Geſuch um Erſtattung des Verluſtes eines gefallenen Pferdes, fand keine alsbaldige Genehmigung. Der Kurfürſt erwiderte d. d. Torgau den 29. April 1561, da die Kammer= räthe jetzt auf dem Jahrmarkt zu Leipzig ſeien, habe er ſich nicht erkundigen können, wie es mit Beuſts Beſtallung ge= legen und ob er, der Kurfürſt, ihm für Pferdeſchaden ſtehe, er ſolle daher wegen ſeines verdorbenen Gauls ſich ſelbſt an die Kammerräthe wenden.[16]

Ein Reſcript vom 13. Auguſt 1564 beſtellte Beuſt nebſt einigen Andern zum Commiſſar in Streitigkeiten des Amt= manns zu Gräfenhainichen mit dem daſigen Bürgermeiſter,[17] über deren Beſchaffenheit und Ausgleichung wir Näheres nicht erſehen.

Im Jahre 1565 ward Beuſt mit Genehmigung ſeines Landesherrn zugleich zum Rath von Haus aus der Fürſten Joachim Ernſt und Bernhard von Anhalt ernannt.[18] Zwei Jahre ſpäter ſehen wir unſern Beuſt in einer Function, die man gegenwärtig einem Univerſitätsprofeſſor wohl am wenig= ſten anmuthen würde, die aber beweiſt, wie verſchiedenartig die Befähigungen waren, die man damals bei einem ſolchen vorausſetzte und erforderte.

Der Herzog Johann Friedrich der Mittlere war be= kanntlich im December 1566 in die Reichsacht erklärt und Kurfürſt Auguſt mit deren Vollziehung beauftragt worden. Er zog vor Gotha noch ehe die Reichstruppen, die ihm zur Verfügung geſtellt werden ſollten, mit der im heiligen römi=

---

15 Copial no. 306. Bl. 88.
16 Copial no. 300. Bl. 351.
17 Copial no. 321. Bl. 97 b.
18 Willich a. a. O. S. 60.

schen Reich hergebrachten Langsamkeit und Saumseligkeit
sich gesammelt hatten.   Die niedersächsischen Reichsstände
sollten ihre „Hülfe" den 24. Februar 1567 zum Musterplatz
schicken, wo der Herzog Adolf von Holstein Gottorp sie sammeln
sollte. Allein nur eine geringe Anzahl erschien, mehrere Fürsten
und Reichsstände sendeten Geld und ersuchten den Herzog dafür Kriegsvolk zu werben.   Da aber, wie der Herzog schrieb:[19]
„das Geld fast spät und eines Theils erst als er auf dem
Musterplatz angelangt, ihm zu handen gekommen, war es unmöglich sobald und eilig das Kriegsvolk damit zu bewerben,
zumal die Fürsten und Stände, welche Geld geschickt, nicht
mehr ihrem Anschlag nach denn 12 fl. auf das Pferd und
4 fl. auf den Knecht liefern lassen, darfür keine Knechte zu
bekommen waren."   Lübeck war schuldig 354 Mann zu Fuß
und 42 zu Roß zu stellen, verweigerte aber zuerst die Ge-
stellung gänzlich und sendete zuletzt Geld, aber eben nur
die bereits erwähnte Summe, während der Herzog einem
Doppelsöldner 8 fl., einem Schützen 5 fl. zahlen mußte.   Er
brachte für die von Lübeck ihm zugegangene Geldsumme nur
das Fußvolk an 354 Mann zusammen, halb Doppelsöldner
halb Schützen, und gab Lübeck auf, die 42 Reiter noch eiligst
nachzusenden.   Einige, wie der Herzog Erich von Braunschweig, die Bischöfe von Hildesheim und Lübeck und der
Graf von Regenstein sendeten, aller Mahnungen ungeachtet,
weder Geld noch Truppen.   Der Herzog von Holstein, der
vielen Eifer zeigte und erklärte, „daß er der Achtserklärung
und den darauf ergangenen kaiserlichen Mandaten unterthänigst gehorsamen werde," hatte nun Anfang März 1567,
nachdem er das fehlende Geld „aus seinem Beutel" vorge-
schossen, eine bunt zusammengewürfelte Truppe zusammen-
gebracht und beabsichtigte damit sich „auf den Zug zu begeben," um am 19. März im Lager vor Gotha einzuziehen.

---

[19] Acta allerhand zur Gothischen Execution gehörige Briefe 1567,
Bl. 105. Loc. 9161.

Da ſendete Kurfürſt Auguſt nun Dr. Joachim von Beuſt ab, um den Zuzug zu beſchleunigen und der Muſterung beizu= wohnen.[20] Beuſt hat denn auch, hoch zu Roß, mit 400 Pfer= den den Herzog „in dieſe Lande“ geleitet.[21] Das iſt aber die einzige militairiſche Expedition, bei welcher wir unſern Beuſt betheiligt finden.

In demſelben Jahre ſchrieb Kurfürſt Auguſt als Vor= ſitzender des oberſächſiſchen Kreiſes zum 1. Juli einen Kreis= tag nach Jüterbogk aus, „wegen der von Einigen in Rück= ſtand gelaſſenen Türkenſteuer und Römerzüge, auch der rück= ſtändigen Beiträge zur Gothaer Execution.“ Unter dem 19. Juni 1567 erhielt Beuſt den Befehl, „er ſolle ſich auf genannte Zeit mit dem Hofrath Jan von Zeſchau nach Jüterbogk verfügen und die Sache nach der Inſtruction, die Letzterer mitbringen werde, mit Fleiß vertragen und verrichten helfen.“ In wahrhaft landesväterlicher Fürſorge fügte der Kurfürſt dem Reſcript noch bei:

„Damit auch ihr und anderer Stände dahin abgeſandte Räthe und Botſchafter gegen gebührliche Bezahlung etwa einen guten Trunk haben und bekommen möget, So wollet ihr, als vor euch, dem Rath und Stadtſchreiber zu Jüter= bogk den ausgeſchriebenen Kreistag zu erkennen geben und bei ihnen Erinnerung thun, daß ſie ſich mit fremden Getränk von Wein und Bier gefaßt und ſtaffiert machen wollen.“

Wenn jetzt eine ähnliche Verſammlung gehalten werden ſollte, würde man mit Prüfung der Legitimationen, Wahl von Deputationen, Berichtserſtattungen, Berathungen, Protocoll= und Schriftenverfaſſung wahrſcheinlich ſo viele Monate hin= bringen, als man damals Tage brauchte. Am 1. Juli 1567 trafen die Abgeordneten in Jüterbogk ein, probirten jedenfalls die fremden Getränke an Wein und Bier, mit denen der Rath

---

[20] Acta Verwarnungsſchreiben und Abſagebriefe ꝛc. Bl. 11. Loc. 9160. Allerhand zur Gothiſchen Execution gehörige Briefe 1567, Bl. 98 flg. Loc 9161.

[21] Willich a. a. O. S. 62.

und Stadtschreiber sich gefaßt und staffiert gemacht, und begannen, so gestärkt, am 2. Juli die Berathungen, die auch
an demselben Tage zu Ende gebracht wurden. Am 3. Juli
fertigten Beust und Zeschau nach den gefaßten Beschlüssen den
„Abschied" und so war die ganze Angelegenheit in drei Tagen
zum erwünschten Ende gebracht. [22] Die Gegenwart könnte
wohl in dieser Beziehung sich die Vergangenheit zum Muster
nehmen.

Minder glücklich war Beust, als er im folgenden Jahr
abermals zu dem auf den 19. December in Jüterbogk anbe-
raumten Kreistag abgesendet ward, gleichzeitig mit Abraham
Bock und dem Amtmann zu Liebenwerda, Hans Georg von
Ponikau. In dem deshalb an Beust ergangenen kurfürstlichen
Rescript heißt es zugleich, daß der Kurfürst ihm auch in der
Sache mit dem Kloster Leitzkau und der Pfarre zu Pröbel
Commission gegeben, daß er aber, wenn in dieser Angelegen-
heit inmittelst ein Tag angesetzt werde, dessen Abwartung dem
Dr. Schneidewein überlassen solle. Auf dem Kreistage sollte
verhandelt werden über „die Unruhen in den niederburgund-
schen Landen und die schreckliche Tyrannei, welche dort von
Herzog Alba geübt werde." Kurfürst August wünschte „ein
Werk ad defensionem zu Stande gebracht zu sehn;" 3000
Reiter sollten zusammengezogen werden. Aller Bemühungen
der sächsischen Abgeordneten ungeachtet, war aber ein den
Absichten Augusts entsprechender definitiver Beschluß nicht zu
erlangen. Obwohl die sächsischen Abgesandten, wie sie in
ihrem Bericht vom 23. December 1568 sagten, erklärt: „daß,
wenn es die Meinung haben sollte, daß Ew. Ch. G. in Noth-
fällen nicht mehr Folge bei den Ständen des Kreises denn
jetzt, haben sollten, daß Ew. Ch. G. wir des Gemüths wüßten,
daß Sie wegen des obersächsischen Kreises Ihr Amt nicht
länger behalten, sondern Sich desselben entschlagen und ab-

---

²² Acta Jüterbockischer Kreistagk und Abschied 1567, Bl. 27. 37.
66 b. 77 b. Loc. 7874.

treten würden," war die Mehrzahl der Stände doch nur zu
der Entſchließung zu bringen, daß die Stände ſich mit dem
Kriegsvolk defensive gefaßt machen ſollten, dafern der Kur=
fürſt von Brandenburg und einige andere Fürſten dies noch
ratificiren würden. Dahin ward unter dem 22. Dec. 1568
der Abſchied, den Beuſt mit unterſchrieben hat, abgefaßt. Die
Ratification von Seiten des Kurfürſten von Brandenburg
erfolgte auch ſpäter, [23] dabei blieb es aber auch, ſoviel wir
erſehen können.

Im Jahre 1570 finden wir Beuſt thätig als Commiſſar
in einer Kette verwickelter Streitigkeiten, die gegenwärtig
kein Intereſſe mehr haben, welche zwiſchen dem Herzog
Wolfgang von Braunſchweig zu Grubenhagen und dem Her=
zog Heinrich von Braunſchweig zu Danneberg und Herzog
Wilhelm d. J. zu Lüneburg, ferner zwiſchen Herzog Franz
von Sachſen=Lauenburg und Friedrich von Brockdorf wegen
des dem Letztern verpfändeten Amtes Steinhorſt, in deſſen
Beſitz der Herzog ſich gewaltſam geſetzt hatte, entſtanden
waren. Beuſt erhielt durch Reſcript vom 26. Januar 1570
die Weiſung, in Gemeinſchaft mit Dr. Winßhaim, die Tage=
fahrten abzuwarten und ſich der Handlung zu unterziehen.
Er reiſte deshalb nach Lüneburg, war auch in derſelben An=
gelegenheit im Jahre 1575 nochmals in Lauenburg. [24]

Ein anderer Auftrag, den Beuſt im Jahre 1570 erhielt,
führt uns in die traurigen religiöſen Streitigkeiten und
Spaltungen jener Zeit ein. Jede Zeitperiode hat ihr Schibo=

---

[23] Acta Jüterbockiſcher Kreistagl und Abſchied 1567, Bl. 101—228.
Loc. 7874.; Müller, Annales S. 153.; König, geneal. Abelshiſtorie II.
S. 134.

[24] Copial no. 269 b, Bl. 269 b, Copial no. 406. Bl. 84. Acta Ehe=
ſtiftung zwiſchen Herzog Wolfgang zu Braunſchweig und dem Lauen=
burgiſchen Fräulein Dorothee 1569—70 it. Verſchreibung 1000 Thlr.,
ferner Grenzirringen zwiſchen Herzog Franzen zu Sachſen=Lauenburg
und benen Herzogen zu Braunſchweig Heinrich und Wilhelmen ꝛc. Bl. 174.
Loc. 7265.

leth, ihre Tagesfragen und Phrasen, ihre besondern Ten=
denzen und Strömungen, in denen der Forschungstrieb Be=
friedigung sucht, aber auch die Streitsucht und persönliche
Eitelkeit hervortritt und sich breit macht. Damals war es
die Theologie, welche alle Köpfe beschäftigte. Nachdem Luther
die Bahn gebrochen, warf sich die ganze Masse des philo=
sophirenden, kritisirenden, mehr zersetzenden als aufbauenden
Elements, das in Deutschland von je wohl einzelne Köpfe
geklärt, die Mehrzahl aber verblendet und unzugänglich der
Erkenntniß der Wahrheit gemacht hat, auf die Auslegung der
heiligen Schrift. Daher eine Masse auftauchender theologi=
scher Streitfragen, viel Wortklauberei und Sylbenstecherei.
Die damaligen Spaltungen in der evangelischen Kirche, das
giftige Gezänk der Theologen, genährt durch persönliche
Eitelkeit und' mit eingreifende politische Interessen, bieten
ein höchst widerliches Bild. Dem practischen Kurfürsten
August war Alles dies ein Greuel. Streng an Luthers Worten,
an seiner Lehre, soweit er sie erfaßt hatte, hängend, glaubte
er, es müsse doch möglich sein, eine alle Parteien befrie=
digende Glaubensformel zu finden. Er versuchte, allerdings
vielfach mit sehr ungeeigneten Mitteln, wie aus der Geschichte
bekannt ist, die Einigkeit in der evangelischen Kirche herzu=
stellen. Zu Ausgleichung der Streitigkeiten, welche ein kur=
fürstliches Edict vom Jahre 1566, durch welches den Geist=
lichen anbefohlen ward, sich auf den Kanzeln des Streitens
gegen die von den Anhängern Melanchthons vorgetragenen
Lehren zu enthalten, insbesondere mit den Jenaer Theologen
hervorgerufen hatte, ward am 20. October 1568 ein Colloquium
zu Altenburg begonnen, das aber kein anderes Ergebniß
hatte, als daß die Parteien nach 5 Monaten nur noch er=
bitterter von einander schieden. Hierdurch ward Kurfürst
August's Unwille gegen die ernestiner Theologen, denen er
den verfehlten Ausgang beimaß, nur noch heftiger erregt.
Sein Zorn ward noch vermehrt durch in Eisleben gedruckte
Schmähschriften, in welchen die altenburgischen Colloquien=

acten in verfälschter und entstellter Form veröffentlicht wurden.
Er erließ daher unter dem 16. Juli 1570 ein sehr ausführ=
liches Schreiben an den Amtmann zu Bitterfeld, Heinrich von
Gleißenthal, in welchem er ihm befahl, er solle zu Herzog
Julius von Braunschweig sich begeben und ihm zu Gemüth
führen, wie der **Kurfürst** sich zeither vergeblich bemüht habe,
„den Zwiespalt in der Augsburgischen Confession durch Col=
loquia, Gespräche und Conferirungen" zu beseitigen, „also daß
wir letzlich die Dinge dem allmächtigen guten Gott befehlen
müssen." Das Schreiben besagt ferner: „Nun wäre es auch
andem, daß durch die vielfältigen gedruckten Schmähschriften,
Veränderungen und Verfälschungen der Lehre, solcher er=
haltener Zwiespalt, Mißverständniß und Uneinigkeit unter den
Lehrern und sonst, nicht allein vermehrt, sondern täglich
weiter greifen und schreiten thut, derhalben zu Zuvorkommung
dessen, wollte die unvermeidliche Nothdurft erfordern, daß an
den Orten, da die ermeldeten Schriften, Verfälschungen, Ver=
kehrungen und Veränderungen der unsern ausgegangenen
Schriften geübt und gedruckt, den Buchdruckern der Druck eine
Zeitlang gelegt werde und denn vornehmlich zu Eisleben
Drucker wären, die nicht allein die veränderten verfälschten
Altenburgischen Colloquienacten, sondern auch andere Schmäh=
schriften wider uns und unsere Lande, Kirchen und Schulen
nachgedruckt hätten und vielleicht solches ferner zu üben unter=
stehn würden, welches uns aber weiter also zuzusehn und zu
gedulden, wie S. L. freundlich abzunehmen, nicht unbillig be=
fremdlich vorfalle und letzlich wie es abzuwenden auf Wege
trachten müßten. Weil aber die Stadt Eisleben, allda er=
nannte Buchdrucker gesessen, in des Stifts und Bisthums
Halberstadt Botmäßigkeit gehörig, [25] als thäten wir bei S. L.

---

[25] Ein Theil der Grafschaft Mannsfeld war halberstädtisches Lehn.
Herzog Heinrich Julius, der Sohn des Herzogs Julius von Braunschweig
Wolfenbüttel war, als er erst 2 Jahr alt war, zum Bischof von Halber=
stadt erwählt worden, damit während der Administration die Schulden
des Stifts getilgt werden könnten. Eisleben gehörte dem Grafen Johann

freundlich bitten und suchen, S. L. wollen je eher je besser
unvermerkte Verordnung und Beschaffung thun, daß allda zu
Eisleben unversehens eingefallen, den Buchdruckern ihr Abdruck
und was dabei Verdächtiges befunden, genommen, verwahrlich
an einen Ort geschafft und den Buchdruckern auf eine gute
Zeit und bis zu anderer Gelegenheit gänzlich gelegt, verboten
und eingezogen werde. Wie wir denn nicht zweifeln, daß
S. L., als welche hierob mit solcher Bedrückung der Kirche
eben wie wir nicht zufrieden, auch Graf Hans Georg von
Mannsfeld vielleicht die Abschaffung solches Abdruckens nicht
zuwider, hierzu freundlich geneigt sein und solches nicht ver=
weigern werde. Was Du hierauf zu Bescheid erlangst, das
wirst Du uns zu berichten wissen."

Gleißenthal bat jedoch, ihn mit dem Auftrag zu ver=
schonen, indem er sich mit Leibesschwachheit entschuldigte und
der Kurfürst beauftragte nun unter dem 2. August 1570 Beust,
er solle sich unsäumlich zum Herzog begeben und die Sache,
wie Gleißenthal thun sollen, anbringen und verrichten.

Beust empfing das Schreiben am 7. August Abends und
begab sich bereits am folgenden Tage auf die Reise. Herzog
Julius erklärte, nachdem Beust sich seines Auftrags entledigt,
er wolle seine vertrauten Räthe „an etliche vornehme Per=
sonen des Capitels und Stifts Halberstadt schicken" und wenn
diese einverstanden seien, „den gedachten Einfall zu Eisleben
unvermerkt thun lassen," auch sonst den Aufträgen des Kur=
fürsten allenthalben entsprechen. Beust, dem, wie er in seinem
Schreiben an den Kurfürsten vom 15. August 1570 nach
seiner Rückkehr nach Wittenberg bemerkte, „treffliche große
Ehre zu Wolfenbüttel erzeigt und bewiesen worden," wendete

Georg I. von Mannsfeld, der die eislebische Linie gründete, die 1710 mit
Johann Georg III. ausstarb. Kurfürst August brachte bei Gelegenheit
der Regulirung des Schuldenwesens der Grafen von Mannsfeld laut Ver=
trägen mit dem Domcapitel zu Halberstadt vom 7. Aug. u. 26. Oct. 1573,
durch Tausch die halberstädtischen Lehen, insbesondere das Amt Eisleben
an sich. (Originalurkunden des Haupt-Staatsarchivs no. 11927 u. 11932.)

ſich auch noch perſönlich an einen Freund im Capitel zu
Halberſtadt, ſeinen Oheim Ernſt von Randaw und erſuchte
ihn, „ſich in dieſer Sache gutwillig zu erzeigen.“ Der 6jährige
Biſchof von Halberſtadt, Heinrich Julius, hatte, wie Beuſt
ſchrieb, „ob wohl ganz jung, ſich gegen ihn in Beiſein ſeines
Herrn Vaters erklärt, daß er Herzog Chriſtiano (Chriſtian I.)
ſo gut er es könne, einen Brief ſchreiben und mit demſelben
dadurch Kundſchaft machen wolle.“ [26] Ob der „Einfall“
gegen die Buchhändler in Eisleben zum Vollzug gekommen,
beſagen unſere Acten nicht.

Im Jahre 1573 finden wir Joachim von Beuſt vielfach
beſchäftigt mit dem Nachlaſſe ſeines, um dieſe Zeit in Burg
verſtorbenen Bruders Balthaſar, der nicht unbedeutende Capitalien hinterlaſſen zu haben ſcheint, deren Eintreibung aber
Schwierigkeiten bot. Auf Anſuchen Joachim’s verwendete ſich
Kurfürſt Auguſt unter dem 24. März und 21. Mai 1573 [27]
bei dem Adminiſtrator des Erzſtifts Magdeburg, daß Joachim
zu ſeinem Rechte gegen Andreas von Drachsdorf verholfen
werde, „da er bisher auf ſein vielfältiges Anſuchen die Sache
zu keinem Verhör und andern habe bringen können.“ Der
Kurfürſt erließ auch ein Reſcript vom 26. Mai 1573 an
Chriſtoph von Nißmitz zu Nebra, er ſolle 600 fl., die er
Joachim von Beuſt ſchulde, zum förderlichſten und aufs
längſte auf Petri Pauli zahlen, „damit Wir die ſchleunige
Hülfe auf ſein ferneres Anſuchen über dich ergehn zu laſſen,
nicht verurſacht werden.“ [28]

Auch in dieſem Jahre wurden Beuſt vom Kurfürſten
mehrere Aufträge ertheilt. Im April ward er an den Adminiſtrator von Magdeburg, Joachim Friedrich Markgraf
von Brandenburg, abgeſendet, „um bei ihm etliche Sachen

---

[26] Acta Braunſchweig. Herzog Julian Briefe an Ch. Auguſt 1569,
Bl. 93. S. 128 flg. Loc. 8509.

[27] Copial no. 382. Bl. 11. S. 97 b.

[28] ib. Bl. 105.

unsertwegen anzubringen und zu vermelden,"[29] eine geheime
Mission, die sich wahrscheinlich auf „die Eislebenschen Lehn
und Grenzsachen" bezog, über welche später sehr weitläuftige
Verhandlungen mit dem Administrator von Magdeburg statt=
fanden.

Ferner ward Beust nach Kiel verschickt, nachdem Herzog
Adolf von Holstein=Gottorp die Kurfürstin Anna zu Gevatter
gebeten zur Taufe seiner Tochter Christine,[30] welche am
6. Juni 1573 in Kiel stattfinden sollte. In dem deshalb
an Beust ergangenen Rescript d. d. Schweinitz den 21. Mai
1573[31] heißt es: „Wenn nun unserer Gemahlin gebühren will,
daß sie Jemands an ihrer Statt verordne und abfertige, so
begehren wir hiermit gnädigst befehlend, du wollest dich da=
nach achten, daß du obbestimmten 6. Juni gewißlich zu
Kiel ankommest, dich mit beiverwahrter Credenz bei S. L. an=
gebest und folgends, wie gebräuchlich, den christlichen Cere=
monien der Taufe im Namen unserer freundlichen lieben Ge=
mahlin beiwohnst und in Ueberreichung des Geschenks, neben
Vermeldung des gewöhnlichen Zuentbietens ihres persönlichen
Nichterscheinens halber, bei H. Adolf's Gemahlin zum besten
entschuldigst und zur glücklichen Geburt des jungen Fräuleins
Gottes Segen und allselige Wohlfahrt wünschest." Ein
Schreiben des Herzogs Adolf vom 8. Juni 1573[32] an die
Kurfürstin Anna beweist, daß Beust sich des Auftrags in ent=
sprechender Weise entledigt, der Herzog bedankt sich auch „für
die Verehrung, die der ehrbare hochgelahrte Rath, Ehren
Joachim von Beust überbracht" habe.

Viel erheblicher waren aber die Dienste, welche Beust
am Schlusse des Jahres 1573 leisten konnte bei der Ehren=

---

[29] Copial no. 382. Bl. 33.

[30] geb. ben 12 April 1573: vermählt 1592 mit Karl IX. König von
Schweden.

[31] Copial no. 384. Bl. 60 b.

[32] Acta holstein'sche Schreiben an die Kurfürstin zu Sachsen 1565.
Bl. 65. Loc. 8530.

rettung einer dem sächsischen Hause angehörigen Fürstin, der
seit dem 17. Mai 1545 mit Herzog Erich II. von Braun=
schweig vermählten Schwester des Kurfürsten August, Sidonie,
deren Ruf noch am Abend ihres Lebens durch die Schmach
einer verleumderischen Anklage befleckt worden war. Wir
haben diese Angelegenheit und die glänzende Ehrenrettung
Sidoniens bereits an einem andern Ort ausführlich erzählt[33]
und wiederholen hier nur, daß ihre Ehe durch Erich's
Schuld eine höchst unglückliche geworden, daß Sidonie, nach=
dem die Versuche ihres Gemahls, der zur katholischen Kirche
übergetreten war, sie ebenfalls dieser zuzuführen, mißlungen,
durch auf der Folter erpreßte Angaben mehrerer Frauen be=
züchtigt ward, daß sie ihrem Gatten mit durch Zauberei er=
langtem Gift nach dem Leben getrachtet habe. Eine am 17.
December 1573 in Halberstadt zusammentretende kaiserliche
Commission ward beauftragt, den Thatbestand zu erörtern.
Sidonien, die persönlich sich in Halberstadt einfand, stand
außer einigen andern sächsischen Räthen auch Beust zur
Seite. Wesentlich durch sein und Dr. Winßheims intelligentes
und energisches Auftreten gelang es, die Unschuld Sidoniens
auf das vollständigste zu beweisen. Jene unglücklichen Frauen,
welche sie beschuldigt hatten, konnten jetzt, von der Folter
nicht mehr bedroht, der Wahrheit die Ehre geben. Ueberein=
stimmend widerriefen sie Alles, was sie, sich selbst und die
Herzogin beschuldigend, früher ausgesagt hatten, unter der
Versicherung, daß sie nur durch die Qualen der grausamsten
Tortur zu jenen Angaben gezwungen worden seien.

Die Herzogin Sidonie erkannte Beust's Bemühungen
mit dem lebhaftesten Dank an. Sie stellte ihm unter dem
4. Januar 1574 in Halberstadt eine Urkunde aus,[34] in
welcher sie „aus genugsamen, hierzu habenden Ursachen und
sonderlich, daß er uns wider Herzog Erich in unserm hochbe=
schwerlichen Obliegen zu Errettung unserer Unschuld ganz ge=

---

[33] Aus vier Jahrhunderten II. S. 38 flg.
[34] Copial no. 403. Bl. 33.

treulich gedient," ihm 50 Thaler jährlich auf ihre Lebenszeit
verschrieb und ihm zugleich zusagte, daß er außerdem 500 Thlr.
aus ihrem Nachlasse erhalten sollte. Sie bedachte ihn auch
in ihrem kurz vor ihren am 4. Januar 1575 erfolgten Tod
errichteten Testament (31. December 1574) mit einem Legat
und bat den Kurfürsten, das Geld Beust zu Ostern 1575 zur
Erkaufung eines Gutes auszahlen zu lassen, was August auch
unter dem 22. Februar 1575 anordnete.

Im Jahre 1575 ließ Kurfürst August allen seinen Be=
amten neue Bestallungen ausfertigen und sich von denselben
Reverse ausstellen, in welchen sie an Eidesstatt geloben
mußten, daß sie den in ihren Bestallungen angegebenen Ob=
liegenheiten getreulich nachkommen wollten. Ein an „die
vornehmsten Oberhaupt=Amtleute, Räthe und Diener" ge=
richtetes Rescript vom 1. Februar 1575[35] erging auch mit an
Beust, der denn auch den Revers vollzog und zugleich die
Gelegenheit benutzte, eine Erhöhung seines „Rathgeldes" zu
beantragen, das einschließlich der Vergütung für den ihm
1554 bewilligten Hafer und der Hofkleidung nur die aller=
dings geringe Summe von 167 fl. 2 gr. 9 pf. betrug.

Um diese Zeit muß auch Caspar, der Bruder Joachims,
gestorben und dessen Nachlaß ihm zugefallen sein, denn wir
finden ein Gesuch Joachims an Kurfürst August vom 12. Juli
1575, in welchem er einer Forderung von 1994 fl. 15 gr.
aus dem Nachlasse seines Bruders Caspar an die Grafen
Ludwig und Albrecht Georg von Stolberg gedenkt und bittet,
der Kurfürst möge dem Statthalter und Räthen zu Weimar
aufgeben, sie möchten Kaufgelder, welche Graf Karl zu
Mannsfeld an die Schuldner zu zahlen hatte, zurückhalten.[36]

In demselben Jahre wendeten sich der Kurfürst von
Brandenburg und der Herzog von Mecklenburg an Kurfürst

---

[35] Acta Ergangene Schriften der neuen Bestallungen und Revers
halben 1575, Bl. 5. S. 22 flg. 109 flg. Loc. 4519.

[36] Acta Anderes Buch an Ch. August zu Sachsen abgelassene der
Aemter, Städte ꝛc. Berichte 1575, Bl. 30 flg. Loc. 8527.

August mit dem Gesuch, er möge gewisse zwischen ihnen ent-
standene Grenzirrungen durch seine Räthe erörtern und erledigen lassen. Durch ein Rescript vom 19. Juni 1575 ernannte August Joachim von Beust, David von Hirschfeld und
Dr. Andreas Pauli zu Commissarien, „begehrend, ihr wollet
euch danach achten, daß ihr den letzten Juli zu Zechlin ein-
kommt, des andern Tages ganz früh auf die Grenze, so des
Orts streitig, verrückt, zwischen den kurf. Brandenburgischen
und fürstl. Mecklenburgischen Gesandten Verhör, Besichtigung
und Handlung anstellt und allen menschlichen und möglichen
Fleiß anwendet, damit ihr die beiden Kur- und Fürsten
freundlich und nachbarlich vertragen und dermaßen verabschiedet, auf daß aller unfreundliche unnachbarliche Wille
fortbleibe und kein fernerer thätlicher Eingriff erfolge.“ In
Entstehung Vergleichs sollten die Commissarien dem Compro-
miß gemäß entscheiden. Von Zechlin sollten sie den 5. August
1575 nach Wittstock gehen und dort wegen „der streitigen
Mastung und Bauholz verhandeln.“ Es gelang auch den
sächsischen Abgeordneten die Differenzen zu schlichten. Ein
Abschied ward von ihnen hierüber unter dem 9. August 1575
abgefaßt. [37]

Daß Beust, trotzdem daß er selbst streng an Luthers
Lehre hing (worauf wir noch zurückkommen werden), doch sich
dadurch nicht abhalten ließ, einem anders Glaubenden — zu-
mal wenn er ein Bruder in Apollo war — hülfreich zur
Seite zu stehn, beweist uns ein Schreiben Beusts an Kurfürst
August vom 16. März 1576. [38]

Der „Poete Dr. Johann Major,“ Professor in Wittenberg, den der Kurfürst, als er noch ein „junger Poete“ war,
selbst zur Fortsetzung seiner Studien unterstützt hatte, [39] war

---

[37] Copial no. 405. Bl. 430 b. Acta Brandenb. Mecklenb. Grenzirrungen 1575, Bl. 45 flg. S. 115. Loc. 7230.

[38] Copial no. 422. Bl. 29.

[39] S. des Verfassers Anna Kurfürstin zu Sachsen S. 202. Major
starb am 25. November 1600 zu Zerbst, 67 Jahr alt.

bei diesem in Ungnade gefallen und, in die crypto-calvini-
stischen Händel verwickelt, zur Untersuchung gezogen und von
seinem Amt entfernt worden. Beust hatte aber sich mit drei
andern wittenberger Professoren für ihn verbürgt, damit er
„seiner Haft entledigt und wieder nach Wittenberg zum Lesen
und Schreiben entlassen werde." In dem erwähnten Schreiben
dankte Beust nun dafür, daß seine Verwendung berücksichtigt
worden, bat aber um Ausfertigung einer neuen Bestallung
für Major und um Entlassung von der Bürgschaft, „da wir
als seine Bürgen bis daher unserer diesfalls gethanen Obli-
gation gebührlich und soviel menschlich und möglich gewesen,
nachgelebt." Er fügte hinzu, daß es der Bürgschaft nicht
mehr bedürfe, „sonderlich da Major sich anderweit verehlicht
und nunmehr auch häuslich in Wittenberg niederlassen wolle."
Der Kurfürst fand aber in diesen Thatsachen noch keine genügende Garantie dafür, daß Major auch seine religiösen
Ansichten dauernd geändert habe und erwiederte d. d. Annaberg
den 21. März 1576, es sei „ihm vieler Ursachen bedenklich,
sie solcher Bürgschaft gänzlich zu entlassen."

Im Jahre 1577 faßte Beust den Entschluß ein Rittergut zu kaufen. Zur Sicherstellung erlangte er vom Kurfürsten
eine Urkunde d. d. Kropstädt den 14. Sept. 1577, worin es
heißt: „weil er Willens sei, in Unsern Landen ein Lehngut zu
kaufen und aber nur einen einzigen Sohn habe, auf dem das
Geschlecht und Name derer von Beust stände, daß wir in
solchen Kauf dergestalt consentiren wollten, im Fall berührter
sein Sohn nach dem Willen des Allmächtigen ohne männlichen
oder weiblichen Geschlechtserben versterben sollte und Niemand
mehr männlichen oder weiblichen Geschlechts des Namens vorhanden, daß alsdann durch solchen Fall die Kaufsumme des
berührten Lehnguts an die nächsten Freunde nach natürlicher
Billigkeit kommen und fallen möchte." Diese Begnadigung
ward Beust nur bewilligt, „in Erwägung der langwierigen
getreuen Dienste, so ihr Uns bisher zu gutem Gefallen geleistet und noch ferner leisten sollt und könnt" und „obwohl

solche Begnadigungen und Beleihungen, so sich soweit auf die
Freunde erstrecken, bisher nicht bräuchlich gewesen, deshalben
Uns auch um künftige Einführung willen bedenklich, solchem
euerm Suchen statt zu geben."[40]

So nun sichergestellt, trat Beust 1578 in Verhandlungen
mit Appel von Ebeleben über dessen Gut Wartenburg (2½
St. von Pretzsch). Als er dies dem Kurfürsten meldete, erwiederte dieser d. d. Annaberg 26. Juni 1578: „Wir haben
euer Schreiben vom 23. d. M. des Gutes Wartenburg, so
ihr zu kaufen beabsichtigt, verlesen und können euch als Unsern Lehnmann und Unterthanen gnädigst wohl dulden und
leiden, mögt derhalben solchen Kauf, den ihr sammt euern
Verkäufer einig werden können, umgehend schließen, wollen
Uns auch alsdann auf euer ferneres Ansuchen der Belehnung
halben mit Gnaden zu erzeigen wissen."[41] Allein Beust hatte
noch ein anderes Anliegen. Die Herzogin Sidonie hatte ihm
außer den schon erwähnten Begnadigungen auch noch die Zusicherung ertheilt, „er solle 3000 fl. als Gnadengeld von ihrem
Heirathsgut auf den Wiederfall" empfangen. Diese Summe
wünschte Beust nun jetzt ausgezahlt zu erhalten, „da das Gut
im Anschlag hoch laufe und es nicht in seinem Vermögen
sei, es gänzlich zu bezahlen." Der Kurfürst lehnte aber das
Gesuch ab, weil das Geld „in der Rentkammer auf Verzinsung
stehe und die Begnadigung auf den Fall verschrieben, der
sich noch nicht zugetragen, auch noch ungewiß, wenn derselbe
sich erledigen möchte."

Nun wendete sich Beust in einem Schreiben vom 24. Juni
1578 an das milde Herz der Kurfürstin Anna und bat, unter
Beziehung auf seine Verdienste um Sidonie und seine lang-
jährigen Dienste, um deren Verwendung, „da ich meinem einzigen Sohn geliebts Gott das Gut Wartenburg zu kaufen in

---

[40] Viertes Buch, der an Kurfürst August zu Sachsen gelangten
gemeinen Schreiben 1580, Bl. 54. Loc. 8524.

[41] Copial no. 440. Bl. 130ᵇ.

Vorhabens bin, und aber ohne Hülfe meines gnädigsten
Herrn und der verschriebenen 3000 fl., dasselbe neben meiner
Freunde Hülfe nicht werde vollenden können."[42]

Allein der Kurfürst blieb zähe, lehnte auch einen Antrag
Beusts, er möge ihm eine Mühle abkaufen, ab, indem er in
einem Rescript vom 24. Februar 1579[43] erwiederte, „nach=
dem Unsere Gelegenheit nicht sein will, alle Landgüter so feil
werden, an uns zu kaufen, so magst du deine Mühle wohl
Andern anbieten und mit ihnen darum handeln."

Der Kauf von Wartenburg zerschlug sich nun und Beust
erkaufte im Jahre 1580 das Rittergut Planitz.[44] In dem=
selben Jahre ward das Consistorium zu Meißen nach Dres=
den verlegt und neu organisirt, Beust aber nach einer Be=
stallung vom 18. Februar 1580 bei demselben als Assessor
mit 200 fl. jährlicher Besoldung, zunächst nur auf ein Jahr,
angestellt. Da bei dem Collegium wöchentlich zwei Sitzungen
gehalten wurden,[45] mußte Beust seinen Wohnsitz in Dresden
nehmen und konnte den Verpflichtungen, welche seine Professur
bei der Universität zu Wittenberg ihm auflegte, persönlich
nicht mehr nachkommen. Es ward daher in seiner Bestallung
bemerkt, „er solle schuldig sein, Zeit seines Abwesens die
Lectur mit einer hierzu tüchtigen Person zu bestellen, damit die
studierende Jugend und sein Officium zu Wittenberg nicht ver=
säumt werde."[46] Beust verblieb übrigens auch nach Ablauf
des Jahres in dieser Stellung.

---

[42] Acta drittes Buch der an Churfürst August zu Sachsen gelangten
gemeinen Schreiben 1577, Bl. 67. Loc. 8524. Acta gemeine Schreiben
an die Churfürstin zu Sachsen 1575—1579, Bl. 226. Loc. 8555.

[43] Copial no. 448. Bl. 66.

[44] Acta viertes Buch der an Churfürst August zu Sachsen gelangten
gemeinen Schreiben 1580, Bl. 53. Loc. 8524.

[45] Kirchenordnung vom 1. Jan. 1580, tit. vom Amt und Verrichtung
der Consistorialen, no. II., Cod. August. I. 641.

[46] Crusius a. a. O. S. 13., Bestallung vom 18. Februar 1580
(Finanzarchiv).

Am 21. December 1582 traten in Quedlinburg „die ab=
geordneten Theologen und politischen Räthe" von Kurpfalz,
Kursachsen, Kurbrandenburg und des Herzogs Julius von
Braunschweig zusammen, um wegen Erinnerungen, welche die
braunschweigischen Theologen gegen die Concordienformel ge=
zogen hatten, zu berathen; dazu ward Beust mit abgesendet.
Die Verhandlungen nahmen diesmal nicht den stürmischen
Verlauf wie frühere ähnliche Convente; in Zeit von etwa
6 Wochen waren sie zu Ende. Ein Abschied vom 31. Jan.
1583, den Beust mit dem Zusatz „auf Planitz" mitunter=
zeichnet hat, enthielt das Resultat. Man hatte sich über
mehrere Erinnerungen geeinigt, andere Punkte wurden ad re-
ferendum genommen. [47]

In Dresden war es damals sehr schwierig eine Mieth=
wohnung zu erlangen, der Quartiermangel war selbst ein
halbes Jahrhundert später noch so groß, daß Kurfürst Jo=
hann Georg I. sich veranlaßt sah, unter dem 26. Aug. 1623
durch ein Rescript an die Landesregierung anzubefehlen, „daß
die Räthe und Diener vor andern zur Miethung von Losa=
menten gelassen und ihnen nicht andere vorgezogen werden
sollten." [48]

Auch Beust litt unter dieser Calamität und beabsichtigte
daher, sich ein eignes Haus in Dresden zu kaufen, allein er
hatte seine Capitalien zum Erwerb von Planitz verwendet
und wünschte daher eine Beihülfe Seiten des Kurfürsten.
Direct ihm seine Bitte vorzulegen, scheuete er sich und wendete
sich daher wie früher an die Kurfürstin Anna. Er richtete
deshalb nachstehendes Schreiben an sie: [49]

„Durchlauchtigste, hochgeborne Churfürstin, Gnädigste
Frau. Nachdem Ew. Ch. F. G. mir zu meiner Wohlfahrt

---

[47] Willich a. a. O. S. 61.; Copial no. 463. Bl. 62.; Original-
urkunde vom 31. Januar 1583, no. 12129.

[48] S. des Verfassers zur Chronik Dresdens S. 12.

[49] Gemeine Schreiben an die Churfürstin zu Sachsen 1583—84,
Bl. 86. Loc. 8537.

und Beförderung hiebevor allwege bei Ihrem herzliebsten Herrn
und Gemahl, dem durchlauchtigsten hochgebornen Fürsten und
Herrn, Herrn Augusten 2c. meinem gnädigsten Herrn, haben
helfen vorbitten und die hülfreiche Hand reichen und ich mich
nochmals solcher gnädigsten Fürbitte und Hülfe zu Ew. F. G.
unterthänigst getrösten thu, Als kann Ew. Ch. F. G. ich unterthänigst nicht verhalten, darin, daß ich hochvermeldeten meinem
gnädigsten Herrn vorm Jahr durch S. Ch. F. Gn. Leibarzt Herrn
Doctor Paul Luther unterthänigst habe berichten und vorbringen
lassen, daß mir allhier wegen meines Dienstes jährlich 300 fl.
auswärtiger Bestallung abgehn, daß ich auch dieselben für und
für würde entrathen müssen, immaßen ich Sr. Ch. F. Gn.
selbst berichtet hätte, welcher Abgang diese 3 Jahr hero, weil
ich allhier im Ober-Consistorio gewesen, allbereit 900 fl. aus-
tragen thut, und derowegen unterthänigst bitten lassen, weil
S. Ch. F. G. Sich Selbst gegen mich mündlich erklärt, daß
Sie dieses Abgangs halber mit mir wollten handeln und Vergleichung treffen lassen, daß dagegen S. Ch. F. G. mich mit
Erkaufung einer Behausung allhier, doch nach J. Churf. G.
Selbst Willen und Gefallen, aus Gnaden bedenken und verehren möchten.   Dagegen wollte ich zum Ruhm und Reputa-
tion Sr. Ch. F. G. Oberconsistorii allhier wie in Ehesachen
zu verfahren und darin nach göttlichen und weltlichen Recht zu
erkennen und zu sprechen sein sollte, ein Buch schreiben und
verfertigen, danach sich alle nachkommenden Beisitzer des Oberconsistorii allhier zu richten hätten.   Darauf mir S. Ch. F.
G. dazumal durch Herrn Dr. Luther hinwider sagen lassen,
ich sollte dieselbe Arbeit verfertigen, denn sie wäre einer Be-
gnadung werth, dabei es bis daher verblieben.

Weil ich denn solches Buch jetzt gänzlich verfertigt und
dasselbe S. Ch. F. G. durch Herrn Hartmann Pistoris vor
wenig Tagen habe überantworten lassen und in unterthänigster
Hoffnung stehe, Sr. Ch. F. G. werden mich wegen oban-
gezogenen großen Abgangs und vertrösteten Vergleichung,
auch des in Ehesachen verfertigten Buchs halber mit Er-

kaufung einer Behauſung nachmals gnädigſt bedenken, wie ich
denn um Begnadigung zu Erkaufung ſolchen Hauſes (das
Alles nach S. Ch. F. G. gnädigſtem Willen und Gefallen)
jetzt abermals durch Herrn Dr. Luther bei S. Ch. F. G. unter=
thänigſte Erinnerung werde thun laſſen, So gelangt demnach
an Ew. Ch. F. G. meine hochfleißige unterthänigſte Bitte,
Dieſelben wollen mich bei hochermeldetem meinen gnädigſten
Herrn zu erſter Gelegenheit, wo es ſich leiben will, gnädigſt
helfen vorbitten, daß S. Ch. F. G. obenangezogener Urſachen
halben, mich allhier mit einer eignen Behauſung begnaden
wollen, in gnädigſter Erwägung, daß ich Sr. Ch. F. G. nun=
mehr 32 Jahre, ohne Ruhm zu melden, getreulich gedient
habe und noch ferner die Zeit meines Lebens gern willig und
treulich dienen will.   Ich will auch daneben den allmächtigen
Gott treulich bitten, daß er S. Ch. F. G. bei guter Geſund=
heit und langem Leben der ganzen Chriſtenheit zum Troſt,
gnädiglich erhalte und Ew. Ch. F. G. mit Freuden wolle die
Frau Großmutter gnädiglich werden laſſen. Amen.

Dat. Dresden den 16. März ao. 83.

Ew. C. F. G.
unterthänigſter gehorſamer Diener
Joachim von Beuſt D."

Um die Kurfürſtin günſtig für das Geſuch zu ſtimmen,
fügte er noch folgendes „Postscriptum" bei:

„Gnädigſte Churfürſtin, Inliegend thue Ew. Ch. F. G.
unterthänigſte Meinung ich einen Thaler übergeben, ſo Ew.
Ch. F. G. Herr Vater König Chriſtianus (III. v. Dänemark)
hochlöblichen und chriſtlichen Gedächtniß hat ſchlagen laſſen,
welcher mir von meinem ſeligen lieben Bruder Heinrich von
Beuſt, ſo Ihrer Königlichen Majeſtät beſtellter Kriegshaupt=
mann geweſen, zum Beutepfennig vor vielen Jahren gegeben
worden, ob Ew. Ch. F. G. wegen des Gepräges und Bildniß
Ihrem eignen Sohn Herzog Chriſtian meinem gnädigſtem
Herrn ſolchen Thaler zum Gedächtniß des Herrn Großvaters
wollen zuſtellen laſſen. Mit unterthänigſter Bitte, Ew. Ch.

F. G. wollen dies von mir als dem Diener in Gnaden ver=
merken und aufnehmen und meine gnädigste Churfürstin nach=
mals wie zuvor sein und bleiben. Dat. ut in ltris."

Der Kurfürst nahm sich mit der Bewilligung etwas Zeit.
Erst unter dem 24. Mai 1585 erging an den Kammermeister
ein Rescript, er solle Beust 1000 fl. Münz zahlen, „zur Er=
kaufung einer eignen Behausung in Dresden, die wir ihm um
seiner Dienste willen, so er uns nunmehr viele Jahre anher
zu gnädigstem Gefallen geleistet, auch hinführo thun soll und
will, über die zuvor empfangene Begnadigung noch gnädigst
bewilligt, jedoch daß er uns hinführo mit dergleichen Suchen
unbelangt lasse."

Nach dem Tode des Kurfürsten August stellte dessen
Sohn und Nachfolger Kurfürst Christian I. Beust unter dem
19. November 1586 eine neue Bestallung aus, in welcher es
unter Bezugnahme auf die früher „dem Rath, Professor zu
Wittenberg 2c. Herrn Joachim von Beust, der Rechte Doctor
als Assessor des von Meißen nach Dresden verlegten Con=
sistorium" ertheilte Bestallung heißt: „daß er bemeldeten
Unserm Consistorio und den Synodis, wenn die jeder Zeit
gehalten werden, wesentlich beiwohnen und schuldig sein soll,
alles dasjenige, so die Nothdurft erfordert, unsere Ordnung
und gefaßte Instruction ausweist, zu verrichten, die streitigen
und alle andern Sachen, so an dasselbe gelangen, mit Fleiß
erwägen und neben den andern Assessoribus daran sein soll,
daß denselben in der Güte oder durch billige Weisung und
rechtlicher Erkenntniß abgeholfen werde und sich über Unrecht
Niemand zu beklagen haben möge, Und sich in solchem seinem
Amt also bezeige, daraus sein unterthänigster Fleiß zu spüren
und in den Kirchen und Schulen unserer Lande gute Einigkeit
erhalten und alle Spaltungen, Zwietracht, ärgerliches Leben
und Wandel bei derselben Dienern und Verwandten abge=
schaft werden. Und ob Wir in streitigen oder andern Con=
sistorialsachen sein Bedenken begehren würden, das soll er Uns
jeder Zeit nach seinem besten Verstand eröffnen, neben den

andern ihm Zugeordneten und Verwandten davon Rath
schlagen und darauf Erklärung thun helfen, sich auch in an=
dern christlichen Versammlungen zum Verschicken und sonst
neben Andern unterthänigst gehorsamlich brauchen lassen und
alles Andere thun, so zu Aufnehmung und Besten der Kirchen
und Schulen unserer Lande, auch zu Erhaltung unserer Ord=
nung gereichen mag und ein jeder getreuer und christlicher
fleißiger Assessor in den ihm befohlnen Sachen diesfalls ver=
richten soll, kann oder mag, uns auch hierüber einen schrift=
lichen Revers zugestellt hat. Dagegen und damit er solches
seines Dienstes desto besser abwarten könne, so wollen Wir jähr=
lich zu seiner Unterhaltung 250 Gulden zu den 4 Quatember
Zeiten und dann 50 fl. zum Hauszins, wie bisher geschehn,
reichen, ihn auch, wenn er verschickt würde, mit gewöhnlicher
Zehrung versehn lassen, so soll ihm auch von den Accidentien
soviel als einem andern Assessor, folgen, hierüber soll ihm
seine Lectur zu Wittenberg und was er von derselben zu ge=
warten gehabt, auf die Zeit seines Lebens bleiben, jedoch soll
er dagegen schuldig sein, seines Abwesens die Lectur mit
einer hierzu tüchtigen Person zu bestellen, damit die studierende
Jugend und sein Officium zu Wittenberg nicht versäumt
werde."

Auch in seiner Stellung als „Landrath von Haus aus"
ward Beust von Kurfürst Christian I. unter dem 1. Februar
1588 bestätigt und ihm „für Alles was er zuvor von seinem
Dienst in Wittenberg und bisher aus der Kammer gehabt"
200 Thlr. jährlich ausgesetzt.[50]

Am 11. Februar desselben Jahres hielt Beust in der
Paulinerkirche zu Leipzig dem Kurfürsten August eine Ge=
dächtnißrede.[51]

50 Finanzarchiv Rep. LII. Gen. no. 1918ᵉ., Bl. 20. und Gen.
no. 1929. Bl. 339.

51 Oratio de illustrissimo etc. domino Augusto etc. tertio post
illius Cels. obitum anno, die 11. Febr. habita Lips. in templo Pau-
lino, Lips. 1588.

Kurfürst Christian I. starb am 25. September 1591 mit Hinterlassung dreier unmündiger Prinzen, Christian (II.), Johann Georg (I.) und August und zweier Prinzessinnen, Sophia und Dorothea. Mehrere Schriftsteller[52] führen an, daß Joachim von Beust die vormundschaftliche Aufsicht über die jungen Prinzen erhalten und bis an seinen Tod geführt habe. Wir wollen diese Thatsache, die bei dem großen An= sehen das Beust genoß, bei dem Vertrauen, dessen er sich er= freute, bei der Stellung die er einnahm, an sich viel wahr= scheinliches hat, nicht bezweifeln, vermögen sie aber urkundlich nicht zu belegen. Der Kurfürst Christian I. hatte in seinem letzten Willen bestimmt, daß seine Gemahlin, die Kurfürstin Sophia, „bei der jungen Herrschaft bleiben und dieselbe solle helfen erziehn."[53] Im Lande herrschte aber große Besorgniß, daß die Erziehung der jungen Prinzen nicht in streng luthe= rischer Richtung geleitet werden möchte und der Administrator Herzog Friedrich Wilhelm v. Sachsen, der mit dem Kurfürsten von Brandenburg die Vormundschaft über die unmündigen kursächsischen Prinzen führte, erklärte daher, als der Landtag am 21. Februar 1592 in Torgau zusammengetreten, in der Landtagsproposition vom 22. Februar 1592 ausdrücklich:

„Wir wollen auch ferner mit besonderm Ernst darob und an dem sein, damit unsere Vettern (Christian II., Johann Georg I. und August) zuförderst in der heilsamen Erkenntniß Gottes und seines Wortes, sonderlich aber in der Religion der Augsburgischen Confession, wie dieselbe anno 1530 über= geben, bisher öffentlich bekannt und geführt worden, getreu= lich und fleißig informirt und sonst zu allen fürstlichen Tugenden mit unnachläßigem Fleiß erzogen und angehalten werden mögen, zu dem Ende wir ihnen vornehme Gottesfürchtige, ehrliche und aufrichtige Leute zu Hofmeistern, Präceptoren und andern Dienern zuordnen wollen."

---

[52] U. a. Zedler, Universallexicon III. S. 1582.; König, geneal. Adelshistorie II. S. 134.; Gauhe, Adelslexicon S. 137.

[53] Acta Churf. Christian I. zu Sachsen Testament 1591, Loc. 10520.

Die Stände acceptirten dies in der Schrift vom 25. Febr. 1592 bestens, erinnerten aber, daß es ihres Erachtens „nicht wenig Nutzen geben würde, wenn die Churf. F. Wittwe, Ihrer F. G. geliebte Frau Mutter, durch Bitte dahin vermocht würde, in dieser ihrer F. G. noch zarten Jugend bei denselben wesentlich zu verbleiben." Sie bemerkten ferner, „es sei hoch= verständig zu bedenken, ob dieses nicht nützlich sein sollte, daß 24 Vornehme von Adel aus der Landschaft aufgezeichnet übergeben und da solche Sr. Churf. und Ew. F. G. gnädigst gefällig, alsdann denselben befohlen würde, daß namentlich deren zwei an den Ort, da die gnädige junge Herrschaft wesentlich anzutreffen sein möchte, sich enthalten, unterthänig auf den Dienst warten, täglich mit J. F. G. Tafel halten, und über dem Essen höflichen Discurs von allerlei geziemlichen Sachen pflegen möchten, dadurch lernten J. F. Gn. dero ge= treue Landschaft kennen, gewöhnten (sich) der Leute, auch höf= licher Sitten und würde dafür zur Zeit J. F. G. zu allen guten Sachen auch mehrerer Geschicklichkeit nützlich sein."

Hierauf ward in der Resolution vom 26. Februar 1592 erwiedert, „daß sich die Churf. Sächs. Wittwe allbereit ver= mögen lassen, der jungen Herrschaft ferner wesentlich beizu= wohnen und dieselbe in Gottesfurcht zu allen fürstlichen Tugenden auferziehn zu helfen, es wollen auch J. F. G. dem Vorschlag von den 24 von Adel weiter nachdenken, mit dem Churfürst zu Brandenburg hieraus Communication halten und in allewege dahin sehn, daß vornehme, geschickte und so= viel immer möglich im Lande Gesessne von Adel, der jungen Herrschaft zugeordnet und mit derselben in guter getreuer Affection und Zuneigung aufwachsen und herkommen mögen." Hiernach ward der Antrag der Stände dahin aufgefaßt, daß mit den jungen Prinzen junge Adlige erzogen werden sollten, was aber offenbar nicht in dem ständischen Antrag lag, nach welchem vielmehr 24 von Adel von reifern Jahren im Wechsel sich bei den Prinzen aufhalten sollten. In der Schrift vom 29. Febr. 1592 kamen denn auch die Stände nochmals auf

ihren Antrag zurück und es ward im Landtagsabschied vom
4. März 1592 zugesagt, daß „J. F. G. der gemeinen Land=
schaft bei diesem Punct eingeführte Erinnerung gnädigst ein=
gedenk sein wollen."[54]

In einer spätern Instruction wegen der Erziehung der
Prinzen finden wir aber nur die Bestimmung, daß denselben
„2 oder 3 edle Knaben beigegeben werden sollten, die in ihren
studiis allsoweit gekommen, daß sie der jungen Herrschaft in
der Lehre gleich."[55]

Beusts Thätigkeit mag sich hiernach auf eine allgemeine
Ueberwachung des Unterrichts und der Erziehung der Prinzen
beschränkt haben, wie denn auch Dr. Peifer einen solchen
Auftrag erhielt.

Wir gelangen nun zu dem letzten Abschnitt der amtlichen
Thätigkeit Beusts, der allerdings wenig erfreuliches bietet.
Wir werden dabei abermals auf die religiösen Streitigkeiten
und Wirren jener Zeit zurückgeführt.

Schon vor dem Zusammentritt des Landtags zu Torgau
brachte in einer Schrift vom 4. December 1591 die Ritter=
schaft des leipziger Kreises beschwerend an, „daß durch An=
stiftung etlicher friedhäßiger, gottloser, böser, unruhiger Leute,
als des Teufels sonderlicher Werkzeuge mit Einschiebung des
abgöttischen Calvinismus leider Gottes ein großer Riß ge=
schehn." Schriften ähnlichen Inhalts übergaben unter dem
17. und 29. Jan. 1592 auch die Ritterschaft des gebirgischen
und meißnischen Kreises.[56]

Hierauf eingehend ward in der Landtagsproposition vom
22. Februar 1592 bemerkt, der Administrator „habe dem Kur=
fürsten Christian wenige Tage vor S. L. seligem Abschied in

---

[54] Acta Landtag zu Torgau 1592, Bl. 76. 93. 118. 213. 431ᵇ.
Loc. 9358.

[55] Acta der Churf. jungen Herrschaft Education belangende ꝛc.
1593—98, Loc. 8017.

[56] Acta Landtag zu Torgau anno 92. gehalten, Blatt 7. 11. 41.
Loc. 9358.

die Hand zugesagt, die Augsburgische Confession treulich zu befördern, er habe sich auch mit dem Kurfürsten von Brandenburg also verglichen, daß das heilsame Werk des Concordii gefördert, geschützt und gehandhabt werden solle, deshalb solle aufs
allerförderlichste eine ansehnliche Visitation durch unverdächtige,
gelehrte, friedliebende Theologen und Politicos, denen auch
in jedem Kreise etliche aus der Landschaft zugeordnet werden
sollten, angeschafft werden."

Das erste Bedenken der Ritterschaft und Städte vom
25. Februar 1592 „auf die angehörte Proposition," erkannte
das Bedürfniß an, daß „des Teufels Gift des schädlichen und
gotteslästerlichen Calvinismus mit Ernst gänzlich ausgerottet
werde." Es ward daher beantragt, „daß die Visitation allein
auf die Religion gerichtet und am Haupt angefangen und bei
der Hofregierung und denjenigen, so im Regiment sitzen, der
Anfang gemacht und ohne Ansehn der Personen ungescheut
richtig durchgegangen werde." Die Spitze dieses Antrags war
gegen den Kanzler Krell und seine Anhänger gerichtet. Zugleich ward Mittheilung des Concepts der Instruction der
Visitatoren verlangt. Diese Anträge, insbesondere der, daß
die Visitation nur auf die Religion gerichtet werden solle,
wurden in der Resolution vom 26. Febr. 1592 genehmigt.[57]

Die Instruction zur Visitation ward nun unter dem
28. Februar[58] (nicht wie es im Cod. Aug. Th. I. S. 759.
u. 762. durch einen Druckfehler heißt, unter dem 8. Februar)
„in Eil" (so steht am Schluß) entworfen. Sie bestimmte, in
Uebereinstimmung mit dem Antrag der Landstände, daß „bei
der Visitation allein auf die Confession und Pastorn Person
und Amt gesehn, aber alle andere Beschwerung, so man wegen
Besoldung, Pfarrbehausung und dergleichen Sachen zu klagen
pflegt, gänzlich eingestellt und in die Consistoria verwiesen
werden soll."

---

[57] Landtag zu Torgau 1592, Bl. 95 flg. 119 flg. 213. Loc. 9358.

[58] Bl. 39b, 51. Acta erster Theil der im Churf. Sachsen a. 1592
gehaltenen christlichen Visitation, Loc. 10601.

Insgemein sollen die Visitatoren dahin sehn, daß alle
fernere Prosecution und Verfolgung der Pfarrherrn und Zer=
rüttung der Kirchen und Schulen soviel immer möglich ver=
mieden und dagegen Friede, Ruhe und gutes Vertrauen
zwischen den Präbicanten erbaut und gepflegt werde. (Art. III.)

Es wird dann daran erinnert, daß die Landeskirche al=
lein auf der augsburgischen Confession beruhe und sich durch
die Formula Concordiä und deren Apologie von den Calvi=
nisten und Zwinglianern abgesondert habe. (Art. IX—XI.)

Die Visitatoren sollten daher die Geistlichen und Schul=
diener vernehmen, ob sie mit diesem Bekenntniß einig. Sollte
Einer etwas dabei zu erinnern haben, so soll er mit Sanft=
müthigkeit gehört, mit Gottes Wort fleißig unterrichtet und
ihm mit guter Bescheidenheit jeder Zweifel benommen wer=
den. Wenn er sich nicht sobald weisen läßt, soll man mit ihm
so lange Geduld haben, bis man die Gelegenheit und alle
Umstände der hohen Obrigkeit berichtet, die dann nach Be=
schaffenheit der Sache mit gebührlichem Bescheid wird zu re=
solviren wissen. Würde die Nothwendigkeit erfordern, daß
einer von seinen Wahn durch keinerlei Wege abzuwenden,
soll derselbe seines Dienstes entlassen und ihm eine Viertel=
jahresbesoldung gegeben werden. Wenn der Entlassene sich
still und friedlich verhält und die Leute nicht irre macht, kann
ihm unter Verwarnung in Städten und Dörfern zu wohnen,
nachgelassen werden. (XII—XVI.)

In der Hauptsache lag also der Instruction immerhin
noch eine gewisse Milde, zumal wenn man die bamalige Er=
bitterung der Parteien ins Auge faßt, zu Grunde, es sollte
keine „Prosecution" eintreten, sondern zunächst sanftmüthige
Bekehrung versucht werden.

Der Universitäten und Fürstenschulen wird am Schluß
(XXII—XXVI.) gedacht, besondere Vorschriften wurden
wegen der Visitation derselben nicht ertheilt. Obwohl dem
Landtag außer der Religionsfrage noch eine große Menge
anderer Gegenstände und Landgebrechen vorlag, so warb doch

mit der rühmlichen Schnelligkeit, mit der man damals ſolche Verhandlungen betrieb, alles ſo raſch erledigt, daß bereits am 4. März 1592 der Landtagsabſchied abgefaßt und der Landtag geſchloſſen werden konnte.

Man verſchritt hierauf zur Ernennung der „Viſitatoren.“ Hierbei fiel die Wahl auch auf Dr. Joachim von Beuſt. Ein Reſcript vom 26. April 1592 gab ihm auf, „er ſolle Montag nach Trinitatis (25. Mai) ſich in Leipzig einfinden, mit den andern Viſitatoren ſich bereden und ferner verrichten, was Gott zu Ehren, Erbauung ſeiner Kirche und gemeinem fried= lichen Weſen zu Gute gereichen und gedeihen mag.“ [59] Ein ſehr ausführlicher, von Beuſt mit unterzeichneter Bericht d. d. Leipzig den 26. Mai 1592 [60] meldete, daß die Viſitatoren zu= ſammengetreten ſeien und über die Grundſätze, nach welchen die Viſitation vorzunehmen ſein werde, berathſchlagt hätten. Man hatte ſich ſofort über die Wortfaſſung der bereits früher von den Dr. Mirus, Mylius, Hunnius und Lonner abgefaßten, ſogenannten Viſitationsartikel vereinigt, welche die wichtigſten Unterſcheidungslehren der lutheriſchen Lehre von der calviniſtiſchen über das Abendmahl, die Perſon Chriſti, die Taufe und die Gnadenwahl enthalten. Voraus= geſchickt iſt in dieſen Artikeln, die der Cod. August. t. I. p. 763. wiedergibt, die lutheriſche Lehre als „affirmativa,“ während die „falſche und irrige Lehre der Calviniſten“ als „negativa“ beigefügt iſt. Wir bemerken nur, ohne auf Weiteres einzugehn, daß wenigſtens bei dem Satz über die Gnadenwahl, die calviniſche Lehre von der Präbeſtination auf die Spitze geſtellt und zu Reſultaten gezogen iſt, welche mindeſtens die der Hinneigung zum Calvinismus beſchuldigten ſächſiſchen Theologen, in dieſer äußerſten Conſequenz, ſoviel uns bekannt, nicht als Dogma vertheidigt haben. Die Sätze die hier als calviniſche angeführt werden lauten nämlich alſo: [61]

---

[59] Bl. 43 b. 74. der angezogenen Viſitationsacten.
[60] Bl. 89 flg. ib.
[61] Bl. 152 flg. ib.

1) „Daß Christus nicht für alle Menschen, sondern allein für die Auserwählten gestorben sei.

2) Daß Gott den meisten der Theil der Menschen zum ewigen Verdammniß geschaffen und wolle nicht haben, daß sie bekehret und selig werden.

3) Daß die Auserwählten und Neugebornen nicht können den Glauben und heiligen Geist verlieren und verdammt werden, wenn sie gleich allerlei große Sünden und Laster begehen.

4) Die so nicht erwählt sind, müssen verdammt werden und können nicht zur Seligkeit kommen, wenn sie gleich tausendmal getauft worden und täglich zum Abendmahl gingen, auch so heilig und unsträflich lebten als es immer möglich."

Die lutherische Lehre bei diesem Artikel enthält dagegen zu unserer Beruhigung die Sätze, daß der Heiland für alle Menschen gestorben, daß Niemand zur Verdammniß geschaffen und alle bußfertigen Sünder zu Gnaden angenommen werden.

Diese Artikel sollten von allen geistlichen und weltlichen Beamten unterzeichnet werden, was denn auch eine fernerweite Instruction der Visitatoren vom 12. Juni 1592 bestätigte.[62]

Leipzig fanden die Commissarien in großer Aufregung. In einem fernern Bericht den sie, Beust an der Spitze, von dort unter dem 30. Mai 1592 an den Administrator erstatteten,[63] heißt es: „Wir können und sollen unsern Pflichten nach, Ew. F. G. diesfalls unvermeldet nicht lassen, daß das calvinische Wesen allhier dieses Orts dermaßen eingerissen, und sich die calvinische Secte also muthig und trotzig erzeigt, daß wir nicht glauben können, ob dergleichen in diesen Churfürstenthum an einigen Ort zu befinden gewesen und da ihr

---

[62] Bl. 133 flg. der angezogenen Visitationsacten.
[63] Bl. 119 flg. ib.

nicht zeitig ohne allen Verzug mit Ernst begegnet werbe, daß sich anders nichts als ungebührlicher Aufwiegelung Empörung und Aufruhrs zu versehn. Denn es leider dahin kommen, daß die calvinische Secte, wie gemeldet, aus Hochmuth allen bis da= her gebrauchten Ernst, ausgegangene Befehle, auch nunmehr angeordnete Visitation ganz gering und verächtlich hält, auch wohl davon, zuvörderst aber vom christlichen und in Gottes Wort gegründeten Predigten zum allerspöttlichsten und ver= kleinerlichsten redet. Dagegen die Andern, so der reinen un= verfälschten und in Gottes Wort gegründeten, auch in diesen Landen einhellig bekannten und angenommenen Religion zu= gethan, dadurch zur höchsten Ungebuld bewogen werden und kann sich in diesem vornehmlich der gemeine Mann nicht halten, und läßt sich das thätliche Beginnen nicht allein mit Worten ohne Scheu verlauten, sondern beginnt auch zum Werk zu schreiten, immaaßen man bei dem Begräbniß Herrn Dr. Nicol. Selneccers[64] seel. genugsam vermerken können, indem sie nicht allein ihren Muthwillen an den Kirchenthüren ausgelassen, sondern auch Mag. Alexander Beckern, gewesenen Diaconum, dermaßen in großer Menge angefeindet, daß er wenn er nicht in eilender Flucht entronnen, schwerlich mit dem Leben würde davon gekommen sein 2c. und mangelt zu einem empörerischen Auflauf nichts denn eine geringe Occasion." Die Commissarien erwähnen ferner, daß sie den beiden Bürgermeistern Peilicke und Sieber aufgegeben, die Con= ventikel bei Bastian Schweinharten, bei dem sich sein Schwager Dr. Georg Salmuth[65] aufhalte und bei Adolf Wein=

---

[64] Nicol. Selneccer war bis 1561 Hofprediger in Dresden, ging dann nach Jena, warb 1577 nach Leipzig als Superintendent berufen, aber wegen Cryptocalvinismus 1589 entlassen. Er warb aber nach einem kurzen Aufenthalt in Hildesheim wieder in sein Amt eingesetzt und starb in Leipzig am 23. Mai 1592.

[65] Nicht mit dem Hofprediger Johann Salmuth zu verwechseln. Dr. Georg Salmuth warb, nachdem er auf französischen und italienischen Universitäten studirt, kurfürstlicher Leibarzt, ging später nach Zerbst, wo er 1604 im 50 Jahre starb.

hausen,[66] in welches Behausung die calvinische Rotte solle zusammenkommen, abzuschaffen und die Verbrecher in ernste Strafe zu nehmen.

Die Generalvisitation begann aber nicht in Leipzig, sondern am 11. Juli 1592 in Wittenberg. Von dort aus beantragten die Visitatoren in einem zuerst von Beust unterschriebenen Bericht, unter lebhafter Schilderung der durch „die verführerischen Rotten und Secten herbeigeführten Zerrüttungen," daß sie ermächtigt werden möchten, diejenigen, welche die Artikel zu unterschreiben sich weigerten, ihrer Aemter zu entlassen. Der Administrator erwiederte hierauf unter dem 14. Juli 1592, er habe zwar zu verhüten gewünscht, daß aus der Visitation „eine Prosecution" gemacht werde, wolle aber „zu Verbannung alles Mißgedenkens zufrieden sein, daß ihr gegen die überzeugten und halsstarrigen Calvinisten mit Erlaubung ihrer Dienste und Verordnung reiner unverdächtiger Personen verfahren möget." Es wurden denn nun in Wittenberg die verdächtigen Personen einzeln vernommen und ihre Angaben ausführlich protocollirt. Der Bericht über die am 22. Juli beendigte Visitation (den Beust abermals zuerst unterzeichnet hat), spricht die Befriedigung darüber aus, daß die Mehrzahl der Mitglieder der Universität in dem von ihnen begehrten Glaubensbekenntniß ziemlich richtig befunden worden, beklagt aber, daß doch in allen vier Facultäten einige wenige Personen nach Vorhaltung der Visitationsartikel und darauf von ihnen erforderter Confession dermaßen widerwärtig, halsstarrig und ungebührlich sich erzeigt, daß die Visitatoren ernstes gebührliches Einsehn gebrauchen und diejenigen, welche die Artikel zu unterschreiben verweigert, ihrer Aemter entheben müssen.[67] Es waren dies zehn Personen, darunter drei Professoren.

---

[66] Sein Haus ward am 20. Mai 1593 vom aufgereizten Pöbel gestürmt und geplündert.

[67] Bl. 171 fl. 181. 186. 207 fl. Acta Erster Theil der im Churfürstenthum Sachsen anno 1592 gehaltenen christlichen Visitation, Loc. 10601.

Von Wittenberg begaben sich die Visitatoren nach Leipzig, wo sie ihr Geschäft am 27. Juli 1592 begannen. In einem Bericht v. 17. Aug. baten sie um Zuordnung des Dr. Michael Wirth oder des Ordinarius Dr. Johann Münch, da Hans Georg von Ponikau mit Leibesschwachheit beladen, „wenn denn ungewiß," sagten sie, „wie bald er wiederum zur Gesundheit kommen möchte, und wir unsers Theils Niemand bei uns haben, der das directorium halten könne, sintemal Dr. Beust Alters halber hiermit billig zu verschonen."[68] Hierauf ward Dr. Wirth zugeordnet. Zwanzig Personen wurden in Leipzig als unverbesserlich von ihren Aemtern oder der Universität entfernt. Zunächst Georg Heinrich von Einsiedel auf Salis, Assessor des Oberhofgerichts, mit dem man sich vergeblich sehr viel Mühe gab, wie der auf elf Folioseiten sich über ihn verbreitende Bericht nachweist.[69] Ferner Dr. jur. Johann Thaut, Prof. Dr. Abel Strasburg, Prof. M. Johannes Cramer, Dr. Georg Kluge, Advocat beim Oberhofgericht, Bernhard v. Breitenbauch, Oberhofgerichts-Assessor, M. Heinrich Kießsch, M. Nicolaus Thomingius, M. Heinrich (oder Hieronymus) Salmuth, stipendiarius juris, M. Clemens Tümpler, Advocat priv. lector in philos., Christoph Mülhauser, Protonotar im Consistorium zu Leipzig, Bürgermeister Reinhard Bachoff, Christoph Nößel sen. und der Oberstadtschreiber Dr. Urban Franzius. Vier Studenten wurden „aus der Communität gesetzt," Caspar Breulho, Choralista, ward relegirt, endlich dem Großbuchdrucker Henning aufgegeben, sich seines Amtes (Gewerbes?) gänzlich zu enthalten.

Diese Strenge genügte aber noch nicht allen Eiferern. Es hatte sich das Gerücht verbreitet, man habe Seiten der Calvinisten in die Thurmknöpfe Schriften calvinistischen Inhalts niedergelegt. Mit Beziehung hierauf beantragte daher ein Dr. Gerstenberg, daß die Knöpfe auf den Kirchthürmen auch

---

[68] Bl. 250. der angezogenen Acten.
[69] Bl. 240 flg.

visitirt und die bewußten Sachen herausgenommen würden.
Der Administrator verordnete auch, hierauf eingehend, unter
dem 11. October 1592, es sollten die Kirchthurmknöpfe zu
Leipzig herabgenommen und die darin befindlichen Schriften
ihm zugestellt werden, „da er gewisse Nachrichtung erhalten
habe, daß kurz verschienener Zeit in die Knöpfe etliche Schriften
gelegt worden, die bei den Nachkommen allerhand Nachdenken
und Verdacht verursachen möchten."[70]

Es ward denn nun auch eine im Jahre 1591 in dem
Thurmknopf der Nikolaikirche niedergelegte Pergamentschrift
demselben entnommen und zu den Acten gebracht. Dieselbe
enthält aber nur historische Nachrichten, unter denen wir
durchaus nichts haben entdecken können, was „allerhand Nach=
denken und Verdacht" erwecken könnte, wohl aber u. a. eine
Thatsache, von deren Richtigkeit sich noch jetzt ein Jeder über=
zeugen kann, die nämlich, daß die Welt im Jahre 1588 nicht
untergegangen ist, obwohl „omnium astrologorum vaticinia
ante multos annos edita" dies vorher gesagt hatten.[71]

An die Generalvisitation der Universitäten und Städte
Wittenberg und Leipzig schloß sich dann die Specialvisitation
der einzelnen Orte, an der aber Beust sich nicht betheiligt zu
haben scheint, wenigstens finden wir ihn nicht dabei erwähnt.
Das letzte Schriftstück, das seinen Namen trägt, ist ein Be=
richt der Visitatoren vom 19. Mai 1593, in welchem sie nach
beendigter Visitation noch einige Anträge stellten wegen Be=
setzung der erledigten Stellen in den Consistorien, Unterschrift
der Visitationsartikel Seiten der Kammer=, Hof= u. Appellations=
räthe, und wegen der Entfernung einiger Geistlichen, welche
die Visitatoren beschlossen, die aber noch nicht zur Ausführung
gebracht worden war ꝛc.[72]

---

[70] Bl. 452 flg. der angezogenen Acten.

[71] Bl. 58 flg. Acta Zweiter Theil der in Chursachsen gehaltenen
christlichen Visitation, Loc. 10601.

[72] Bl. 368. Acta Dritter Theil zur Visitation anno 1593 gehalten
gehörige Sachen, Loc. 10601.

Hiermit hat Dr. Joachim von Beust seine Thätigkeit im öffentlichen Dienst beschlossen. Er selbst sagt in der Vorrede seines 1595 erschienenen Buches orthodoxa enarratio Evangeliorum, er sei wenige Jahre früher wegen seines vorgerückten Alters in Gnaden entlassen worden (ante paucos annos propter ingravescentem aetatem placide et cum gratia dimissus). Er lebte von da an, otium cum dignitate genießend, in Planitz mit literarischen Arbeiten neben der Bewirthschaftung des Gutes beschäftigt und bemüht, das Wohl seiner Guts= angehörigen, Unterthanen, wie man sie damals nannte, zu befördern, wobei er aber von seinen Zeitgenossen mehr Un= dank als Dank erntete, während jetzt sein Andenken, wie wir hören, noch im Ort dankbar bewahrt wird. Er baute auch die Kirche zu Planitz neu auf.[73] Die Gebrechen des Alters machten sich aber immer mehr hervortretend geltend und körperliche Leiden mahnten ihn an den Tod, den er nicht

---

[73] Ueber der einen Eingangsthür der Kirche befindet sich eine Stein- platte mit der Inschrift: Joachim a Beust in Planitz Jur. Cons. aetatis suae LXXIII. templum hoc et turrim in gloriam omnipotentis Dei et salvifici verbi sui in eo reste sonantis aedificare coepit 1585 et complevit 1587." Diese Inschrift ist v. Jahre 1594. Ueber dem Haupt- eingang steht: Hoc templum a B. Joachimo a Beust 1585 de novo est exstructum, renovatum vero 1719 sub collatore Domino Joh. Georgio ab Arnim etc. Als Geschenke Joachims finden sich in der Kirche auch noch die Oelbilder Luthers und Melanchthons in Lebensgröße in geschnitzten Holzrahmen mit der Inschrift: „Joachimus a Beust Juris Cons. posuit 1588," ferner ein kleines Bild in der herrschaftlichen Kapelle, welches ihn mit den Seinigen darstellt, eine von Joachim im Jahre 1588 der Kirche gewidmete Votivtafel mit 16 Wappen seines Stammbaumes, endlich eine im Jahre 1594 von ihm der Kirche geschenkte Bibel, in welche er mit eigner Hand ein Citat aus Chrysostomus und eine lateinische Er- mahnung an die Pfarrer, die Lehre rein zu verkündigen, eingeschrieben hat. Auch von Joachims Sohn enthält die Kirche mehrere Reminiscenzen. Diese Notizen verdankt der Verfasser der Güte eines Nachkommen Joachims, des Herrn Referendar Freiherrn Georg von Welck, der die Kirche zu Planitz, nach Erinnerungen an seinen Ahnherrn forschend, mehr- mals besucht hat.

scheute, dem er vielmehr mit der Ruhe eines Weisen entgegen
sah. Seine Grabstätte hatte er in der Kirche schon im Jahre
1588 nach dem Tode seiner Gemahlin herrichten lassen. Sich
auf sein Ende würdig und wahrhaft christlich vorbereitend,
schrieb er das Büchlein de arte bene beateque moriendi,
wobei er einen Vers des Dr. Major „Nosse Deum et bene
posse mori, sapientia summa est," vor Augen haben mochte,
ben er für den schönsten Spruch erklärte, den Major geschrieben
habe. Drei Wünsche sprach er wiederholt aus und flocht sie
in sein Gebet ein, daß seiner Auflösung nicht lange schmerz-
hafte Leiden vorhergehn möchten, daß er seiner Gattin im
Tode vorangehn und die Welt wie Simeon mit Heiterkeit verlassen möge. [74] Zu Anfang des Jahres 1597 nahmen seine
Kräfte immer mehr ab, er fühlte daß sein baldiger Tod bevor-
stehe. Er nahm eines Tages Abschied von den Seinigen, segnete
sie, ermahnte sie und ließ sie das Lied: „Gott der Vater wohn
uns bei" dreimal singen, dann noch das von dem Cantor in
Joachimsthal Nicol. Herrmann gedichtete Lied: „Wenn mein
Stündlein vorhanden ist." Acht Tage später am 4. Febr. 1597
Abends 10 Uhr, verschied er sanft; am 14. Febr. erfolgte die
feierliche Beisetzung der Leiche, zu der sich eine große Zahl seiner
Freunde, sowie Abgeordnete der Städte Zwickau u. Schneeberg
eingefunden hatten. Acht Edelleute trugen den Sarg. Nach der
Sitte der damaligen Zeit ward ein großes Leichenmahl ge-
halten, bei welchem an 36 Tischen 97 Gäste speisten. Aber auch
500 Arme wurden beköstigt. [75] Leichenreden auf Joachim
von Beust, die uns gedruckt vorliegen, hielten außer dem
Pfarrer Willich, der Pfarrer Stör in Ebersbrunn und der
Pfarrer Balthasar Crusius in Schneeberg. Das Grab das

---

[74] Freher, theatr. viror. erudit. claror. II. p. 941.

[75] „Wahrhafter und gründlicher, doch kurzer Bericht, von dem Proceß
so ben 14. Februar zu Planitz ist gehalten worden bei der abtligen Be-
gräbnis des weyland gestrengen ꝛc. Herrn Joachim von Beust durch
Georgium Stör, Chgneum Pf. zu Eberßbrunn," gibt eine ausführliche
poetische Beschreibung der Beerbigungsfeierlichkeiten.

ihn und seine Gemahlin deckt, ist in der Kirche zu Planiß noch vorhanden. Die Hauptinschrift lautet: „Alhier ligt begraben der gestrenge u. hochgelarte Herr Joachim von Beust, der Rechte Doctor, des Namens und Geschlechts nach Gottes Schickung Erster Erbsasse auf Planiß, weiland churfürstl. sächs. und fürstl. Anhaltischer Rath und desselben Eble und Ehrentugendsame Hausfrau Barbara, geborne Brandin von Lindaw aus dem Hause Wiesenburg und warten beide der fröhlichen Auferstehung zum ewigen Leben durch den Fürsten des Lebens Christum Jesum ihren Herrn u. Seligmacher, Amen. MDLXXXVIII. Verbo nos creat ac servat nos avocat et revocat verbo vivificante Deus. Georg Bienmer zu Dresden goß mich 1588." Eine andere Inschrift bezeichnet Joachims Todestag.

Joachim von Beust gehört allerdings nicht zu den Epoche machenden Persönlichkeiten, die welterschütternd und tiefeingreifend in die Zeitverhältnisse, im Staat oder der Wissenschaft eine ganz neue Aera für die Menschheit begründet haben, allein wir sehn ihn immerhin wie im Staat, so in der Wissenschaft, eine umfassende und wirksame Thätigkeit entwickeln, die seinem Leben einen höhern geschichtlichen Werth verleiht. Eine wahrhaft classische Bildung, die nicht bloße formelle Buchstabengelehrsamkeit war, ein sehr gründliches juristisches Wissen, verbunden mit einem klaren Blick und Scharfsinn, tritt uns in seinen Werken entgegen, gepaart mit einem sinnigen, von wahrhafter Frömmigkeit innig durchdrungenen Wesen. Mit Recht nennt ihn eine der neuesten Schriften „hochberühmt als Theolog, Philosoph und Jurist."[76] Seine zahlreichen Werke, die, wenn auch nicht ganz vollständig, bei Zebler (Universallexicon III. 1582) sich verzeichnet finden, sind theils juristischen, theils religiösen Inhalts. Unter den erstern war von großem theoretischen und practischen Werth Beusts Werk über das Eherecht,[77] das er, wie wir

---

[76] Graf Ütterodt, Ernst Graf zu Mansfeld S. 70. Gotha 1867.

[77] Tractatus de spons. et matrim. ad praxin forensem accommodatus, Viteb. 1586; später in mehrfachen Ausgaben wieder aufgelegt.

schon erwähnten, schrieb, um den Richtern in der noch wenig ausgebildeten Lehre eine sichere Grundlage zu geben. Beust ist dadurch der Begründer des sächsischen protestantischen Ehe- rechts geworden, dessen Grundsätze auch über Sachsens Gren- zen hinaus Beachtung fanden. Ein Prachtexemplar eines andern juristischen Werkes Beusts: „lectura in tit. digest. vet. de jure jurando" auf der Königl. Bibliothek zu Dresden enthält auf der Rückseite des Einbandes einige lateinische Distichen auf Kurfürst Augusts Tod von Beusts eigner Hand mit der Unterschrift „Joachim a Beust in Planitz D. fecit et manu sua scripsit."

Von seinen Schriften religiösen Inhalts hat insbesondere das Buch „Christiadum" oder, wie der Titel einiger Aus- gaben besagt, „Christiados libellus," einen sehr großen Bei- fall bei den Zeitgenossen, weite Verbreitung gefunden und viele Ausgaben erlebt. Es enthält in der uns vorliegenden, dem Kurfürsten August gewidmeten ersten Ausgabe v. Jahre 1570, 87 sauber ausgeführte Holzschnitte, Bilder aus der biblischen Geschichte. Unter jedem Bild steht ein lateinisches Distichon. Das erste, auf Christi Geburt, lautet:

> Quid puer? Immanuel, quid fert? Promissa salutis.
> Ducit ad hunc puerum quae via? Sola fides.

ein Vers den Dr. Ambrosius Lobwasser in einer spätern Aus- gabe also übersetzt hat:

> Wer ist das Kind? Emmanuel,
> Was bringt es? Trost und Heil der Seel.
> Wer führt uns zu dem Kindelein?
> Was ist der Weg? Der Glaub allein.

Einige Ausgaben enthalten Uebersetzungen in deutscher, griechischer und hebräischer Sprache. Mit Recht bezeichnete Dr. Peucer in einem Lobgedicht auf Beust mit Beziehung auf dieses und andere fromme Gedichte desselben, ihn als vatum more Deum numeroso carmine laudans.[78]

---

[78] Spangenbergk, Adelsspiegel II. 195 b, Schmalkalden 1595.

Der Pfarrer Willich zu Planiß, der wie wir schon zu Eingang dieses Aufsatzes bemerkten, Joachim von Beust im Leben nahe stand und ihn in seinem ganzen Wesen zu beobachten und genau kennen zu lernen Gelegenheit hatte, gibt uns viele Beweise der wahren, ernsten, Beusts ganze Seele erfüllenden Frömmigkeit desselben. Er erzählt uns u. a. wie er regelmäßig die Kirche besuchte, wie er Luthers Commentar über die Genesis stets bei sich führte, theilt uns auch das lange Gebet mit, mit dem Beust täglich sich an Gott wendete. Willich rühmt auch seine Wohlthätigkeit, daß er ein guter Hauswirth gewesen, mäßig im Essen u. Trinken und dem „unfläthigem Saufen vom Herzen feind." Es gefielen ihm die Worte des Kaisers Ferdinand, die dieser zu seinen Räthen gesagt: „das teuflische Saufen leidet nicht, noch habt ihr Lust dazu." Beust beklagte dabei, „daß er in Legationen bei Fürsten, Herrn und andern vornehmen Leuten und günstigen guten Freunden auch oft wider seinen Willen im Trunk Exceß gethan."

Portraits von Beust, die sich in mehreren Ausgaben einzelner seiner Werke [79] und bei Freher (II. hinter S. 922.) finden, zeigen uns den alten Herrn im ritterlichen Kleid, mit einer doppelten Gnadenkette um den Hals und einem langen bis über den Gürtel reichenden, in zwei Spitzen auslaufenden Bart.

[79] U. a. Lectura in tit. digest. vet. de jurejur. Viteb. 1608. Orthodoxa enarr. Evangel. 1595.

Die Eroberung des Meißner Schlosses
durch General von Königsmark am 14. August 1645.

Von Prof. W. Milberg in Meißen.

Wenn die vor einigen Jahren begonnene, mitten in den stürmischen Bewegungen eines verhängnißvollen Kriegsjahres mit stiller Thätigkeit fortgesetzte und jetzt ziemlich vollendete Restauration der Albrechtsburg zu Meißen, jenes ehrwürdigen Stammsitzes des erlauchten Ahnherrn des sächsischen Königshauses, neuerdings in vielfacher Hinsicht die Aufmerksamkeit auf sich gelenkt hat und durch die edle Pracht ihrer Architectur im Innern und Aeußeren mit Recht die Bewunderung jedes Beschauers erregt, so dürfte vielleicht auch die in den nachfolgenden Blättern gegebene und großentheils aus archivalischen Quellen [1] geschöpfte Darstellung, welche auf diesen Königsbau ein historisches Streiflicht zu werfen beabsichtigt, gerade jetzt zeitgemäß sein. Die geschichtliche Literatur ist zwar sehr reich an Detailschilderungen aus der Zeit des dreißigjährigen Krieges und der Verfasser verbirgt sich nicht, daß die Wahl dieses Stoffes, welcher weder in den Annalen der Kriegsgeschichte als etwas Außerordentliches, noch in den Phasen jenes Krieges als ein politisch entscheidendes Moment betrachtet zu werden pflegt, ihm, der in der Nähe des Schlosses

---

[1] Der Verfasser durfte verschiedene handschriftliche Aktenfascikel und Druckschriften aus dem Königl. Haupt-Staatsarchiv zu Dresden (A.), den Archiven des Meißner Raths (R.) und Domstifts (St.) und der Königl. öffentlichen Bibliothek zu Dresden (B.) benutzen, wofür er den resp. Vorständen derselben zu großem Danke verpflichtet ist.

heimisch ist, vielleicht den Vorwurf eines gewissen einseitigen
Localpatriotismus zuziehen könnte. Aber nach einer lang=
jährigen Beschäftigung mit Meißens historischen Alterthümern,
besonders der Geschichte jenes beziehungsreichen Schlosses,[2]
und außerdem im Besitz einer interessanten handschriftlichen
Urkunde, von der unten die Rede sein wird, konnte derselbe es
sich nicht versagen, den genauen und ziemlich lückenlosen Zu=
sammenhang der Meißner Zustände in jenem verhängißvollen
Jahre 1645, der sich ihm allmählig aus diesen Studien er=
geben hatte, zu veröffentlichen, um so mehr, als denn doch
jenes Ereigniß, trotz seines Diminutivcharacters, nicht so ganz
unbedeutend für den Ausgang der politischen Verwickelungen
jener Zeit gewesen ist.

Kurfürst Johann Georg I., der bekanntlich seit dem Prager
Frieden (1635) mit Verläugnung der confessionellen Rücksichten
sich zu Oesterreich hinneigte, war nach der Kriegserklärung an
die Schweden, seine ehemaligen Verbündeten, in Folge viel=
facher Schicksalsschläge und der wiederholten, dringenden Dar=
stellungen seiner Gemahlin Magdalene Sibylle und seiner
Söhne, namentlich des zweiten, des Prinzen August, des Ad=
ministrators von Magdeburg, allmählig gebeugt und zu einer
Aenderung seiner Politik umgestimmt worden und es ist be=
kannt und gewiß nicht zufällig, daß nach dem Falle von
Meißen, das als ein wichtiger Elbpaß betrachtet wurde, der
Kurfürst sich zur Einleitung zunächst eines Waffenstillstandes
mit den Schweden entschloß, welcher denn bereits am 27. Aug.
(a. St.), also wenige Wochen nach der Eroberung, zu Kötzschen=
broda geschlossen ward, worauf noch in demselben Jahre, ob=
wohl wegen Mangel an einheitlichem Verfahren die Kriegsfurie
sich nicht sofort dämpfen ließ, doch schon die ersten Friedens=
propositionen zu Münster und Osnabrück eingeleitet wurden.

[2] Der Verfasser hat bereits früher die noch nicht genug erörterte und
meist nur flüchtig, höchstens in Bezug auf die Porzellanfabrik, gewürdigte
Bedeutung desselben in einer historischen Skizze darzulegen versucht, in
der wissenschaftlichen Beilage zu der Leipziger Zeitung 1859, Nr. 65—69.

Aus den freilich vielfach lückenhaften Actenfascikeln des Meißner Rathes aus jenen Jahren ergiebt sich, daß die Stadt nicht allein, erst durch der Kaiserlichen, dann durch der Schweden rauhe und unbarmherzige Kriegführung unsägliche Drangsale zu leiden gehabt hatte, wie sie denn zu verschiedenen Malen, 1632 von Holke (den die Bauern Hohlküh nannten), 1637 von Banner und Stallhans, 1640 von Pfuhl gebrandschatzt, ausgeplündert und theilweise eingeäschert worden war, sondern auch durch die einheimische chursächsische Garnison, die droben auf dem Schlosse lag, ungefähr 50 Defensioner[3] unter Befehl eines „Schloßcommandanten,“ die freilich zur erfolgreichen Vertheidigung der Stadt niemals genügen konnten, allerlei Ungemach, Chicane, ja selbst Gewaltthätigkeiten erfahren mußte, welche die gestrengen Herren des Rathes häufig zu dringenden Beschwerden bei der Regierung veranlaßten. Es sei vergönnt, bevor wir das allmählig heranziehende Gewitter sich in der Erstürmung des Schlosses entladen sehen, aus den vorhergehenden, ruhigeren Jahren einige Nachrichten mitzutheilen, die einen Einblick in jene Tage gewähren.

Eine Quelle zu allerlei Mißhelligkeiten lag jedenfalls darin, daß die Commandantur des Schlosses alljährlich, wie sich ergiebt, wechselte und somit niemals zwischen der Miliz auf dem Schlosse und den Behörden in der Stadt ein vertrauliches, näheres Verhältniß ermöglicht ward. Die nachstehend aufgeführte Reihenfolge der Schloßcommandanten, in den Jahren 1639—45, welche der Verfasser aus den Unterschriften oder Adressen einzelner Urkunden (A. und R.) zusammenzustellen vermochte, zeigt diesen raschen Wechsel deutlich. Es finden sich nämlich gelegentlich erwähnt:

Februar 1639 Heinrich Heise,
Mai   1639 Elias Brambach,
Januar 1641 Egidius Egerlandt,

August   1642 Hans Friedrich von Briezke,
October   1642 Hans Levin von Below (auch Böhlau),
Juli   1643 Mangoldt,
November 1644 M. Albrecht Senfft von Pilsach,
4. Dec. 1644 bis 14. Aug. 1645 Hans Jacob Waldt aus Danzig,
wobei der Verfasser nicht einmal die Vollständigkeit dieses
Verzeichnisses verbürgen kann. Die gewöhnliche Besatzung
war äußerst schwach. Nach dem unten gegebenen Bericht eines
Augenzeugen der Erstürmung befanden sich damals nicht mehr
als 120 Mann auf dem Schlosse. Aber auch Freiberg war
unter dem Commando des tapfern Georg von Schweiniz
von nur 290 [1] Mann sieben Wochen lang vertheidigt worden,
die verhältnißmäßig offenbar mehr leisteten, als die Meißner
Defensioner. In einer Specification über die Verpflegungs-
kosten der Schloßcompagnien (R., alte Militaria, Nr. 12.) findet
sich für den September 1642 folgende Berechnung über das,
was wöchentlich mit dem Stadtseckel aufgebracht werden mußte:

12	Thlr.	12	Gr.	dem Hauptmann,
4	„	—	„	„ Lieutnant,
3	„	—	„	„ Fendrich,
1	„	12	„	„ Feldwebel,
3	„	—	„	„ Musterschreiber,
3	„	—	„	„ Führer,
3	„	—	„	„ Forierer,
2	„	—	„	an zwei gemeine Webel,
1	„	—	„	dem Feldscherer,
2	„	6	„	dreien Corporalen,
1	„	21	„	dreien Trommelschlägern,
—	„	15	„	dem Pfeifer,
—	„	12	„	dem Regimentsdiener,
15	„	15	„	an 25 Gefreyte.

Einem gemeinen Soldaten täglich 1 ½ Pf. Brod und vor
Service und Alles 1 Gr. an Geld.

---

[1] Vergl. Moller, Freiberg. Annalen S. 591.

Zu dieser bei Zuwachs der Garnison natürlich erhöhten
Steuer traten nun allerlei Reibungen zwischen Miliz und
Bürgerschaft. So berichtet aus dem Jahre 1637, demselben,
wo Banner die Stadt beschossen und am 6. Juni der schwedische
General Stallhans sie in Asche gelegt hatte, ohne jedoch das
Schloß einnehmen zu können, wo auch die Pest zum zweiten
Male in der Stadt graffirte, ein Rathsprotocoll: „daß die
Trajoner parthieenweis vom Schloß herunter in die Stadt ge=
fallen, dem Landmanne, so das Ihrige über die Elbe flüchten
wollen, das Vieh, Getraide, Mehl u. Victualien abgenommen,
Bauer und Bürger mit bloßen Degen überlauffen, so die
Rathspersonen über der Elbe stehende „(wahrscheinlich auf dem
Communweinberge)" ansehen müssen und ihnen nicht helfen
können, auch in der Stadt etliche Häuser aufgebrochen, aus
welchen sie unter dem Schein der Fourage Alles, was sie an=
getroffen, mitgenommen, den Rathsmarstall ausgeplündert
u. s. w., wollen sich durchaus durch die anwesenden Raths=
personen nicht commandiren lassen, sagende, man habe ihnen
nichts zu gebieten." Desgleichen berichtet ein Memorial vom
9. October 1639 (R.) an den damaligen Schloßcommandanten
Brambach: „Aus beigefügten Herrn M. Friedrich Schlegels[5]
der churfürstlichen Landesschule allhier Collegae abgegangenen
Schreiben hat der Herr Hauptmann zu vernehmen, daß sein
untergebener Soldat Caspar Winkler, so auf salva guardia zu
Kasern „(jetzt Gasern)" liegen soll, am 5. huj. ermeltes Herrn
M. Schlegels Dienstmagd, als sie zu Abend von ihrer Arbeit
kommen und mit ihren Herren und Frauen heimgehen wollen,
am Wendelsteine der Stadtkirche übel geschossen und daß die
Kugel in der Wehemütter nahe an der Kirche wohnende Fenster
geflogen." Dieselbe Rücksichtslosigkeit der Landesmiliz gegen
die Bürgerschaft ergiebt sich auch aus einem unten abgedruckten
Beschwerdeschreiben des Rathes an den Kurfürsten v. 8. Febr.

---

[5] Er war damals Tertius, später Conrector, geboren 1590. Vergl.
J. A. Müller, Versuch einer vollständigen Geschichte der chursächsischen
Fürstenschule zu Meißen II. S. 190.

1643. Die Stimmung der Bevölkerung mußte bei solchen Vorfällen um so mehr eine theils gedrückte, theils gereizte werden, als auch die ordentliche Kriegssteuer, sowie die außerordentlichen Contributionen, die, bei der Unmöglichkeit, die ungeheuren Kriegskosten durch die gewöhnlichen Finanzmittel zu beschaffen, auch an die eigene Soldateska oft zu leisten waren, neben den dazwischentretenden schwedischen Brandschatzungen, der Stadt fast unerträgliche Lasten aufbürdeten. So requirirte im August 1644 Hans Wolf von Gersdorf, kurfürstlicher Generalkriegscommissar, aus dem Hauptquartier Freiberg „12000 Pfd. Brod nebst 12 Faß Wein, und später sollten sie noch mehr liefern." Die in den Rathsacten für dieses verhältnißmäßig stille Jahr aufgestellte Berechnung ergiebt 5366 Thlr. Ueber die Getreidepreise der damaligen Zeit ertheilt ein Antwortschreiben des Meißner Bürgermeisters Johann Schumann an den Stiftssyndicus Bornitz vom 7. October 1643 (St.) folgende Auskunft: „daß die Becken allhier das Korn von Michaelis bis Ostern den gelindesten Kauff nach gebacken, wie folgt: 3 Thlr. ao. 1639, — 2 Thlr. 9 Gr. ao. 1640, — 2 Thlr. ao. 1641, — 1 Thl. 19 Gr. ao. 1642." —

Treten wir jetzt etwas näher in den Kreis der kriegerischen Begebenheiten ein. Es kann dem Verfasser natürlich nicht obliegen, die scheinbar oft planlosen und nur aus dem damaligen Terrorirungssystem hervorgehenden Kreuz- und Querzüge der schwedischen Truppencorps zu verfolgen, die seit Banners Tode (1641) unter Torstenson, Königsmark u. A. in Schlesien, Sachsen, Böhmen meistens siegreich auftraten und die Länder vollends aussogen. Nur über den Helden der Meißner Affaire dürfte eine kurze Auskunft erforderlich sein. Hans Christoph von Königsmark, geb. 1600 zu Kößlin im Brandenburgischen, erst in kaiserlichen, aber seit 1630 in schwedischen Diensten, im Heere Gustav Adolfs, hatte schon 1639 Sachsen durchzogen, befehligte später als Generalmajor in der zweiten Schlacht bei Leipzig 1642 unter Torstenson den linken Flügel,

zog dann wieder nach Niedersachsen, verheerte 1643 die Umgegend von Dresden und kehrte, nach verschiedenen Seiten-
bewegungen nach Oldenburg und Pommern, im Jahre 1645
wieder nach Sachsen zurück, um, wieder mit Torstenson vereinigt, das anbefohlene Werk der Verwüstung Sachsens vollenden zu helfen.   Nach mehrfachen Kriegszügen nahm er als
Generallieutnant noch im Jahre 1648 an der Belagerung von
Prag Theil, von wo er den berühmten Codex argenteus als
Beute mit nach Upsala nahm. Er starb 1663 auf einer Reise
in Schweden.[6]

Die erste Erwähnung Königsmarks geschieht in einem Rescripte vom 28. März 1640 (A.) „an den Schösser und Be-
ampteten, item den Rath zu Meißen: Lieber Getreuer! Es
findet sich der Königsmark mit beyhabenden Völkern itzo
wiederumb zu Grimma und will verlauten, als habe Er sein
absehen nach der Elbe, allda einen Paß oder Ueberfarth zu
emportiren. Darnach hiermit unser befehlig, Ihr wollet die
Fehre zusampt was an Schiffen und Kähnen zu Meißen vorhanden, alsofort herauf in Sicherheit schaffen, biß man des
Feindes halber außer Gefahr, sodann die Fähre bald anders
wieder herunter passiren soll. So werdet auch Ihr, der Rath,
auch sonst die Stadt und Thore also in Acht nehmen, daß Ihr
nicht etwa unvermuthete überfallen und Euch über vorher er-
fahrenes Unglück noch mehr Ruin zugefüget werde.“

Meißen hatte nämlich, seit im Jahre 1637 Banners
Streifcorps die Brücke größern Theils verbrannt hatte, nur
noch Fährenverbindung, dreißig Jahre lang, bis endlich am
26. Juni 1664 die neue Brücke feierlich eingeweiht werden

---

[6] Im Jahre 1551 wurde die Familie in den Grafenstand erhoben.
Der Mannsstamm der schwedischen Linie erlosch mit seinem Enkel, Philipp
Christoph von Königsmark, der im kurfürstlichen Schlosse zu Hannover
ermordet wurde; seine Enkelin war die schöne und geistreiche Aurora von
Königsmark. Ueber seinen Sohn, Conrad Christoph, der in einem Feldzuge gegen die Türken kursächsische Truppen commandirte, vergl. Archiv
für die sächs. Geschichte II. S. 250.

konnte,[7] aber schon im nächsten Jahre wieder defect wurde, so daß erst am 30. Novbr. 1668 der Stadtrath an die Regierung berichten konnte, „daß nunmehr hiesiger Elbbrückenbau sofern absolviret, daß jedweder zu Fuß, Pferd und Wagen ungehindert durchpassiren kann." (A.)

Am 9. December 1640 berichtet der Rath (R.) an den Kurfürsten, „daß am Montag dieses zu Mittage der schwedische Generalmajor A. Pfuhl mit denen bei sich habenden Völkern in seinem Rückmarsch von Dresden nahe an die Stadt M. kommen und durch einen Trompeter den regierenden Bürgermeister und vier Rathspersonen vor die Stadt begehret, mit Bedrohung, da solches nicht geschehe, er die Stadt als offene Feinde tractiren und mit Feuer und Schwert verderben wolle." Sie sollten binnen zwei Tagen 10,000 Thlr. erlegen oder der schärfsten militärischen Execution gewärtig sein, worauf denn die Stadt mit Hinweis auf die früheren Opfer und die Unmöglichkeit, ein Mehreres zu leisten, 300 Thlr. bot, womit man sich denn auch begnügen mußte.

Im Jahre 1641 scheint etwas Ruhe eingetreten zu sein, wahrscheinlich, weil nach Banners Tode zunächst im schwedischen Heere Verwirrung über den Oberbefehl herrschte, bis erst am Ende dieses Jahres Torstenson denselben erhielt. Doch fällt in dieses Jahr die Eroberung von Zwickau (7. Juni) und Görlitz (3. October). Auf dem Meißner Schlosse dachte man daher bereits ans Aufräumen. Der Schösser Friedrich Kutschreutter berichtet den 14. Mai (A.) an den Kurfürsten: „daß mir das hiesige Churfürstliche Hauß bis dato nicht übergeben, noch das darüber aufgerichtete Inventarium revidiret werden können, auß Ursachen, daß in manglung der Quartiere nicht allein der gewesene Commendant Haubtmann Egerlandt, sondern auch theils gemeine Knechte drauf logiren und die Gemächer zu Bewahrung des Vorraths gebraucht werden müssen.

---

[7] Vergl. „Rückblicke auf die öffentlichen Zustände zu Meißen im Jahre 1866" von Bürgermeister Hirschberg, S. 2.

Wenn aber ermelter Commendant nunmehro von E. Ch. Durchlaucht gnädigst abgefordert worden, und der allhier bliebene Rest der Garnison wohl an die zum Theil nunmehro ledigen Quartiere untergetheilet und das Schloß wiederum befreyet werden könnte, als wird gebeten, anzubefehlen, die Gemächer wieder räumen zu lassen."

Auch in der ersten Hälfte des Jahres 1642 war Windstille und Rath und Schloßcommandant gewannen wieder Zeit, Schriften zu wechseln. Der Letztere, damals Levin von Böhlau, verlangt (K.) im September: „weil die Pallassaten in der Erde ganz verfaulet undt auch andre Oerter nöthig zu bauen, sowohl die gelegten spanischen Reuter zu nichte, als wird höchlich befunden, daß 200 Stämme Holz und 26 Arbeitsleute täglich zugestellet werden," worauf der Rath in falscher Sicherheit ablehnend antwortet: „dieweil noch zur Zeit Feindesgefahr halber Gott sei Dank nichts vermerket wird, daß es benöthigt sein würde, die Stadtthore zu besetzen und die Bürgerschaft, so ohnedieß durch die Einquartierungen bis anhero sehr beschweret gewesen, ferner zu graviren, zumal da auch zu wachtholz, so unter die Thore erfordert werden würde, keine Mittel vorhanden, — inmittelst soll auf die Durchreisenden fleißige Acht gegeben und da etwa Soldaten durchpassiren möchten, denenselben sich bei dem Herrn Capitainlieutnant anzumelden angedeutet werden. Die Versperrung etzlicher Thore, da wie gedacht keine Gefahr sich ereignet, kann verhoffentlichen noch zur Zeit Anstand haben, weil man deren nicht wohl entrathen kann, da man nicht wie in andern Städten, umb die Stadt fahren kann, weil es um die Stadt gebürgig."

Inzwischen rückte die Gefahr doch näher. Torstenson war Ende October aus der Lausitz wieder ins Meißnische gezogen und traf Anstalten, Leipzig zu belagern, dem die Kaiserlichen unter Erzherzog Leopold Wilhelm und Piccolomini zu Hülfe eilten. Auch der Schloßcapitainlieutnant Böhlau glaubt, „das Seine thun zu müssen." Er schreibt am 19. Oct. (A.): „Es sind anjetzo noch 38 Mann, so zum Defensionswerk verpflichtet gewesen, noch am Leben, dieselben aber mehrentheils alte und preßhafte Leute und die inmittelst zu Aembbern gezogen worden. Etliche sind auch unvermögend und können, weil sie nicht Mittel zu leben haben, die Wachten nicht bestellen. Dannenhero die Nothdurft erfordert, auf Mittel zu gedenken, wann die Aufwartung aufm Schlosse continuiren soll, die untüchtige und zu Aembbern gezogene Mannschaft abgewechselt und die Stellung mit andern tüchtigen Personen ersetzet werde. Dabey dieses unterthänigst zu erinnern vonnöthig, daß die Bürgerschaft in der Stadt sehr schwach und deßwegen die Wacht unter denen Stadtthoren bis anhero nicht der Gebühr nach bestellet werden können, um deßwillen die Mannschaft von der Bürgerschaft zu ersetzen schwer fallen will." Gleichzeitig ersieht man aus einem Privatschreiben des Stadtschreibers Caspar Schober in Oschatz vom 25. October 1642 (R.) an den Meißner Bürgermeister, in welche Angst und Bestürzung die wehrlosen kleineren Städte bei Feindesgefahr geriethen und sich gegenseitig durch Rath und Zuspruch beizustehen suchten, um so mehr, als Zeitungsnachrichten nicht mehr eingehen konnten, seit Torstenson am 11. Juli den beiden Zeitungsschreibern Moritz Pörner und Georg Kormarten zu Leipzig die Verbreitung öffentlicher Nachrichten durch den Druck verbieten lassen. Der Brief des Oschatzer Stadtschreibers sagt u. A.: „Und weil Gott wider menschliche Vernunft die so starke kayserliche Armee, die bey ihrem Vorbeiziehen allhier nicht zu übersehen war und sich für glückselig schatzten, wenn ihnen nur der Feindt im freyen Felde stehen wollte, durch den kleinen Hauffen in zwey Stunden dermaßen zerschlagen, daß dem Ansehen nach das Hertze dieses Landes Leipzigk, wird verspielet sein, so hat der Rath und die von Adel hierumb alsbald dehmütige Schreiben an Generalfeldmarschall Leonhardt Dorstensohn[8] abgeschickt, Gnade gesucht,

---

[8] Seine eigenhändige Unterschrift ist stets: „Linnardt Torstensonn," mit kräftigem und elegantem Federzug.

sich desselben Schutzes unterworfen undt um salva guardia
gebeten. Denn wir fürchten allhier, es möchten starke Par-
thieen auf uns loß gehen und die Stadt ganz plündern, dar-
umb wir lieber contribuiren, als uns ganz einäschern lassen
wollen; unmöglich ists, daß Leipzigk succurrirt werden kann,
wollen hoffentlich morgen wieder erfahren, wie es uns gehen
soll. Gott helfe!" Dieser Wink war denn auch schleunigst in
Meißen beachtet worden und bereits am 26. October eine
Deputation der Bürgerschaft zu Torstenson in das Hauptquartier abgereist, gewiß nicht mit leeren Händen, von wo sie
denn folgenden Salva guardia-Brief mitbrachte, der in einem
gedruckten Formular mit den bezüglichen schriftlichen Aus-
füllungen den Akten beigeheftet ist (R.):

„Der Königlichen Majestät und Kron Schweden, wie
auch dero Conföderirten, respective Reichsrath, General und
Feldmarschall Linnardt Torstenson, auff Redsta Fahrstena
und Rasick Erbsassen u. s. w. Demnach im Namen höchst-
vermelter Ihrer Königlichen Majestät und Kron Schweden
vor hochgedachter Sr. Excellenz die Stadt Meißen mit Kirchen,
Schulen, Bürgern und Einwohnern wie auch deren Zuge-
hörungen aus gewissen Ursachen in dero sonderbaren Schutz,
Schirm und Protection auf und angenommen worden, maßen
solches Kraft dieses beschiehet: Also befehlen hiermit Sr. Excellenz allen unter Dero Commando sich befindenden, hohen
und niedrigen Offizieren und Befehlshabern, wie auch
sämptlichen Soldaten zu Roß und Fuß, daß sie obbemelte
Stadt Meißen sampt allen Pertinenzien hinfüro ruhig un-
perturbiret und ungekränkt seyn und bleiben lassen und hier-
wider, unter was Schein es geschehen möchte, im geringsten
nicht pressiren, betrüben noch beleidigen, viel weniger mit
eigenthätiger Einquartier- und Einlogierung, selbst anmaßen-
der Contribution, Brandschatzung oder anderer Exaction,
Brand, Plünderung, Abnahme von Pferden, groß und kleinen
Viehes, Getreide, noch andern Insolentien und Gewaltthätigkeiten infestiren und beschweren oder diesen Salva Guardi

und Schutzbrieff in einzerlei Weise violiren, sondern selbige
oder deren vidimirte Copey in allewege bei Vermeidung
schwerer Verantwortung und Ungelegenheit, auch nach Be-
findung des Verbrechens unausbleiblicher Leibes- oder Lebens-
strafe gebührlich respectiren und in beharrlicher Obacht un-
verbrüchlich halten wollen und sollen. Darnach sich ein Jeder
zu richten und vor Ungelegenheit und Schaden zu hüten wissen
wird. Signatum im Hauptquartier vor Leipzigk den 29. Oct.
1642.   Linnardt Torstenson, m. pr."

Daß übrigens das Einholen derartiger Salva Guardia-
briefe, welche bekanntlich meistens nicht schützten, von schwedischer
Seite als eine verhüllte Form der Erpressung verlangt wurde,
und wohl manchmal wegen der dazu erforderlichen Geldopfer
von Seiten der Bedrängten zögernd erfolgte, beweist folgendes
Schreiben, das am 16. Novbr. 1642 aus dem Hauptquartier
Oschatz von einem unter Torstenson stehenden schwedischen
Obristlieutenant an das Procuramt zu Meißen abgeschickt worden war (St.):

„Dem Ambtschösser wie auch dem Procuratur- und Schul-
verwalter (Johann Helbig) zu Meißen wird hiermit angemeldet,
wie Ihro Exc. der Herr Generalfeldmarschall Dorsten Sohn
von desselben Leibregiment zu Roß Unterhaltung neben andern auch diese Ihnen anbefohlenen Aembber assigniret, davon Sie schon längst von der Stadt und denen von Adel in
solche Aembber gehörig, werden Nachricht erlanget haben,
Ihnen auch gebühret, zu salvirung derer Unterthanen sich bei
mir anzugeben und abzufinden. Indem es aber nicht geschehen, so will ich hiermit einmahl vor alle bey Ihnen ge-
suchet haben, daß Sie sich alßbaldt nach Vorlesung dieses
nachmals bey mir einstellen, ein ergiebig Stück Geldes mitbringen wegen des Regiments tractamenten, ferner mit einer
Vergleichung treffen, oder in Verbleibung alßbaldt morgenden
Tages gewärtigen sollen, daß Ich aus den assignirten Orthen
des Regiments Nothburfft militariter suchen will, wornach Sie
sich achten undt vor Schaden undt ruin der Unterthanen

hüthen mögen." Der damalige Stiftssyndicus Dr. Johann
Borniß wandte sich nun auch in einem Briefe an den
Dr. Johann Höpfner, Superintendenten zu Leipzig und Domherrn zu Meißen, worin er ihn bittet, „die Sache zu vermitteln
und noch den Dr. Leyser und Dr. Hennewitz zuzuziehen, am
3. Decbr. 1642 (St.) worin es u. A. heißt: „Wir befinden
eine Nothdurfft zu sein, daß bei itzigem gefehrlichen Zustande
dieser Lande im Dom Capitul des Stiffts Meißen, sowohl insgemein, wegen der Kirchengebäude, Domhäuser und deroselben
Freyheiten, geistlichen Einkünfften und unterthanen, alß auch
vor unsere Personen zu deren Versicherung unß umb eine
Salva Guardi zu bewerben u. s. w." Den 16. December
traf dieselbe in Meißen ein und liegt eine vidimirte Abschrift
den Akten bei. Das Original kam vermuthlich zu den Pro-
curaturamtsakten. Dr. Höpfner hatte, wie er in margine
bemerkt, zwei Rosenobel zu Ausbringung der Sache vorge-
schossen. Außerdem findet sich in den Stiftsakten Folgendes
bemerkt: „Das Stift M. giebt zu dem Schwedischen Quanto

monatlich: 53 Thlr. 4 Gr. 1 Pf. an Geld,
            2 Scheffel 2 Metzen Haber,
            ½ Fuder Heu,
            32 Schütten Stroh, und
jährlich   7 Scheffel 1 Metze Korn."

Inzwischen war Leipzig am 26. November, bekanntlich
durch eine ungerechtfertigte und eigenmächtige, ohne Zuziehung
der Behörden abgeschlossene Capitulation des Generalkriegs-
commissars von Schleinitz, gefallen und Axel Lilie war daselbst Commandant, während Torstenson abermals, zunächst
mit dem Kurprinzen, in Unterhandlungen trat und zugleich
mit Heeresmacht vor Freiberg rückte, um es zu belagern
(27. December 1642 bis 17. Februar 1643). Auch in die
Meißner Gegend kamen Streifcorps der Schweden, wie aus
einem Briefe des Schloßcommandanten Böhlau (A.) ersichtlich:
„Datum Haus Meißen 22. Xbr. 1642. Heute umb 10 Uhr

haben zwey starke Troppen zu Pferdte allhier vor Meißen uf
den Bergk an der Lommatzscher Straße sich gestellet, darauf
an das Amt und den Rath Schreiben hereingeschickt, daß sie
wegen restirender Contribution zur militärischen Execution
von dem Obristlieutnant so zu Oschatz logiret abgefertigt; wo=
fern man nun die Reste nicht abführen würde, hätten sie un=
verzüglich die Amtsdörffer in Brand zu stecken." Nun aber
begann für die Stadt die Contributionsnoth von Neuem.
Am 28. December ging eine Deputation der Bürgerschaft an
den Generalproviantmeister in Döbeln, Johann Lossius, um
eine Abwendung zu erzielen. Sie berichtete nach ihrer Rück=
kehr (R.): „sie hätten die Antwort bekommen, man müßte
30 Vass Bier und 2000 Pfd. Brod zur Hand schaffen, daß
es morgen Freytags vorhanden wäre, so er durch die Mar=
ketenter wolle abholen lassen, und damit soll man so lange
continuiren, bis 100000 Pfd. Brod und 200 Vass Bier er=
füllet worden. Actum den 29. Dec. 1642." Der Schreiber
bemerkt nachträglich: „30000 Pfd. Brod betragen 209 Schffl.
Mehl." — An demselben Tage sendete der schwedische Oberst
Conrad Lamp in Oschatz einen Boten an Bürgermeister und
Rath zu Meißen, sieht der Ankunft einer Rathsdeputation ent=
gegen, „wenn mir denn auch wohl bewußt ist, daß dieselben
einen guten Trunk Landwein haben, allhier aber nichts zu
bekommen, als werden Dieselben hiermit ersucht, etwas zu
ihrer glücklichen Ankunft mitzubringen, welches gegen dieselben
wiederum soll verschuldet werden." (R.) Auswendig ist be=
merkt: „dem Bothen zu lohnen," also auch noch unfrankirt.
Ein ähnliches Requisitionsschreiben erging am 30. Decbr. (A.)
von Torstenson aus dem Hauptquartier Freiberg an den
Meißner Rath „meinen insbesondere lieben Freunden," in
welchem die obige von Döbeln ausgestellte Forderung wieder=
holt war. „Widrigenfalls haben Sie sich nichts andres, als der
militärischen Execution, womit ich Sie viel lieber verschonet wissen
wollte, zu versehen," — und schon wieder am 3. Jan. 1643
folgt eine neue Mahnung. Hieran knüpft sich ein Revers des

Stadtrathes von demselben Tage (A.): „Demnach auf ꝛc.
Torstensons Commando der Herr Major Johann Harder mit
seinen bei sich gehabten Leuten sich bei Uns angegeben, den
anbefohlenen Proviant zu befördern und denen angewiesenen
Bregaden folgen zu lassen, — als reversiren wir und ver=
pflichten wir uns hiermit, daß wir Ermelten hinterlassenen
Regiments=Quartiermeistern und zugehörigen Leuten, wegen
dero aufm Schloß allhier liegenden Besatzung nicht allein,
sondern auch für alle andern feindlichen Einfälle, es sei von
welcher Armee sie seyn mögen, versichern wollen und sollen, —
versehen uns aber auch, es werden dieselben sich gebührliche
verhalten und den guarnisonen aufm Schloß nicht zuwider
seyn, noch zu nahe kommen, noch auch mehr eingelassen
werden."

Der Stadtrath berichtete am 9. Januar (A.) hierüber:
„Diese Quartiermeister nun, als sie mit einer Parthie von 300
Pferden ankommen, haben auf unser mündliche Obliganda
gar nicht bauen, sondern einen Revers von uns haben wollen,
mit der angehängten Commination, daß auf den Fall unsrer
Verweigerung nicht allein die Parthie allhier verbleiben, sondern
auch alsobaldig zwo Bregaden und 4 Regimenter zu Roß und
Tragoner in die Stadt gelegt werden, so sie genugsam versichern
sollten. Als wir diese Gewalt und den hierunter bevorstehenden
Ruin der Stadt und des Schlosses für Augen gesehen und
uns kein Moment zur Bedenkzeit oder was gnädigsten Be=
scheids zu erholen gelassen werden wollen, haben wir also ge=
zwungen den Revers bewilligen müssen." Die Lieferungen
wurden nun nach und nach geleistet. Vom 15. Januar findet
sich (R.) eine Berechnung über nach Freiberg gelieferte „218
Vass Bier, 161500 Pfd. Brod und 50 Eimer Wein." Da=
bei waren aber auch noch bisweilen Privatwünsche zu be=
friedigen. Aus dem Quartier Hirschfeldt vom 16. Januar
1643 erging an den Rath ein Schreiben von Dietmar Eckinger,
Hofmeister des Generalmajor von Königsmark: „Was die=
selben gestrigen Tages an Wein und Bier meinem Herrn

durch mich präsentiren und zuschicken lassen, habe ich gebühren=
dermaßen allhier wohl überbracht. Weilen aber Sr. Excellenz
abwesend und ins Läger von Freybergk verreiset, als hat des=
sen hier anwesende Gemahlin mir gnädigst anbefohlen, Den=
selben hierdurch für die dadurch verspürende Affection und
guten Willen zu danken, dabey aber freilich bittende, Sie sich
belieben und Jhro Gnaden die Curdasie beweisen wollen, uns
mit ein paar guten Kälbern und etwas guten Fischen wöchent=
lich behülflich zu versehen, Solches Jhro Gnaden gegen Deren
Gemahl höchlich zu rühmen und in andre Wege umb dieselbe
zu verschulden geneigt und unvergessen sein wollen."

Bald darauf hatte wieder der Schloßcommandant Böhlau
Unheil angerichtet, der, unbekümmert um die Bürgerschaft,
auf eigne Faust Feindseligkeiten gegen die in der Stadt an=
wesenden schwedischen Quartiermeister ausübte und unter
Anderm nach Einzelnen in den Straßen hatte schießen lassen.
Der Rath sah sich daher genöthigt, am 21. Januar 1643 (A.)
beim Kurfürsten wegen dieser für die Stadt offenbar sehr
gefährlichen Rauflust Beschwerde zu führen, „sie würden von
dem Schwedischen Obersten Lamp bedroht, der ihnen mit
Feuer und Schwert rächen wolle, was der Schloßcommandant
begangen habe, Wegfangen eines Marketenders und 4 Mann,
ferner einen Fourier und Fourierschützen, auch Beute zurück=
behalten, einen Pferd, einen Rock und ein silbern Crönchen
an einer Fahne, u. A.", ferner in einem Bericht vom 8. Febr.
(A.) über neue Unzuträglichkeiten: „Als am vorigen Montage
früh die Marquetender von der Schwedischen Armee zu Ab=
führung des Proviants mit ihren Wagen nebenst der bey sich
habenden Convoy in der Vorstadt ankommen und die Wagen
in die Stadt ein, die convoi aber in die Vorstadt gelassen
worden, hat der Commandant alsbalden zu deren Ankunft
und als die Waagen auf den Markt zusammengerückt, unter=
schiedne Mahl von dem Schlosse nach denen Schwedischen
Marketendern gegen die Gasse zu, so bei der Kirche herunter=
gehet, weil er dieselbe von dem Schlosse bestreichen kann,

Feuer geben laſſen, welches als es die logirenden Quartiermeiſter bemerkt, haben ſie darauf denen Marketendern anbefohlen, ſich in etwas mehr dem Rathhauſe, Gaſthofe und Apo-
theken zurückzuziehen, damit ſie geſichert ſeyn möchten, welches
ſie auch gethan; und obgleich ſolches geſchehen und die Wagen
ſich ihme aus dem Geſichte gezogen, ſo hat er doch darauf
von dem Schloſſe ohne Unterlaß gegen ermelte Gaſſen nach
jedermänniglichen, es ſei gleich Bürger, Bauer oder Soldat
geweſen, ſo vorbei gegangen, Feuer gegeben, ja auch endlichen
ſich mit vielen Soldaten aus dem Schloſſe in Benedicti Tho-
maci, derer von Niſchwitz und derer von Seyffertin Hauſe
begeben und von daraus mitten auf den Markt und in die
Gaſſe, ſo bey der Apotheke hinunter gehet, mit großer Furi
geſchoſſen und unterſchiedne Pferde für den Wagen, wie nicht
weniger etliche Menſchen, worunter auch ein Regiments-
quartiermeiſter, beſchädigt und der Schenkel entzweiſchoſſen
worden, daß an ſeinem Leben zu zweifeln; als nun dieß die
andern Quartiermeiſter geſehen, ſind ſie zu uns aufs Rath-
haus mit großem Ungeſtüm und Furi kommen und geſaget,
ſie ſehen wohl, daß ſie bey uns verrathen und verkauft wären,
wir conſpirirten mit dem Commandanten auf dem Schloſſe
und hätten ihm Anlaß gegeben, wordurch er ihme in ihr Quartier Feuer geben könnte, und weil dergleichen von ihnen noch
niemals geſchehen, ſie auch in keinerlei Wege zur Nahe
kommen weren, ſo hielten ſie darfür, es müßte Verrätherei
ſeyn und es ſollte unſer Leib und Leben, Haab und Guth
koſten, ja es ſollte die Stadt in Rauch aufgehn und zu Grunde
vertilget werden; derowegen ſie auch alſobalden die Convoi
von den Musquetierern, ſo nahe in die 200 ſtark, auß der
Vorſtadt auff den Markt erfordern und daßjenige, was ſie
der ganzen Stadt angedrohet, ins Werk richten laſſen wollen.
Wenn wir dann geſehen, waß für unwiederbringlichen Schaden
durch Anzündung der Häuſer Churfürſtlicher Durchlaucht zunächſt anliegenden Landesſchulen, Pfarr- u. Capellhäuſern, der
Superintendur ſowohl der andern Schulcollegen Wohnungen

daraus entstehen möchte, so haben wir nicht allein Uns und die ganze Bürgerschaft entschuldigt, auch höchlichen und umb Gottes Willen gebethen, der Häuser und ganzen Stadt zu verschonen, durch welches hochflehentliche Bitten Wir es endlichen dahin gebracht, daß Sie von ihrem bösen Vorsatz abgelassen und derer Häuser und dieser Stadt vor dieses Mahl verschonet und die Einäscherung abgewendet worden. Es haben sich aber die Quartiermeister dahin erkläret, dieweil der Capitain dem was veraccordiret selbst zuwider gehandelt, so könnten sie nicht vorüber, solches dem General und Feldmarschall zu berichten und dessen Verordnung hierauf zu gewarten. Wenn wir dann bey dergleichen Beschaffenheit in höchster Gefahr schweben, indem Wir allbereit 159000 Pfd. Brodt, item 2000 Pfund für die Convoi, so auch 211 Vass Bier und in die 15 Vasse Wein der Schwedischen Armee hergeben müssen, aber wie vorhin, so noch wöchentlich ein mehreres und diese Wochen 25000 Pfd. Brod und 30 Vass Bier haben und abholen wollen. Indem Sie aber künftig solches abholen wollen und von benen Capitainlieutenanten dergleichen vorgenommen werden möchte, wie ihnen benn nicht zweifelt die Schwedischen mit stärkerem Convoi allhero kommen, also würde unser endlicher Ruin der Stadt hierauf bestehen, Ueber dieses die Quartiermeister heutiges Tages in allen Häusern herumgegangen und auff den Böden, Kammern und allen Gemächern, wie auch die Keller, was vorhanden, visitiret, zu was Ende, können Wir nicht wissen, Welches Ew. Churf. Durchlaucht Wir in unterthänigster Schuldigkeit noch zu erkennen geben sollten, Deroselben unterthänigst anheimstellende, was dieselben hierinnen zu verordnen gemeint rc." — Wir haben diesen Bericht nebst der ganzen Verworrenheit seines Styls, welcher die geängstete Stimmung des Concipienten deutlich beurkundet, vollständig wiedergegeben, weil der Vorfall, auf den er sich bezieht, jedenfalls ben Keim zu den nachfolgenden Begebenheiten enthielt. Interessant ist der im Ganzen ziemlich glimpfliche Verweis, welcher dem Commandanten unter dem 10. Februar (A.) zu

Theil ward, und an deſſen Schluſſe es heißt: „Nun halten wir zwar nicht zu dem Ende Soldaten und Beſatzungen, um dem Feinde zu caresſiren, ſondern iſt deine Pflicht, denen= ſelben nach Vermögen abzubrechen. Dieweil aber doch der Stadt wenig Schutzes von Dir widerfahren kann, der Proviant= accord auch mit deinem Einwilligen und zwar ohne unſer Vorwiſſen getroffen worden, So befinden wir wider raiſon zu ſeyn, daß du durch attaquirung derer in der Stadt Liegen= den Dich vergreiffeſt und auch die Einwohner ſelbſten nicht ſchoneſt, Sondern wie Feinde verfolgeſt.“ Deßhalb wird ihm Behutſamkeit anempfohlen, „es wehre denn, daß man dem Schloſſe mit Recognoscirung zu nahe kehme.“ Der Com= mandant ſendet am 13. Februar (A.) ein Entſchuldigungs= ſchreiben ein und rapportirt am 16. Febr.: „daß heute Abend nach 8 Uhr die Schwediſchen Quartiermeiſter aus der Stadt in der Stille mit großer Furcht fortgegangen, aus Furcht vor dem anrückenden kaiſerlichen Succurs.“ Am 17. Februar war nämlich Freiberg gefallen, Torſtenſon wandte ſich nach der Lauſitz und die Kaiſerlichen rückten unter Piccolomini von Plauen heran, worauf denn ſofort wieder an den Rath zu Meißen ein Reſcript gelangte, „für die kaiſerliche Armada, die im Anzuge, Proviant aufzuſparen.“ Aber der kaiſerliche Succurs rückte ſehr langſam heran. Noch am 29. März waren Schweden in der Gegend und ein Trupp vom Obriſt Lamp, der jetzt in Oberjahna bei Meißen lag, überbrachte einen Drohbrief deſſelben an den Rath wegen Contribution. Endlich am 8. April verheißt ein Reſcript (A.) das Eintreffen von zwei Rittmeiſtern mit ihren beiden Truppen, „um Euch vor den angedrohten Hoſtilitäten zu ſchützen.“

Wir müſſen hier eine kleine Epiſode einſchalten, die ſich auf einen mtlitäriſchen Gefangenen bezieht, der ſich in dieſer Zeit auf dem Schloſſe in Gewahrſam befunden und für die Nachwelt eine nicht unintereſſante Reihe von mit Kohle und Röthel gezeichneten Wandgemälden und Inſchriften hinter= laſſen hat, welche man noch heutiges Tages auf der Albrechts=

burg nicht ohne theilnehmende Rührung betrachten kann. Im rechten Flügel des Schlosses, dicht an die Domkirche grenzend, befindet sich nämlich ein merkwürdiger thurmartiger Einbau, der drei über einander liegende kleine quadratische und kerkerartige Zellen enthält, die sich durch drei Stockwerke wiederholen und von denen die oberste, wegen ihrer vor Späheraugen geschützten Lage in früherer Zeit, wo die Porzellanfabrik sich noch im Schlosse befand, und einige ihrer Manipulationen vor sachkundigen Augen verborgen gehalten werden sollten, der Sitz des eigentlichen Fabrikarcanums war. Ob in alter Zeit, wie man behauptet hat, die gelegentlich hier residirenden fürstlichen Herrschaften ihre Kleinodien und das Tafelsilber in Kriegsläuften dort verwahren lassen, sei dahingestellt. Jedenfalls aber dienten diese Räume bisweilen zur Aufbewahrung von Gefangenen, wie denn auch Bötticher, der Erfinder des Porzellans, wegen seiner bis dahin mißlungenen Versuche, Gold zu machen, vom Königstein halb und halb als Staatsgefangner auf die Albrechtsburg gebracht worden war, damit er dort seine Laborationen bis zu erfolgreichem Ausgange fortsetzen sollte. In einer jener düstern Hallen nun, die durch dreifache, dicke Thüren, die innerste mit einem Schieber, zum Hereinreichen der Speisen, fest verwahrt ist, sieht man an den der Lichtseite zugewendeten Wänden zahlreiche Wandkritzeleien, mehrfach mit Beifügung der Jahreszahl 1643. Die eine, sehr schwarz und deutlich, enthält Folgendes in großen, lateinischen Buchstaben: „Der Tod ist gewiß, ungewiß der Tag, die Stunde auch Niemand wissen mag, drumb fürchte Gott und denk dabey, daß jede Stund die letzte sei. D. 1. May 1643. D. K." Eine andre lautet: „Nun Herr Jesu, in deine Hände befehle ich meinen Geist, du hast mich erlöset, du getreuer Gott. II. S. V. P." und darunter: „denn ich will lieber in Dornen und Disteln fallen, denn mit Fesseln ewig sein beladen." Die Bilder, nicht ungeschickt entworfen, stellen den gekreuzigten Christus, ferner eine Kirche, mehrere Häuser, ein Frauenzimmer und — was einigermaßen auf die Persönlichkeit des Gefangenen schließen läßt — einen Kriegsmann mit der Trompete in der Hand, auch andere musikalische Instrumente dar. Eine längere Inschrift, die wir noch herausheben wollen, enthält wahrscheinlich seinen Namen und läßt vermuthen, daß es dem Unglücklichen so ergangen, wie die am Treppenthurm der Burg (dem berühmten „Wendelstein") äußerlich angebrachten Sculpturen es besagen wollen, daß nämlich schon Viele „durch den Wein und die Weiber in Ungemach gerathen sind." Diese Inschrift lautet: „Pauidz. 1643. O Weiber! Die alte Wirthin und ihre Tochter und meine Freunde die bringen mich armen Mann um Leib und Leben. Daß Gott erbarm über die armen drei kleinen Kinder! Darum meine Seele verzage nicht, halt fest auf den Herrn. Ob dir jetzund Gewalt geschicht, halt still, leid es gern. Es wird wohl kommen die Zeit, daß Gott wird heimsuchen die Leut, die dich itzund betrüben. Denn ich will es Gott befehlen. — Die Dornen und Disteln stechen sehr, falsche Zungen noch viel mehr. Alles was die Maria saget, ist Alles erlogen. Sie wird es wohl ersten gesagt haben, weil die Frauin da war." In einer alten Schloßbeschreibung, v. Jahre 1680, die mehrmals abgedruckt worden, u. a. in Curios. Saxon. vom Jahre 1738, wird bei dem vierten Geschoß ein kleines Stübchen als „Mazdorf's" Gefängniß erwähnt. Ob dies mit dem oben Besprochenen identisch sei, hat der Verfasser nicht ermitteln können. —

Wir erwähnen beiläufig, daß auch in den Sommer dieses Jahres das hundertjährige Jubiläum der am 3. Juli 1543 vom Kurfürst Moritz gegründeten Fürstenschule St. Afra fiel. Das Rectorat, welches seit 1637 wegen der Kriegsdrangsale und der fast gänzlichen Veröbung der Schule unbesetzt geblieben war, befand sich zwar seit 1642 in den Händen eines tüchtigen Mannes, Andreas Lindemuth aus Eisleben, dessen Name wegen eines von ihm gestifteten Stipendiums von 500 fl. Capital noch heute in dankbarem Andenken steht. Aber es ist begreiflich, daß unter dem Druck der schweren Zeit, und bei der fast gänzlichen Entleerung der Cassen und der Classen an ein Schulfest nicht gedacht werden konnte. Nur einige ganz arme Alumnen hatten ausgehalten, um die freilich spärliche Kost fortzugenießen und der größere Theil der Schulgebäude war für die Soldateska eingeräumt.[9]

Daß man sich übrigens in Meißen wieder auf Schlimmeres gefaßt machte und die möglichen Voranstalten traf, beweist folgende Aufstellung (R.), welche wahrscheinlich die inzwischen eingetroffenen zwei Rittmeister und ihre Compagnieen betraf und durch die bezeichneten Puncte wenigstens einiges Local=interesse hat: „29. August 1643. Zur Defension der Stadt Meißen ist folgende Aufstellung gemacht: Erste Post ist vom Lommatzscher Thor bis an das Secret aus der Churf. Landes=schule. Die will der Hauptmann mit seinem Volk vom Schloß besetzen. Andere Post ist der erste Thurm bei H. M. Züngern und gehet bis an den anderen Thurm im Bernsteinschen Weinberge. Dritte Post ist der andere Thurm im Bern=steinschen Weinberge. Vierte Post ist der Thurm am Seel=berge und gehet bis an's Girnische Thor. Fünfte Post vom Girnischen Thor bis an's Fleischerthor. Sechste Post ist das Jüdenthor. 7) Frohnveste. 8) Knabenschule. 9) Brückenthor. 10) ——. 11) bei Bürger? 12) Wasserthor. Die Vorstädter mit Weib und Kindern sollen ihre Retirada zu dem Pfört=lein im Brückenthor hereinnehmen." Jedoch scheint es bis in die Mitte des Jahres 1644 verhältnißmäßig ruhig in Meißen geblieben zu sein, da sich Torstenson in dieser Zeit mit der Hauptmacht in Mähren befand und nur in einigen Städten Besatzungen zurückgelassen hatte, die aber still lagen. Con=

---

[9] Vergl. J. A. Müller, Versuch einer Geschichte der Landesschule zu Meißen I. 66. 144., II. 107. Tertius war damals Christoph Jünger, von dem Müller erzählt, daß er im J. 1637 von einigen in seine Wohnung gedrungenen schwedischen Soldaten darin aufgehenkt, und nur dadurch, daß zufällig der Nagel wich und ein Offizier dazu kam, bereits halb todt wieder zum Leben gebracht worden, aber in Folge dieser Mißhandlungen später erblindet sei.

tributionsgelber mochten aber immer noch rückständig sein
und so findet sich (R.) vom 12. August 1644 ein darauf
bezügliches Monitorium an das Stift und die Stadt Meißen:
„Schreiben aus dem Hauptquartier Leipzigk von Philipp
Herlinus, — — werden wohlmeinende erinnert, förderlichst
Jemanden von denen Jhrigen anhero zu ordnen, mit dem
man sich der Reste halber von der Contribution berechnen,
dabei auch auf Mittel trachten, wie selbige schleunigst durch
Wechsel allhier richtig gemacht werden können.   In Verbleibung muthwilligen Widersetzens und Verzugs wird Herr
Generalmajor Königsmark, bei jetzo habender guter Gelegenheit, erwähnte Gelder durch eine scharffe militärische Execution, Feuer, Schwert, badurch der Unschuldige mit dem
Schuldigen wird herhalten müssen, einzutreiben kein Mittel
und Weg vorbeilassen.   Darüber man denn dieses Orts will
entschuldigt sein."

Inzwischen war Torstenson wieder nach Sachsen zurückgekehrt. Am 4. Decbr. 1644 kam aus seinem Hauptquartier
Werben bei Pegau, das noch im December verbrannt wurde,
folgende Ordre: „Es haben Sr. Excellenz denen Herren Obristen Regimentern zu Pferde, zusammen 8 Esquadronen
folgende Städte, als: Ampt Nossen, Dippoldiswalde, Freybergk, Sachsenburgk, Grüllenburgk, Dresden(!), Mutzschen,
Mügeln, mit Sornzigk, Oschatz, Meißen dergestalt assigniret,
daß sie allda logiren und den Unterhalt nebst mundirung der
Artillery daraus zu entnehmen haben." (R.) Inmittelst war
von Böhlau nach Wittenberg versetzt und der Hauptmann
Hans Jacob Waldt aus Danzig mit dem Commando der
Schloßbesatzung betraut worden. Am 9. Dec. bittet Waldt den
Kurfürsten um Instruction: „Ew. Churfürstlichen Durchlaucht.
gnäd. Befehl, darinnen Dieselben mir nochmals hiesigen
Posten bei Verlust meiner Ehr, Würde und Kopfs zu main-
teniren mir anbefohlen, habe ich itzo umb 3 Uhr nach Mittag
empfangen, welchem in Allem unterthänigst nachzukommen
ich mich mit göttlichem Beistande getraue," — meldet, „daß

etliche Häuser, unter andern des H. Obrist Schleinitz Hauß [10]
gedachter meiner Post ziemlich nahe angelegen, daß zu be=
sorgen, der Feind mir darauß merklich Abbruch thun könnte,"
will wissen, „wie zu verhalten, ob bei begebender occasion
ich solches demoliren, anstecken, oder zum wenigstens einen
Durchschnitt durch die Brücke oder Gewölb, wie man es hier
nennt, verfertigen lassen soll." (A.)

　　Auch ein Drohbrief aus dem Quartier Döbeln von
einem schwedischen Offizier von Hammerlein ging ein, der die
noch rückständigen 1000 Thaler verlangte, und neue Con=
tribution auferlegte.　Am 20. December schickte der Rath
400 Thlr. auf Abschlag, „bitten dabei ganz wehmüthig und
höflich, man wolle doch dieses Orts ausgestandenes Unge=
mach und erlittenen Brandes ruin erwägen, darbey auch be=
denken, daß jetzo nicht eine solche Zeit ist, wie etwa im vorigen
Jahr, da man Handel und Wandel sicher und ungehindert
treiben und etwas aufbringen können, sondern daß bey Nie=
manden ein einziger baarer Pfennig vorhanden und er=
bresset werden kann." (R.) Der Rath wandte sich zugleich an
Torstenson mit der Bitte um Verschonung und meldete dem
Kurfürsten am 23. December, „daß der Obristwachmeister
Rudolph von Neizschitz seit 28. October im hiesigen Quartier,
der wöchentlich 27 Thlr. 12 Gr. an Discretionsgeldern be=
zogen, nunmehr am 10. December mit der Compagnie aus
der Stadt gen Brockwitz sich zurückgezogen." (A.)　Noch ein=
mal gerade zu Weihnachten geht ein neues Monitorium von
Torstenson aus Zeitz an den Rath ein, welches die Auflage
von 3000 Thlrn. erwähnt, alle Entschuldigungen zurückweist
und zu förderlicher Abtragung ermahnt, „maßen denn die
Herren Obristen solches schon zu erheben wissen werden." (R.)

　　Das verhängnißvolle Jahr 1645 war nun heran=
gekommen; Torstenson war zwar im Februar wieder nach
Böhmen und Mähren gezogen, aber man schien schwedischer

[10] Jetzt: Jahnaischer Freihof.

Seits nun ernstlich entschlossen, den Kurfürsten durch die härte=
sten Maßregeln zu versöhnlichen Schritten zu zwingen. So er=
ging denn jene bekannte Ordre[11] Torstensons an Königs=
mark, aus Brünn, vom 10. Mai (A.): „Welchergestalt mit
dem Churfürsten zu Sachsen auf Veranlassung des Herrn
Herzogs Augusti zu Hall man sich in eine Schriftenwechslung
zu tractiren eingelassen, daß ist dem Herrn Generallieutenant
zum Theil nicht unbekannt. Dieweil aber der Churfürst bei
seiner gefaßten, verstockten Intention, einen als den andren
Weg beharret, in keinerlei Weis zu andern Gedanken be=
wogen werden kann, daß will auch nun weiter kein ander
Mittel sein, denn denselben dermaßen mit Ernst anzugreiffen,
daß er's Recht fühlen und das Land allerdings ohne ferner
etwas prästiren untauglich gemacht werden thue, zu welchem
Ende ich auch dem Herrn Vicegouverneur Axel Lillie Ordre
ertheilet, eine solche Contribution aufzulegen, damit sie weiter
nicht das Geringste dem Churfürsten zu leisten vermöge,
widrigenfalls aber und sonderlich auf beiden Seiten der Elbe
nächst umb Dresden Alles auf etzliche Meilen Wegs abzu=
brennen und kahl zu machen, daß sich Niemand mehr auf=
halten könne u. s. w." Der Schloßcommandant Waldt meldet
unter demselben Datum, daß der Feind vor Torgau stände und
erhält Tags darauf Ordre (A.): „er solle weder von Schiffen,
Kähnen, Flößen, noch dergleichen, sie haben Paß von Uns
oder woher sie wollen, das Geringste von Meißen abwärts
hinunterlassen; Da sich einer oder der Andere zu Meißen
nicht trauen will, mag er sich lieber herauff an die Vestung
legen und solliches wollen wir, so lieb dir deine Ehre und
Leben[12] ist, von dir in Acht genommen wissen." Am 20. Mai
geht ein vom Schösser zu Meißen geschriebener Bericht (A.)
nach Dresden, welcher durch einen nach Torgau gesendeten

---

[11] Abgedruckt in Wec's Dresdner Chronik, S. 507.

[12] Der sächsische Commandant Popelius, welcher am 2. Dec. 1632
die Pleißenburg zu Leipzig durch Capitulation übergeben hatte, wurde im
folgenden Jahre zu Dresden enthauptet.

Boten Erkundigung eingezogen hatte, „daß das Schloß zu Torgau am vergangenen Sonnabend um 11 Uhr zu Mittag auf Gnad und Ungnade, nachdem erstlichen die Schweden ein Stück auff ein Haus gepflanzet und daraus ein Loch in einen Thorm, darinnen die Unsrigen Feuer herausgegeben, ge=schossen, übergegangen."

Nunmehr trat auch für die Stadt Meißen die Kriegs=gefahr nahe heran, und jedenfalls war die Berennung des Schlosses im schwedischen Kriegsrathe bereits beschlossen, wie es der oben mitgetheilten Ordre Torstensons entsprach. Schon am 29. Mai ist der Rath veranlaßt, zu melden (A.): „daß heut gegen Abend sich Schwedische trouppen zu Roß umb die Stadt allhier sehen lassen und hat der darbey vorhandene Obrist Reichwaldt herein entbieten lassen, man sollte auf vier Regimenter Proviant in die Jahna schaffen, allda be=melter Obrister auff Heinrich von Schleinitzens Guthe logiret. Was ihr Intent eigentlich seyn mag, kann man noch nicht erfahren. Es sind alsobald nach Ihrer Ankunfft an 150 Pferde gen Dresden zugegangen, sowie man Nachrichtung er=langet, Pferde und Rindvieh zusammengetrieben und haben ringst umb die Stadt herum auf allen Höfen, sonderlich auch gegen die Elbe Schildwachen ausgestellt. Er will zwar ver=lauten, als würden die Völker dieses Orts nicht lange stehen bleiben. Gott wende alles Unglück gnedigst ab!" Die Raths=acten enthalten jedoch weiter nichts über Conflicte mit diesem Streifcorps und scheint dasselbe nur eine vorläufige Recog=noscirung vorgenommen zu haben, da es sich am 6. August (s. u.) wieder in Leisnig befand.

Am 12. Juli berichtet (A.) der Rochlitzer Commandant an Waldt: „nach eingezogenen Erkundigungen von Leipzigk, daß die Schweden ihr Absehen nach Meißen gerichtet und wie vorgegeben, sollen morgen wo nicht heute die Völker des Orts abmarschiren. Möchten uffs wenigste 2000 uffgebracht wer=den." Zunächst aber traf ihn selbst dieses Geschick und die Stadt Rochlitz wurde am 2. August beschossen und erobert.

Der Schloßcommandant Waldt meldet am 7. Aug. (A.), „daß ein Lieutenant, ein Fendrich, nebst 50 Mann zur Verstärkung hiesiger Garnison auß Freybergk anhero commandiret, die den 31. July glücklich angelanget." Man war also fest entschlossen, trotz der neuerlichen Vorfälle, den Platz wo möglich zu halten und ist Waldt's besonnener Muth in den von jetzt an durch ihn getroffenen Maßregeln anzuerkennen. Der Leisniger Commandant hatte ihm einen Brief zugesendet, aus welchem er am 7. August dem Kurfürsten rapportirt (A.), „daß Generallieutenant Königsmark gestern zu Rochlitz aufgebrochen und seinen March auff Waldheim genommen, auch gestern Abend das Hauptquartier allba gewesen ist. Gestern ist Oberster Reichwald mit 2 Regimentern zu Roß und 300 Musketierern auch zu ihm kommen, soll nun in Allem 9 Regimenter zu Roß, 7 Compagnieen Tragohner und 900 Musketier bei sich haben."

Schneller als man im Mai vielleicht noch gemeint hatte, trat der gefürchtete Moment ein. Am 8. August erschien der schwedische Heereszug vor der bedrängten Stadt, die Schloßbesatzung betrug nicht mehr als 120 Mann und weitere Hülfe war ausgeblieben, war wohl überhaupt nicht mehr zu beschaffen. Waldt meldet am 9. August (A.): „Ew. Churfürstl. Durlaucht advertire ich hiermit, in Unterthänigkeit, wie daß gestern Mittag der General Königsmark mit bey sich habenden Regimentern zu Pferdt und zweyen Esquadronen Trajohnern of'n Martinsberg allhier avanciret und etzlich Stunden gegen der Stadt sich in bataglia gestellet, auch endlichen eine esquadron Trajohner (mit welchen bei der Martinskirch 4 Wittenbergische von anitzo bey mihr habende Mußquetirer eine ziemliche Weile chargiret, auch einen von ihnen erschossen) zu Fuß nach der Stadt commandiret und nachdem selbige sich zuvor des Brücken-, Fleischer- und Görnischen Thores versichert, mit der andern esquadron Trajoner in Perßon gefolget, den Markt damit besetzet und nach ohngefähr einer Viertelstunde sich hinwieder zum Völkern, welche bey dem Gerichte [13] und Kynaft campiren, begeben. Die erften Trajoner impatronirten fich alßbald des Oberften Schleinißen Haußes und der nächften Poften des Schloffes, worauf wir gegen einander zum öftern fcharmuzieren, in maßen von denen Schwedischen drey Perfonen, darunter ein Officirer in einem rothen Belße gewefen, bereits fißen blieben und hingegen auf unfrer Seite nur ein Musquetier in den Arm, fowohl der Fendrich in eine Achfel geftreift worden. Heunte in der Nacht haben fich eßliche in ein Häußlein of'n Liebenftein (jeßt Lilienftein) am Bischoffshofe eingefchlichen, welche ich bey Tage mit Steinen wieder herausjagen laffen; und ob ich zwart nicht hoffen will, daß der Feind mich wirk= lichen attaquiren werde, im Fall er fich aber deffen nicht ent= halten könnte, werde ich mich gegen ihn alfo erweifen, wie einem redlichen Soldaten erziemet und Ew. Churf. gnedig er= theilte Ordre von mir erfodert."

Nun häufen fich die Depefchen, weil Gefahr im Verzuge war. Umgehend war vom 9. Auguft Abends 8 Uhr ein Re= fcript an Waldt (A.) abgegangen: „Lieber Getreuer, Wir haben, was du heute Nachmittag umb 2 Uhr unterthänigft gefchrieben, empfangen und finden, daß fich der Feind gegen Meißen gezogen, wie von andern auch unterthänigft berichtet. Er greiffe dich nun an oder nicht, fo wirft du deine Schuldig= feit in Acht nehmen und dich zu keinem Auffgeben verleiten laffen. Denn wie du uns nahe, alfo find wir auch allbereits dahin bedacht, dich zu rechter Zeit zu fecundiren. Darnach du dich zu richten." Es erhellet hieraus, wie großes Ver= trauen man auf die fefte Lage des ringsum fteil abfallenden Schloßberges feßte. Waldt gab bereits drei Stunden fpäter, wohl auch wegen der Möglichkeit, daß die erfte Staffete auf=

---

[13] Das „Gericht," d. h. die Richtftätte, befand fich vor dem Lom= maßfcher Thore an der Freiberger Straße, unweit der Stadt. Noch am Anfange diefes Jahrhunderts ftand dort der Galgen. Das dort auf= fteigende Terrain gewährte einen bequemen Einblick in das Innere des Schloßhofes.

gefangen worden sein konnte, ehe noch die kurfürstliche Ant=
wort eingetroffen, folgenden ausführlicheren Bericht (A.):

„Meißen am 9. August, hor. 6. vesp. 1645.

Ew. Churf. Durchlaucht habe ich vor 3 Stunden unter=
thänigst berichtet, welchergestalt der General Königsmark dieses
Orts ankommen, mich bloquiret und im ein Läger bey dem
Gerichte formiret. Anitzo gebe Ew. Churf. Durchlaucht ich
gleichfalls gehorsamst zu vernehmen, daß gleich diese Stunde
ich in die Meißa [14] einfallen und einen Gefangnen einbringen
lassen, welcher außsagt, es were General Königsmark, auch
Obrister Reichwaldt in Person bey dem Volke, dasselbe aber
bestände in 9 Regimentern zu Pferde und 2 Esquabronen
Trajonern; das Fußvolk, so 3 Regimenter, legen noch vor
Leißnig und wäre heute eine gemeine Sage gewesen, es wür=
den morgenden Tages von dar die Stücken anhero bracht und
das Schloß mit Ernst angegriffen werden. Ihr gänzlicher
Intent wäre, solches zu erobern, hielte auch davor, die Par=
thie, so heute früh außgegangen, wäre den Stücken entgegen=
gesendet worden. Der General hette heute gegen Tage Ap=
pell blasen lassen, wüßte nicht zu wessen, vielleicht dardurch
die Reutern, wegen bevorstehenden Aufbruchs, beysammen zu
halten. Es darf sich vor den Meinigen fast keiner blicken
lassen und ist abermals ein Officirer, so sich zuweit herfür=
gemacht, auß einem Doppelhaken erschossen worden, welches
ihnen sich besser zu hüthen Ursach geben wirdt. In der Stadt
ist auff 400 Mann Quartier gemacht worden: ob aber die=
selben effective eingezogen, ist mir noch ohnbewußt. Sie
haben bereits unterschiedene Häuser geplündert und darbey
der Geistlichen so wenig als der andern geschonet. Ich muß
nunmehro erwarten, ob die Stücken ankommen und was sie so=
dann vornehmen werden, wogegen ich mich soviel möglich es

---

[14] Das Meißathal, im Norden am Schloßberge anliegend, hat seinen
Namen von dem Bächlein Meißa, wie auch wahrscheinlich die ganze
Stadt. Von den ehemaligen Befestigungswerken an dieser Seite sind
fast keine Spuren mehr vorhanden.

dieses Orts Gelegenheit zuläßt, verbauet und soll der Feindt, nächst Gott, bessere Gegenwehr verspüren, als er ihm vielleicht einbilden mag; waß ferner passirt, wird Ew. Churf. Durch= laucht, sofern mihr der Paß nicht abgeschnitten wird, unter= thänigst zu avisiren meine Schuldigkeit sein."

Von hier an scheint alle Verbindung zwischen dem Schlosse und der Residenz abgeschnitten gewesen zu sein und finden sich weder im Haupt=Staatsarchiv noch in den Raths= u. Stiftsacten irgend welche Aufzeichnungen über den weiteren Verlauf der Begebenheiten. Jedenfalls war nunmehr die Stadt rings von den Schweden cernirt, in derselben aber Verwirrung und Bestürzung. Noch am 13. August, Tages vor der Eroberung des Schlosses, hatte der Kurfürst auf eine letzte Erklärung Königmarks sein Ultimatum abgesendet, welches alle Vermittelung ablehnte.

Wenn nun der Verfasser, nachdem er bei der Katastrophe angelangt, seine Schilderung aus Mangel an officiellen Ur= kunden [15] hiermit plötzlich abschließen müßte, so sieht er sich doch glücklicher Weise in den Stand gesetzt, das Fehlende aus einer unzweifelhaft ächten, alten, möglicher Weise bald nach dem Ereigniß niedergeschriebenen Privatdenkschrift eines Augenzeugen, eines Schreibers, welcher sich während der Belagerung auf dem Schlosse befunden, ausreichend zu ergänzen. Dieser Bericht, dessen Original der geehrten Redaction des Archivs vorgelegen hat und der sich durch reiches Detail und übersichtliche Klarheit, durch treuherzige Einfachheit des Tones und einen trotz aller Gefährde doch häufig durchbrechenden Humor auszeichnet, hat sich jedenfalls als ein interessantes Erbstück von Familie zu Familie in Meißen erhalten und hat unverkennbar bereits einem neueren Chronikschreiber, Ewald Dietrich, vorgelegen, insofern derselbe auszugsweise Manches

---

[15] Die im Schloß zu Meißen liegenden Documente wurden im Jahre 1704 durch Archivdirector Reinhardt eingezogen und dem Staatsarchiv einverleibt. Vergl. Archiv für die sächs. Geschichte II. S. 10.

daraus mittheilt. Da aber Dietrich, um modern zu schreiben,
den alterthümlichen Ton jenes Schriftstückes absichtlich ab-
geschliffen hat, so glaubte der Verfasser nicht gegen das
dieser Zeitschrift zu Grunde liegende Princip zu verstoßen,
wenn er jenes Document, das, soviel er die hier einschlagende
Literatur bei vielfacher Beschäftigung mit derselben kennt,
nirgends abgedruckt ist, der vorliegenden Darstellung einfügt.
Dasselbe lautet aber folgendermaßen:

„Eroberung

des in vielen Königreichen und Landen, ja fast in der Welt von
der Beständigkeit berühmtes Schloßes Meißen, die Albertus-Burg
genandt, welches Ao. 1645 durch ernstes Canoniren und Ein-
werfung des Feuers mit Sturm an die Königl. Schwedischen
übergangen.

Nachdem wegen großer überhäufter Sünden Teutschland in
dem 30jährigen Krieg eingewickelt worden, hat dasselbe solche
Zeit über viel Fremde Nationen, so sich in diesem Spiel ge-
tummelt, mit Reichthum und Wollust erquicket, andere aber und
meist dessen Einwohner, Leib, Leben, Guth und Blut dabey zusetzen müssen; da denn unter andern Ländern das berühmte und
schöne Sachßen es fast am meisten und absonderlich kurß davon
zu reden, Leipzig, Grimma, Rochlitß, Oschatz und endlich das mit
Weingebürgen, Waßer und Auen umgebene wohl und lustig gelegene Schloß Meißen gegolten. Welches im Augusto bey
warmer Sommer Zeit, dem 8. dito, Freytags nach Donati mit
etlichen Esquadronen Reutern und Dragonern, auch theils aufgesetzten Musquedirern durch den Königl. Schwedischen General
Königsmark berennet worden, mit dem es also zugegangen.
Anfangs presentirte sich dieser General auf dem hohen
Berge bey der Martins Kirche, der Bloßen genandt. Weil nun
vorhergemeldte Schlößer und Städte, theils mit Sturm und
Accord übergegangen, auch den 22. May dieses 1645 Jahres
zu Mittage sich ein erschrecklicher großer Sturm Wind auf dem
Schloße Meißen erhoben, welcher auf bemeldten Schloße, über
der Churfürstlichen Tafel-Stube ein fest mit Kalk, Latten, Nagel
und Ziegel zusammengefügtes Dach vom Gewölbe abbrach und
welches wunderlich zu sehen war, es in der Lufft ziemlich lange
beysammen hielte und damit gleichsam spielte, bis es endlich zer-

malmte und in kleine Stückchen zerbrach; auch warf dieser große
Sturm=Wind im Bischoffs=Hoffe neben der Procuratur ein Stück
Hauß ein, so zwey Soldaten nebst einem Kinde erschlagen und
ist dieser Sturm so stark in die Elbe gefahren, daß das Wasser
fast eines Hauses hoch in die Höhe gesprungen, so von vielen
Menschen gesehen worden, und wie dieser erschreckliche Sturm=
Wind dem Striche nach über die Elbe gegangen, also sind her=
nach die Schweden marchiret. Bey diesem omen und der An=
marchirung des Feindes stellten sich die Meyßner das Prognos=
ticon, daß es ihnen gelten würde; dahero der damahlige Com=
mandant, Nahmens Hanß Jacob Waldt von Danzig, Churfürst=
licher Durchlaucht zu Sachsen bestallter Hauptmann, es an
fleißiger Correspondentz und Fortification nicht ermangeln
ließ, wiewohl dessen Vorfahren und absonderlich, der vor diesem
gewesene Capitain von Böhlau, in allen mit Schanzen, Aufzug=
Brücken, Ausfällen, Graben, Pallisaden, Bollwerken und Durch=
schnitten ein großes gethan, hernach aber nacher Wittenberg be=
fördert worden. Wie sich nun der Feind genähert, ließ sich ge=
dachter Commendant Waldt ums Schloß her, die schönen
Obst=Bäume, mit samt den Früchten vom Grund umhauen und
stellte sich nicht geringe zur Gegenwehr, ließ kleine Ausfälle thun,
weil er wenig Volck an 120 Mann in Besatzung hatte, der Con=
stabel Wenzel, welcher ein 3pfündiges Feldstücklein auf dem
breiten Thurme [16] über der Dohm=Kirche hatte, beneventirte die
Schweden viel und offtmahls, ja also, daß man zu Zeiten,
rennen und lauffen unter ihnen im Lager bey der Stadt Meißen
Gerichte (f. Anm. zu S. 409.) sehen konnte. Bey dieser Be=
rennung des Schloßes und der Stadt Meißen salvirte sich aufs
Schloß Meißen in der Eyl, wer nur konnte, andere, so sich zu
proviantiren nicht vermocht, gaben die Flucht aus der Stadt und
weil damals keine Brücke vorhanden, in Kähnen über die Elbe.
Was geschieht? Gleich als sich nun General Königsmark auf
den Martins=Berge im flachen Felde gestellet, und sich mit
Trommeten hören laßen, die uns im belagerten Schloße, nicht
Lust, sondern nur eitel Angst erweckten, trug sichs zu, daß 3
verwegene Soldaten und Musquetirer von Wittenberg, gleich in

---

[16] Unter dem „breiten Thurm" verstand man die im Jahre 1595
erbaute flache Ueberdachung der Ueberreste der beiden westlichen Thürme,
die am 25. April 1547 durch einen Blitzstrahl in Brand gesteckt und zum
Theil zerstört worden waren. Später wurde dieselbe mit einem unschönen
länglichen und stallähnlichen Gebäude überdeckt, an dessen Stelle im
Jahre 1842 die jetzt vorhandene Plattform trat.

Meißen gewesen, sich bey dieser Gelegenheit auf dem Martins=
Berge hinter die Kirchhofsmauer gemacht und bey des Feindes
Sicherheit Salve mit ihren 3 Musqueten unter dem Feind ge=
geben, und General Königsmarken seinen Trompeter, unweit
seiner hohen Person, vom Pferde geschossen.   Durch dieses und
des Constabels Beginnen, zog sich der Feind in etwas zurück, in
Meynung, dieser Berg müßte stark besetzt sein, hielten Rath, dar=
auf mußten Dragoner und Musquetirer an bemeldten Kirchhof
Sturm laufen, funden aber ein lebig Nest, indem die Musque=
tirer sich davon und über die Elbe gemacht. [17] Doch brachten diese
Musquetirer durch ihre Kühnheit soviel zu Wege, daß sie etliche
Stundten lang den Feind aufhielten, und bey so gestalten Sachen,
bekamen die Bürger Lufft und Gelegenheit, daß sie unterdeßen
sich und ihre besten Sachen auf Kähnen über die Elbe flüchten
konnten.

Indem nun alles aus der Stadt geflohen war, theilte sich
der Feind und marchirte das eine Theil in die Stadt, besetzten
mit Musquetirern den Afranischen Kirchhof, Lommatscher Thor
und das Schleinitzische Haus, die auf dem Schlosse vorm Aus=
fall zu verwahren, die andre Parthey rückte hinter die Stadt
Meißen auf des Raths und andere um das Stadt=Gerichte
herumliegende Felder. [18]

Sonnabend den 9. Aug. lag der Feind in etwas stille, doch
begonnten sie ein Feldlager abzumessen, auch arbeiteten sie mit
aller Macht an den entworffenen Linien dermaßen und also, daß
ein groß Theil von ihnen, verschanzt und Roß und Mann in
gute Sicherheit gebracht waren.   Fingen auch bey der Stadt an
die Häuser einzureißen und Hütten ins Feldlager zu bauen.
Unterdeßen nahmen die Vornehmsten Officirer der Vermögensten
Bürger zu Meißen Häußer ein und ließen Wein, Bier, und an=
dern Vorrath, zum Theil wohl verwahren und das andere ins
Lager bringen, die gemeinen Soldaten plünderten der andern
Bürger Häußer, suchten Pferde und Vieh und ließen wenig
übrig.   Die nach Meißen vom Dörfern herein geflüchtete Bauern
hatten in die 200 Pferdte in die Waßer=Burg unters Schloß
Meißen bracht, so aus dem Schloße beschossen wurden, da der
Feind mit aller Macht solche zu erlangen versuchte; allein die

---

[17] Später hatten sie sich im Schlosse eingefunden. Vergl. oben den
Bericht vom 9. August.

[18] Auf derselben Stelle hatten am 17. Juni 1866 preußische Truppen
vom 8. Armeecorps bei ihrem Durchzuge ein starkes Feldlager aufgeschlagen.

Bauern eröffneten das Wasser=Thor an der Elbe und wagte sich einer unter ihnen über den Furth auf der Fischer=Gasse durch die Elbe zu setzen, denen die andern folgten, und allesammt ohne Schaden hinüberkamen, daß der Feind nicht eins erlangte.[19]

Sonntags am 10. Aug. ließ General Königsmark ein Mandat ausgehen, niemand zu beleidigen und mit der Plünderung inne zu halten. Alsbald funden sich theils Raths Personen und die Bürger wieder zu den ihrigen und gingen frey mit denen Soldaten sowohl in ihren Häusern als im Lager um. Aus dem Schleinitzer Hause, so der Feind besetzte, wurde stark auf unser erstes Thor[20] und Post gefeuert, woran es die unsrigen ihnen zu begegnen auch nicht ermangeln ließen und als der unsrigen einer durch des Feindes Schießloch im Schleinitzischen Hause Feuer hinein giebet, gehet ohngefähr eine Soldatenfrau[21] ihrem Manne Essen zu bringen vorüber, so getroffen ward und also bald todt blieb.

Montags d. 11. Aug. mußte der Rath und Bürgerschafft allerhand Nothdurfft am Gelde, Proviant und Victualien ver= schaffen, die Bauern wurden aufgesucht zu schantzen, auch die umliegenden Städte und Dörfer mit Brandschatzung belegt, hin= gegen empfiengen sie zur Sicherheit Salvagarde.

Dieses 1645. Jahr war ein reiches Wein Jahr[22] und der Wein um diese Zeit fast alle lauter, daß des Feindes Soldaten

---

[19] In damaliger Zeit zog sich der sogenannte Thiergarten am öst= lichen Abhange des Schloßberges fast bis an die Elbe und die alte Leip= ziger Straße führte durch das bereits abgebrochene Fischerthor an der Wasserburg und dem alten Gasthofe zum rothen Ochsen vorüber. Erst am Ende des 17. Jahrh. wurde die jetzige Straße durch den Thiergarten an= gelegt. Der Elbpaß war an dieser Stelle, besonders in der Nähe der Brücke, sehr gefährlich, und wurde die „große Teuffe,“ auch, wie noch heute, die „Grube“ genannt, „als worinnen der Niz mit seiner ganzen Familie wohnete, wie ihn viele gesehen haben wollen.“ (Ursinus.)

[20] Ehedem waren bei den beiden Thoren, welche zu Anfang und Ende der Schloßbrücke standen, kleine Zugbrücken angebracht; das äußere Thor hatte der Burgwärter zu bewachen. (Siehe Reinhard, die Stadt Meißen, 72.)

[21] Diese muthige und pflichtgetreue Meißnerin erinnert an die heldenmüthige Vertheidigung der Stadt gegen den Polen Miesco im Jahre 1015 durch die Frauen, welche bei der Erstürmung des Schlosses das ausbrechende Feuer mit Meth löschten. Seitdem erhielt eine jährliche Procession diese That in gutem Andenken.

[22] Die Fortschritte, die der Weinbau seit Kurfürst August gemacht hatte, wurden durch den 30jährigen Krieg sehr gehemmt. Trotz der ver= wüsteten Weinberge wurde bei dem Ausschußtage 1641 eine Weinsteuer

große Trage Körbe Weintrauben auf dem Markte feil hatten und
jedermann guten Kauff und viel vor einem Dreyer gaben.

Dienstags d. 12. Aug. spielete unser Constabel Wentzel vom
breiten Thurme weidlich in des Feindes Lager, daß ein zusammen=
lauffen unter ihnen war. So hatte auch ein bekandter von Abel
etliche hundert Schaafe in der Meißa, an die Schloß Mauer, so
mit Musqueten beschoßen und defendiret werden kunnten, treiben
laßen, als aber die Belagerten Sorge hatten, der Feind möchte
des Nachts Anstalt drauf machen, ließen sie etliche der unsrigen
durch des Kornschreibers Schützens Hauß, über die kleine Zug=
brücke hinunter fallen, diese erlangten die Schaafe beym Köpfen,
führten theils aufs Schloß, denen die andern allesammt in
schneller Eil folgten, da giengs hernach an ein niederstechen,
würgen, sieden und braten, und waren wir lustig und guter
Dinge, weil wir auch mit Proviant wohl versehen waren. Es
wurde auch über diese Zug=Brücke von 3 Musquetierern ein
Schwede aus Töffel Sellens Hauße in der Meißa aufs Schloß
gefangen geholet, welcher uns nicht wenig damit erschreckte, daß
die Infanterie ehester Tage ankomme und das Schloß mit
Stücken beschoßen und gestürmet werden sollte.

Auf diese Zeitung ließ unser Commendant Waldt seine
Frau, Kinder und etliche andere Personen aus dem Schloße
durch jetzt bemeldteten Ausfall mit etlichen und 20 Musquetirern
an die Elbe convoiren, auf 2 Kähne setzen und in schneller Eyl
durch die bestellten Fischer über die Elbe bringen. Was geschieht?
Der Feind hatte sich stark in Freywalds Garten an der Elbe
verschanzet und that emsig auf die unsrigen sowohl auf die Kähne
schießen, daß die Kugeln immer im Wasser plätzscherten und eine
im Kahn fiel, die unsrigen aber hielten sie tapfer zurück, daß sie
nicht heran durften; in solcher Gefahr schiffen die fortgesendeten
Personen fast halb auf die Elbe, und läßet des Commendanten
Liebste ihr sehr kleines Kind in solcher Noth an der Elbe liegen,
als sie es nun vermißet, müßen die Fischer, in nicht geringer
Gefahr, wieder zurück und das Kind nachholen, doch ist bey
diesem Scharmützel der unsrigen keiner plessiret worden. Das
Fortsenden des Frauen Volks und anderer kostbarer Sachen,
machte uns nicht wenig bestürzt, doch schaffen wir uns einen
Muth, dem Feinde tapfer zu begegnen und ließ einer, der dieß
beschrieben, starken Weinhefen Brandwein langen, uns wohl zu

---

von 8 Gr. auf den Eimer verwilligt und die dagegen erhobenen Vorstellungen der Stadt blieben unberücksichtigt. Vgl. Reinhard, S. 123.

wehren, oder zu ſterben, wie denn mancher davon eine nicht ge=
ringe Courage bekam.   Ein Catholiſcher Trommelſchlägel war
auch dabey, mit welchem ich auf die hohen Brücken gehen mußte,
und als wir beyde mitten auf der Brücke in einem Loche in der
Mauer in die Stadt hinunter ſchaueten, wie es zugienge, gab
einer vom Feinde aus des Fahnen=Junkers Wollufsky Hauße
Feuer auf uns beide, daß die Kugel zwiſchen unſern Köpffen
durchging, ich trat ſchleunig hinter die Mauer, der Trommel=
ſchläger aber blieb ſtehen und ſagte: du Cammerrath, du mußt
das Schießen beßer lernen.   Der Schwede ſagte: Verzieh ein
wenig.   Dieſer blieb aber in gemeldtem Loche ungeſcheut liegen,
jener der Schwede feuerte noch einmahl und ſchoß gedachten
Trommelſchläger mit einer Thrath Kugel das rechte Auge im
Kopf hinein, daß er neben mir zu Boden ſank und nichts mehr
ſagte, ſo auch im Gärtgen des Amthauſes hintern Pferde=Stalle
begraben lieget; In wenig Stundten hernach, wurde einer auf
dieſer Brücke vom Lommatzſcher Thore her, auch todt geſchoſſen.

Dieſen Tag kamen die Fuß=Völker ſammt den Stücken an,
die Feuer Mörſel wurden ins Schleinitzſche Hauß gebracht, neun
Stücke aber, worunter 2 halbe Carthaunen wurden übern Wein=
berg dem Schloſſe gegenüber gepflantzt und 3 lange Stücke vors
Lommatzſcher Thor bey Finkens Hauße geführet.

Mittewochs den 13. Auguſt ließ der Feind aus dem
Schleinizſchen Hauße, nahe beym Schloſſe gelegen, continuirlich
große Ballen Steine aus Feuer Mörſeln auffs Schloß werfen
und die Dächer aller Orten ziemlich zerſchmettern, auch bisweilen
eine Granate und Feuer=Kugel mit undterfallen, ſo aber wenig
ausrichteten, welches wir nicht allzugroß achteten, ſondern mit
Luſt zuſahen, und bey ſolchem Zuſtande der vorhandenen Schöps=
keulen nicht vergaßen.   Und gleich bei Genießung derſelben fällt
eine ſehr große Granade vor die Amtshauß=Thüre,[23] ziſchet und
ſprühet, eben da wir mit einer guten Compagnie im andern Ge=
ſchoſſe in der Gaſt Stube ſaßen, da denn einer von unſern Tiſch,
Nahmens Chriſtoph Stichel, etwas ſchnelle lief und aus der
Cammer ſehen wolte, was ſich zutrüge, ſobald thät die Granade

---

[23] Dieſes Kreisamtshaus, das früher zu den burggräflichen Ge=
bäuden gehört hatte und rechts am Eingange in den Schloßhof lag, hieß,
nach Urſinus handſchriftlichen Aufzeichnungen (B.), zu den Zeiten der Re=
formation das Zelliſche Haus, wurde erſt 1571 Baſilio Thammen zu
einem kurf. Amthauſe und Schöſſerei eingeräumt, 1693 aber abgetragen
und an ſeiner Stelle von dem damaligen Kreisamtmann Becker das neuere
aufgebaut, in dem ſich jetzt das Proggymnaſium befindet.

ihren grausamen Schlag, eröffnete die mit Pallisaden versetzte
Hausthüre, schlug durch ihren grausamen Knall in die 10 Fenster,
so auf den Schloßhof gehen, alle hinein und ein Fenster unter
diesen gemeldeten Sticheln am Halß, daß er zu Boden fiel und
so stille lag, daß ich nicht anders meinte, er wäre todt. Allein
nach kurzem ausgestandenen Schrecken lief er wieder davon, doch
sahe er wunderlich aus, weil er den Fenster Rahmen wie ein
Joch am Halße hatte. Einer Magd Magdalene Sattlerin warf
dieser Granaden Knall das Glaß aus dem Fenster ins Angesicht,
daß sie sehr blutig und verwundet war; bald wurden vom
Feinde abermahls dergleichen Feuer Granaten ins Amthauß auf
den Boden geworfen, welche mit einem so schrecklichen, grau=
samen Knall, so fast einem Donnerschlage gleich, etliche tausend
ja alle Ziegel von des Amthaußes Dache herunter schlug und in
solchen großen praßeln uns hören und sehen vergieng, doch ward
Gottlob niemand beschädigt, auch nichts angezündet, allein lang
allda zu verharren wollte uns nicht anstehen, liesen also Essen
und Trinken im Stiche und verbargen uns in ein groß Gewölbe
im Schloße unter der Erde. Als wir nun gleich die Flucht ge=
geben, fällt wiederum eine Granade ins Amthauß mit solcher
Stärke, daß sie die hölzerne Wendeltreppe, so bis unters Dach
gehet, vom Hause abreißt und zerschmettert, als ob solche niemahls
allda gestanden, auch wurden diesen Tag in die 10 stück der=
gleichen Granaten sammt vielen Steinen eingeworffen, so aber
andrer Orten wenig Schade gethan, außer daß sie etliche Schaafe,
so auf dem Schloßhofe giengen, todt geschlagen.

    Donnerstags den 14. Aug. frühe um 5 Uhr fieng der Feind
grausam und gewaltig an zu canoniren und an des Kornschreiber
Schützens Hause neben der Frohn Vestung Preche zu schießen,
auch starck Granaten mit unter zu werfen, daß man keines Orts
sicher war; Weil mir aber verlangte, recht zuzuschen, wie es im
Stürmen hergienge, machte ich mich in die gewölbte Tafel Stube,
in welcher 15 biß 20 Musquetierer mit Doppelhaken und Mus=
queten in der Streichwehre gegen das Lommatzscher Thor lagen,
dem Feinde bey Anlaufung abzuhalten, und nachdem sich auch
etliche der Feinde näherten, von diesen empfangen wurden, also,
daß sie den Berg herunter purtzelten. Allein nachdem es der
Feind beym Lommatzscher Thore inne worden, und aus unsern
Fenstern Dampf und Feuer geben sahen, schoßen sie 2 Stück=
kugeln ins Taffel Gemach, eine oben ins Fenster, so etliche mahl
in solchem Gemach herumspielte, aber niemand beschädigte, die
andere schlug unten ins Fenster, und mit einem Stück Sand=

Steine einem Soldaten den Arm entzwey, daß er zu Boden fiel und drehete sich immer im Tafel Gemach herum, daß uns das Loch, so der Zimmermann gelaßen, zu enge war und keiner der letzte seyn wollte. Mittlerweile feyerte unser Constabel auf dem Thurme auch nicht; Allein, vorm Lommatzscher Thore spielte der Feind mit einem Stücke dermaßen auf ihn, daß er mit solchen die Mauer durchbohrete, wie am breiten Thurme noch zu sehen und fällte mit solchen Schuß die Lavette und Räder, daß wir unser Stückgen nicht mehr brauchen, Feuer, Granaten und Stein Ein=werfen bey Schießung der Preche war auch nicht seltsam.

Ein Bauer wollte diesem Spiele, wie es herging, auch zu=sehen, dieser stund hinten auf dem Schloße unter dem Dache, oben in dem kleinen Mittel=Ercker, und legete sich nach seiner Art zum Fenster aus, allein wie solchen die Feinde sahen, spielten sie mit einer Stückkugel nach ihm, daß der Bauer, doch ohne Schaden, das reiß aus geben mußte.

Bei continuirlichen canoniren auf die Preche griff der Feind das Fundament des Schützischen Hauses also an, daß in 3 Stunden das Fundament, Mauer und daraufstehende Hauß einfiel und den Berg hinunterpurzelte, und zum hereinsteigen Platz und Raum genug vorhanden war. Weil nun ein großes Loch in unsre Brustwehre gemacht und die erst verlohrne Wache auf des Rentmeisters Haußе, über dem ersten Thor sahe, daß ihnen der Feind im Rücken kommen würde, auch vermeinten, es würde eine Mine, weil sie des Nachts stets arbeiten hörten, unter ihnen gemacht seyn, und also den Feind vor und hinter sich hatten, steckten sie die erste Post des Rentmeisters Haus [24] mit Feuer an und wichen zurück in das andre Thor bey der Schmiede, kurz darauf steckten die unsrigen dieses Thor und Thurm sammt der Aufzugs=Brücken auch an und wichen ferner zurück ins Schloß; Da war canoniren, Granaten und Steinwerfen, Doppel=haken und Musquetenschießen und das Feuer auf beyden Thoren erschrecklich zu hören und zu sehen, daß einem Herz und Muth entfiel und Essen und Trinken vergieng. Ein Schwede kam mir zu nahe, daß ich denselben mit meiner Flinte wohl erreichen konnte, auch im Anschlage, Feuer zu geben, lag, aber in solcher Angst fiel

---

[24] Das jetzige „Burglehn," wo, nach der gewöhnlichen Ansicht einst der Burgvoigt gewohnt hatte, weshalb es das Burglehngericht hieß. Ur=sinus a. a. O. meint, daß es ein Marggräflicher Pferdestall gewesen, den sich später ein Herr von Ragewitz vom Herzog Georg ausgebeten und sodann dieß Haus erbaut hätte. Es liegt dicht am Eingange zum ersten Thor der Schloßbrücke, und ist schon längst in Privatbesitz.

mir ein, daß es nicht meine Profession, noch darzu wie die Sol=
daten verpflichtet war, auch den Feind mit meinem Schuß wohl
schwerlich zurückgehalten hätte, auch ließ ichs anstehen, mir ein
böses Gewissen zu machen. Indem es aber so scharf herging,
daß man fast keines Orts sicher war, warf ich solchen bey An=
näherung des Feindes, gleich andern, ihr Gewehr auch weg und
lief aufs Schloß unter die Soldaten, doch blieb in solcher Action
keiner der unsrigen tobt, vom Feinde auch wenig. Weil sich nun
die unsrigen im großen Saal aufs Schloß zusammen zogen,
machte sich der Feind näher herbey, eroberte die Preche ohne
einen einzigen tobten Mann mit geschwinder Eyl, als solche ein=
genommen, brachen sie durch in des Land=Knechts Hauß, liefen
aufs Dach hinauf, hieben ein klein Löchlein ins Giebel Ende des
Kornhaußes,²⁵ so sehr feste und in der Höhe war, daß einer
einen Fuß brein setzen und zum kleinen Fenster nahe darbey ein=
steigen konnte, wie solches Loch noch zu sehen, die andern liefen
auf der großen, starken Mauer hin, brachen durch das Dach und
nahmen also das wohlverwahrte feste Kornhaus ohne einzigen
tobten Mann ein, aus welchem sie hernach den ganzen Schloß=
Hof beschießen konnten. Bey dieser Gelegenheit machte sich ein
Schwede, ohne Gewehr, oben am Leibe im Hembe, unten mit
Beinkleidern bekleidet, mitten im Schloß=Hof, vor die erste große
Stall=Thüre, wiewohl nun die unsrigen etliche Schüße auf ihn
thaten, achtete er es doch sehr wenig und schüttelte das Hembe,
allein einer von den unsrigen sagte, ich sehe es wohl, wo es
diesen mangelt, machte seine Musquete mit einer gewißen Kugel
fertig und schoß diesen nimmern nüchtern, wie er hernach genennt
ward, dermaßen übern Hauffen, daß er nicht wieder aufstund,
theils sagten, welches ich aber nicht gesehen, er sollte etliche
Kugeln im Hembe gehabt haben. General Königsmark hatte ihn,
weil er ein guter Steiger und immer der förderste im Sturm ge=
wesen sey, sehr ungerne verlohren.

　　Das mit hohen, starken Mauern feste Kornhauß wurde vom
Feinde und denen so darauf waren, in guter Obsicht gehalten,
sie legten sich in die Fenster nach dem Schloßhofe und ließen unten
Trommelschläger pomp pomp schlagen, welchen unser Trommel=
schläger eben so antwortete; Alsbald war der Thiergarten hintern

---

　　²⁵ Später als die Albrechtsburg (1471) wurde das Kornhaus (1520)
von Herzog Georg erbaut, ursprünglich zum Marstall bestimmt, seit 1746
der Porzellan=Manufactur eingeräumt. Die oben beschriebene Bresche in
der Giebelmauer ist noch heutigen Tages unterhalb eines zugesetzten
Fensters zu sehen.

Amts Hauße von der Stadt herauf, und also in geschwinder Eyl der Schloß-Hof aller Orten dichte voll Schweden und blieb (ließ?) das Schießen an beyden Theilen nach, der Feind nahete sich dem Schloße, andre der Schweden kamen Hauffen weiß aus dem Keller des Schloßes, so im Thiergarten durchgebrochen, gekrochen, und nahmen unsern Herrn Commendanten über Hals über Kopff gefangen und führten ihn alsobald fort, die andern so sich unter= stecken ließen, bekahmen Pardon; so sich aber weigerten, wurden ins Stockhauß geführet, hernach wurden alle Logiementer und Häußer, in welchen ein schöner Vorrath vom Landmann herein= geführet, durchaus geplündert, die Mannes= und Weibes Per= sonen gefangen genommen, da giengs recht wie im Kriege her, doch machtens die Schweden als Feinde, daß es zu erleiden war.

Bey so gestellten Sachen, wurde ich in einem Gewölbe, in welchem ich mich nebst andern verkrochen, von Obrist Lieutenant Ner (Neer), so hernach Commendant auf dem Schloß Meißen war, gefangen genommen, welcher mich fragte, was ich wäre, ich antwortete, ein Schreiber, er aber verstand ein Schneider, und sagte, du bist mir recht, ich will dir schon Arbeit geben, ich ließ es dabey bewenden, er aber legte mir viel Beute an Schlaf= Belzen, Colleten, Sammet und Taffet Röcken auf den Halß, welche ich in sein Quartier in die Stadt bey Kunzen, an der Ecke, nebst andern, so mit mir gefangen, tragen mußte; Allein wie ge= dachter Oberster Ner seiner Liebste diese schönen Sachen zeigete, und sich beide darinnen ergötzten, machte ich mich durch die Stuben und Hausthür zu einem Becken, welcher mein Wammst umkehrte, mit Mehl bestreuete und endlich mit Mühl=Knechten zum Thore hinaus. Einer meiner Mitgefangenen George Reich= brobt von Dreßden, ging hinter mir drein, weil er aber nicht schneller Füße war, ward er gefangen zurückgeführt, mußte die Pferde warten, und als er des dritten Tages solche ins Wasser ritt, ist er von einem gefallen und in der Elbe ertrunken, aber bald gefunden und begraben worden. Die andern in ziemlicher Menge, so mit gefangen, kamen ins Stockhauß und mußten sich allesammt ranzioniren.

Ist also das schöne Schloß Meißen, in welches Zeit währen= der Belagerung 183 Canonen Schüsse geschehen, 16 große Pompen oder Granaden und viel Steine hineingeworfen, in 4 Stundten mit stürmender Hand und also in kurzer Zeit den 14 Aug. 1645 denen Feinden und Schweden in die Hände gefallen. Welches sie alsobald wieder reparirt, die gemachten Licken ausgebessert und aller Orten wo Preße geschossen, kleine Stücken aufgepflanzet.

Weil nun der Allmächtige und Barmherzige Gott die seinen und den teutschen Mann nicht gerne verlaßen, schickt er gnädig= lich Armistitium, daß die Schweden mit Güte nicht allein aus dem Lande, sondern auch am 30. August 1645, nachdem sie 3 Wochen lang das Schloß Meißen inne gehabt, aufgebrochen, eine Schiff=Brücke auf der Fischer Gaße übern Elbstrohm geschlagen und ist die Cavalerie durchs Waßer, die Infanterie aber über die Schiff=Brücke durch einen andern Weg, gleich wie vorher der große Sturm=Wind gegangen, wieder in ihr Land." ——

Wir fügen dieser interessanten Relation, deren Verfasser leider seinen Namen nicht beigefügt hat und daher auf histori= schem Gebiete nur eben so, wie „der Schreiber" im Volksliede fortleben mag, noch einige ergänzende Bemerkungen hinzu. Nach einigen Notizen, welche Ursinus giebt, handelten die Schweden in der Stadt sehr barbarisch, die Häuser der Geist= lichen und Schullehrer wurden in der Generalplünderung auch nicht verschont, und obwohl der damalige Superintendent ver= meint hatte, die Soldaten würden nach den Büchern nicht viel fragen, daher er seine Gold= und Silbermünzen in und hinter dieselben verborgen hatte, so wurden selbige doch auf die Diele herab geworfen, da sich denn die Verborgenen bald mel= deten und verursachten, daß man auch bei anderen Gelehrten, vermuthlich den Afranischen Collegen, auf diese Art Unter= suchung anstellete. Blos die Fürstenschule wurde gnädiger behandelt und erhielt, auf Lindemuths demüthiges Bitten, von dem Schwedischen Generalcommissar Axel Lilien nicht nur völlige Protection, sondern sogar etwas Proviant von dem auf dem Schloße eroberten Getraide.[26] Auf dem Schloße sowie an und in der Domkirche und den angrenzenden Capitelhäusern mochte natürlich vorzugsweise viel Schaden angerichtet worden

---

[26] „Im Jahre 1645 hat das außerordentliche Kostgeld der Knaben, weil sie es länger nicht erlegen wollen, sondern davon gezogen, aufgehört. Im Jahre 1759 wurde eine außerordentliche Commission unter dem Ober= consistorialpräsidenten von Metzsch niedergesetzt, um der verfallenen Schule wieder aufzuhelfen." Vergl. Müller a. a. O. I. S. 144. 296.

sein. Unter Anderem ging, nach Ursinus, ein interessantes Reliquienstück auf dem Schlosse verloren. Es befand sich nämlich in einer Kammer neben der sogenannten Wappen= stube eine alte Bettstelle, die einst dem Bischofe Benno zur Ruhestatt gedient haben sollte und von der man fabelte, daß Niemand darin liegen bleiben könnte. Viele gläubige Besucher des Schlosses hatten Spähne daraus geschnitten. Andere be= haupteten, der Kurfürst Johann Friedrich habe auf der Durchreise, vor der verhägnißvollen Schlacht bei Mühlberg, darin geschlafen.[27] Eben diese Bettstelle wurde von den Schweden verbrannt. Auch die Domkirche war nicht verschont geblieben. So bezeugen noch heute mehrere Grabsteine in derselben, welche der in dieselben eingelegten, aus Metall ge= gossenen Bilder, sogar der Nägel beraubt sind, insbesondere das des Markgrafen Wilhelms des Einäugigen († 1407), die habsüchtige Zerstörungswuth der aufgeregten Soldateska. Von den Einwirkungen auf die Verhältnisse des Domstifts, wenn auch nur in secundären Beziehungen, geben einige Notizen in den stiftischen Protocollen über die Capiteltage jener Zeit[28] wenigstens Andeutungen. Dompropst war damals Rudolph von Bünau (1644—49), Dombechant Alexander von Schink, Stiftsrath zu Wurzen. Die „Jahresrechnung der Bau= meisterei Meißen vom Tage Walpurgis 1644 bis Abends vor Walpurgis 1645" besagt (St.): „Einnahme derer in den Domkirchen gesammleten Klingelbeutelgelder: weil die darüber gehaltenen Register bey dem Schwedischen feindlichen Einfalle mit weggekommen, also können solche nicht eigenlich specificiret werden unbt weil dieselben 1) armen Exulanten, 2) abgebrann=

---

27 Am Camin der Wappenstube stand früher, mit Kohle geschrieben: „Es gelückt noch wohl. H. F. H. Z. S." und man hielt Johann Friedrich den Mittleren für den Schreiber. Eine andre Hand hatte mit Röthel darunter gesetzt: „Gnad dir der allmächtige Gott!"

28 „Acta von Capitulo Misenensi, in Joh. Hoffmanni deversorio 10 VIIIbr. Ao 1645, h. 10." Das Protokoll ist zum Theil lateinisch ab= gefaßt.

ten, 3) Hauß= und 4) anderen armen Leuthen, so die Almosen wöchentlich suchen, gegeben worden, so seindt dieselben ganz, wo nicht ein mehreres aufgegangen." Wir bemerken hierzu, daß die Einführung des Cymbels in der Domkirche noch neu war, denn nach einer Bemerkung von Ursinus a. a. O. hatte man erst zu Lichtmeß 1638 angefangen, in der Domkirche durch einen Kirchvater aus der Stadt mit dem Klingelbeutel zu sammeln. Noch einige andere Posten in der stiftischen Rechnung werfen Streiflichter auf die Situation. So finden wir bemerkt: „24 Gr. die Stiftischen Acta bey der Kriegs= gefahr nach Dreßden und wieder herunter zu schaffen.— 32 Gr. wegen des Herrn Domprobst Arrests Ankündigung. — Weil die Klingelsäcklein in dem Feindes=Wesen mit wegkommen, hat nicht eher, als Weihnachten, daß andere gemacht werden und mit collection angefangen werden können. — 36 Gr. für 2 Bänder und 3 Schlösser an dem Förderthor am Creuzgange im August 1645, nach Abzug des Feindes. — 3 Schock 36 Gr. für 600 Ziegel auf der Kirche, Creuzgang und Domschenke wieder einzudecken. — 18 Gr. für 4 Schock Schindeln auf dem breiten Thurm einzudecken. — 8 Gr. für 2 Weiber, so die Sacristey und Sonsten nach des Feindes Abzug wieder uf= geräumt." Irgend eine weitere Aufzeichnung über die kriege= rischen Vorgänge jener Zeit, Correspondenz, Denkschriften und dergl. haben sich im Stiftsarchiv weiter nicht ermitteln lassen, während dasselbe mehreres Interessante über die Invasion der Preußen im siebenjährigen Kriege enthält, zu deren Mittheilung sich vielleicht später einmal Gelegenheit darbieten wird.

Blicken wir jetzt noch einmal nach den beiden Haupt= helden der Affaire, Waldt und Königsmark. Der unglückliche Schloßcommandant Waldt, welcher freilich der Uebermacht hatte weichen müssen und mit seinen Leuten als Gefangener nach Leipzig abgeführt worden war, findet sich noch einmal in einem jetzt im Hauptstaatsarchive befindlichen Actenstücke erwähnt, in einem „Verzeichniß derer in Leipzig! biß anhero gefangen gewesenen Churf. Sächsischen Soldaten, so der Trommelschläger zu Oschaß annehmen und wieder mit zurückbringen soll," vom 12. September 1645. (A.) Darin werden u. a. angeführt:

„Hanß Jacob Waldt, Capitain-Lieutenant,

Jonas Michel, Lieutenant,

Galle, Fendrich,

Nicolaus Glösecke, Trompeter."

Nach alledem, was der Schloßcommandant Waldt persönlich erlitten haben mochte, entging er dennoch der Verantwortung nicht ganz, sondern wurde, bald nach dem Waffenstillstande, zu Freiberg vor ein Kriegsgericht gestellt, aber freigesprochen. Wiewohl der Verfasser hierauf bezügliche Acten nicht hat erlangen können, so läßt sich doch dieser Fall nach dem ganz ähnlichen Prozeß beurtheilen, der wider den Leisniger Schloßcommandanten Christian Schildhauer erhoben worden war (am 31. October 1645) und auf welchen sich eine Supplik (A.) bezieht, die am 23. November von Mathes Braun an den Churfürstl. „Geheimbden Cammer Secretarius" eingereicht worden war. Dieselben entschuldigenden Momente, welche auch für Waldt Geltung hatten, kommen hier zur Sprache. Es heißt u. a.: „Wiewohl noch zur Zeit, was erkannt worden, in Geheimb, so wird doch itzt gemeinig vermuthet, weil man besagten Fendrich nach gehaltenem Gerichte waß härter, denn vorher, bewahret, und bewachen lassen, es müße die Sentenz auf seiner Sache beym beßten nicht gefallen sein." Nach Anführung, daß er Alles gethan, so viel er Mittel gehabt und thun können, fährt jener fort: „Und obwohl seine Ortree sehr scharff und dahin gerichtet sein mag, daß auch besagter Commandant auf keinerlei Weise das Schloß übergeben solle, daß dahero stricto jure der Schluß leicht zu machen, so ist doch bewußt, daß dergleichen Ortrees nach eigentlicher Beschaffenheit der Post, Besatzung und habender Mittel pflegen reguliret zu werden," — „es seyn auch nicht mehr denn etwa 32 gemeine Soldaten im Schloße gewesen, wogegen der Feindt mitt so großer, grimmiger Macht herfür gewürket und mit continuirlichen canoniren und Granaten werffen auß soviel groben Stücken und Feuermörsern (sintemahl der Feind 20 Stücke und 4 Feuermörser bey sich gehabt, die sie weißlich gebraucht) drey Tag und Nacht dem Schloß zugesetzt, auch daselbe an 4 unterschiedenen Orthen angegriffen und Preße geschossen." — „So weiß ich nicht, ob die Ordree so gar stricte zu verstehen, oder nicht vielmehr ad possibilitatem zu restringiren seyn soll, zumahl weil er 3 Tage undNacht, und länger als Meißen (weß Orts es doch an Volk nicht ge= mangelt) sich aufgehalten."

Königsmark, welcher bis jetzt im Feldlager bei Meißen gelegen hatte, dachte nun an seinen Abmarsch. Am ersten Tage nach dem am 27. August zu Kötzschenbroda abgeschlossenen Waffenstillstande erließ er ein sehr höfliches Schreiben an den Rath, wegen Auswechslung der Gefangeren. Ueber den Abzug der Schwedischen Truppen berichtet unter dem 7. Sep= tember 1645 Haubold von Miltiß[29] u. L. Gerhard von Minkwitz, welche als kurfürstliche Commissare mit ihm zu verhandeln hatten.

„Relation vom Königsmarkischen march aus Jhrer Churfürstl. Durchl. Landen. Dreßden den 7. Septebmer 1645. (A.) Auff des Durchl. und Hochgebornen Churfürsten zu Sachsen und Burggrafen zu Magdeburgk Unsres gnädigsten Herrens am 29. verwichenen Augusti gnädigste so schriftliche als münd= liche uns ertheilte Ordre haben wir Uns unverzügliche nacher Meißen begeben, im Rahmen höchst gedachter Jhrer Churf. Durchlaucht bey dem Königlichen Schwedischen General Lieu= tenant Hanße Christoffen von Königsmark unßre Commißion pflegweis gebührlichen abgeleget." — „Nachdem er solches mit vortrefflichem Dank erfreuliche vernommen, auch also bald des folgenden Tages den 30. August von Meißen auf= zubrechen und seinen Weg rectå auf Bautzen zu nehmen sich erkläret und Radeburgk, weil mit den Völkern, Artillery und

---

[29] Noch 1663 war derselbe bei dem zu Berathung einer neuen Defen= sionseinrichtung gebildeten Ausschuße unter den Bevollmächtigten der Regierung. Vergl. Archiv I. 221.

großer Pagage langsam die Elbe zu pasiren, mit der Infantery und Artillery auch nicht so eilen könnte, zum Hauptquartier bestiniret, besen denn der Generalstab, gantz Infantery und Artillery, die Cavallery aber zu Dittmannsdorff und Rödern einlogiret worden. Und weil der Proviant von Hayn auß dahin verschafft werden muß, haben wir unß selbigen Tags mit dem frühesten eilents hinverfüget und mit aller Müh verschaffet, daß von selbigen Ort gelieffert worden 8000 Pfd. Brott, 20 Vass Bier, 5 Viertel Wein und drey Rinder. Ob wir nun wohl gerne gesehen, daß selbigen Abents Ihr Exc. der Herr General Lieutenant sich erkläret, wohin folgenden Tages d. 31. August Er seinen March ferner intentioniret, so ist doch wegen der Gefangenen und wegen außgelegter Salvaguardias von Ihm nichts zu erfahren gewesen, sondern diese seine Resolution erstlich früh, alß der Aufbruch allbereit geschehen und dem angefangenen march Er selbst gefolget, rest gegeben worden, daß er bey dem zu Ottendorf angestellten Rendezvous seinen march und wo er zu logiren vermeinte, anzeigen wolle, da Er denn nach gehaltener Predigt, Pultznitz zum andern Hauptquartier erwählet und die nächsten Dörffer, denen von Schönbergk allda zustehende, der Cavallery assigniret und haben die Herrn Oberlausitzer Stände von Camentz auß dahin 9000 Pfd. Brodt, 30 vass Bier, 3 Viertel Wein, 5 Rinder und was von andern Victualien verordnet. — Den 1. September hat das Hauptquartier zu Bischoffswerda seyn sollen, weil wir aber anzogen, daß an diesem Stäblein Ihr Churf. Durchlaucht viel gelegen und deroselben es näher treffen möchte, die es durch sothane Einquartierung vollends in gründlichen Verderb gesetzet werden sollte, hat er allererst vor dem Stadtthor sich entschlossen, vollends bis auf Putzkau zu marchiren, allwo er das Hauptquartier genommen. — Den 2. September ist Er wiederum mit dem frühesten aufgebrochen und biß Schluckenau marchiret und sich allda und in denen disseits und jenseit naheliegenden Dörfern einquartieret und den

3. ejusdem allda still gelegen. Von da auß nahm er seinen march auff Steinbergk. Und weil nun unsre Commission Ihro Churf. Durchl. Lande eigentlich und allein concernirte und dieselben allbereits über eine Meile verlassen wahren, als haben wir den 4. huj. von Ihr Excellenz dem Herrn Generallieutenant hinwiederumb Abschied zu nehmen und ob dieselben an Ihr Churf. Durchl. etwas unterthänigst zu hinterbringen hätten zu erinnern, nicht anstehen sollen. Hatte aber der Herr Generallieutenant vor Nöthiges nichts erachten wollen, alß gebetten, daß man Ihn bey Ihr Churf. Durchlaucht unterthänigst recommandiren und da wider seinen Willen einige Excesse oder Insolentien mit untergelauffen, beßtens excusiren auch von soviel angestellter Vorsorge gehorsambst und höchst danken mögte. Wobey unsre Commission sich geendet, was Ihr Churf. Durchlaucht also zu dero Nachricht dieß gehorsambst übergeben wollen."

Nach den noch kürzlich verübten Gewaltthätigkeiten der Schwedischen Truppen wirkt dieser zwangspaßartig überwachte Abzug derselben und die gravitätische Form des Abschiedes fast komisch. Es war aber hierdurch einer Bestimmung des Armistitium's Genüge geleistet, in welchem §. 7 (A.) festgesetzt war: „Der Herr Generallieutenant Königsmark soll mit der unterhabenden Armee, nach Vollziehung dieses, alsobald mit guter Ordre aus Ihrer Churfürstlich Durchlaucht Landen abzuziehen aufbrechen und die marchee wenigstens 3 Meilen von der Hauptvestung Dresden, wie sie itzo stehen, soviel möglich beschleunigen."

Erst am 11. September, also 4 Wochen nach dem Ereigniß, erging ein Schreiben des Rathes von Meißen, welches von dem Vorgefallenen officielle Meldung machte (A.): „Ew. Churfürstl. Durchlaucht können wir zu dem, daß es Ew. Churfürstl. Durchlaucht ohnedieß mehr denn genugsam bekannt ist, mit Wemuth zu beklagen, keinen Umbgang haben, daß eine große Macht Schwedischer Völker zu Roß und Fuß, unter Commando des Generallieutenant Königsmarg's und

General Majors Axel Lillie [30] die Stadt Meißen am 8. nächst verflossenen Monats Augusti überfallen und drey wochen langs biß uff den 30 ejusdem allda verblieben, inzwischen aber Alles ausgeplündert, denen Leuten die Kleider vom Halße entzogen, allen vorhandenen Vorrath aufgezehret, Handwerkszeug, Tisch, Bänke u. a. verbrannt, Fenster, Oefen, Thür und Schränke zerschlagen und Alles zernichtet, ja daß die meisten Inwohner dermaßen ausgeheeret und entblößet, daß wir es die Zeit des Lebens nicht verwinden werden, zumahlen da wir auch zu vorhero durch die kayserlichen Truppen und Ew. Churf. Durchlaucht und dabei vorhandenen kaiserlichen Regimenter dreymahl im abgewichenen Jahre übel zugerichtet und verderbet worden." Hierauf bitten sie um Erlaß der Landes- und Tranksteuer auf etliche Jahre.

Erst am 22. Juli 1650 wurde, wie im ganzen Lande, so auch in Meißen ein Dankfest für den abgeschlossenen Frieden abgehalten, weil derselbe erst am 16. Juni d. J. auf dem Reichsconvent zu Nürnberg ratificirt worden war.

Ueber die am Schlosse zu Meißen erwachsenen Reparaturkosten, zunächst für die Dächer, berichtet am 18. Febr. 1649 der Schösser Jauchius (A.) und veranschlagte dieselben auf 298 Thlr. 10 Gr., wozu er die Tranksteuer von Lommatzsch zu verwenden vorschlägt. Erst unter Johann Georg II., der vorzugsweise auf Meißen seine landesväterliche Fürsorge richtete, [31] wurde 1661 die Restauration vollendet, auch an der Fürstenkapelle 1665—76 das schadhaft Gewordene reparirt, u. a. 1670 das vordere Portal ausgeführt und mit der „Haube" bedeckt, welche derselben allerdings nicht zur

---

[30] Derselbe wird hier zum ersten Male als Theilnehmer der Belagerung erwähnt.

[31] Auch St. Afra hat seiner bankbar zu gedenken. Schlimme Rathgeber, welche die Landesschule in eine Stuterey zu verwandeln vorschlugen, wies er mit Unwillen ab. Unter ihm wurden 1669 das jetzige Hauptgebäude und große „Lectorium," 1671 das Schulamthaus, 1675 die Patientenburg theils neu erbaut, theils restaurirt.

Zierde gereichte. Auch wurde der Stadt, um ihren Wohlstand zu heben, im Jahre 1667 der Trinitatis-Jahrmarkt verliehen. Bis dahin hatte die Stadt bereits den Donatimarkt gehabt, der aus den zu Ehren des Schutzpatrons der Domkirche von Otto I. im Dome niedergelegten Reliquien jenes Heiligen und der üblich gewordenen Wallfahrten hervorgegangen und nach der Reformation auf eine Dauer von 8 Tagen für Montag nach Donatus eingesetzt worden war, aus welchem dann der jetzige Bartholomäusmarkt hervorging. Den Jubicamarkt hatte 1475 Kurfürst Ernst von Lommatzsch nach Meißen verlegt,[32] wegen früher bei Lommatzsch im sogenannten Nadeland häufig vorgekommener Raubanfälle, wofür die Lommatzscher den sogenannten Febermarkt, Freitag vor St. Andreae, erhielten und auf den Meißner Märkten von Stättegeld frei waren. Uebrigens war auch schon früher zu Trinitatis, seit der Zeit, wo Johann Tetzel 1517 am Tage nach Trinitatis am Zscheilaer Berge unweit der Stadt seinen Kram ausgelegt, bei dem auch die Krämer aus der Stadt feil hielten, ein sogenannter Ablaß üblich gewesen.

Nach Vollendung aller Restaurationen wurde dann am 25. Juli 1674 zum ersten Male wieder Churfürstliche Tafel im Schlosse gehalten, auch am 15. October 1676 demselben der Name: „Albrechtsburg" zu Ehren des Gründers der Dynastie verliehen und in den Canzleistyl eingeführt.

Wir beschließen mit diesen letzten Akten friedlicher Besitzergreifung unsere Schilderung. Jedenfalls läßt ein Vergleich jener rohen, stürmischen Zeit und ihrer Drangsale mit den, wenn auch nicht geringen, Opfern, welche die Stadt im Sommer 1866 und später während der preußischen Occupation zu bringen hatte, die vortheilhaften Seiten moderner Kriegführung, besonders der Schnelligkeit der Actionen, im günstigsten Lichte erscheinen. Und wie auch bei uns nun-

---

[32] Vergl. die darüber ausgestellte Urkunde bei Ursinus a. a. O. II. 70. (B.)

mehr der Friede wieder eingekehrt ist und, trotz aller Be=
fürchtungen, neu befestigt erscheint, so hofft die Stadt, daß
auch vielleicht, wie damals, der hohe, fürstliche Herr des
Hauses dieser ihm lieb gewordenen und zu neuem Glanze
erstandenen Stätte bisweilen die Weihe seiner persönlichen
Erscheinung geben werde.

———

Miscelle.

Zu den zahlreichen Ausländern, welche unter Friedrich August I. in Sachsen ihr Glück suchten und fanden, gehört auch Gaspard François Belon de Fontenay. Aus Paris gebürtig, war er bis zum Jahre 1715 Capitain im französischen Regimente be Brie. In Folge eines Duells verließ er sein Vaterland und trat in kursächsischen Dienst, in dem er bis zum Generalleutnant emporstieg. Ebenso geschickt in Führung der Feder wie des Degens, ward er auch mehrfach zu diplomatischen Missionen gebraucht. Im Jahre 1733 ward er nach Portugal gesendet. Vom Jahre 1756 bis zu seinem am 25. August 1769 zu Paris erfolgten Tode war er Gesandter am französischen Hofe. Er erreichte ein Alter von 85 Jahren. Wir wollen ihn aber hier nicht weiter auf seiner Lebensbahn verfolgen, sondern nur eine Notiz mittheilen, die beweist, mit welcher peinlichen Genauigkeit und übel angebrachten Sparsamkeit damals im Gegensatze zu der Verschwendung bei Hofe die Oberrechnungskammer zu Werke ging. Fontenay gelangte bei seiner Rückreise von Portugal glücklich bis Haag: hier war aber seine Casse erschöpft und er sendete daher die Rechnung über seine Reisekosten nach Dresden, mit der Bitte, ihm seine Verläge zu ersetzen. Die Oberrechnungskammer schickte ihm aber die Rechnung zurück mit dem Monitum, daß er, wenn er über Jena nach Straßburg gereist wäre, statt, wie er gethan, den Weg über Erfurt zu nehmen, er eine halbe Meile erspart haben würde, was eine Differenz von einem Thaler ergebe. Fontenay mußte sich nun erst über diese Verschwendung verantworten, aber da er kein Geld erhielt, einen vollen Monat im Haag liegen bleiben. Er behielt der Oberrechnungskammer gegenüber schließlich Recht, und sein unnöthiger Aufenthalt im Haag kostete dem Staate noch über 100 Thaler.

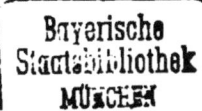

28*

Officin der Verlagshandlung.

Inhalt.

Redacteur: Dr. Karl von Weber. — Officin der Verlagshandlung.